Pirsch Jagderzählungen

PIRSCH

Jagderzählungen

Zweite Auflage

Für Entspannung und
baldigen Genesung!
Mit herzlichen Grüßen
[illegible]

BLV

Herausgegeben von Walter Helemann

CIP-Titelaufnahme der Deutschen Bibliothek

Pirsch – Jagderzählungen / [hrsg. von Walter Helemann]. –
2. Aufl. – München; Wien; Zürich: BLV, 1989
ISBN 3-405-13616-4
NE: Helemann, Walter [Hrsg.]

BLV Verlagsgesellschaft
München Wien Zürich
8000 München 40

Illustrationen: Willi Schütz

Satz: Filmsatz Schröter GmbH, München
Druck und Bindung: May & Co, Darmstadt

Printed in Germany · ISBN 3-405-13616-4

Inhalt

Inhalt

Bunte Strecke

»Auf der Pirsch durch das geistige Revier der Jagdgeschichten aus dem Verlag der PIRSCH ist hier wiederum eine Auswahl packender Schilderungen als bunte Beute zur Strecke gelegt, den Leser zu erfreuen.« – So stand es im Vorwort des Bandes »Auf Pirsch«, der 1981 herauskam. Dieser Band mit gesammelten Jagdgeschichten fand so viele begeisterte Leser, wie schon seine Vorgänger in den Jahren 1969 und 1972, daß der Verlag die bunte Strecke nun mit einem neuen Sammelband bereichert. Wieder führt der Pirschpfad den Leser durch ein weites Revier – zurück in die Vergangenheit, hin zu fernen Wildbahnen und quer durch heimische Reviere in unserer Zeit. Die Vielfalt der Erlebnisse und die Vielzahl der Autoren fügen sich zu einem Mosaik, in dem zum Ausdruck kommt, wie verschiedenartig die Empfindungen sein können, die einen Jäger beseelen, abhängig von Zeit, Ort und Umfeld. Ernstes und Heiteres wechseln einander ab und wollen nicht nur den lesenden Jäger ansprechen, sondern sollen das vielschichtige Bild der Jagd auch gegen verallgemeinerndes Vorurteil zur Geltung bringen. Ein Buch also, das ein Jäger auch einem nichtjagenden Freund oder Bekannten in die Hand drücken kann. Der Querschnitt durch die Jagderzählungen, die seit 40 Jahren in BLV-Jagdbüchern und in der Jagdzeitschrift »Die Pirsch« erschienen sind, spricht für sich selbst. Bleibt zu hoffen, daß dieser Band »Pirsch-Jagderzählungen« viele Leser ebenso erfreut, wie das seine Vorgänger getan haben!

Zur Blattzeit 1988

Walter Helemann
Herausgeber

Und wenn es nichts ums Jagen wär…

Und wenn es nichts ums Jagen wär',
als frei im Holz zu streifen,
zu lauschen wie der Kuckuck ruft
und wie die Finken pfeifen,
zu atmen frischen Tannenduft
und taugekühlte Morgenluft –
es wär' genug der Lust dabei
zum Lob der Jägerei.

Und wenn es nichts ums Jagen wär',
als fern vom Stadtgewimmel
durch Lauben, wie sie baut der Wald,
zu schau'n den blauen Himmel,
den Schwätzern aus dem Weg zu gehn
und keine Narren mehr zu sehn –
es wär' genug der Lust dabei
zum Lob der Jägerei!

Franz von Kobell, »Wildanger« (1859)

Winternächte

Lothar Graf Hoensbroech

Sechzehn Grad Celsius unter Null ist bei uns im Rheinland schon ein Wetter, bei dem sich die meisten Menschen hinter den Ofen verkriechen, besonders, wenn dabei der Wind aus dem Osten pfeift und wehende Schneeschleier über das Land jagen. Die Leute werden mißmutig und hocken stumpfsinnig in ihren qualmigen Buden. Kann sich der Jäger besseres wünschen als ein menschenleeres Revier?

Monatelang hatte ich mich auf recht strengen Winter gefreut. Füchse, Enten, Gänse, Sauen, vielleicht auch mal ein Marder, jedenfalls Fährten und Spuren, die Luft voller Flügelrauschen, Rufe aus nordischen Ländern, der Wald behangen mit dicken, weichen Schneekissen, da lacht der Jäger voll Freude in sich hinein und läßt die anderen murren.

Es hatte den ganzen Tag gestürmt und geschneit. Gegen Abend ließen Wind und Schnee nach, der halbe Mond warf seinen blassen Schein zeitweise auf die große Parkwiese. Ja, in solchen Momenten könnte man mit Schrot auf einen Fuchs fertig werden! Fenster geschlossen, zwei Paar Wollsocken und dicke, weite Schuhe an die Füße, die Hasenklage erprobt, zehn Patronen mit 3½ mm Schrot in die rechte Rocktasche, das Gewehr aus dem Schrank, Baschlik und Pelzjoppe angezogen, und wir ziehen los, mein Jüngster, jagdlich beiderseits schwer erblich belastet, und ich.

Tupp, tupp, tupp stapfen wir kaum hörbar durch den weichen Schnee. Auf dem kleinen Pirschpfad durch den Park, über das befrorene, knarrende Holzbrückchen am schwarzen Graben. Leise treten wir aus den mit Fichten unterbauten Pappeln auf die tiefverschneite Fläche der jungen Schwarznußpflanzung. Schilfbüschel, Schlehdorn- und Wildrosensträucher ragen aus dem Schnee heraus. Unweit gluckert das Wasser der Roer, und die Eisschollen reiben sich, weithin hörbar, am hartgefrorenen Ufer. Immer schnüren hier am Wasser nachts die Füchse vorbei, aber zum Reizen ist das Gelände ungünstig. Möglich, daß gerade ein Fuchs in der fast völlig geschlossenen, großen Schleife des Flusses sich herumtreibt. Wir wollen daher eine kleine Drückjagd versuchen.

An der schmalsten Stelle der Halbinsel stelle ich mich auf, halb gedeckt in einer

Vertiefung, mit Schußmöglichkeit nach beiden Seiten bis an die Uferränder. Mein Junge holt weit nach links flußabwärts aus und soll dann stromauf auf mich zudrücken. Mit dem Ohr kann ich seinen Weg gut verfolgen, denn fast an jeder Biegung macht er Stockenten hoch, die laut pakend in die dunkelblaue Nachtluft aufsteigen. Da gerät mir eine ferne Bewegung ins Blickfeld meines Glases, ein langgestreckter Wildkörper, der sich wie schwebend über die große Weiße auf mich zu bewegt. Ein starker, ja sogar ein sehr starker Fuchs im Anmarsch!

Das Glas sinkt, die Hände fassen leise die Waffe. Auf hundert Meter verhofft der Fuchs und sichert nach mir hin. Ich rühre mich nicht. Da setzt er seinen Weg fort und kommt näher und näher. Das Licht ist unsicher. Ich muß ihn ganz nahe kommen lassen. Er kann mir ja nicht mehr entgehen, denn es gibt keinen anderen Ausweg aus dieser Halbinsel. Deutlich kann ich ihn jetzt erkennen, ein mächtiger Kerl mit einer herrlichen Lunte, zweifellos ein besonders starker Rüde.

Noch zehn Schritt weiter will ich ihn kommen lassen, dann soll er in den Schnee rollen. Das Gewehr ist schon im Anschlag, da ist der Fuchs plötzlich wie fortgeblasen. Gut, daß niemand da ist, mein dummes Gesicht zu sehen!

Von ferne nähert sich nun mein Junge, und ich höre schon seine in Kürze erfolgende Frage: »Warum hast du nicht . . .« Langsam gehe ich ihm entgegen, und wortlos zeige ich ihm die starke Spur und die Stelle, wo der alte, schlaue Rüde vom hohen Steilufer mit einem Satz auf das Randeis gesprungen, und, in völliger Deckung auf diesem, hart an mir vorbeigeflüchtet war und so das scheinbar unlösbare Problem des Zwangspasses glänzend gemeistert hatte. Und wir mußten beide lachen. Fuchsschlauheit ist doch kein Aberglaube!

Weiter geht es an die alten Fischweiher, deren Ränder bewachsen sind und uns Deckung bieten können. Vor uns breitet sich das vom Wald umrahmte Feld aus. Zwischen ihm und uns liegt nur ein schmaler, mit Binsen und niedrigem Gestrüpp bewachsener Streifen. Unser Standort ist nicht gerade günstig, die Ecke einer kleinen Fichtenanpflanzung. Aber ein besserer Platz ist nicht zu finden. Vieles Herumtrampeln vor dem Reizen vermindert die Erfolgsaussichten bedeutend. So müssen wir hoffen, daß uns kein Fuchs von rückwärts in der Deckung kommt. An die Pfähle eines Koppelzaunes gelehnt, warten wir ein Weilchen. Dann hole ich die Hasenklage aus der Tasche, und jammervoll schwebt der Angstschrei eines Hasen in die kalte Nacht hinaus. Kaum ist die erste Strophe verklungen, da steht, wie hingezaubert, zehn Schritt vor uns ein Fuchs am Rande des dunklen Binsenstreifens.

Mein Junge soll seinen ›Ersten‹ schießen. Ich rühre mich also nicht und warte. Der Fuchs steht sichernd vor uns. Jetzt schnürt er mißtrauisch an uns vorbei, und in dem Augenblick hat mein Junge das Gewehr hoch. Der Schuß bricht dröhnend in die stille Frostnacht. Schnee spritzt auf, hart unter dem Fuchskörper. Dieser fliegt hoch auf und flüchtet in windender Fahrt auf die Fichtenschonung zu, an deren Rand wir stehen. Sein zweiter Schuß folgt, er hat ihn hinten gefaßt, und im Verschwinden lasse ich meine beiden Schüsse folgen. Wir schauen uns an und müssen wieder lachen, denn die Überraschung hat den alten und den jungen Jäger aufgeregt. Die Schrotstriemen stehen sichtbar im Schnee, und dort, wo der Fuchs in die lückigen Fichten verschwand, finden wir dunkle Spritzer Schweiß. Zehn Schritt weiter liegt der Rüde.

»Den nächsten mußt du aber ohne Nachhilfe schießen!«

Wir wandern weiter, den Fuchs im Rucksack. Mein Ziel ist eine Kanzel am Rande eines nicht allzudichten, jungen Schlages. Leise, das Knarren der Leitersprossen möglichst vermeidend, besteigen wir den alten Hochsitz. Vor uns liegt, im ungewissen Mondlicht, das junge Stockholz, überragt von weitständigen Pappeln. Einzelne Brombeerhorste und Schilfbüschel stehen, mit Schneepolstern bedeckt, zwischen den jungen Erlen, Eschen und Ahornen. Vor dem Monde ziehen zeitweise dunkle Wolkenschleier vorüber.

Wieder warte ich eine Viertelstunde, dann zittert abermals der quäkende Notschrei des Hasen in die Winternacht. Stille. Wir lauschen. Nichts rührt sich. Die zweite Strophe hallt durch den schweigenden Wald. Abermalige Pause. Jetzt kracht leise im Bruchwald der Schnee. Links von uns, an einem kleinen Hang, der sehr im Dunkeln liegt, ist eine Bewegung zu sehen. Drei Wildkörper zeigt uns das Prismenglas. Wir erkennen einen Sprung Rehe, der sich neugierig nähert. Aber nun ist rechts und geradeaus, ja sogar rückwärts ein leises Geräusch vernehmbar. Und da schieben sich zwischen den alten Stubben der Erlen drei andere längliche, dunkle Wildkörper vorbei.

»Drei Füchse«, flüstert mein Junge.

»Such dir den stärksten aus, warte, bis er gut steht, und schieß ruhig!« gebe ich ebenso leise zurück.

Rupp, rupp, rupp, höre ich das Herz des Jungen in der stillen Nachtluft neben mir schlagen. Ach ja, genau so erging es mir auch vor dreißig Jahren. Leise bebt das Gestänge der Kanzel. Der Lauf der Doppelflinte schiebt sich langsam über die Auflegestange. Jetzt zieht der stärkste Fuchs sehr vorsichtig über eine kleine Blöße und verhofft. Der Schuß bricht!

Alle drei Füchse sind wie vom Erdboden verschwunden. Wir rühren uns nicht. Kein Laut ist weit und breit zu hören, nur an meiner Seite das laute Pochen des jungen Herzens.

»Paß auf«, flüstere ich, »vielleicht sehen wir noch einen der beiden anderen.«

Oft wird ja ein einzelner Schuß, wenn das Wild den Jäger nicht geäugt oder gewindet hat, nicht viel beachtet und vielleicht als Donnerschlag, jedenfalls als Naturereignis gewertet.

Die Minuten verrinnen. Hinten in den Erlen stehen immer noch die drei Rehe. Jetzt ziehen sie wieder vertraut hintereinander her. Nochmals lasse ich die Hasenklage erschallen. Hinter uns, in den unterbauten Fichten hören wir im angefrorenen Eichenlaub deutlich einen anschnürenden Fuchs, aber er will unter keinem Preis die dunkle Deckung verlassen und entfernt sich langsam.

»Nun hole deinen ersten Fuchs, mein Männlein«, sage ich. Und der Junge baumt ab, geht schnurstracks, krachend im Schnee, zur kleine Blöße und hebt hinter dem breitblättrigen Brombeerstrauch den starken alten Rüden in die Höhe. Zwischen dem verschneiten Gesträuch steht der junge Jäger, und silbernes Licht strahlt auf seinem glücklichen Gesicht. Dann verkriecht sich der Mond hinter grauem Gewölk. Die heimliche Jagdnacht ist vorbei. Drei Uhr schlägt die Turmuhr, als wir daheim die zwei starken Winterfüchse zur Strecke legen . . .

*

Mitten in den fruchtbaren Weizen- und Rübenfeldern des Jülicher Landes liegt an einem schlehdornbewachsenen Hang eine uralte, mächtige Fuchs- und Dachsburg. Über und unter dieser ziehen sich, durch Feld- und Wiesenstreifen getrennt, schmale Böschungen hin, in denen zwischen Holunder- und Pfaffenhütchensträuchern die Wildkaninchen unzählige Baue haben. Am mittleren Hang erbauten wir uns eine hohe Kanzel über dem Fuchsbau, die fast den Eindruck eines Mastkorbes auf einem Polarschiff macht. Von hier aus überblickt man weit die ausgedehnten, leichtwelligen Flächen der Felder.

Im Frühling und Sommer haben sowohl Füchse als auch Dachse von uns nichts zu befürchten. Die Kanzel ragt dann fast immer leer gen Himmel, es sei denn, daß sie mal jemand bezieht, um das reizvolle Gebalge der Jungfüchse oder Jungdachse zu belauschen. Im Spätherbst aber, wenn die Dachse fingerdickes Fett unter der Schwarte haben, und im Winter, wenn Reinekes Balg vor seiner hohen Zeit dicht und langhaarig ist, dann wird der schwanke Sitz im Merzbachtal oft besetzt, bevor noch das erste fahle Licht im Osten aufdämmert.

Ein eisiger Ostwind jagt über die kahlen, verschneiten Felder und heult im Gestänge der Kanzel, als ich vor Tagesgrauen im Dunkeln die leise knarrenden Leitersprossen hinaufsteige. Ein Unsinn sondergleichen, das warme Bett mit diesem grimmigen Kältepol zu vertauschen! Sicher sind die Füchse längst zu Bau gefahren, oder sie haben ihn bei dieser Hundekälte gar nicht verlassen. Eine eisige Wegstunde Anmarsch über krachenden, verharschten Schnee, immer wieder in unsichtbare

Verwehungen einbrechend, über hartgefrorene, freigewehte Lehmklumpen stolpernd, auf vereisten Pfützen ausrutschend, grimmig fluchend und bereits blau gefroren, erreicht man den Ansitzplatz, um sich bis zur Erstarrung durchfrieren zu lassen und dann schließlich doch ohne Beute heimwärts zu wandern! Doch, wie in jungen Jahren, reizt mich immer wieder der winterliche Fuchs, der frühe Ansitz am Bau, wenn im Dämmerlicht des kalten Morgens der rote Gauner über die weite Schneefläche zum Bau zurückschnürt. Wie eine Peitsche treibt mich dann die alte, angeborene Leidenschaft aus dem Bett. Aber ich glaube, es geht zutiefst gar nicht um den Fuchs und seine oft recht fragliche Erlegung. Es geht um das geheimnisvolle Erleben eines Wintermorgens zu einer Zeit, in der man sicher ist, kein Geschöpf der eigenen Gattung anzutreffen, und man sich der Illusion hingeben kann, in menschenferner Wildnis zu sein. Schnee und Eis haben ihr Tarntuch über die Spuren menschlicher Tätigkeit gebreitet. Aus der sonst durch intensive Kultur gekennzeichneten und ihres ursprünglichen Antlitzes beraubten Landschaft ist scheinbar wieder verschneite Steppe und Tundra geworden, nur einige gerade Linien erinnern noch an Pflug und Spaten, und besonders im Dämmern des Wintermorgens könnte man glauben, fern vom gezieferhaften Treiben der Menschen im Paradiese eines Urlandes zu sein.
Ja, von dort hinten, aus der blauen, sternfunkelnden Nachtluft wehen die Schreie ziehender Wildgänse herüber. Rufe, hell, herrisch, metallisch und wild, wie aus Sibiriens weiten Wäldern oder aus Kanadas nordischer Wildnis. Und im Pfeifen des schneidenden Ostwindes dringen abgerissene, heisere Laute eines in der Ferne bellenden Fuchses an mein Ohr. Im Osten steigt ein erster, heller Schimmer empor. Ich suche mit dem Glas die weite Runde ab. In der scharfen Luft tränen die Augen, das Glas beschlägt, die Finger erstarren bei seiner Berührung. Weit draußen hoppeln drei Hasen krummrückig hintereinander her, nur mit dem lichtstarken Feldstecher erkennbar. Die erste, die Häsin, ist jeder Liebe abgeneigt, und die zwei folgenden Freier sind bei diesem Wetter auch nicht so emsig wie sonst. Sie machen eher den Eindruck alter Ehemänner, die mißmutig ihre Pflicht tun.
Plötzlich, zu meiner Rechten, im holunderbewachsenen Hang, ein wildes Geraschel. Zwei Kaninchen sausen aus dem dunklen Gestrüpp aufs Freie, jagen sich wie wild zwei-, dreimal im Kreise herum und verschwinden wieder im Schatten. Das waren zweifellos zwei Rammler, die Mißgunst jagte sichtbar mit ihnen.
Stille tritt ein. In meinen weiten Stiefeln spüre ich trotz der doppelten Wollsocken die Füße kaum mehr. Nur das erste Licht will ich noch abwarten. Wenn dann kein Fuchs kommt, pfeife ich auf alle Jagd und gehe heim, denn die Kälte ist zu grausig. Unten am Merzbach meldet sich nun in einer hohlen Kopfweide der Steinkauz mit seinem klagenden, flötenden Ruf. Da höre ich dort, wo die Kaninchen sich eben

jagten, eines von ihnen mit den Hinterläufen das Warnzeichen auf den harten Boden vor den Bauen schlagen. Und fast gleichzeitig kracht etwas weiter weg das Eis des verharschten Schnees laut auf. Irgendein Etwas nähert sich. Ich höre nun leise, gleichmäßige Tritte, die sich nähern. Nicht überall ist der Schnee mit Hohleis bedeckt. Es gibt Stellen, wo er so hart und fest ist, daß er selbst ein Reh tragen würde. Den weichsohligen Fuchs kann man beim Überwechseln solcher Plätze nicht hören. Es heißt also, auch die Augen gebrauchen, mögen sie noch so sehr tränen. Leise nehme ich die Doppelflinte zur Hand, die ich wegen der Kälte ans Kanzelgestänge gelehnt hatte, und meine Augen bohren sich in das Dunkel des strauchigen Hanges. Da sehe ich, schon fast unter mir, ein langes, dunkles Lebewesen sich zum Bau bewegen. Ein Fuchs! Leise geht die Flinte hoch, kaum ist die Laufschiene zu sehen, als der Schuß wie ein Donnerschlag durch die Kälte bricht. Der Fuchs rollt den Hang hinab, kommt unten auf der Wiese wieder auf die Läufe, aber der linke Schrotlauf wirft ihn endgültig zusammen. Reglos liegt er im Schnee.

Mechanisch lade ich neu. Also hat es doch noch geklappt. Es ist mir ein wenig wärmer geworden und ich überlege, daß eigentlich die beste Zeit des Zu-Bau-Ziehens der Füchse, die Viertelstunde vor Sonnenaufgang, noch gar nicht gekommen, der eben erlegte Fuchs gewissermaßen ein unverdienter Gunstvorschuß der holden Diana gewesen ist, und man also als anständiger Jäger doch noch etwas bleiben müsse. Schon höre ich auch wieder, irgendwo in der Bachniederung, den Schnee brechen. ›Teruppel-teruppel-teruppel‹, das ist aber kein Fuchs, das muß ein Hase mit seinem Gehoppel sein. Ein anschnürender Fuchs auf Harsch-Schnee macht ›tupp-tupp-tupp-tupp‹ in gleichmäßiger Folge. Und schon sehe ich auch Meister Lampe, wie er durch die Merzbachwiesen hoppelt. Kreuzt er eine andere Hasenspur, so untersucht er mit tiefer Nase schnuppernd deren Düfte und hält sich unnötig lange an Stellen auf, wo einer seiner Art rötlich-gelbe Flecken im Schnee hinterließ. Auch an seinem dicken Kopf und der starken Blume erkenne ich den alten Rammler auf Freiersfüßen. Unweit des verendeten Fuchses schaukelt er vorbei. Einen Augenblick bin ich in Versuchung, ihn zu meucheln; denn unser Kochtopf schreit geradezu nach einem Braten. Aber dann verkneife ich mir doch den Schuß, in Gedanken an einen zweiten Fuchs.

Und das ist gut so, denn nun sehe ich draußen, weit auf dem weißen, jetzt schon hell werdenden Feld ein Stück Wild anwechseln, das mir für einen Hasen zu groß zu sein scheint. Als ich das Glas hebe, um das Tier richtig ansprechen zu können, laufen mir die Augen im schneidenden Winde derart über, daß ich noch weniger sehe als vorher, und die Zähne rasseln mir vor Kälte aufeinander. Aber das Wild wechselt gerade auf mich zu über die weite Fläche. Grüngelb tönt sich hinter ihm über dem Horizont die Luft. Der Wind hat fast Sturmstärke erreicht, und von den Feldern her stehen grauweiße Schneefahnen auf, jagen pfeifend heran, und die scharfen Kristalle peitschen mir wie feine Nadeln ins Gesicht. An der Nase hängt mir ein Tropfen, aber wie ich ihn mit vorgeschobener Unterlippe fortblasen will, merke ich, daß er längst zu Eis geworden ist, und auch das Taschentuch im Muff ist bereits steif gefroren.

»Lieber Fuchs, oder wer du auch seiest«, murmle ich, »beeile dich um Gottes willen; denn lange halte ich das hier nicht mehr aus!«

Aber das Wild nimmt sich Zeit. In einer mehr dem hoppelnden Hasen ähnlichen Gangart kommt er langsam näher. Wenn es ein Fuchs wäre, müßte dieser doch schnüren, und ein Hase müßte geringer sein! Nun biegt das Tier an der oberen Hecke ab und nimmt dann wieder spitz auf mich zu seine alte Richtung ein. Und dann erkenne ich, daß es doch ein Fuchs ist, und zwar ein sehr starker. Aber ihm fehlt ein Vorderlauf, augenscheinlich hat er sich früher mal aus dem Tellereisen ausgeschnitten. Der darf mir keinesfalls entgehen! Mit fertiger Flinte erwarte ich ihn. Näher und näher kommt der alte, dreiläufige starke Rüde dem Bau. Ganz sicher will ich gehen und lasse ihn bis auf zehn Schritt an die obere Fluchtröhre des Baues herankommen. Dann wirft ihn der Schuß in den Nacken steintot in den Schnee.

Ich versuche, mir eine Zigarette anzuzünden, aber der Wind bläst mir die Flamme des Feuerzeuges aus, und bei abermaligen Versuchen versagen die erstarrten Finger vollständig ihren Dienst.

Auch dieser Umstand neben dem zweiten Erfolg des heutigen Morgens wäre Grund genug, nun endlich nach Hause zu gehen, wo es einen warmen Ofen und heiße Milch gibt. Aber wieder ist die Leidenschaft, die mich heute Nacht in die Kälte hinausjagte, stärker als alle weichen Versuchungen, und ich will nun schon bleiben, bis es ganz hell geworden ist, denn manchen Fuchs erlegte ich in früheren Jahren am Bau, als bereits die Sonne über die Pappeln im Roertal blinkerte.

Gockend baumen nun einige Fasanenhähne in den Fichten am Güldenthal ab. Ein Schof Stockenten zieht klingelnd hoch über mich weg, und auf der Landstraße klappern die ersten Fuhrwerke des Tages heran.

Die ganze Zeit hatte ich auf den zwei schmalen Brettern der Kanzel gestanden und hauptsächlich nach Osten gepaßt. Nun aber wende ich mich zurück, und da sehe ich unten im Wiesengrund wieder meinen Bekannten von vorhin, den alten Hasenrammler, nach welchem unser Kochtopf so laut in Sehnsucht schrie. Rastlos sucht der lüsterne Junggeselle noch nach einer passenden Bekanntschaft. Der Schuß hat ihm augenscheinlich gar keinen Eindruck gemacht. Nun nimmt er sogar Richtung auf den Bau, hoppelt gemächlich an seinem unteren Rand vorbei, nähert sich dem ersten, auf der Wiese liegenden Fuchs, schnuppert mit vorgestrecktem

Kopf seine Wittrung ein, bekommt einen Schrecken, prellt drei Meter zurück und macht einen Kegel.
Neben seinen Feind haut ihn die Schrotgarbe in den Schnee!
Dann aber gibt es endlich kein Halten mehr für mich. Mit fast erstarrten Gliedern steige ich vorsichtig die Leiter hinab, stecke die zwei schönen Winterfüchse und den Braten in den Rucksack, und im Laufschritt geht es quer übers krachende Schneefeld, fluchend und lachend.
»Nie mehr wieder!« ruft in mir die grausige Kälte. Und zähneklappernd antwortet die lasterhafte Jagdgöttin: »Bis zum nächsten Mal!«

Wie es dazu kam

Paulus Gabler

Wie wird man Jäger, passionierter Jäger? – Nun, der Beutetrieb wohnt uns inne seit Urzeiten. Im modernen, »zivilisierten« Menschen ist er zwar verkümmert oder verschüttet, kann aber gelegentlich – vielleicht nicht einmal so selten – zum Ausbruch kommen. Wie die Menschenhorden der Vorzeit Wild eingatterten und fingen, so treibt es sie noch heute, Beute zu ergattern. Beutemachen ist nach wie vor ein Hauptziel der menschlichen Gesellschaft.

Dies beantwortet jedoch nicht die Frage, wie man Jäger wird. Es gibt eine ganze Reihe von möglichen Anlässen oder Anstößen: Naturverbundenheit oder Tierliebe (man bedenke nur, wieviele über den Hund zur Jagd gekommen sind) auf der einen, Profilierungszwänge, Imagepflege und was der modernen Anreize mehr sind, auf der anderen Seite. Keinem, der auf diese Weise zur Jagd gekommen ist, sei Waidgerechtigkeit abgesprochen. Besonders wenn ihm Mittel zur Verfügung stehen, tut ein solcher Jäger oft mehr für Jagd und Wild als der »gestandene«, der meint, verächtlich auf sogenannte »Herrenjäger« herabsehen zu können.

Ich gehöre zu den Glücklichen, die die Jägerei mit der Muttermilch aufgenommen, die Passion geerbt und ihre erste Pirsch an der Hand des Vaters gemacht haben, und bin froh und dankbar dafür.

Mein Vater war Forstmann und Jäger mit Leib und Seele. Ich war der Jüngste von vier Geschwistern, ein in die Wirren des 1. Weltkrieges hineingeborener Nachkömmling. Meine ersten jagdlichen Erinnerungen aus den frühen zwanziger Jahren sind deshalb jagdlich nur insoweit als sie das Essen betrafen, das eines der beherrschenden Probleme der Nachkriegszeit war. Hasenbrote, die Vater von der Jagd zurückbrachte, waren für mich der Inbegriff des Genusses. Meist hatten sie im trauten Verein mit Treibjagdhasen oder anderem Wildpret im unerschöpflichen, uralten Lederrucksack gelegen. Mutter wußte genau, daß meine erste Frage bei Vaters Rückkehr den Hasenbroten galt, und wird morgens das Frühstück für den Jäger wohl entsprechend bemessen haben. Schon früh wurde ich auch mit der toten Kreatur vertraut. Küchenhase, Fasan und manches Stück Reh- oder Rotwild hingen bei uns zur Winterszeit steifgefroren auf dem Küchenbalkon. Eine sechsköpfige Familie mit Mädchen und Haushaltshilfe wollte versorgt sein, und Wildpret war für Vater billig und – was damals noch wichtiger war – überhaupt zu bekommen.

Im Zuge der politischen Entwicklung aus dem Rheinland ausgewiesen, waren wir in Mitteldeutschland gelandet, wo Vater als Forstrat bei der Regierung arbeitete. »Holzhacken« nannte er das, hatte er doch aus Karrieregründen sein Forstamt (damals hieß es noch Oberförsterei) aufgegeben, um den höheren Forstdienst anstreben zu können. Trotzdem blieb er der Jagd treu, zumal es damals fast undenkbar war, daß ein Forstbeamter kein Jäger war. So kamen wir zu Wildpret. Schalenwild, ein Reh oder gar ein Schmaltier, mußte zu Zeiten, als Gefriertruhen noch unbekannt waren, natürlich sofort versorgt werden. Ein Teil wurde zwar eingeweckt, aber meistens aß die ganze Familie tage-, ja wochenlang Wild in allen nur erdenklichen Variationen, die Mutter perfekt beherrschte. Wen wundert es, wenn wir unter diesen Umständen manches Mal selbst dem herrlichsten Rehrücken so recht nichts mehr abgewinnen konnten! Aber wir sind wenigstens immer satt geworden.

Das Abbalgen, das Aus-der-Decke-Schlagen und Zerwirken habe ich von meiner Mutter gelernt, die das Wild in Balg oder Decke angeliefert bekam. Es wurde bald zur Gewohnheit, daß ich ihr half, und so lernte ich aus der praktischen Anschauung. Es war wahrlich Schwerstarbeit, wenn ein Schmaltier auf dem Küchentisch aus der Decke geschlagen und zerwirkt wurde, aber wo sonst hätte man das in einer Stadtwohnung tun sollen?

Während meine wesentlich älteren Geschwister wenig Interesse für Wild und Jagd zeigten, regte es sich bei mir um so mehr. Mein Vater pflegte meine beginnende Passion sehr behutsam. Sonntagsspaziergänge im Park reizten mich überhaupt nicht, ging es aber in den Stadtforst, war ich sofort dabei. Dort lernte ich quasi »nebenher« Baum und Strauch, Vögel, Fährten und Spuren kennen. Da eine frische Fegestelle, dort hatte ein Bock geplätzt. Hier im Feld hatten Hühner gehudert, da war eine Rupfung. »Von was?« kam dann die Frage, und bald konnte ich Haus- und Ringeltaube unterscheiden.

Der Anschauungsunterricht in der freien Natur wurde unterstützt und erweitert durch Erzählungen und Berichte aus praktischem Erleben. Solches fand vorwiegend sonntags statt, wenn ich, was sonst bei uns nicht üblich war, zu Vater ins Bett kriechen durfte. Bald kannte ich den Ursprung jedes Geweihs und Gehörns an der Trophäenwand. So wuchs ich ganz selbstverständlich in die Waidmannssprache und jagdliches Brauchtum hinein. Besonders spannende Geschichten wollte ich natürlich immer wieder hören, und Vater mußte höllisch aufpassen, daß er Wahrheit und Jägerlatein nicht durcheinanderbrachte, denn inzwischen kannte ich die Erzählungen »vom starken alten Achter«, »von der kranken Bache«, »von der eiskalten

Treibjagd« und wie sie alle hießen, sehr genau. Die Geschichte »von der Hirschleiter« liebte ich besonders, und sie ist mir heute noch im Gedächtnis, unter anderem weil Vater die Erzählung mit eindrucksvollem Röhren untermalte. Dazu gebrauchte er die hohlen Hände ebenso meisterhaft wie die Tritonmuschel.

Mein kindliches Entzücken über die gewaltigen Hirschrufe, die durch die sonntägliche Morgenstille des Hauses dröhnten, stand im umgekehrten Verhältnis zur Freude meiner Mutter, die bei solchen Gelegenheiten sehr bald in der Tür des elterlichen Schlafgemaches erschien und mit einem vorwurfsvollen »aber Eugen, die Nachbarn!« dem unzeitgemäßen Brunftschrei ihres Ehegesponses ein Ende setzte. Doch nun zur Geschichte selbst. Die Hirschleiter stand am Rand eines etwa zwanzig bis dreißig Jahre alten Mischbestandes unmittelbar unterhalb eines langen, sich zu einem Kamm hinaufziehenden, wieder aufgeforsteten Kahlschlages, damals Hauptbrunftplatz von Vaters Forstamt in der Eifel. Selbst wenn schon Wild auf dem Schlag stand, kam man auf gepflegtem Pirschpfad gut zum Ansitz. Lediglich nach langer Trockenheit mußte wegen des dichten Unterwuchses sehr vorsichtig gepirscht werden. Ausgerechnet Ende September in der Hirschbrunft sollte nun mein zweitältester Bruder zur Welt kommen. Meine Großeltern waren angereist, um bei dem Ereignis zugegen zu sein. Während die Damen alles für die Ankunft des Babys vorbereiteten, schickte man die Männer in den Wald, was nur zu gern angenommen wurde. Vater führte seinen Schwiegervater auf einen Brunfthirsch zu besagter Leiter. Es war zwar noch heller Tag, aber schon schrie ein Hirsch mit guter Stimme, deutlich beim Rudel stehend, in der Dickung. Um das Rudel und den Hirsch nicht zu vergrämen, benutzte Vater beim Angehen zur Kanzel den Ruf und täuschte einen zögernden, mittelalten, suchenden Hirsch vor. Auch mit dem Stock in die Büsche schlagend kam man zur Kanzel und schließlich auch hinauf, ohne das Wild zu vergrämen. Der starke, alte Platzhirsch wurde dann von Großvater gestreckt, und als man freude- und auch etwas »flachmann«-trunken ins Forstamt zurückkam, war dort inzwischen der zweite Sohn angekommen. So jedenfalls lautete die Erzählung meines Vaters.

Den wahren Verlauf der Story habe ich erst Jahre später erfahren, als die beiden Hauptbeteiligten die vergnügliche Geschichte anläßlich eines Familienfestes zum besten gaben. Dem sanften Druck der Damen nachgebend, hatten die Herren damals nach ausgiebiger Kaffeetafel beschlossen, zum Abendansitz zu gehen. Vater wußte einen starken, alten Kronenhirsch beim Rudel auf dem Hauptbrunftplatz. Den hatte er seinem Schwiegervater zugedacht. Nun muß man wissen, Großvater war sowohl von Stande als auch von Statur her eine gewichtige Persönlichkeit. Vater als junger Forstamtsleiter setzte deshalb seinen Ehrgeiz darein, den »alten Herrn« zu Schuß zu bringen. Er pirschte mit allen jagdlichen Künsten und unter größter Vorsicht, immer wieder verhoffend, beobachtend, und setzte gekonnt den Ruf dann ein, wenn es galt, Geräusche zu überdecken oder zu tarnen. So kamen sie schließlich bei halbem Wind bis an die Leiter. Sie war gut verblendet, so daß Vater schnell oben war – und tatsächlich, keine 150 Meter entfernt stand in den Jungfichten das recht zahlreiche Rudel des alten Recken, der, wegen des vermeintlichen Nebenbuhlers etwas näher gezogen, pausenlos schrie. Vater winkte nach unten, dort aber stand am Fuße der Leiter sein Schwiegervater mit verkniffenem Gesicht und schüttelte verzweifelt den Kopf.

»Ich kann nicht«, flüsterte er herauf.

»Du kannst nicht? Warum denn bloß? Nun mach schon!«

Wieder Kopfschütteln und ein schmerzliches Lächeln. Das ging ein paar Mal so, bis Vater, die Leiter wieder herunter, fragte: »Was ist denn los?« Mit der glaubhaft überlieferten Antwort: »Du kannst jetzt machen, was du willst, ich muß sofort aus der Hose!« endeten die jagdlichen Aktivitäten der beiden Herren für diesen Tag. Als die zwei später zum Dämmerschoppen in der nächsten Kneipe einkehrten, wurde Vater, noch immer leicht schockiert, vom Wirt mit Hallo und Glückwünschen begrüßt. Überrascht entgegnete er: »Aber wir haben doch gar keinen Hirsch geschossen!« Schallendes Gelächter. »Nein, keinen Hirsch, aber einen Sohn haben Sie bekommen, Herr Oberförster!«

Mit der Jagd selbst, das heißt mit Schuß, Tod, Aufbrechen und Versorgen, wurde ich nur ganz allmählich konfrontiert. Daran liegt es wohl auch, daß es mir nicht gefallen will, wenn Jagdfreunde ihre kleinen Kinder beim Schießen und Aufbrechen von Wild ohne Bedenken zusehen lassen. Gewiß, die Zeiten sind anders geworden. Wir waren noch nicht durch Film und Fernsehen gegen Tod und Verderben abgestumpft. Wenn aber ein kleiner Bub beim Aufbrechen feststellt: »Das tut dem Reh doch weh«, dann hat der Vater versäumt, ihm Zusammenhänge zu erklären, die er von sich aus noch nicht erkennen kann. Ganz schlimm, ja, in meinen Augen geradezu sträflich ist es aber, wenn jagende Väter ihre Kinder mit aller Gewalt zum harten Jägersmann machen wollen. Ich habe selbst erlebt, wie ein Elfjähriger, blaß vor Ekel und Grauen, seinem stolzen Vater beim Aufbrechen zusehen mußte, und dann auch noch beschimpft wurde, als er sich selbst erbrach. Natürlich sind die Menschen und die Situationen verschieden, und ein von frühester Jugend an Schlachtfeste und ähnliche Ereignisse gewöhntes Landkind wird durch jagdliche Erlebnisse, wie die oben genannten, gewiß keinen Schaden nehmen. Ob aber ohne Not »gehärtete« Kinder einmal aus Freude und Passion Jäger werden, wage ich zu bezweifeln.

Lehrzeit mit Hindernissen

Ich war ungefähr zehn, als ich zum ersten Mal mit auf den Schnepfenstrich durfte. Als zuständiger Inspektionsbeamter hatte Vater sein Hausrevier in der Nähe der Stadt, wo er zusammen mit dem Forstmeister und den Revierförstern jagen konnte. Beim abendlichen Schnepfenstrich saß ich mucksmäuschenstill hinter ihm und war tief beeindruckt. Allmählich verblaßte das Licht, die Vögel verstummten nach und nach, und die Schatten wurden länger. Vater deutete stumm auf den aufgehenden Schnepfenstern. Als dann das Rascheln der Mäuse lauter wurde und ein Käuzchen rief war ich doch froh, hinter Vaters schützendem Rücken zu sitzen. Ein Schuß in der Nähe oder auch weiter entfernt ließ mich jedesmal zusammenfahren. Höchst überrascht war ich, daß Vater das Puitzen und leise Quorren wahrgenommen hatte und sein schneller Schuß eine Schnepfe durchs Geäst sacht zu Boden fallen ließ. »Merk dir genau wo sie liegt«, kam die leise Mahnung, und ich starrte angestrengt auf den Punkt, wo der Vogel mit dem langen Gesicht liegen mußte, bis ich ihn holen durfte. Er wurde an Ort und Stelle zur Unterweisung benutzt, die Schwingen, der Stecher, die Malerfederchen . . .

Als nächstes wurde ich systematisch in das Jagdjahr eingeführt. Ich durfte mit, wenn es auf einen Rehbock ging. Ich lernte das Stillsitzen auf Kanzel und Leiter, oder einfach auf dem Boden oder einem Stubben, wenn Vater den Sitzstock benutzte. Ich wurde Zeuge, wenn es mal nicht klappte, und lernte, Ruhe zu bewahren. Der Fehlschuß auf einen sehr begehrten Kapitalbock, den Vater nach langem Pirschen endlich vor sich hatte, ist mir noch deutlich in Erinnerung. Wir saßen im raumen Buchenaltholz. Die Mücken summten nicht nur sondern stachen auch, und ich mußte alle Kraft aufwenden, um mich nicht zu bewegen, als Vater plötzlich die Büchse hochnahm, anstrich – und raus war der Schuß! Ärgerliches Brummen, unterdrückte Flüche, Patronengefummel, ein enttäuschtes »Weg«!

Ja, der Bock war weg. Mein großes Vorbild hatte seinen Lebensbock vorbeigeschossen! Mit dem Hund des Försters wurden der Anschuß und ein Stück Fluchtfährte nachgesucht – nichts. »Mit den üblichen Entschuldigungen vorbeigedonnert«, war Vaters Kommentar, womit er alle zutreffenden oder erfundenen Hemmnisse und Schwierigkeiten bei der Schußabgabe zusammenfaßte. Als alter Jäger wußte er, daß nicht immer alles nach Wunsch geht, und machte kein Hehl aus einem Versagen. Ich habe aber auch noch sein erleichtertes »Gott sei Dank« im Ohr, als der Revierförster den langen Kugelriß im Waldboden fand. Besser glatt gefehlt als zu Holze geschossen! Den Lebensbock hat der alte Herr eine

Woche später doch noch bekommen. Ich bin nicht dabeigewesen, aber das kapitale Gehörn (Gewicht noch heute über 500 Gramm!) hat die Kriegs- und Nachkriegswirren überdauert und hängt an meiner Trophäenwand.
Ich durfte nun immer häufiger mit zur Jagd, abends und auch morgens. Ich erinnere mich an ruhige Pirschen zu zweit, an lange abendliche Ansitzstunden. Dabei lernte ich das Ansprechen, und es dauerte gar nicht lange, da sah oder hörte ich mit meinen jugendlich frischen und aufnahmebereiten Sinnen das Wild als erster anwechseln. Ein Zupfer am Rock, ein hinweisender Blick genügte zur Verständigung.
Auch zum Schießstand ging ich mit, wo ich mich im Anzeigebunker nützlich machte und schließlich Büchse und Flinte selbst in die Hand nehmen durfte. Etwa zu dieser Zeit machte Vater mich zu seinem »Büchsenspanner«.
Nach Herbst- und Wintertreibjagden überließ er mir das Waffenreinigen, aber zunächst durfte ich mit den Gewehren nur in seinem Beisein hantieren. Wir saßen uns an den Schmalseiten eines Tisches gegenüber. Wenn ich auch nur einen Flintenlauf allein in seine Richtung schwenkte oder auf die Tischplatte legte, hieß es sofort scharf: »Selbst das ungeladenste Gewehr kann losgehen!« Dies waren auch die Gelegenheiten, bei denen mein Vater explodieren konnte. Er schlug nur selten, aber wenn, dann wußte man warum und dachte lange daran. Die meisten Ohrfeigen habe ich zu Beginn meines Umgangs mit Gewehren eingefangen. Mir ging die Erziehung so in Fleisch und Blut über, daß ich es entsetzlich finde, wenn Kinder mit Spielzeugpistolen aufeinander anlegen, ohne daß ein Erwachsener einschreitet. Das liegt auch mit daran, daß ich später beim Militär die verrücktesten Geschichten erlebt habe mit Pistolen, deren Läufe von allein schossen, oder mit Maschinenpistolen, die Dauerfeuer gaben, wenn sie als Schlagwaffe verwendet wurden, und dabei gute Kameraden verloren habe. Ich bin jedenfalls allergisch gegen jede Art von Unvorsichtigkeit mit der Waffe.
Da war der Fall eines alten erfahrenen Hegers, den ich beim Entenstrich bitten mußte, die Läufe seines Drillings hochzunehmen, weil ich nicht gerne in Gewehrmündungen sähe. »Aber, aber«, war die Antwort, »das Gewehr ist garantiert entladen.« Dabei kippte der Unglücksrabe die Läufe ab, und aus dem Kugellauf fiel die Patrone vom Jagdtag zuvor, als es auf Rehwild ging. Das Abkippen der Läufe ist erst nach Krieg Usus geworden, und es ist gut, daß es heute selbstverständlich ist. Aber selbst die strenge Erziehung im Waffengebrauch, die ich genoß, hat mich nicht davor bewahrt, einmal vor dem Abbaumen vom Hochsitz das Entladen zu vergessen. Deshalb – »eine Waffe niemals so halten, daß sie andere gefährden kann«. So ist es mir in des Wortes wahrster Bedeutung eingebleut worden, und erst als diese Maxime saß, hat mir Vater seinen Waffenschrank anvertraut.
Ich war verantwortlich für Reinigung, Unterbringung, Patronen und alles was so

dazugehört. Da gab es als kombinierte Waffe für Drückjagden oder ähnliche Gelegenheiten den robusten, guten alten Sauer-Drilling im Kaliber 16/65 – 8 × 57 IR, zwar mit schöner Schaftmaserung und bescheidener Ziselierung, aber doch in erster Linie nach seiner Zuverlässigkeit ausgesucht. Dann führte Vater eine sehr elegante Kipplaufbüchse mit Achtkant-Damastlauf, in einem damals schon auslaufenden Kaliber, ich glaube 9,3 × 52. Um welches Fabrikat es sich handelte, ist mir nicht mehr in Erinnerung. Auf den Niederwildtreibjagden wurde eine Doppelflinte mit Wechselläufen geführt, und dann gab es noch einen umgebauten Karabiner 98. Ein Zielfernrohr war nur auf dem Drilling, sonst schoß Vater über Kimme und Korn.

Doch zurück zu meinen Lehrjahren. Neben dem jagdlichen Erleben im heimatlichen Wald durfte ich Vater in den Ferien auf Dienstreisen in den Harz oder Thüringer Wald begleiten. Manche Forstämter besaßen bereits ein Auto, aber meistens wurde noch angespannt zur Besichtigungstour. Ich saß auf dem Bock bei den Kutschern, die ich bald alle kannte und die mir gewogen waren. Nach der Rückkehr pflegte ich zum Füttern und Tränken mit im Stall zu verschwinden.

Bei einer solchen Tour konnte es mir dann passieren, daß der Forstmeister – natürlich nicht ohne vorher Einverständnis eingeholt zu haben – mir seinen Drilling und zwei Patronen in die Hand drückte. »Da drüben liegt ein Hase, sieh zu, daß du ihn kriegst, meine Frau braucht einen Küchenhasen.« Ich sprang dann ab, und während der Wagen langsam weiterfuhr, trat ich mir den Hasen aus der Sasse und war stolz, wenn es klappte und ich womöglich nur eine Patrone verbraucht hatte. Das alles ging natürlich unter den wachsamen und gestrengen Augen meines alten Herrn vor sich.

Alles hätte also schön und unbeschwert sein können, hätte ich nicht, je älter ich wurde, immer größere Probleme mit der Schule bekommen. In den ersten Jahren ging es noch ganz gut, aber so ab Quarta, Untertertia begann der Ärger. Meine Schwierigkeiten resultierten weniger aus Mangel an Intelligenz denn aus übergroßem Mangel an Fleiß. So wurden natürlich mit der Zeit meine jagdlichen Aktivitäten immer mehr von schulischen Erfolgen abhängig gemacht oder durch Mißerfolge behindert. Hätte ich schlicht und ordnungsgemäß meine Aufgaben erledigt, wäre sicher alles einigermaßen glatt gegangen. Aber nein, ich bummelte den Sommer und Herbst über durch die Gegend, von schulischen Belangen völlig unbelastet. Traf dann so um die Weihnachtszeit der berühmte blaue Brief ein, wurde es natürlich brandgefährlich. Es begann eine wilde Büffelei, damit ich zu Ostern mit sehr viel Wohlwollen und Unterstützung so gerade eben noch das Klassenziel erreichte. Das Wohlwollen meiner Lehrer war aber leider nicht unbegrenzt, was eine »Ehrenrunde« unvermeidlich machte. Es ging mir wie so vielen. Das Leben hätte so schön sein können, wäre nur diese gräßliche Schule nicht gewesen.

Damals fing ich auch an, nächtens heimlich über den Balkon aus dem ersten Stock herunterzuklettern, um mit meinem Freund, der ebenso passioniert war wie ich, per Fahrrad zum Morgenansitz in den Forst zu fahren. Daß mein Vater sein Zimmer unmittelbar neben dem meinen hatte, gab dem Unternehmen noch einen besonderen Reiz. Im Sommer konnte ich den Wecker auf keinen Fall um zwei Uhr morgens rasseln lassen; so fest schlief der alte Herr nicht. Also band ich mir eine Leine um den großen Zeh, die ich durchs Fenster in den Garten hängen ließ. Mein Freund weckte mich mit einem Ruck an der Leine, und ich entschwand über das Balkongitter. Außerdem hatte ich noch den Zugfahrplan im Kopf, um mir den Lärm einer unweit vorbeiführenden Eisenbahnüberführung zunutze zu machen.
Wir verlebten herrliche Stunden im Wald. Der Förster steckte mit uns unter einer Decke, wir bestätigten ihm seine Böcke und Ricken und übten stolz Jagdschutz aus, indem wir zum Beispiel harmlose Pilzsucher als gefährliche Wilderer identifizierten. Dem Geschehen in Mathematik, Latein usw. ab sieben Uhr in der Schule konnte ich dann allerdings nicht mit der nötigen Aufmerksamkeit folgen, und um Initiativen irgendwelcher Art zu entwickeln, war ich naturgemäß viel zu müde. Ich habe nie erfahren, ob mein Vater von diesen Eskapaden etwas ahnte oder gar wußte, was ich nächtens trieb, aber ich weiß, daß es ihm immer am meisten leid tat, wenn er mir die Begleitung zur Jagd verwehren mußte. Meine nächtlichen Klettertouren wurden schließlich von meiner Mutter beendet, die mir durch Verriegeln des Fensters den Rückweg verbaute. Bei der Heimkehr gegen sechs Uhr war ich gezwungen, die Haustür zu benutzen, und flog so auf.

Von Jagdherren und Jagdgästen

Paulus Gabler

Bevor man sich dieses heiklen Themas im einzelnen annehmen kann, ist die Frage zu klären: Was ist ein Jagdherr und was ein Jagdgast? Einschlägige Nachschlagewerke sagen zum Jagdherrn in lapidarer Kürze, er sei »der Eigentümer oder auch Pächter eines Jagdbezirks«. Der Jagdgast hingegen wird ausführlicherer Beschreibung gewürdigt, die sich so zusammenfassen läßt, daß es sich um einen Jäger handelt, der »vom Jagdherrn per Einladung an der Wahrnehmung seiner Befugnisse beteiligt wird«.

Das Verhältnis von Jagdherren und Jagdgästen läßt sich aber generell nicht auf einen so einfachen Nenner bringen. In unserem Land sind die Jagdherren in der Minderheit gegenüber den vielen Jägern, die, aus welchen Gründen auch immer, auf Einladungen eben dieser Minderheit angewiesen sind. Ich selbst bin in fünf verschiedenen Revieren Jagdherr, das heißt Pächter oder Mitpächter gewesen und gehöre auch jetzt noch zu den Bevorzugten, die sich eine »eigene« Jagd leisten können. Wenn ich das Thema »Jagdherr« mit einiger Vorsicht behandle, dann weil ich mir nicht von den zahlreichen Jagdgästen, die ich in nahezu drei Jahrzehnten hatte, eventuelle »Verfehlungen« vorhalten lassen möchte. Um es gleich vorweg zu sagen, so beneidenswert wie es vielleicht den Anschein haben mag, ist die Stellung des Jagdherrn heutzutage oft gar nicht mehr. Er muß natürlich sein jagdliches »Handwerk« beherrschen, aber auch all die »Schreibtischarbeiten« erledigen, die ihm durch die zuständigen Verwaltungsbehörden auferlegt sind, der »Pirschgang durchs Dorf« ist meistens unumgänglich, er ist verantwortlich für die Wildschadensregelung, die Ausführung und/oder Überwachung von Verordnungen (zum Beispiel die Tollwut betreffend), die Wildpretversorgung, die Regelung der Winterfütterung nach unklaren Vorschriften und vieles mehr. Ob es sich um ein überfahrenes Reh oder einen streunenden Hund handelt, in den meisten Fällen heißt es: »Wenden Sie sich an den Jagdpächter.«

Würde übrigens dem Verlangen mancher, in jagdlichen Dingen unwissender Fanatiker nach Verstaatlichung solcher und anderer freiwilliger Tätigkeiten eines Jagdherrn nachgegeben, so wäre nicht nur der Verwaltungsaufwand enorm.

Natürlich gibt es Jagdherren, die solche Aufgaben delegieren, das heißt angestellten

Jägern überlassen, weil sie es sich finanziell leisten können, womit sie schließlich auch Arbeitsplätze schaffen oder erhalten. Sie müssen aber trotzdem mit diesen Problemen vertraut sein. Wer nicht über soviel finanzielle Bewegungsfreiheit verfügt, hat zumindest einen Jagdaufseher, meistens einen ortsansässigen. Und wer sich keines von beiden leisten kann oder will, der muß eben alle Arbeit mit einem Partner oder alleine machen. Dazu sollte er aber am Ort wohnen, wie es zum Beispiel bei vielen Landwirten der Fall ist, die Jäger sind.

Schließlich gibt es als oft willkommene Unterstützung noch den helfenden Gast, meines Wissens eine Einrichtung, die erst seit etwa 20 Jahren existiert, sich aber bewährt hat, weil sie revierlosen Jägern Jagdmöglichkeiten bietet. Ich denke hier nicht an den Gast, der zum Beispiel hilft, der Elstern Herr zu werden, wie ihn Graf Schönburg in seinem Buch »Der Jagdgast« beschreibt, oder den dankbaren Gast, der, auf einen Bock eingeladen, diesen streckt und dann ehrlich bescheiden anbietet, beim Abschuß weiblichen Wildes zu helfen. Nein, ich meine den helfenden Gast als ständige Einrichtung im Revier. Seit ich unfallgeschädigt und behindert bin, habe ich Erfahrungen auf diesem Gebiet sammeln können. Entsprechende Anzeigen klingen immer vielversprechend, so daß man glaubt, es müsse eine Kleinigkeit sein, einen Jungjäger zur Hilfe zu bekommen. Voraussetzung ist jedoch, daß, wie bei jedem Gemeinschaftsunternehmen, die Partner harmonieren. Was soll man aber von einem Jungjäger halten, der einem nach nur drei Monaten erklärt, die Bejagung des Rehwildes, wie wir sie betreiben, sei völlig falsch? Oder was denkt sich ein Jagdherr, der seinem helfenden Gast zumutet, eine Fütterung so in Nähe eines befahrbaren Weges aufzustellen, daß das Wild bei Futteraufnahme breit steht und vom Wagen aus erlegt werden kann? Schwarze Schafe? – Vielleicht!

Wenn wir an unsere eigenen Fehler und Irrtümer denken, sind wir sicher allesamt »Fleckvieh«, was uns aber nicht daran hindern sollte, Jagdherren wie den obengenannten ohne Rücksicht auf Nam' und Stand, Parteibuch und Geldbeutel aus den Reihen der Jägerschaft auszuschließen. Aber bleiben wir beim helfenden Gast. Ein derartiges Unternehmen wird nur in einer Atmosphäre gegenseitigen Vertrauens erfolgreich sein. Dieses wächst und festigt sich im Laufe der Zeit um so mehr, je offener Fehler eingestanden werden. Was nützt mir schließlich der eifrigste Helfer, wenn ich ihm nicht über den Weg traue? Aber Fehler, die er- und bekannt werden, können besprochen und bei nächster Gelegenheit vermieden werden.

Ein helfender Gast wird meistens berufstätig sein und nur seine Freizeit dem Revier opfern können. Das muß ein Jagdherr berücksichtigen, wenn er Hilfe beansprucht. Der helfende Gast ist kein angestellter Jagdaufseher, der Arbeitslohn, Schußgeld, Aufwandsentschädigung oder irgendeine andere Vergütung erhält. Der einzige Lohn für seine Bemühungen ist eine angemessene Beteiligung an den jagdlichen

Freuden im Revier. Hier sollte der Jagdherr nicht kleinlich sein und nicht lediglich Raubzeug und Raubwild freigeben oder allenfalls im Herbst, wenn's ohnedies mit dem Abschuß von weiblichem Wild eng wird, einmal ein Reh. Die Beteiligung am Jagen richtet sich natürlich nach den jeweiligen Revierverhältnissen. Aber wenn ein helfender Gast Hochsitze baut und instandhält, im Winter die Fütterungen mitversorgt, zur Stelle ist, wenn ein Reh überfahren wurde oder andere Hilfe benötigt wird, dann sollte er auch seinen Bock schießen, am Abschuß von weiblichem Wild beteiligt sein und im vertretbaren Rahmen auch das Wildpret behalten dürfen. Eine zufriedenstellende finanzielle Aufrechnung seines Einsatzes oder seiner Arbeitszeit gegen Jagdmöglichkeiten ist sowieso kaum möglich; ich halte sie für ungut. Wie will man die Freude am Jagen – und die Möglichkeit dazu wird schließlich geboten – berechnen? Gegenseitiges Vertrauen, und, falls notwendig, auch einmal eine offene Aussprache sind die beste Grundlage für ein gedeihliches Verhältnis von Jagdherr und helfendem Gast.

Was den Jagdherrn eigentlich ausmacht und ihn von anderen Jägern unterscheidet, ist die volle Verantwortung, die er allein für alles in dem ihm anvertrauten Revier trägt. Das ist nicht wenig und verträgt keine »Ach-das-regelt-sich-doch-alles-von-selbst«-Einstellung. Ein Jagdrevier betreut man nicht quasi nebenher.

Doch nun zum Verhältnis Jagdherr und Jagdgast und zu den Verpflichtungen des Jagdherrn. Er hat die Jagd so anzulegen und vorzubereiten, daß der Gast sich wohlfühlt und möglichst zu Schuß kommt. Das heißt, er bekommt den besten Platz, die besten Stände, die günstigste Kanzel. Ich bin nicht dafür, einen Jagdgast, der einem als Jäger bekannt ist, zu gängeln. Das setzt aber eindeutige Anweisungen voraus, was geschossen werden darf und was zu schonen ist. Mir ist nur ein einziges Mal passiert, daß ein Jagdgast, der einen Abschußbock frei hatte, auf den ich ihn allein in einem Pirschbezirk waidwerken ließ, einen jüngeren, guten Sechserbock zur Strecke brachte, obwohl klar und deutlich unter Zeugen ausgemacht war, daß in dem Jahr kein Sechserbock geschossen werden sollte. Man sollte seine Gäste auch nicht verunsichern. Wenn es heißt »Kahlwild, vorzugsweise schwache Schmaltiere und ebensolche Kälber«, und der Gast dann von einem schwachen, abschußnotwendigen Sechserhirsch berichtet, der vor seiner Kanzel stand, dann sollte der Jagdherr nicht verwundert fragen, warum der Gast nicht geschossen habe. Oder die Sache mit den berühmten Schmalspießern, nicht höher als zehn Zentimeter und schwach im Wildpret. Wenn man schon jemandem eine Freude machen will, dann sollten Hirsche der Klasse III oder eben nur Schmalspießer frei sein, aber hinterher nicht daran herumgedeutelt werden. Und was die Ansprechfehler angeht, ein Gast, der sich nicht sicher ist oder den man nicht genau kennt, wird ohnehin begleitet, aber auch der erfahrene Jäger kann sich irren.

Von der geschilderten Ausnahme abgesehen, habe ich noch keinen Jagdgast erlebt, dem ein Fehler nicht außerordentlich peinlich gewesen wäre. Da wird im letzten Licht der zweijährige Zukunftsbock mit dem zugedachten alten Abschußbock verwechselt, da schießt man, wie es mir selbst passiert ist, einen Jährling, um den es zwar nach Gehörn und Gewicht nicht schade ist, den man aber aufgrund von Figur, Benehmen und Muffelfleckzeichen am Äser als schlechten Zweijährigen angesprochen hat. Wenn man sicher ist, daß nach bestem Wissen und Gewissen gehandelt wurde, sind Vorwürfe bis hin zur Verweigerung des Erlegerbruchs überflüssig. Hat der Jagdherr aber Zweifel, dann darf er den Gast nicht allein gehen lassen. Gönnerhaftes oder nachtragendes Benehmen ist aber ebensowenig am Platz. Hat jemand einen Fehler gemacht und zugegeben, dann sollte die Angelegenheit erledigt sein. Lange Diskussionen machen keinen falsch erlegten Bock, keine führende Geiß wieder lebendig, aber den verwaisten Kitzen muß der Schütze nachjagen, bis er Schwielen bekommt. Jeder Unglücksschütze wird Besserung geloben und als Sühne vielleicht Hilfe beim Hochsitzbau oder bei der winterlichen Fütterung anbieten.
Auf Treibjagden ist der Jagdherr zumeist auch Jagdleiter und hat alle Hände voll zu tun. Man sollte ihn unterstützen und nicht für zusätzliche Aufregung sorgen. So gehören Hunde an den Riemen und zu ihrem Herrn, nicht aber in die Hand von halbwüchsigen Treiberbuben. Heiße Hündinnen gehören nicht auf eine Treibjagd, machen sie doch alle Rüden im weiten Umkreis verrückt. Die Frage nach dem gültigen Jagdschein ist eine weitere leidige Angelegenheit. Schlechte Erfahrungen haben mich gelehrt, daß die im Kreis der Jäger laut und deutlich vorgebrachte Annahme, daß ein jeder im Besitz eines gültigen Jagdscheines sei, nicht ausreicht. Seither ziehe ich bei der Begrüßung, auch wenn es nur ein paar Freunde zu einem Stokerchen sind, meinen Jagdschein aus der Tasche und bitte die übrigen, ein Gleiches zu tun. Passiert etwas, kann man schnell vor dem Kadi landen und ist seinen Jagdschein los. Man denke nur an die grotesken Situationen, in die man durch die Gesetzesvorschriften über die Waffe im abgeschlossenen Wagen oder in Gaststätten kommen kann. (Ich fühle mich da immer an Ludwig Manfred Lommel erinnert und sein unvergessenes »Gehste weg von dem Fleck ist d'r Üüüüb'rzieher weg« und sehe mich mit umgehängtem Gewehr ein gewisses Örtchen aufsuchen.)
Es ist dem Jagdherrn natürlich unangenehm, wenn bei Gesellschaftsjagden wenig oder gar kein Wild vorkommt. Aber manchmal ist es eben wie verhext, oder es liegt an der falschen Anlage von Treiben oder an der Jagd überhaupt. Ein aufmerksamer Jagdherr weiß, wer von seinen Gästen noch nicht zu Schuß gekommen ist, und wird diesem bevorzugte Stände anweisen. Es ist also völlig zwecklos und überdies wenig nett, dem Jagdleiter nach jedem Treiben mit bedeutsamem Blick die blanken Läufe vorzuweisen, wie mir bei einer Treibjagd geschehen. Mein Wohlwollen dem Gast

gegenüber hat es nicht erhöht. An einem Stand herumzumäkeln ist unhöflich und kann außerdem peinliche Folgen haben. Ein Freund, den ich auf einen Bock führte, erklärte mir beim Frühansitz: »Menschenskind, hier kommt doch kein Reh vorbei, da freß' ich einen Besen!« Nun, eine halbe Stunde später hatten wir nicht nur sechs Stück sondern auch den fraglichen Bock nahe vor der Leiter. Den hat der vorlaute Pessimist dann vorbeigedonnert, weil er auf die kurze Entfernung den Unterschied zwischen Zielfernrohr- und Seelenachse nicht beachtete. Manchmal folgt eben die Strafe auf dem Fuß.

Ein besonders gutes Verhältnis zwischen Gast und Jagdherr kann sich auf Gegenseitigkeit, gewissermaßen von Jagdherr zu Jagdherr entwickeln. Wenn Reviertyp und Wildarten auch noch verschieden sind, kann man sich gegenseitig viele jagdliche Freuden bereiten. Ich hatte das Glück, mit einem guten Freund eine solche »Du-bei-mir, ich-bei-Dir-Jagd« pflegen zu können. Wir lösten uns gegenseitig in der Rolle des Jagdherrn ab. Während Freund Walrab als Gast in meinem stadtnahen Revier die Freuden von Ansitz und Pirsch auf Reh, Fuchs und Enten genoß, wann immer seine Zeit es ihm erlaubte, revanchierte er sich, indem er mir einen starken Muffelwidder freigab, der eigentlich ihm in den ausgedehnten hessischen Hochwildrevieren zustand, die sich seit Jahrhunderten in Familienbesitz befinden.

Mufflons waren für mich völlig neu. Deshalb beschäftigte ich mich zunächst mit einschlägiger Literatur, um von diesem interessanten Wild wenigstens theoretisch ein wenig mehr zu wissen als nur Schaf, Lamm, Widder. Bald war es dann soweit. Walrab, der auf einen starken, jagdbaren Hirsch waidwerkte, hatte während der Brunft für uns zunächst für eine Woche paßliches Quartier gemacht. Es folgte genaue Einweisung in das landschaftlich wir forstlich reizvolle und bestens verwaltete Revier. Die zum Teil sehr steilen Hänge, vorwiegend mit Buchenaltholz bestanden, leuchteten rotbraun in der Herbstsonne, langgezogene Fichtendickungen boten dem Wild Deckung und Ruhe, eingesprengte Waldwiesen und Felder im Tal gute Äsung. Ein befestigter Holzabfuhrweg erschloß in zwei großen Schleifen praktisch das ganze Revier. Wegen der langen Trockenheit konnten wir diese Waldstraße bis weit zum Kamm hinauf sogar mit dem Pkw benutzen. Für mich ein wichtiger Faktor. Trotzdem bin ich zunächst doch sehr ins Schnaufen gekommen, als ich die ersten Male, vom jagdlich passionierten Sohn des Freundes geführt, einen steilen Hangweg aufwärts einer Kanzel zustrebte. Erst als wir einen Querweg erreichten, der sich mählich nach oben zog, wurde es leichter. Schon beim ersten Angehen früh am Nachmittag hatten wir Mufflons vor uns. Drei Schafe, zwei Lämmer und zwei junge Widder zogen, gerade als wir vorsichtig zur Kanzel abbiegen wollten, aus dem langen, steilen Buchenhang gegenüber durch hohen

Farnbewuchs von uns fort in die Dickung. Das behutsame Pirschen hatte sich gelohnt, wir waren unbemerkt geblieben. Verheißungsvoller Auftakt!
Nach etwas Wartezeit erreichten wir über einen kurzen aber steilen Pirschpfad, der sich in einer Spitzkehre zur Kanzel hinaufschlängelte, unseren vorgesehenen Ansitzplatz. Wie alle Kanzeln und Leitern im Revier, von Forstbeamten und Holzarbeitern stabil und fachgerecht erstellt, bot auch diese offene und geräumige Kanzel nicht nur reichlich Platz für uns zwei, sondern auch hervorragende Übersicht vom Kamm links oben (zugleich Grenzdickung) bis nach rechts unten etwa 250 Meter zur Waldstraße hin, wo weiter hinten unser Wagen stand. Buchenaltholz vor uns, dahinter in etwa 150 Meter Entfernung Fichtendickung. Ein ausgesucht schöner und vielversprechender Platz. »Im Laufe der Jahre sind achtzig Prozent unserer starken Widder von dieser Kanzel geschossen worden«, hatte Walrab mir gesagt, und auch sein Sohn beschrieb, auf der Kanzel angekommen, wann, wo und wie sein starker Widder kam, den er im Jahr zuvor dort gestreckt hatte. Meine dergestalt genährten Hoffnungen auf Waidmannsheil stiegen. Zunächst machte ich mich aber mit den örtlichen Gegebenheiten vertraut. Der ganze Hang war bedeckt mit braunrotem, welkem Buchenlaub. Abgesehen davon, daß es im leichten Wind ständig raschelte, Wild mußte auf diesem Tarnteppich sehr schlecht zu erkennen sein. Nun, wir hatten ja Zeit. Die Nachmittags- und später die Abendsonne fiel durch die Buchenkronen schräg ein und veränderte die Szenerie ständig. Immer wenn ich glaubte, einen Sonnenflecken aber nun wirklich als solchen zu kennen, zuckte ich zehn Minuten später wieder zusammen, um dann einen neuen Baumstumpf anzusprechen. Obwohl bis zum Abend keinerlei Wild in Anblick kam, wurde uns auf diese Weise die Zeit nicht lang. Das sollte sich bald ändern. Ich will jetzt nicht jeden Ansitz auf der »Widderkanzel« während der Woche schildern – jedenfalls saß ich und saß und saß, zu jeder Tageszeit, von morgens bis abends, stundenlang, bis mir die Kanzel zum Halse heraushing. Jede Buche, jeder vermoderte Baumstumpf, ob mit oder ohne Pilzwucherung, Farne, ich kannte den Hang bei jeder Beleuchtung und jedem Wetter, und immer wenn ich, nun auch allein jagend, erfolglos zurückkam, wurde ich freundlich getröstet und aufgemuntert: »Du kannst auch woanders dein Waidmannsheil versuchen, aber ...« – und winkte ab, denn schließlich »achtzig Prozent aller Widder ...«. Am Ende der Woche kam dann noch ein Punkt aufs i. Vormittags begleitete mich diesmal meine Frau – wohin? Natürlich zur »Widderkanzel«. Es war kein recht günstiges Wetter, der Wind frischte in Böen auf und wirbelte uns dann trockenes Buchenlaub um die Beine. Pirschen fast unmöglich. Deshalb machten wir auf harmlose Spaziergänger und wurden erst vorsichtig, als wir Einblick in unseren Hang vor der Kanzel nehmen konnten. Jeder Baum, jede bekannte Bodenwelle wurde abgeleuchtet – nichts.

Langsam erklommen wir, ich voraus, die Stufen des Pirschpfades zur Kanzel. Dabei muß man dem Hang den Rücken kehren, und erst an der Kehre nach rechts, keine 20 Meter von der Kanzel, ist das Gelände wieder einsehbar. Da geschah es dann! »Da sind sie ja«, raunte meine Frau mir zu. Ich hatte, mit dem Aufstieg beschäftigt, nichts gesehen.

»Wo?«

»Da rechts, keine hundert Meter!«

Heiliger Hubertus! Da standen in einer Linie aufmarschiert sieben Widder, davon vier jagdbare, an der Rundung der starken Schnecken sofort erkennbar. Und wir standen buchstäblich auf einem Bein frei in der Landschaft davor und konnten uns nicht rühren. Natürlich hatte uns das Wild längst eräugt, und nur die Neugier hielt die Kerle noch am Platz. Sie mußten von drüben her in den Hang gezogen sein just in dem Augenblick, als wir abgewandt den Pirschpfad angingen. Irgend etwas mußte nun aber geschehen. Zur Kanzel zu kommen war ausgeschlossen. So ließ ich mich zentimeterweise auf die Knie nieder und versuchte, wenigstens zu einem zwei Meter entfernten Baumstumpf zu gelangen, denn ein Schuß »stehend-wacklig« ist bei meiner Behinderung nicht mehr möglich.

Der Trupp quittierte diese Aktion dadurch, daß er sich weiter nach links hangaufwärts trollte. Drei junge Widder sprangen zum Kamm hin ab, aber die vier starken verhofften noch einmal auf etwa 120 Meter und traten unruhig zwischen den Buchenstämmen herum und durcheinander. Ich aber lag, Beine hangwärts, mehr als unbequem an meinem Stumpf im Anschlag, suchte verzweifelt, wenigstens den rechten Ellenbogen abzustützen, bis mir meine umsichtige Frau zu Hilfe kam. Ich hatte durchs Zielglas einen Widder als stark und mit Anlage zum Einwachser angesprochen, und als dieser sich halbspitz drehte, ließ ich fliegen. Alle vier Widder sprangen, wie es schien gesund, ab. Hätte ich doch nicht geschossen unter solch mißlichen Bedingungen! Sofort kam die Reue. Blitzartig gingen mir all die Sprüche durch den Kopf: »Nicht geschossen ist auch gefehlt« oder »Ist die Kugel aus dem Lauf, hält kein Teufel sie mehr auf« und was dergleichen Tröstungen mehr sind. Mein Vater hätte ein weiteres Mal gesagt: »Mit den üblichen Entschuldigungen vorbeigeschossen.« Das nützte aber nun gar nichts. Die Passion war mit mir altem Kerl einfach durchgegangen, und ich konnte jetzt nur noch auf einen wirklichen Fehlschuß hoffen, denn von sauberem Abkommen konnte keine Rede sein. Also nachsehen. Mit aller gebotenen Vorsicht untersuche ich den Anschuß – nichts. Da entdeckte das Falkenauge meiner Frau in halber Höhe an einer Buche aufgesplitterte Rinde. Deutlich ist dort dann auch der Einschuß und der Geschoßkanal auszumachen. Das war's dann also, Holzschaden und Chance gehabt, Chance vertan! Damit fuhren wir erst einmal nach Hause.

Vier Wochen später kann ich mit der »Widderkanzel« Wiedersehen feiern. Die Hirschbrunft ist zwar, abgesehen von spätbrunftigen Stücken, vorbei, trotzdem will es Walrab noch einmal auf einen Hirsch versuchen. Beim ersten Mal hatte er zwar schließlich einen sehr starken Kronenhirsch wild schreiend vor sich, aber erst vom achten Kopf, mithin blieb die Kugel im Lauf. Jetzt nach der Brunft war es natürlich doppelt schwer für ihn, an einen jagdbaren Hirsch zu geraten, aber es sollte wenigstens versucht werden. Für mich waren die Aussichten da günstiger. Das Muffelwild trat langsam in die Brunft. Also begann das Spiel von neuem. Am frühen Vormittag oder um Mittag, dann nachmittags bis in den Abend – »Widderkanzel«. Aber nun sah ich dort überhaupt kein Wild mehr. Am Morgen – ohne Störung kann man zur Kanzel in der Frühe nicht hin – hatte ich von anderen Plätzen viel Anblick: Rotwild, Reh, Fuchs, auch weibliches Muffelwild. Schon am zweiten Tag – ich saß morgens auf einer schönen Kanzel hoch am Kamm – zog talwärts auf etwa 200 Gänge ein Schaf mit jungem Widder vertraut an mir vorüber. Wenig später, es war schon heller Tag und die Sonne bereits am Himmel, zog von der gegenüberliegenden Dickung über den Schlag vor mir ein Rudel Kahlwild direkt auf meine Kanzel zu. Und dahinter – der von Walrab langgesuchte starke, jagdbare Ia-Hirsch! Meine Güte, was für ein Anblick, als der Hirsch keine 30 Meter vor der Kanzel verhofft, mürrisch seinem Rudel nachäugt, das jetzt im Troll rechts von mir der Dickung zustrebt. Mit einem leisen Brummer, so als wenn er sagen wollte, ach was, laß die Weiber doch gehen, mir ist das jetzt schon zu hell hier, ich gehe schlafen, wendet der Hirsch und zeigt mir die ganze Pracht seines weitausgelegten Geweihs. Ich zähle, ungerader Sechzehnender, starke Stangen, weite Auslage, rechts Fünfer-Leiterkrone, links Fünfer-Becherkrone, starke, lange Augsprossen, rechts fehlt die Eissprosse. Alter? Tiefer Senkrücken, mächtiger Vorschlag, starke Brunftmähne, Hängebauch und das Haupt kurz und gedrungen. Ich schätze etwa zwölfter Kopf. Wäre Walrab doch hier! Der ist aber nicht, und so kann ich nur den Hirsch mit klopfendem Herzen weiter beobachten, wie er sich langsam wieder der Dickung zuwendet. Gemächlich schaukelt das eindrucksvolle Geweih durch die Fichtenjugend, und drüben am Waldrand erscheint der Hirsch noch einmal in voller Pracht, bis er dann einen Wechsel in die Dickung annimmt und verschwindet. Noch ganz benommen von dem herrlichen Erlebnis komme ich unten an und berichte meinem Freund, der sich natürlich fortan diesem Hirsch widmet.

Zwei Tage später war der 3. November, Hubertustag. Ich hatte beschlossen, den ganzen Tag auf der »Widderkanzel« zu verbringen. Nur zu Mittag wollte ich kurz ins Tal. Jenseits der Grenze oben hinter dem Kamm würde, wie ich wußte, Hubertusjagd abgehalten werden, es konnten also von dort allenthalben Schüsse zu hören sein. Morgens hatte ich noch einer Freundin der Familie zu ihrem 88. Geburtstag gratuliert, und mit dem herzlichen Waidmannsheil der lieben alten Dame im Ohr strebte ich dem Sitz zu. Irgendwie sind wir ja doch abergläubisch, warum sollte also ein von Herzen kommender Wunsch einer alten Freundin, noch dazu an ihrem Hubertus-Geburtstag nicht Waidmannsheil bringen?

Es schien wahrhaftig so. Schon beim Angehen zogen 100 Meter oberhalb Schaf und ein etwa dreijähriger Widder über den Hangweg. Ich kam gut zur Kanzel. Und dann sah ich an dem Vormittag innerhalb von zwei Stunden weit mehr Wild als in den zwei Wochen vorher zusammen. Als erstes passierte eine Bache mit sechs Frischlingen 150 Meter unter mir den Buchenhang im »Schweinsgalopp«, dann zog eilig von links oben in die Dickung hinter mir der mir bekannte ungerade Sechzehnender, kurz darauf ein starker Fuchs und schließlich, als ich schon auf dem Weg abwärts war, erschein aus gleicher Richtung noch ein junger Kronenzwölfer. Hubertustag! Natürlich hatte die Treibjagd drüben die ganze Gesellschaft locker gemacht.

Nach eilig eingenommenem Mittagessen bin ich früh am Nachmittag wieder oben. Irgendwie ist Erwartung, Hoffnung in mir. Doch es scheint, als ob nach dem so abwechslungs- und erlebnisreichen Vormittag die Wildbahn jetzt wieder zur Ruhe gekommen sei. Auch von der Jagd drüben ist nichts mehr zu hören. Doch ich war auch so zufrieden. Der gute Anblick und das Erlebnis vor zwei Tagen mit dem Hirsch hatten die Reise schon lohnend gemacht. Die Zeit verging, es ging schon auf 16 Uhr. Eben hatte ich noch einmal die Szene mit den sieben Widdern, der Chance und dem Fehlschuß durchdacht, als ich rechts hinter mir – tapp, tapp, tapp – Wild ziehen höre. Ein einzelner, anscheinend suchender Widder! Etwa 80 Gänge rechts hinten zieht er zügig halbspitz von mir weg durch das Buchenaltholz dem Farn- und Dickungshorst gegenüber zu. Viel Zeit bleibt nicht. Ansprechen. Starke Schnecken, über halbrund, Schabracke, gedrungener Ramskopf, schwer im Wildpret. Ich bin mir absolut sicher. Der ist jagdbar, und das ist meine Chance am Hubertustag! Aber der Widder zieht immer spitzer von mir fort. Ich habe mich ebenso schnell wie lautlos auf der Kanzel nach rechts gedreht, sitze rittlings auf dem Sitzbrett, Gewehr im Anschlag, und passe auf einen Moment, um die Kugel ruhig und vor allem sicher antragen zu können. Noch einmal wollte ich nun doch nicht solche Fehler machen. Eine Lücke zwischen den Buchenstämmen scheint günstig, schon zieht der Widder dort, ich pfeife, und es passiert etwas, mit dem ich nicht gerechnet hatte: Reh- oder Rotwild in ähnlicher Situation verhofft und äugt, ohne den Rumpf zu bewegen, mit rückwärts gewandtem Haupt. Nicht so der Widder, er kann das nicht wegen der Schnecken. Mein Widder macht also auf den Pfiff hin eine Viertelwendung nach links, steht damit scheibenbreit und äugt neugierig zu mir hinauf, bis ihn die Kugel derart von den Läufen reißt, daß ich zunächst an Krellschuß denke. Nachgeladen und sofort wieder im Anschlag sehe ich aber durch das Diavari nur noch ein kurzes Schlegeln, dann Ruhe. Mein Widder liegt!

Ich kann es zunächst kaum fassen. Da habe ich in den zwei Wochen wohl an die 50 Stunden insgesamt hier oben gesessen, und in weniger als einer halben Minute ist jetzt das eigentliche jagdliche Erlebnis zusammengedrängt. Und doch gehört eines zum anderen. Die vorsichtige Pirsch, das stundenlange, mehr oder weniger geduldige stille Passen bis hin zum endlichen Waidmannsheil. Da unten liegt mein Widder. Langsam trete ich heran, umfasse die starken Schnecken, weit über halbrund die Drehung, immer wieder geht der Blick, als ich nun bei ihm sitze, über die relativ kleine aber kräftig gedrungene Gestalt, die harten Schalen und wieder zurück zum Haupt mit seinem imponierenden Kopfschmuck. Die »Widderkanzel« hatte einmal mehr ihrem Namen Ehre gemacht. Im Tal dann Waidmannsheil und Freude bei meinem Freund und Jagdherrn. Seinen Hirsch hat er nicht mehr strecken können, weil für ihn inzwischen schon das letzte Halali erklang. Aber im Jahr darauf konnte ich ihm noch den Bruch für einen unserer besten Rehböcke überreichen, den ich ihm dankbaren Herzens als kleinen Ausgleich für den Widder freigegeben hatte.

Es war einmal

Fritz Pimmer

Weiß ist die Straße zwischen den hohen dunklen Tannen. Bis zum ersten Knick im Hang, von wo aus sie etwas weniger steil weiterführt, ein helles Band durch die finsteren Wälder geschlungen, säumen sie noch Kastanien und duftende Linden, in deren Kronen ein tausendfaches Summen steht. Hier verhalte ich ein Weilchen meinen Schritt und schaue hinter mich auf die bunten Giebel der kleinen Stadt, die im engen Talkessel liegen wie Vogeleier im Nest. Hart an den steilen Schloßfelsen ducken sich die alten, langgestreckten Holzhäuschen unter ihren breiten Halbwalmdächern. Soweit es das schluchtartige Tal zuläßt, sind sie vom Bach abgerückt. Heute ist er nur ein Rinnsal, in dessen wenigen tiefen Stellen, unter den Wehren und Brücken, Forellen und Elritzen mühsam ihr Dasein fristen. Aber der Volksmund heißt ihn Mörderbach, und als solcher hat er viel Unglück und viel Wasser über das arme Städtchen gebracht, wenn Schneeschmelze oder Sommergewitter ihn zum reißenden Wildbach machten.
Zwei Kirchturmlängen über dem Spiegel des Bächleins strahlt die vielfenstrige Front des Schlosses in der Nachmittagssonne. Von seinem Turm blinken die beiden Windfähnchen und das vergoldete Zifferblatt der Uhr noch geradeso wie einst, als die engen Gäßchen innerhalb der grauen Stadtmauern die sonnigste Zeit meiner Kindheit umschlossen. Dort, neben dem sagenumwobenen Wehrturm, wo die Häuser in den Felshang gebaut sind, war Großvaters Haus. Und zwischen ihm und dem Gemäuer der Stadtwehr ein Endchen Garten, wo ich Finkenschlag und Drosselsang, Zaunkönigpiepsen und Starengeschnarr, das schilpende Spatzenvolk und die feine Grasmücke kennenlernte. Ein uralter Edelnußbaum breitete über dem Fleckchen Erde seine weitausladende Krone, viele Geschlechter mag er gesehen haben, Kampf und Not, Glück und Seligkeit. Heute sucht ihn mein Auge vergebens. Der Platz, wo er gestanden, ist leer, und die Zeiten kommen nicht wieder, da die lieben alten Leutchen Hand in Hand auf der Birkenbank saßen unter dem raunenden Blätterdach.
Viele Jahre stehen zwischen damals und heute. Vieles ist anders geworden, nur der Wald ist der gleiche geblieben – und doch auch nicht. Da, wo ich dem weißen Band weiter folge, kann ich den dichten Brombeerschlag nicht mehr finden, wo ich in

schreckhafter Neugier zwischen den süßen schwarzen Früchten auf die züngelnde Kreuzotter stieß. Und zwischen den alten, graustämmigen Tannen ist es licht geworden, Schneedruck und Windbruch ließen neue Blößen entstehen, und auch in ihnen hat der Aufwuchs schon wieder Wurzel geschlagen.

Der Wind küselt die Straße entlang. Er nimmt den Staub auf, dreht ihn in leichten Wirbeln, bis er sich im Geäst fängt. Auf dem frischen Grün bleibt er liegen, und der Anblick der jungen Tannen unter dem grauen Kleid macht mir das Herz schwer. Ich schlage mich lieber tiefer in das hohe Holz. Lautlos ist hier das Schreiten über Nadelteppich und Moospolster, und über dem trauten Duft nach frischgeschlagenem Holz vergesse ich die grauen Bäumchen an der Straße.

Ungezählte Male bin ich den gleichen Weg an Vaters Hand gegangen, da in die vollen Schwarzbeeren greifend, dort von den süßen Rotbeeren naschend; oder wir streiften den Waldrand nach hellkappigen Steinpilzen ab, oder wir trugen die gesplieẞten Gerten in der Linken über den Haidriegel zum Forellenbach im Bärenloch.

Bunt und hell schimmert der sommerliche Wiesengrund durch die Stämme, und düster scheint mir mit einem Male der Wald. Dort leuchten weiß die Mauern des Waldhauses. Das massive Holzkreuz steht noch zwischen den Ebereschen. Und aus diesen Ebereschen schoß ich vor vielen Jahren meinen ersten Krammetsvogel. Mitten durch die Wiese gluckst der Graben, zugedeckt von üppigen Weidensträuchern. Hier hatten wir Kinder unser Wasserrad gebaut; unermüdlich pochte der Hammer, tagaus, tagein. Die Kirschen im Garten grüße ich, die hier oben gerade zur Ferienzeit reiften, und die Apfelbäume, die nie trugen, weil Jahr für Jahr die Früchte abfroren, und der zerrissenen Hosenböden gedenke ich und der geschundenen Knabenknie. Am Zaun lehnt noch der schwarze Johannisbeerstrauch, und die Bienen summen um die Immenstöcke, und der Rotschwanz schnarrt, daß ich die Zeit vergesse und hinaufgehen will in die heimelige Wohnstube, von deren Fenster man weit hineinsieht ins Land bis zur grauen Ruine der Helfenburg. Dann aber besinne ich mich. Unbekannt sind mir die, die hier hausen, und Kälte fällt über mich her, weil ich fremd geworden, wo ich einst daheim war ...

Am Rand der Mooswiese glänzt der Spiegel des Teiches. Über dem Schilf schwärmen bunte Libellen. Die Bachstelze nickt mir einen Gruß zu. Das harte Schilf schwankt, wenn die Karpfen darin umherziehen oder die schlanken Schleien, deren Ahnen Vater von weither kommen ließ. Ob noch die Krebse da sind? Wir fingen sie im Teller, und feuerrot prangten sie auf Mutters Abendtisch. – Und die Bisamratten im erlenbestandenen Damm, denen ich Stunde um Stunde auflauerte?

Aus dem nassen Ufer scheucht mein Tritt einen dicken Grasfrosch. Schwerfällig plumpst er ins Wasser und rudert dem Schilf zu, während silbrige Kreise über die

blanke Fläche ziehen. Ein rotbäuchiger Molch schlüpft in sein Versteck. Die beiden überständigen Fichten legen ihre Schatten bis an den Teich. Ein mißtrauischer Kroh warnt aus dem Wipfel und streicht beleidigt quarrend ab, als ich weitergehe.
Und da ist auch die Mooswiese, voll Blütenduft und umwoben von zahllosen Kindheitserinnerungen. Dort stand der rote Bock mit einem Gehörn wie Gamskrukken im wogenden Blumenmeer. Auf der freien Fläche war ich ihn angekrochen, das Tesching im Arm, getrieben von Jagdlust und Leidenschaft, und doch ohnmächtig mit meinem Spielzeuggewehr. Drüben in der stillen Ecke, wo die Sonne zuerst verschwindet, war immer die alte Ricke mit ihren Kitzen ausgetreten, und hier ist die Stelle, wo der Geier (mundartlich für Raubvogel) aufschlug, den mein Schuß aus dem blauen Firmament gerissen. Und davor noch war es, da hüteten wir hier das buntscheckige Vieh und die zottigen Ziegen, wenn das Grummet der Mooswiese gemäht war. Mir ist, als hörte ich die großen Blechglocken schallen und das Gebimmel der kleinen Ziegenglöcklein; mir ist, als zöge blauer Rauch, beißend nach frischem Geäst und duftend nach bratenden Erdäpfeln, mit dem Wind über die Niederung, und ich vermeine, Hütbubengesang und Geißelknall um mich zu haben.
Hinter der Mooswiese heben die schweren Lehmböden an. Zu Lachen und Tümpeln staut sich das Wasser. Locker ist der Torfboden, weich das fußhohe Filzmoos. Hier schreit die Ralle, die unscheinbare Wasseramsel pfeilt zwischen Birken, Wacholdern und Erlen. Wo sind die Frühherbsttage, wenn Mehlbirnen, Ebereschen und Hagebutten ihr rotes Festkleid angelegt hatten, der Schlehdorn sich blau schmückte, goldgelb die Riedgräser leuchteten, in denen der Hund nach Bekassinen suchte? – Wo die lauen Abende im Auswärts (Frühling), wo noch der Schnee in den Gräben lag, die Primeln gilbten und der Seidelbast duftete, wenn die Rehe durch die Heide auf die grüne Saat zogen und zwischen Tag und Nacht die puitzenden Schnepfen strichen?
Heute aber ist Bockzeit, und ich will noch hoch hinauf in die stillen, geheimnisvollen Winkel am Ilmberg, wo die alten Böcke ihren Einstand haben und der Fuchs zu Hause ist, wo der Habicht horstet und der Urhahn seine Äsung sucht.
Die Heide mit ihrem zwerghaften Baumwuchs ist wie ehedem voll Melancholie. Aber die Fichtenjugend, dort zur Straße hin, ist mächtig aufgeschossen.
An der Straßengabel, wo es links hinaufgeht ins äußere Gefild und rechts ins Gebiet der freien Königsbauern, steht ein alter Einkehrgasthof. Hinter dem kleinen, geranienumzogenen Fenster des Dachgeschosses ist das Stübchen, in dem ich die kurzen Nächte verbrachte, zwischen Abendansitz und Morgenpirsch. Damals blühte das Geschäft hier im Gasthaus an der Straßenkreuzung. Nach Feierabend standen in langer Reihe die leeren Langholzwagen am Straßenrand unter den Linden. Die Zugochsen hatten sich niedergetan und dösten dem heißen Arbeitstag

nach, die Hengste und Stuten klaubten in den vorgelegten Heubündeln und schlugen nach den lästigen Abendfliegen, daß das Lederzeug knarrte und die Trensen klirrten. Drinn' aber, in der niedrigen, rauchschwangeren Stube beim Licht der gelbtrüben Petroleumlampe, da saßen die Fuhrleute aus den nahen Stadtheiden, vom Dewald, der Althütte oder dem weiten Gefield bis in die späte Nacht, der Mockei, der Hies, der Scherer und der Zigeuner, der Kerschbaum und der Fuchs und ich. Mehr als einen heimlichen Bock danke ich diesen Männern, die von früh bis spät im Holz und auf der Straße waren. Vorbei. Heute ziehen Raupenschlepper und Lastkraftwagen das Langholz aus dem Wald, die Bierfuhrwerke hat der Diesel verdrängt, und was früher drei Karren dem Dorfkaufmann brachten, nimmt leicht das Postauto mit. Still ist es um das alte Wirtshaus geworden. Die Kegelbahn ist verfallen; die Bänke und Tische im Garten vermodern, die einst nicht ausreichten für die Zahl der Sommergäste und Ausflügler, denen ich Käse und Butterbrot, schales Bier und gefärbte Limonaden kredenzte, wenn mir die Laune dazu ankam und der Wirt beim Kornschnitt oder im Grummet war.
Der Wirt haust noch da, er ist alt geworden und müd'. Er, der mir die verborgensten Wechsel, die unbekanntesten Baue, die besten Balzplätze im Revier zeigte, das er besser kannte denn irgendwer, er rührt sich kaum mehr aus dem Haus. Und Waldi, die braune Brackenhündin mit dem weißen Zeichen, meine treue Gefährtin froher Stunden, ist tot und ihre Kinder auch . . .
Hoch fliegen die Schwalben, nur manchmal stößt eine herunter auf die Straße, flitzt sausend über den Graben, wo die Mückenschwärme tanzen, und hebt sich wieder über die Wipfel. Meine Gedanken aber sind bei Waldi, der Bracke, die der Schimmel des Fleischers so schwer schlug, daß der Gnadenschuß dem wunden Tier ein letzter Liebesdienst war. Still ist es in manchem Bergrevier geworden, seit das Brackengeläut nicht mehr aufklingt, und es ist gut so. Ich freue mich der Ruhe für Wild und Heger. Und doch trauere ich den Stunden voll Spannung und Lust nach, als die Jagd über Berg und Tal ging, der Hundelaut verflog und wieder aufbellte. Ich wollte den Tag nicht missen, da die Hündin an der warmen Fuchsfährte lag und sie nicht eher ließ, als bis der starke Rüde mir in die Flinte gelaufen war. Und jeder geriebene Waldhas, der mit Haken und Absprüngen die Hundenase immer wieder in die Irre führte, der oft erst nach stundenlangem Harren, wenn ihn, immer lauthals, die Hunde auf den Schützen drückten, dann im Feuer rollierte, war mir lieber als zehn Löffelmänner, die mir das letzte Feldtreiben brachte.
Dort links ist die buschige Kiefer, von der der Ringeltauber in den Abend lockte, den ich mit Schwarzpulver aus den Rosendamastläufen der alten Dopplerin um seine Sehnsucht betrog. An der Kiefer geht ein Weg vorbei, auf dem ich noch nie jemand begegnet bin, es sei denn dem keckernden Eichkatzenpaar, schwarz mit weißem

Bauchfleck die eine, birkfuchsgelb die andere, die um den silbergrauen Tannenstamm jagen, sich zur Föhre hinüberschnellen, daß die schwingenden Äste sich wundern: Nein, so was, nein, so was! – Oder dem alten Rammler, der mir talwärts entgegenkam, da ein wenig naschte, dort sich lang machte an den jungen Wildkirschentrieben, bis ihm der Wind die Menschenwittrung um das nimmerermüdende Näslein spielte und der Schreck ihn herumwarf und ich ihm nachlachen mußte, weil er es mit einem Male gar so eilig hatte.
Dieser Weg ist mir der liebsten einer, weil er tief hineinführt in die Einsamkeit und hoch hinauf, wo den Fichten lange Bärte wachsen, und weil ich ihn oft gegangen bin, Glück im Herzen, wenn mir die Sonne schien, und voll Bitternis, wenn drunten im Tal alles grau um mich war. Wo die hohen Farne stehen und Pestwurz den weichen Boden deckt, da lebt der Wald, wie er will, wächst wild und kraftvoll und stirbt an seinem eigenen Alter, um neuem Leben Licht zu geben. Wirr liegen die Stämme und modern, Fichten und Lärchen und Buchen und Ahorne, als ob es keine Holzschuhmacher und Siebreifenerzeuger, keine Sägewerke und Holzhändler gäbe. Nur der Specht schaut auf Ordnung und pocht und hämmert von früh bis spät, daß die Späne fliegen und weißes Holzmehl ins Moos rieselt.
Von der Ilmbergblöße schweift mein Blick hinunter ins Tal, wo der Bärenlochbach rauscht, hinüber zur Windflach, wo im Frühlingsmorgen die Au erzittert unter dem Balztreiben der Kleinen Hähne, zum Lichtenberg, wo der Urhahn daheim ist und die besten Böcke stehen. Und über dem allen hebt der alte Kubany sein Greisenhaupt. Dort zieht das Rotwild seine Fährte. Um den Wenzelstag herum schreien die Hirsche, und der Südost trägt den Brunftschrei über das Waldmeer, über den Bach und die Au bis herauf zur Ilmbergblöße.
Oft und oft war ich auf der Blöße gestanden. Frühmorgens, wenn die erste Amsel den goldenen Sonnenahnen zujubelte, um die Mittagszeit des wetterschwülen Julitages, wo der Wald schweigt und Kohlweißling und Pfauenauge in der zitternden Sonnenluft torkeln und der Fink nach Regen schreit – und an stillen Abenden, an denen der Wind mit der spröden Birke flüstert.
Wenn ich Rehwild sehen will, muß ich mich in das Stangenholz stellen. Nach Westen zieht ein Schlag quer zum Hang, seinen unteren Rand säumt eine kühle Fichtendickung, die ein Viertel des ganzen Berges ausmacht. Von dort kommt das Wild, zieht über die Blöße, nascht an den Brombeeren, wechselt durch das schmale Stück Altholz und äst sich dann im dichten Wiederwuchs, der die ostseitige Lehne bedeckt.
Hinter dem Tännling richte ich mich ein. Die Bank aus Granit steht schon da, und ein weicher, grünsamtener Polster liegt auch bereit. Da warte ich nun. Das Mückengesindel will sich die Zeit vertreiben, surrt mir um die Ohren, kitzelt mich

an der Nase und hinterm Kragen und möchte mir gerne die Freude vergällen an dem beschaulichen Abend.

Hier scheint mir, die Zeit sei stehen geblieben die langen Jahre hindurch. War es gestern, daß ich das erste Mal hier oben saß? – Oder vorgestern? Die Mücken peinigten mich damals genauso wie heute, auf die braunen spitzen Knabenknie hatten sie es abgesehen, die aus der speckigen Kurzledernen lugten. Ich achtete ihrer nicht und hielt still, als eine verspätete Wespe mich umsummte und der Tausendfuß mir zwischen Arm und Ärmel kroch. Viele Pirschen und viele Böcke liegen in der Vergangenheit. Wenn ich aber an einem lauen Sommerabend am Rande einer Waldblöße stehe, eingesponnen in einsame Stille, dann denke ich oft an meinen Ersten von der Ilmbergblöße, der so fiel wie viele andere, unerwartet und ohne Dramatik, und der mich doch so beglückte wie lange kein Schuß seitdem.

Funkelnagelneu war die einläufige Tell-Büchse. Voll Sehnsucht nach dem immer sauberen Wald floh ich am ersten Ferientag die rußschwangere, staubgraue Stadt. So schön strahlte noch nie die Sonne, so blau war kein Himmel, so froh kein Vogelsang, so bunt keine Wiese und so voll Duft kein Wald wie an jenem Julimorgen, da ich mit weitem Herzen, die eigene Büchse über der Schulter, am Ilmberg nach den Rehwechseln sah. So voll Glück und Frieden war alles um mich, die brummende Hummel, der taumelnde Zitronenfalter, die schillernden Käfer, das hungrige Meisenvolk, daß ein böser Haß in mir aufstieg, wie ich den blaugefiederten Häher entdeckte, der in roher Gier die junge Finkenbrut mordete, unbekümmert um den Jammer der unglücklichen Finkin. Da dachte ich nicht mehr an Bock und Pirsch und war erst wieder froh, nachdem der Schuß verhallt war und der bunte Räuber im Moos lag, dem das dicke Blei nicht weniger zugesetzt hatte als sein harter Schnabel den armen Finklein.

An der Ilmbergblöße waren die Tannen vom Winter her verbissen. Schwarz glänzte Bocklosung in den frischgrünen Rotbeerblättern, das zarte Rindenkleid der jungen Ebereschen hing in Fetzen, weiß und braun leuchteten die geschundenen Leiber der Jungföhren, und der Moospolster um sie herum war um und um geworfen. Hier wollte ich am Abend auf der Lauer liegen.

Schwere Donner grollten über den Bergen, Regen war herabgeprasselt, als ich zur Ilmbergblöße schlich. Und da saß ich auf dem gleichen Granitblock wie heute. Die schwarzen Wolken hatte der Wind mitgenommen, durch das Gezweig blaute der Himmel. In tausend und abertausend glitzernden Wasserperlen spielte die Abendsonne. Die Tännlinge dampften, und zwischen ihnen tanzten die Mücken ihren Reigen. Die Waldspitzmaus, die da unter mir im trockenen Laub raschelte, erschreckte mich damals, und der Eichkater, der den Tannenstamm entlang-

rutschte, ließ mich zusammenfahren, und der Herzschlag trommelte mir bis zum Halse, wie die alte Ricke mit dem muntern Kitz sich über die Blöße äste.
Aber dann brach es leise in der Fichtenjugend und nach einer Weile nochmals, schon weiter links unten, und dort schwankte ein Fichtenzweiglein hin und her, und langsam schob sich ein roter Fleck aus der Dickung, und nun war ich auch ganz ruhig. Langsam hatte ich das Glas hochgenommen. Ein Trumm von einem Bock stand da, sicherte, spielte mit den Lauschern, zwischen denen eng die hohen, dünnen Stangen blitzten. Nun naschte er von den saftigen Blättlein. Schwer spannte das Glas den Riemen, und vorsichtig nahm ich die Büchse hoch, bis das Silberkorn im Blatte stand. Im Schuß riß es ihn herum. Polternd ging die Flucht in die Dickung zurück. Still lag wieder die Blöße und leer, nur aus der Fichtenjugend drang ein letztes Schlegeln, und die Luft war voll verbrannten Pulvers. Die Sonne war hinter den Steindlberg getaucht, die Blöße hüllte sich in graue Schatten, aber auf den höchsten Wipfeln glühte ein blutroter Hauch.
»Böu, böu«, plärrt es hinter mir. Ein Bock rumpelt durch die Stangen.
»Böu, böu«, spottet er über den träumenden Jäger, der über sein Gestern das Heute vergaß. Und »bäh, bäh« schimpft eine alte Tante über die Ruhestörung, und die Amsel meutert, weil sie schon zu Bette gegangen war, und selbst der kleine Zaunkönig tickt erbost über soviel Krach zu nachtschlafener Zeit.
Da nehme ich schnell die Büchse auf und mache, daß ich weiterkomme. Ich kann dem Bock nicht gram sein, der heute schlauer war als ich, der ich von seinen Ahnen träumte, und der dunkle Wald und die helle Straße sind mir so vertraut wie damals, als ich, den grünen Bruch am Hute, meinen ersten Bock vom Ilmberg trug.
Die Fledermaus jagt, und die Nachtfalter schwärmen. Der Kauz ruft, und der alte Uhu vom Hexenstein ist auch noch da. Über der Urbanwiese geistern die Seelenlichter des geizigen Bauern, der in lauen Sommernächten dort umgeht, und die Nebelfrau zieht durch den Bachgrund, wo die Frösche verstummen und die Grillen zur Ruhe kommen.

Waidwerk im Frühjahr

Rolf Goergen

Einst, ich glaube, es war in der ersten Hälfte der sechziger Jahre, da erzählte ich einem Jungjäger von meiner Vorfreude, bald wieder auf den rufenden Tauber zu pirschen. Die Reaktion des Jägers überraschte mich zunächst. Aber längst habe ich ihm die geringschätzige Handbewegung und das überhebliche Lächeln verziehen. In seiner Heimat werden an genau festgelegten Tagen abendliche Hegeringjagden auf Tauben durchgeführt, bei denen oftmals Hunderte zur Strecke kommen.
Die Schäden in den Gemüsekulturen sind derart hoch, daß sogar Prämien für jedes Ständerpaar gezahlt werden. Kein Wunder also, daß jenen Jägern das Herz nicht gerade höher schlägt, wenn im Frühjahr das Rufen des Taubers von hoher Warte ertönt.
Aber auch hier in unserer waldreichen Gegend gibt es nur vereinzelte Jäger, die diesem – allerdings trophäenlosen – Waidwerk etwas Positives abgewinnen können. Eigentlich schade! Wer dutzendweise Hirsche, Sauen und Rehböcke schießt, aber dieses herrliche »kleine Waidwerk« (das zumeist mit großen jagdlichen Schwierigkeiten verknüpft ist und dem Jäger sein ganzes Können abverlangt) sein Lebtag nicht kennengelernt hat, der hat viel, sehr viel versäumt und, so glaube ich, den Sinn des Jagens nie begriffen!
Damals beging ich ein kleines, schmuckes Revierchen. Außer einem guten Rehbestand gab es auch zahlreiche Tauben, die ausschließlich von mir gejagt wurden. So packte ich an einem schönen, sonnigen Apriltag einen deftigen Kanten Brot, Dauerwurst, dazu eine gute Flasche »Bullayer Brautrock« in den Rucksack und stieg bedächtigen Schrittes bergan ins Revier. Ich wählte die Abkürzungswege, die steil zwischen den noch blattlosen Rebstöcken auf die Moselhöhen führten, und kam so zügiger zum Ziel; mußte aber dabei in Kauf nehmen, daß es unter meinem Jagdfilz gewaltig dampfte.
Für heute hatte ich mir vorgenommen, im kahlen Hochwald unweit eines eingesäten Feldes auf Tauben zu passen.
Als ich durch tiefes Fallaub und knackendes Astwerk meinem Platz, einer am Boden gegabelten Altbuche, zustrebte, lärmte ein großer Flug Tauben davon. Aus Erfahrung wußte ich, daß sie bald wieder zustreichen würden. So war es dann auch; ohne

Mühe schoß ich einen Tauber, just als er mit Rucksen begann, aus der benachbarten Buche.
Das Warten auf das nächste »Geschwader« wurde mir nicht langweilig, dafür sorgte ein »lachender« Kuckuck, der mir durch die zehnfach vergrößernde Optik zum Greifen nahe schien. Schon fielen die ersten Tauben wieder ein. Mit wichtigem Gehabe, sich mächtig in die Brust werfend, machte ein verliebter Galan auf sich aufmerksam. Deutlich vernahm ich das schnarchende Gurgeln, welches der Ringeltauber nur dann vernehmen läßt, wenn er seine Auserwählte in der Nähe weiß. Noch nie gelang es mir, wenn ich diese Schnurrlaute im Fichtenbestand vernahm, erfolgreich heranzukommen. Man konnte einfach nicht definieren, aus welcher der vielen Fichten die Laute drangen. Hat der »Chef« den schleichenden Jäger überhört oder übersehen, dann hat die Täubin garantiert zeitig genug »Lunte gerochen«, und mit klatschenden Schwingen ging die Reise ab. Zurück bleibt ein enttäuschter Jäger mit langem Gesicht, nun am wackelnden Ast betrübt erkennend, wo das Ziel seiner Mühen verborgen war.
Hier war das anders, ich sah die Tauben frei vor mir. Der Schrotschuß schien mir in dieser Situation zu einfach, auch bot der Wichtigtuer seine breite, zartrosa Brust verlockend der kleinen Kugel dar. Schwer schlug er nach sauberen Schuß ins Fallaub. Bald strichen weitere Tauben herbei, von denen ich noch zwei mit Schrot Nr. 5 aus dem wirren Geäst der umliegenden Baumkronen holte. Während die eine am Stamm einer mächtigen Buche wie ruhend lag, war die zweite noch abgestrichen. Ich hatte sie leichtsinnigerweise von hinten beschossen. Mein angespannt lauschendes Ohr vernahm aber in der Stille des Waldes den dumpfen Aufschlag, und ich brauchte nur nach den verlorengegangenen, im eintönigen Fallaub hell leuchtenden Flaumfederchen zu schauen, und fand so alsbald meine Taube.
Die Frühlingskünder neben mir auf Brüchen gebettet, lehnte ich behaglich mit dem Rücken an meiner Buche, schnitt Brot und Wurst über den Daumen und genoß abschließend den guten Tropfen, den ich ja eigens für diese kleine Feierstunde eingesteckt hatte.
An den folgenden Tagen – Karfreitag bis Ostermontag –, standen herrliche Tage für dieses kleine/große Waidwerk zu Verfügung. Mancher Tauber, der durch anhaltendes Liebeswerben seinen Standort preisgab, wurde mir zu willkommenen Beute.
Meine Versuche, den entfernten Tauber anzulocken, mißlangen dagegen kläglich. Der größte Erfolg auf diesem Gebiet bestand immerhin darin, einen »Verschwiegenen« zum Antworten zu bewegen. Das reichte in der Regel, um auf Schußentfernung heranzukommen. Und doch beneide ich jene Jäger ein wenig, denen es kunstvoll gelingt, den jugendlichen Nebenbuhler zu imitieren und den »Alten« derart zu reizen, daß er entschlossen zusteht. Daß die von mir nur mit dem Mund

(also ohne Hilfe der hohlen Faust) hervorgebrachten Locklaute allerdings nicht grundlegend falsch waren, entnahm ich daraus, daß verschiedentlich angepirschte Tauben nur etwa sechs bis sieben Meter steil über meinem Kopf in einer Fichte vertraut aushielten, was in Anbetracht der enormen Vorsicht dieses Wildes schon was heißen soll.

Zu gutem Erfolg kommt man auch, wenn die bevorzugten Schlafstellen ausfindig gemacht werden. Von einem sauber geharkten Pirschpfad aus konnte ich allabendlich beobachten, wie die Tauben, es waren sicher 40 bis 50, aus den Eichen des Nachbarreviers abstrichen und mit eleganten Bogenflügen in die Wipfel der zu unserem Revier gehörenden hohen Fichten einfielen. Nach etwa 15 Minuten begannen sich die Tauben einzeln, aber recht flott nacheinander, auf die tiefer am Stamm gelegenen Schlafplätze umzustellen. Auf diesen Augenblick hatte ich, in guter Deckung einer starken Fichte stehend, nur gewartet und schoß eine aus dem Geäst. Wenn man Glück hat, gelingt es, mehrere zu erlegen, bevor der ganze Flug diese Störung übelnimmt und prasselnd abstreicht.

Ich benutze abends immer das Zielfernrohr, da es im Wald früher dunkel wird.

Durch eine unglückliche Fügung war es mir dann jahrelang nicht mehr möglich, auf den rufenden Frühjahrs-Tauber zu pirschen. Doch jetzt – St. Hubertus sei's gedankt! – im alten Revier wieder tätig, möchte ich das schmerzlich Versäumte in bescheidenem Maße nachholen.

Heute früh endlich pirschte ich, nach langjähriger Abwesenheit, in vertrauter Umgebung durch jenen Fichtenbestand, in dem ich zuerst als Jungjäger, später dann als junger Jäger meine ersten rufenden Ringeltauber erfolgreich ansprang. Es hat sich in den Jahren wenig verändert, sieht man mal von den lichter gewordenen Stangenhölzern und Dickungen ab. Geblieben ist die Vorliebe der Ringeltauben, dieses flache, mit Fichten, Kiefern und Lärchen bewachsene Plateau oberhalb schroffer Rebenhänge für ihr frühlingskündendes Liebeswerben aufzusuchen.

Behutsam schleiche ich weiter. Plötzlich ein silbriger Wischer, der sich kontrastreich vom Dunkelgrün der Fichten abhebt – eine Taube! Sie hat mich nicht vernommen, nicht eräugt, nur umgestellt auf einen anderen Baum hat sie sich. Jetzt aber aufgepaßt! Kaum ein heimisches Wild, das besser äugt als die Taube.

Sperriges Astwerk und trockene Fichtenzapfen müssen umgangen werden. Im Augenwinkel sehe ich schräg hinter mir meinen Rauhhaarteckel »pirschen«. Auch ihn hat die Spannung erfaßt. Schließlich, in guter Deckung einer Fichte stehend, sehe ich über eine schmale Blöße hinweg die Taube im Wipfel einer hochragenden Altfichte. Millimeterweise reckt sich der »Dreilauf« gen Himmel. Mit schräggehaltenem Kopf und vor Jagdfieber vibrierend, beobachtet der Hund jede Bewegung. Im Zielglas erkenne ich jedoch meinen Irrtum: Die vermeintliche Taube ist nichts als ein Bündel vom Morgenlicht rötlich überhauchter Fichtenzapfen.

Enttäuscht senke ich den Drilling und trete seitlich hinter der bis zum Boden beasteten Fichte hervor – und erstarre in der Bewegung. Der Tauber stellt sich abermals um, ohne mich bemerkt zu haben. Diesmal sehe ich genau wo er einfällt – und das wird ihm zum Verhängnis. Mein Schuß (Schrot Nr. 5) stößt ihn vom Ast, und der dumpfe Aufschlag verkündet mir, daß die Schrote ihr Ziel durch das Astgewirr gefunden haben. Mit stiller Freude nehme ich wenig später meine Beute vom Waldboden auf und streiche ihr das vom Sturz zerzauste Gefieder glatt, während der aufkommende Wind das Glockengeläut des talwärts liegenden Moseldörfchens heraufträgt.

Eine weitere überaus interessante Tätigkeit – sieht man mal von den üblichen Revierarbeiten während dieser Wochen nach Beendigung der Fuchsranz und vor dem ersten Rehbock-Ansitz ab – ist das Spekulieren nach Abwurfstangen. Die älteren Hirsche werfen spätestens in der ersten Märzhälfte ihre Wehr ins Fallaub oder aufs freie Feld, wo schon ein vorwitziger grüner Halm den Äser verwöhnt. Nicht gerade häufig hat man hier bei uns das Glück, eine Stange, geschweige denn gar die Paßstangen zu finden.

Ende Januar, die Jagdzeit war zu Ende, fährtete ich drei Hirsche, darunter einen starken. Mit Rüben und Kartoffeln versuchte ich ihnen den Aufenthalt im Revier so angenehm wie möglich zu gestalten; wenn es keine menschlichen Störungen (Wanderer, Geländefahrer usw.) geben würde, dann müßte es eigentlich gelingen, die Hirsche »zu halten«, bis die Stangen fallen.

Auf einem Reviergang am 15. März gewahrte ich zwischen den Stoppeln, ganz in der Nähe einer Kanzel, einen spitz herausragenden Gegenstand, der mir irgendwie »verdächtig« vorkam. Beim genaueren Hinschauen entpuppte er sich als Abwurfstange. Und was für eine! Als ich sie hochbeglückt in den Händen hielt, dabei in Richtung Grenzweg blickte, glaubte ich zu träumen: Dort nur zwanzig Gänge weiter, dort lag doch tatsächlich die Paßstange des ungeraden Vierzehnenders!

Hätte ich den Träger dieser Stangen irgendwann im verflossenen Jagdjahr erlegen dürfen, dann hätte ich mich kaum mehr gefreut als jetzt über diesen Fund.

Mein jagdlicher Frühlingsstrauß wurde prächtig bunt, indem es mir gelang, eine Elster, vier Krähen und ein Dutzend Eichelhäher zu erbeuten – alle mit der kleinen Kugel (.22 Magnum). Dieser Einsatz während der oft zitierten »stillen Zeit« (die es natürlich überhaupt nicht gibt) hat – außer dem jagdlichen Erleben – noch den Vorteil, daß man in der Übung bleibt im Umgang mit der Waffe und zudem das traditionelle Frühjahrs-Einschießen erspart; denn wer mit dem Einstecklauf auf

70 bis 80 Meter eine Krähe oder Elster trifft, dem dürfte der Schuß mit der »großen« Kugel auf den Rehbock keinerlei Probleme bereiten.
Vieles kann man in diesen Wochen sehen und hören, manches Interessante erleben – nur rausgehen muß man eben . . . Wenn hierzu auch vielen auswärtigen Revierinhabern die Zeit fehlt, so gibt es doch allenthalben bescheidene, passionierte Leute, die gern ihre Freizeit für die Belange des anvertrauten Reviers opfern, um hin und wieder Augenblicke bescheidenen jagdlichen Erfolgs erleben zu dürfen.
Gerechtes Jagen ist, ob auf Hirsch, Sau, Schnepfe oder »nur« Taube – wer wagt das zu bezweifeln? – eine gute Sache. Gutes Essen und Trinken eine nicht mindere. Beides, im gesunden Verhältnis miteinander vereint, hält Geist und Körper beieinander. Aber nicht nur das saubere Zur-Strecke-Bringen der Kreatur will gründlich erlernt sein; die Zubereitung in der Küche – ich lasse sie mir nicht nehmen – erfordert ebenso ein Höchstmaß an Fingerspitzengefühl und Können. Es muß auch nicht immer Hasenpfeffer oder gar Rehrücken sein. Auch Tauben und Eichelhäher schmecken – mit viel Liebe zubereitet – ganz ausgezeichnet.
Nachdem sie gründlich gerupft und gereinigt sind, werden die Tauben mit Tomate, Apfel, Zwiebel und Speckwürfeln gefüllt (auch Hackfleisch). Dann löse ich längs des Brustmittelknochens das Wildpret und schiebe eine Scheibe Speck darunter. Nach dem Würzen mit Salz und Pfeffer legt man nun das Wild in den mit glasig erhitzten Speckwürfeln angereicherten Bräter und läßt es unter Zugabe von Zwiebelringen und Apfelscheibchen zunächst schön braun brutzeln. In der Folge gießt man die vorbereitete Brühe bei und erhält so eine pikante Soße, die später mit Mehl gebunden und mit Rotwein abgeschmeckt wird. Als sehr wohlschmeckend dazu empfinde ich Apfelkompott.
Krönender Abschluß bildet nach einem solchen stimmungsvollen Frühlings-Jagdtag das besinnliche Schlürfen eines edlen Tropfens – hier natürlich aus dem lieblichen Moseltal . . .

Grenznachbarn

Hans Lux

Der Bauer Klausen hatte nicht nur einen prächtigen Hof, er hatte auch eine vortreffliche Jagd. Keinen Schrebergarten, sondern eine richtige, fabelhafte Jagd. Weiträumig und ausgedehnt, wie es der Hof selbst war. Wer eine Jagd hat, hat auch Jagdnachbarn. Klausen hatte davon vier Stück. Das war nicht einmal zuviel. Denn Jagden stoßen überall an ihren Ecken und Kanten mit anderen Jagden zusammen, ebenso an ihren langen und kurzen Seiten. Das kann mitunter eine stattliche Anzahl von Nachbarn ergeben. Zu allen hatte er ein gutes Verhältnis. Sie waren auch nur Menschen wie alle anderen und hatten nicht nur ihre guten Seiten, genau wie Klausen, der ebenfalls nicht nur gute Seiten hatte. Aber eines hatten sie alle gemeinsam: Sie mühten sich um gute Nachbarschaft und taten das letztlich sich selbst zu Gefallen. Denn dumm waren sie alle Vier nicht. Sonst aber waren sie voneinander grundverschieden.

Der Klausen hatte es von allen am besten, weil er die Jagd vor der Haustür hatte, also gleichsam in ihr wohnte. Auch sonst hatte er es am besten. Denn er war auch der eigene Bauer in seiner eigenen Jagd. Das war mehr wert als ein Sack voll Geld. Denn wenn er auch ein guter Bauer war, so war er halt dennoch ein Jäger. Und auch bei einem guten Bauern spricht der Jäger in ihm stets ein gewichtiges Wort mit. Das ist gut für den Jäger und meistens auch gut für das Wild. Denn über Wildschäden, die nicht von anderen Leuten bezahlt werden müssen, gibt es wenig Aufhebens und schon gar kein Geschrei. Das würde nämlich gar nichts nützen. So bleibt die ganze Feldmark ein einziger, großer Wildacker. Den man zwar nicht so ganz wörtlich nehmen darf. Aber Äsung hat das Wild das ganze Jahr hindurch. Das stört manchmal den Bauern und freut den Jäger. Wenn aber beide in einer Person vereinigt sind, dann ist leicht ein Kompromiß geschlossen und in neun von zehn Fällen zugunsten des Jägers. Das ist für den Jäger eine großartige Angelegenheit, und dem Bauern tut's gar nicht so sehr weh. Aber der Klausen hatte den anderen noch etwas voraus. Vom Kaninchen bis zum Rotwild konnte er fast auf jede Wildart jagen. Denn einer seiner Nachbarn war der Staatsforst. Staatswälder aber haben in punkto Jagd ihren eigenen Nimbus. Das ist an sich kein Kunststück bei der üblichen Ausdehnung und der damit meist verbundenen Ruhe dieser Wälder. Das Kunst-

stück liegt allein darin, daß sich der Staatswald in jagdlichen Dingen immer etwas einfallen läßt, auch dann noch, wenn die Holzpreise zusammenschrumpfen und die Unkosten wachsen. Darüber sollte man nicht zetern. Schon gar nicht sollten das die Jäger tun. Denn von einem reich gedeckten Tisch fällt für jeden genügend ab. Das ist dann für die kleinen Leute, die sich daran laben können und es auch tun. Dumm ist es nur, daß sie dabei nicht stille bleiben, sondern nach mehr und mehr schreien und den gedeckten Tisch mit gierigen Augen betrachten. Das könnte manchmal leicht ins Auge gehen. Denn ein leerer Tisch wirft nichts mehr ab. Das wußte der Bauer Klausen und schrie darum auch nicht, sondern hielt eine gute Nachbarschaft zu den Leuten der grünen Farbe. Und die waren ihrerseits wiederum froh, so einen Nachbarn zu haben. Denn das Wild kann sich selbst im riesigen Staatsforst allein nicht den Pansen und den Weidsack füllen, sondern muß austreten können auf Felder und Wiesen, die wiederum andere Leute besitzen. Dann wird die Eule zur Nachtigall. Und beide Seiten können sich freuen über den gelungenen Scherz. Nur müssen sie als Jäger die gleichen Interessen haben.
So hatte der Staatswald mit dem Klausenbauern keinen schlechten Fang getan. Und umgekehrt war's auch nicht der Fall. Das Schönste aber war, daß beide Seiten es wußten und sich gegenseitig respektierten.
Die anderen Angrenzer hatten keinen Staatswald zum Nachbarn, aber den Klausenbauern. Und das war auch etwas wert. Da war erst mal der Schneidermeister Hinze, ein langer, dünner Mann und immer tipp topp angezogen, wie es eines Schneidermeisters würdig ist. Schneidermeister durfte man eigentlich nicht sagen, obwohl er es war. Aber ein normaler Schneidermeister pachtet sich nur selten eine Jagd. Das beginnt erst dann, wenn daraus ein Kleiderfabrikant wird. Ein solcher war der Hinze. Das war ihm zwar nicht zu Kopf gestiegen, im Gegenteil. Sein Meisterbrief hing wie ein Ausweis und allen sichtbar in der Diele seines Hauses. Dafür brauchte er sich nicht zu schämen. Der Fabrikant war doch die lukrativere Seite und hatte ihm letztlich das Jagen und eine Jagd eingebracht. Hinze war auch ein korrekter Mann. Das sind wohl alle Schneider und es hängt mit dem Beruf zusammen. Er war auch ein korrekter Jäger. Darum führte er auch einen Jagdhund. Der hatte ein Gesicht wie sein Herr, nur trug er keine Brille. Auch sonst glich er seinem Halter. Er war dürr und stand auf langen Läufen. Das gab ihm etwas Spinnenhaftes. Der Jüngste war er auch nicht mehr. Das sah man an seinen Zähnen, wenn er den Fang zum Gähnen aufsperrte und auch an seinem stacksigen Gang. Aber sonst war er noch gut zu gebrauchen, besonders für einen älteren Herren, wie es der Hinze war. Da brauchte nicht mehr alles so schnell zu sein. Auch nicht der Jagdhund. Nur beim Karnickelstöbern wurde der alte Kurzhaar wieder richtig jung. Dann merkte man ihm die Jahre nicht an. Aber danach mußte er sich immer erst eine Woche erholen, ehe er

wieder richtig auf den Läufen stand. Dem Hinze erging es dabei fast ebenso, weil er sich bei den Karnickeln immer so fürchterlich erregte, wenn er vorbeischoß. Das tat er ausgiebig, und seine Würde verließ ihn auch beim Karnickelschießen nicht. Hier war sie aber fehl am Platze. Denn ein Karnickelschütze braucht nicht Würde, sondern Schnelligkeit. Diese beiden Dinge treffen aber nur selten gut aufeinander. Mit der Kugel konnte es Hinze besser. Hier stand ihm die Würde nicht im Wege. Darum lagen auch fast alle Rehböcke, die er sich ins Visier nahm, im Feuer und die paar Ricken auch. Von letzteren aber waren es in jedem Jahr immer nur wenige, manchmal auch keine. Weil Hinze die Dinge ganz kommerziell sah. Ein Biologe war er nicht, nur insofern, als er wußte, daß allein die Ricken die Kitze bringen. Nur aufklären durfte man ihn nicht. Dann konnte er sogar seine Würde verlieren. Wenn er dann sagte, daß so ein feister Rehbock doch mit vier oder fünf Ricken fertig werden müßte. Er nahm das ganz menschlich und fand den Rickenabschuß als sinnlosen Mord. Überhaupt alles nahm er sehr menschlich, was in seinem Jagdrevier geschah. Darum hatte er auch alle nasenlang Futterstellen stehen. Die waren immer gut beschickt, sogar im Sommer. Das kostete ihn zwar eine Unmenge an Geld, aber es beruhigte auch sein Gemüt. Sonst war er ein Nachbar, der nicht weiter auffiel, den Grenzbock am Leben ließ und einmal im Jahr seine Angrenzer zu einer kleinen Jagd in sein Revier lud. Dann sagte er schon bei der Begrüßung, wieviel Stück Wild geschossen werden durften. Und wenn das Soll erfüllt war, dann wurde Schluß gemacht mit dem Jagen. Auch wenn es erst Mittagszeit war. Dennoch kamen seine Gäste immer gern, weil das anschließende Schüsseltreiben große Klasse war. Dazu ging man auch nicht in die Kneipe, sondern feierte in Hinzes Haus, wo der Schneidermeisterbrief in der Diele hing, gleich neben der Garderobe, daß jeder sehen konnte, welch goldenen Boden ehrbares Handwerk noch immer hat. Auch hatte er eine reizende Frau. Die war nicht mitgewachsen, als der Schneidermeister zum Fabrikanten aufstieg. Darum war sie auch so reizend geblieben und lief nicht in Pfauenfedern herum, wie das in ähnlichen Fällen manchmal geschieht. Dennoch oder gerade deswegen war sie charmant. Von der Jagd verstand sie nichts. Aber zuhören konnte sie, wenn die Männer von der Jagd sprachen. Das war auch etwas. Nur der Hinze, der wollte es anders, und er hatte sein Frauchen auch einmal in einen Jungjägerlehrgang geschickt, daß es mitreden könnte und gesellschaftsfähiger würde. Damit hatte er allerdings Pech gehabt. Denn das Frauchen wollte keine Büchse von der Flinte unterscheiden lernen und wollte auch nicht wissen, wie sich ein Brunfthirsch benimmt und auch nicht, wie ein balzender Auerhahn. Und die Größe eines Eigenjagdbezirks und die Rasanz einer Hochgeschwindigkeitspatrone waren ihr schnuppe. So war es Hinzes stiller Kummer, daß ihn seine Frau in diesem Punkt im Stich gelassen hatte. Aber das war wohl sein einziger ehelicher Kummer.

Seine Kinderlosigkeit störte ihn nicht. Er hätte mit Kindern wohl auch nichts anzufangen gewußt.
Anders war das bei dem dritten Angrenzer, dem Apotheker Labsam. Der hatte sechs Kinder, eines gesünder als das andere. Er war noch jung, seine Frau noch jünger. Dabei ließ sich noch einiges erhoffen. Labsam war ein lustiges Haus und ein ebenso lustiger Jäger. Seine Jagdpassion ging ihm über alles. Am liebsten wäre er Förster geworden. Aber seine Familie wollte es anders. Denn der Vater war Apotheker und der Großvater und der Urgroßvater auch. Darum durfte die Kette nicht abreißen. Außerdem konnte sich ein tüchtiger Apotheker nach Auffassung der Familie alles erlauben, ein tüchtiger Förster aber höchstens die Hälfte davon, meist noch weniger. Das sah der junge Labsam auch ein, als er älter und vernünftiger geworden war. Den entgangenen Förster konnte er aber trotzdem nie ganz verwinden. Darum lief er auch dann im grünen Loden herum, wenn es nicht zur Jagd ging, und einen Hund hatte er auch meistens um sich. Irgendeinen, denn er besaß mehrere. Am besten machte sich ein robuster Drahthaarrüde mit verwegenem Bart und blutunterlaufenen Augen. Der begleitete den Apotheker stets, wenn dieser in der Stadt zu tun hatte oder bei den Behörden. Dabei war der Rüde ein gutmütiges Schaf und tat keiner Maus etwas zuleide. Aber das wußten die meisten Leute nicht und sahen sich vor. Nur eine dumme Untugend hatte der Hund. Er hob an jedem Gegenstand, der größer war als er selbst, das Bein und tat dabei etwas. Das war ihm nicht abzugewöhnen. Aber der Labsam gab sich wohl auch nicht die rechte Mühe, und was die anderen ärgerte, grämte ihn noch längst nicht. Denn er war, wie gesagt, ein lustiges Haus. Und bei dem Betriebsprüfer, der sich unlängst einfand und sich gar nicht gut aufführte, spielte der Rüde den hinterhältigen Rächer, indem er das Bein hob und das Hosentuch des unliebsamen Mannes tüchtig einweichte. Weniger schön war es, daß genau das gleiche beim Herrn Pastor passierte. Aber das konnte auch damit zusammenhängen, daß der Pastor Hunde nicht leiden konnte, sondern nur Katzen. Ein Dutzend davon schlichen im Pfarrhaus umher, und der schwarze Anzug des geistlichen Herrn war stets mit weichen Katzenhaaren garniert. Der Drahthaar war ein kluges Tier und merkte so etwas sicher. Denn wenn er auch keiner Maus etwas zuleide tat, mit Katzen hatte er nichts im Sinn.
Hund Numero zwei im Hause Labsam war eine kleine, niedliche Münsterländerhündin. Die war besser geartet als der große Rüde. Auch lag ihr das Laufhochheben nicht im Blut. Sie war halt eine Hündin. Sonst war sie lustig wie ihr Herr. Nur beim Briefträger benahm sie sich stets daneben. Daran hatte der Mann in der blauen Uniform selbst Schuld, weil er der Kleinen einmal auf die Zehen getreten war, als sie ihn nicht gleich an den Hausbriefkasten heranlassen wollte. Hunde und Elefanten aber vergessen nichts. Nichts das Gute, auch nicht das Böse, das ihnen geboten oder

zugefügt wird. Bei der Jagd war die hübsche Langhaarige ganz groß und hatte eine Passion, welche mitunter selbst die von Labsam noch übertraf. Und das wollte etwas heißen!

Dann war noch ein Dackel im Hause Labsam. Der kam aus dem Rüpelalter nie heraus, obwohl er schon fünf Jahre alt war. Daran waren die Labsams selbst schuld, denn sie hatten es versäumt, den schlauen Patron rechtzeitig als ganzen Hund zu betrachten. Statt dessen blieb er immer der Kleine, obwohl er vital war wie ein Playboy und abgebrüht wie ein Altwarenhändler. Nur die Menschen merkten das nicht und ließen sich von dem Kurzbein an der Nase herumführen. Manchmal durfte er auch mit ins Revier. Das kostete leider immer etliche Nerven. Denn schon in den ersten fünf Minuten verschwand er in Busch und Dorn. Dann hörte man ihn stundenlang laut jagen, weil er jede Fährte fand und jede Spur. Erst am Abend stellte er sich wieder ein, gerade noch rechtzeitig, um nach Hause mitgenommen zu werden. Zwar schimpfte man mit ihm, aber das nahm er nicht ernst, denn er wußte aus Erfahrung, daß die ganze Familie froh war, ihn wieder zu haben. Dennoch hatte er dem Apotheker bei der jagdlichen Arbeit auch schon gute Dienste geleistet. Wenn ein Bock oder eine Geiß nach dem Schuß nicht gefunden werden konnte, der Teckel blieb auf der Fährte und fand. Aber das mußte am Riemen geschehen, sonst wäre er vielleicht noch ausgebrochen und hätte sich an gesunden Rehen verjagt oder an einem Waldhasen. Er war halt unberechenbar.

Die anderen Jäger mochten den Apotheker gern, weil er keine Grillen kannte und auch sonst ein angenehmer Nachbar war. Er vertrug sich mit allen und half allen auch dann, wenn es nicht nur um jagdliche Dinge ging.

Dann war da noch ein Bauunternehmer. Der hatte auch eine Angrenzerjagd. Er hieß Forsch und war so etwas wie ein Mittelding zwischen dem Schneidermeister Hinze und dem Apotheker Labsam. Forsch war als Jäger sehr ehrgeizig. Im Beruf ebenfalls, und er hatte es damit ziemlich weit gebracht. Bei der Jagd war sein Ehrgeiz manchmal zu weitgehend. Das gab dann Streit zwischen ihm und den anderen Schützen. Zum Beispiel bei gemeinsam erlegtem Niederwild. Er mochte immer gern der erste sein und am Abend mit der größten Strecke glänzen. Das glückte ihm oft, weil er eine gute Flinte schoß und auch nicht zimperlich war beim Schießen. Wenn dem Standnachbarn ein Stück Wild kam, dann machte Forsch zuerst Dampf und auf jede Entfernung. Der Schneidermeister nannte ihn sogar einmal einen Schießer. Das war wohl zu hart. Denn es ging nur um einen Hasen, den Forsch dem Kleidermann vor der Flinte wegschoß, daß die Schrote dem Hinze um die Stiefel prasselten. Die anderen lachten, weil der Schneider einen akrobatischen Luftsprung machte. Aber gefährlich war's immerhin. Zwar meinte der Apotheker, daß ein ordentlicher Jäger bei nur drei Millimeter-Schrot nicht gleich springen müßte. Das

wäre erst bei Grobhagel nötig. Aber als Hinze ihm Schrote anbot, machte er einen Rückzieher, obwohl der Klausenbauer der Auffassung war, daß des Apothekers dickes Fell solchen Kügelchen bestimmt standhalten würde.
Als der Forsch dann seine kleine Jagd abgab, waren sich die anderen drei einig und taten das, was ihnen der Bauunternehmer oftmals vorpraktiziert hatte und schossen ihm das anlaufende Wild, so es möglich war, vor der Nase weg. Das war eine böse Lektion. Aber Forsch sagte nichts dazu, sondern trug die Schmach, für ihn war es eine, mit verbissenen Zähnen. Gegen drei Mann konnte er allein nicht ankommen. Den Gedanken für eine Revanche hatte er allerdings längst gefaßt. Sonst war gegen Forsch nicht allzuviel einzuwenden, denn es gab anderswo schlechtere Nachbarn, als den Bauunternehmer. Auch tat er viel, um als guter Jäger zu gelten, ließ keine jagdliche Versammlung aus und kein jagdliches Schießen. Darum hing der Haussegen zwar ein wenig schief, aber Forsch vertrat die Auffassung, daß der, welcher A sagt, auch B sagen müsse, und ein Jäger hatte auch in der Gemeinschaft mitzuwirken. Ja, der Forsch tat schon etwas für sein Jägerdasein. Hunde hatte er auch. Einen Setter und einen Jagdterrier. Der Setter war ehrgeizig wie der Herr, was sich besonders beim Apportieren zeigte. Er griff sich jeden Hasen, auch wenn er aus dem Fang eines anderen Hundes war. Meistens ging das sogar gut. Nur bei der Münsterländerin vom Apotheker traute er sich nicht mehr zu solchem Mundraub. Denn die Kleine hatte ihn einmal ganz schön abblitzen lassen, als er ihr einen schweren Hasen stibitzte und ihn dabei übel zugerichtet. Denn mit dem Hasen im Fang konnte er sich nicht einmal verteidigen und zurückbeißen, und auslassen wollte er ihn auch nicht mehr. Das ist ihm gar nicht gut bekommen, und der Forsch gab dem Rüden danach noch saftige Hiebe, weil er sich von der kleinen Hündin so derb hatte massakrieren lassen. Denn Hundeehre war hier auch Menschenehre. Aber aus diesem Vorfall hatte der Rüde seine Lehre gezogen, und fortan zog er um die gefährliche Hündin einen großen Bogen und ließ ihr das Wild, welches sie gerade im Fang trug.
Der Jagdterrier hatte von Ehrgeiz keine Spur. Der lag ihm nicht. Darum mußte er auch meistens zu Hause bleiben, wenn es zur Jagd ging. Aber auch deshalb, weil er seinen Gebieter nicht respektierte. Nur im Winter, wenn Sauen fest waren, durfte er mit. Ohne ihn ging es einfach nicht. Fehlte er, dann gab es eine verkorkste Jagd. Sonst machte er die ganze Arbeit allein und kümmerte sich nicht um die anderen Hunde. Denn ehe die begriffen hatten, worum es ging, hatte er die Sauen längst gefunden und in Marsch gesetzt. Dann aber legte er erst richtig los und wirbelte die wilden Gesellen so durcheinaner, daß sie jeden Halt zu ihresgleichen verloren und nach allen Richtungen auseinanderrstoben. Das kriegte er immer und wunderschön hin. Nur wehe, wenn die Sauen gesund aus dem Treiben herauskamen! Dann hielt er mit ihnen und begleitete sie stundenlang. Das war weniger schön, denn die Jäger

hatten das Nachsehen, weil sie ohne diesen Sauhund nicht weitermachen konnten. Verloren ging der Terrier nie. Irgendwann fand er immer zurück. Und wenn die Menschen den Sammelplatz längst verlassen hatten, weil sie böse waren auf den Terri und nicht Wurzeln schlagen wollten, fand der pfiffige Stromer auch leicht in die Stadt zurück. Er war schon etwas Besonderes, der Terri, von welcher Seite man ihn auch betrachtete.

Natürlich hatte auch der Klausen einen Hund. Eine blitzsaubere, kaffeebraune Langhaarhündin. Sie war in allen Sätteln gerecht und mit allen Wassern gewaschen. Das lag aber weniger an der Rasse als daran, daß Klausen seinen Hund immer um sich hatte und ihn dabei mit allerhand jagdlichen Arbeiten stets beschäftigen konnte. Darum hielt sich der Bauer auch nur einen Hund und nicht zwei oder gar drei. Denn das hatte er auch schon erfahren: Von einem Hund, da hatte man etwas, der wurde auch etwas, von zweien dagegen hatte man nur je die Hälfte und von dreien überhaupt nichts. Und eben darum, weil er sich nur einen Hund hielt, war dieser in jeder Beziehung brauchbar. Das erkannten sogar die Nachbarjäger respektvoll an. Denn ein rechter Jäger besaß noch immer einen rechten Hund. Und der Klausen war ein rechter Jäger und benahm sich danach. Er tat nichts Unanständiges und schon gar nichts des Geldes wegen. Bei den Sauen fing es an. Die hatte er im Sommer und im Herbst haufenweise in seinen Feldfrüchten. Die Nähe zum Staatswald war in dieser Beziehung ein gewisser Nachteil. Klausen hätte sich in jedem Jahr einen Wagen voll von den Schwarzkitteln zusammenschießen können. Er schoß sich aber nicht einmal eine Karre davon voll. »Sauen kann man nicht wie Kaninchen schießen«, sagte er einmal zu einem Gast, dem er einen Gefallen erweisen wollte und am reifen Hafer ansetzte. Dieser Gast wollte es besonders gut tun und erlegte an einem Abend gleich drei Sauen. Es seien zwanzig oder noch mehr dagewesen. Das hätte er beim Klausen lieber bleiben lassen sollen. Dann wäre er vielleicht noch weiter Gast geblieben. So war dieser schöne Zustand mit einem Schlag beendet. Ebensowenig verstand es der Klausen, daß ein Jäger hintereinander zwei oder noch mehr Rehböcke schießen konnte. Das ging ihm nicht in den Kopf, weil er selbst jeden erlegten Rehbock genoß wie eine köstliche Seltenheit und damit immer ein paar Tage zu tun hatte. Aber ein Jagdpapst war der Klausen auch wieder nicht. Einmal genehmigte er einem Jungjäger einen Bock. Es war der erste für den jungen Mann. Klausen hatte gerade keine Zeit, den jungen Mann zu begleiten. Denn es war am Ausgang der Blattzeit, wo Bauern weiß Gott anderes im Schädel haben als die Jagd. Aber der junge Mann konnte auch ohne Begleitung nichts verkehrt machen. Denn der alte Spießbock, der allabendlich in den Wiesen austrat, war nicht zu verwechseln. Und nur der sollte erlegt werden. Die Beschreibung war vollkommen. Nur ist selbst vollkommene Theorie bei der Jagd immer noch unvollkommene

Praxis. Das mußte dann auch der Bauer Klausen nach wenigen Stunden feststellen. Wider Erwarten früh erschien der Jungjäger auf dem Hof. An seinem Hut wippte ein riesiger Fichtenbruch. Das sah Klausen zuerst. Später sah er auch den Rucksack, in dem der Spießer steckte. Der Bock hatte nur einen Schönheitsfehler. Er war verkehrt, weil er nicht den alten Spießbock darstellte, sondern einen Jährling mit selten hohen Stangen. Der Klausen aber hatte Herz und Verstand und wußte, daß eine große Freude nicht wegen eines Irrtums zerschlagen werden durfte. Darum wurde in der gemütlichen Wohnstube die Erlegung des ersten Jungjägerbockes gebührend gefeiert, so, als wäre alles in bester Ordnung. Der junge Jäger war in einer Rosenstimmung. Als es auf die zwölfte Stunde zuging, lüftete Klausen sein bis dahin so wohlgehütetes Geheimnis. Das tat er so beiläufig, daß der Jungjäger gar nichts von einem total verkehrt geschossenen Bocke, sondern eben nur von einem anderen als dem auserwählten Rehbock erfuhr. Darum wurde auch seine Freude nicht weniger. Erst später, als der große Eindruck des jagdlichen Erlebens schon etwas kleiner geworden war, weil die Zeit auch das Schöne verblassen läßt, wurde Klausen deutlich und erklärte dem jungen Manne, daß man gut daran getan hätte, einen solch braven Jährling auch älter werden zu lassen. Damit konnte die Freude über den ersten Bock nachträglich nicht mehr zerstört werden. So war der Klausen! Den richtigen Bock aber erlegte der Jungjäger als seinen zweiten, ein Jahr später. Das wurde dann zu einem richtigen kleinen Fest. Spießer war der Bock geblieben, nur eben ein Jahr älter. Bei der Gehörnschau des Hegeringes bekam die Trophäe den silbernen Bruch, denn richtiger konnte ein Rehbock nicht mehr erlegt werden. Aber fragwürdig ist diese Auszeichnung geblieben. Weil alle Auszeichnungen in der Welt Fragwürdigkeiten sind. Darum lachte auch der Klausenbauer zweideutig, und der Schütze hatte ein ungutes Gefühl, weil er an den Jährling denken mußte, der ihm keinen Ruhm eingebracht hatte und keine Auszeichnung, aber auch keinen Tadel. Aber davon wußen die anderen nichts. Sondern eben nur der Klausenbauer und der ausgezeichnete Schütze. Und beide vestanden es, vernünftigerweise den Mund zu halten.

So war der Klausen schon ein besonderer Bauer und ein besonderer Jäger. Und die Nähe seines Reviers zum Staatswald war auch etwas Besonderes, schon allein deshalb, weil er dadurch das Rotwild im eigenen Revier hatte, nicht nur bei Nacht und als Wechselwild, sondern immer. Die anderen, der Apotheker, der Schneider und der Bauunternehmer waren damit viel weniger gut dran. Bei denen war das Rotwild seltener Gast und tat seine Besuche nur zur Nachtzeit.

Nun ist die Nacht zwar für viele Dinge gut, aber am schlechtesten ist es, wenn man sich anschickt, im guten Glauben und voller Hoffnung, in ihrer Gesellschaft Rotwild zu bejagen. Das wird auch nicht besser, wenn der Mond scheint. Bald konnte der

Forsch ein entsprechendes Lied darüber singen. Zuerst wußte er das auch nicht und trug sich mit ganz ausgezeichneten Gedanken. Denn seinen genehmigten Hirsch wollte er haben. Das ist immer so, daß ein Jäger das haben will, was ihm von der Behörde genehmigt worden ist. Sonst wären alle Richtlinien umsonst. Und wenn der Forsch am Morgen über die Felder schritt, dann standen die Rotwildfährten taufrisch in dem weichen Boden. Ganz sicher war auch das Trittsiegel eines Hirsches dabei. Denn ein Hirschgeweih an der Wand, das fehlte dem Forsch gerade noch!
Darum ließ er es in einer klaren Mondnacht auch angehen und bezog seinen Leitersitz. Erst kam ein Rudel Kahlwild. Es mußte jedenfalls ein solches sein, denn ein Geweih konnte er nirgends erkennen. Der Mond war gut und leuchtend. Lange äste das Rudel vor dem Jäger, daß er schon Appetit bekam, einem der Tiere die Kugel anzutragen und sogar auf den Hirsch zu verzichten. Aber sein Ehrgeiz und der Wunsch nach einem Hirschgeweih für die Wand rettete ihn vor voreiligem Entschluß. Darum beschäftigte er sich nur mit Schauen und dachte dabei an die Dinge, welche noch kommen konnten. Auch in den nächsten Stunden gab es weder ein Geweih noch einen Hirsch. In der zweiten Nacht das gleiche Bild. Das Kahlwildrudel kam pünktlich, sonst geschah nichts Aufregendes. Später brach es rückwärts im Holze. Sofort dachte Forsch an den Hirsch. Aber auch diesmal wollte es nicht stimmen. Denn als das Rudel lange Hälse bekam und zum Holz hinäugte, stand dort ein schwarzer Klumpen, der blies wie eine Sau und wurde dann auch zu einer solchen, als er ins Mondlicht rückte. Da wurde der Forsch ganz schwach und schob sein Gewehr über die Ziellatte. Den Hirsch hatte er vergessen. Das war an sich nichts Ungewöhnliches bei solchem Anblick. Ungewöhnlich allein war , daß die Sau nicht stille hielt, sondern an dem sichernden Kahlwild geschwind vorbeirutschte und in der Weite der Felder und Wiesen unterging. Danach war der Forsch gar nicht mehr mit sich zufrieden, sondern schalt sich einen ausgewachsenen Dummkopf, daß er nicht schneller zur Hand war mit seinem Gewehr und mit einem Schuß. Mit dem Nachhausegehen ließ er sich Zeit. Denn den Spruch, daß ein Jäger, der sitzen kann, immer noch manches bekommt, kannte auch er. In der zweiten Nachthälfte wurde des Bauunternehmers Sitzfestigkeit belohnt. Es trat ein Hirsch aus. Sogar ein Geweih ließ sich im guten Mondlicht erkennen. Der Jäger nahm alles gegen sich selbst zurück und war sogar sehr stolz, daß er alles so gut hingekriegt hatte. Der Schuß saß gut im Leben, und der Hirsch blieb fast in der Fährte. Oh, schießen konnte der Forsch! Jetzt war die Erfüllung da für einen Jäger, der an die Wand unbedingt ein Geweih haben wollte. Jetzt hatte er es und bald auch an der Wand. Nun mag Mondlicht zum Jagen und Schießen schlecht genug sein, gut genug aber ist es in jedem Falle, um Fehler und Sünden am gestreckten Wild zu zeigen. Man muß nur genau hinschauen und sich dabei etwas Zeit lassen. Doch so genau schaute der

stolze Schütze wiederum auch nicht hin, und Zeit ließ er sich ebenfalls keine. Das läßt sich verstehen, wenn man weiß, wie es in einem Jäger ausschaut, der soeben seinen ersten Hirsch mit sauberem Schuß gestreckt hat. Erst später lernt er wieder das richtige Schauen, wenn sich die aus den Fugen geratenen Lebensgeister nicht mehr wie ausgelassene, durcheinanderpurzelnde Kobolde benehmen. Dazu benötigt der eine mehr, der andere weniger Zeit. Bei Forsch dauerte es nicht gar zu lange. Schon am Morgen machte das Kronengeweihchen auf ihn einen ganz vertrackten Eindruck. Denn ein Kronengeweih stellt doch schon immer etwas dar oder sollte es mindestens tun. Dieses hier aber sah noch verteufelt gering und unterentwickelt aus. Doch hat jeder Hirsch außer dem Geweih auch noch einen Unterkiefer. Der ist so etwas Ähnliches wie eine Geburtsurkunde. Diesen hatte zwar der Forsch jetzt in den Händen, aber mit dem Lesen und Deuten kam er gar nicht zurecht. Dennoch hatte er das ungute Gefühl, mit diesem Hirsch etwas ganz Verkehrtes erlegt zu haben. Als sich dieses Gefühl trotz eines ausgiebigen Frühstücks nicht vertreiben ließ, packte er alles, Geweih und Unterkiefer, in den Kofferraum seines Wagens und fuhr zum Klausenbauern hin. Der mußte es bestimmt wissen. Und der Klausenbauer wußte es auch, nur konnte er mit seinem Wissen dem Forsch und seinen unguten Gefühlen nicht aus der Klemme helfen, denn der Hirsch war blutjung, ein unreifer Jüngling noch, wenn man das bei einem Hirsch so sagen kann. Natürlich verschwieg der Forsch die Mondnacht und hatte selbstredend den Hirsch erlegt, als dieser am Morgen ins Holz zurückwollte. Sogar dabei behielt der Klausen sein ernstes Gesicht, obwohl er genau wußte, daß es ein Mondscheinhirsch war. Denn den Schuß hatte er gehört, weil er ebenfalls draußen war, um den Schwarzwildschaden in den Kartoffeln nicht größer werden zu lassen. Trotzdem sagte er nichts, weil er dem Forsch nicht wehe tun wollte. Der Mann hatte so schon seine Last mit dem verkehrten Hirsch, da brauchte nichts mehr dazugetan zu werden. So jedenfalls empfand es der Klausen. Aber dieses Empfinden war trügerisch, wie sich gleich zeigte. Denn der Forsch druckste noch eine Weile herum, kam aber dann mit der ganzen Sprache heraus und bat den Klausenbauern, ihm doch einen seiner vielen Hirschunterkiefer zu überlassen. Wegen eines besseren Alters und so und auch wegen der Trophäenschau. Da aber bekam der Klausen ganz seltsame Augen, und die Sprache blieb ihm weg. Nur zum Kopfschütteln reichte es gerade noch. Das war auch eine Antwort. Die verstand der Forsch. Nicht verstehen konnte er, daß Mitmenschen so wenig hilfsbereit waren, wenn es um einen so ernsthaften Fall wie einen richtigeren Hirschunterkiefer ging. Das wußte der Klausen natürlich besser, weil er mehr von den Dingen verstand als der Forsch und besonders davon, daß man vielleicht einmal bei einem Rehbock mit dem Alter mogeln könne, niemals aber bei diesem Hirsch mit den kindlich langen und stacksig dünnen Rosenstöcken. Einen solchen Betrug würde selbst eine nur mittelmäßig hirschgebildete Bewertungskommission ganz leicht bemerken.

Der Forsch blieb böse. Auf sich selbst und auf den Klausenbauern. Letzterer aber dachte darüber nach, wie künftig solches Mondscheinmißgeschick zu vermeiden wäre. Dann hatte er einen guten Gedanken. Mit den Leuten vom Staatswald konnte er über alle jagdlichen Dinge offen reden. Auch darüber, ob es nicht besser für alle Beteiligten wäre, die Angrenzer mit den Nachbarrevieren bei gutem Licht an den Hirsch zu bringen. Das wäre im Staatswald doch ein leichtes.

Das hatte der Klausenbauer dann auch mit den Leuten vom Staatswald fertigbekommen. Übers Jahr erlegte der Apotheker seinen ersten Hirsch im Staatlichen. Der junge Förster, welcher ihn dabei führte, war ein sympathischer Mann mit guten Umgangsformen und einem offenen Blick. Er und Labsam verstanden sich von Anfang an ganz ausgezeichnet. Mit dem Hirsch wollte es zuerst gar nicht klappen. Aber daran trug der Förster keine Schuld, sondern Wind und Wetter. Darum benahm sich das Wild auch gegen alle Regel und stand überall, nur nicht da, wo es hätte sein sollen. Der Förster war verzweifelt, weil ihn der Gast dauerte, im Gegensatz zu demselben, der gar nicht so empfand, sondern jede Stunde genoß, die er in dem guten Hochwildrevier verbringen durfte. Als sich dann das Wetter besserte, schoß der Apotheker sehr schnell seinen ersten Hirsch. Das war am Morgen, und alles war sehr feierlich. Für den Abend hatte er seine Jagdnachbarn zu sich eingeladen. Natürlich durfte auch der nette Förster aus dem Staatswald nicht fehlen. Das Geweih hatte Labsam mit Fichtengrün geschmückt, daß der ganze Raum nach Wald roch. Der Forsch sah sich das Geweih mit gespielter Kennermiene an, dachte dabei an seinen eigenen Hirsch und schwieg sich aus. Der Schneidermeister Hinze dachte auch an den seinen, den er zwar noch nicht hatte, aber als nächster im Staatswald erlegen sollte. Darum tat er sehr fachgerecht und stieß mehr als nötig mit dem Grünrock an. Denn mit diesem Förster wollte er sich gutstehen. Das beobachtete der Klausenbauer von der hintersten Zimmerecke aus, in die er sich zurückgezogen hatte, und fand alles so, wie es bis jetzt gekommen war, in bester Ordnung.

Vorläufig jedenfalls stimmte noch alles. Unstimmigkeiten kommen ganz von selbst, größere und kleinere, auch zwischen Jägern, besonders wenn jene dazu noch Grenznachbarn sind. Als nämlich die Bockjagd endlich aufgegangen war, hatte der Apotheker an einem lauen Maienabend einen besonderen Anblick. Gegenstand war ein Rehbock, ein wirklich kapitaler Rehbock, der mit so starken und dabei so hohen Stangen prahlte, daß es dem Labsam dabei ganz weich in den Knien wurde. Die weichen Knie vermochten es dann wohl auch, daß der Schuß im Laufe blieb. Anschließend wechselte der Bock ohne Hast und vor den Augen des Apothekers in die Jagd des Klausenbauern. Der aber hatte diesen Bock schon viel früher gesehen und auch beobachtet, wie dieser über den Grenzgraben in des Bauunternehmers Jagd hinüberwechselte. So konnte es nicht ausbleiben, daß der Forsch zu einer guten Stunde ebenfalls mit dem Paradebock zusammenstieß. Und so, wie es sich zutrug, war es in der Tat ein Zusammenstoßen. Das ging zwar blitzschnell, aber der wachsame Forsch erkannte sofort, daß der Bock, der jetzt mit lautem Geschimpfe das Weite suchte, einer von den ganz Besonderen war, die man, wenn's gut geht, nur einmal im Leben bekommt. Darum tat er das nach seiner Auffassung einzig Vernünftige, er schwieg sich aus und behielt sein Wissen für sich. Der Apotheker machte es nicht anders. Nur der Klausenbauer sprach gelegentlich von einem sagenhaften Rehbock. Er sagte es sowohl zu Forsch als auch zu Labsam. Weil nur die beiden für diesen Bock zuständig waren. Und dann meinte er, daß man diesen Bock doch mindestens die Blattzeit über stehen lassen sollte. Das war schon ein empfindliches Anliegen, und es gefiel weder dem Forsch noch dem Labsam. Aber Jäger sind, wie gesagt, auch nur Menschen. Menschen aber mögen gern als gut und edel, als einsichtig, verrständig, enthaltsam und sonst noch wie erscheinen. Auch wenn's schwerfällt und gar nicht in den eigenen Kram hineinpaßt. So ist das nun. Darüber hinaus haben Jäger auch noch einen besonderen und zu ihrer Zunft gehörenden Komplex. Dieser Komplex heißt Waidgerechtigkeit, und er ist bei allen vorhanden, ohne Ausnahme. Alle Jäger haben ihn. Die Schießer wie die Enthaltsamen, die Schnellen wie die Langsamen und die Ehrwürdigen wie die Unehrwürdigen. Diesen Komplex tragen sie alle ein langes oder weniger langes Jägerleben hindurch mit sich herum, von der Stunde an, wo die ersten Jagdstiefel anprobiert worden sind. Manche tragen dran schwer, andere tun sich damit leichter. Gemeinhin hat dieser Komplex einen ausgezeichneten Ruf. Er ist wie ein Verdienstorden, auch bei denen, die sich noch gar nichts verdient haben. Darum möchte auch ein jeder immer und überall als waidgerecht erscheinen, wenn auch der einzelne manchmal schwer daran zu tragen hat. Darum kann es schon einmal vorkommen, natürlich nur ausnahmsweise und unter ganz besonderen Umständen, daß das ausgesprochene Wort nicht mehr ganz übereinstimmt mit dem Gedanken, die in des einzelnen, des seltenen einzelnen Kopf festsitzen. So war es auch bei Forsch und Labsam, als sie mit klarem Augenaufschlag dem Klausenbauern versicherten, daß man den Klotzbock, den gewaltigen, nie und nimmer vor der Blattzeit strecken dürfe. Vielleicht sollte man ihn auch danach noch nicht strecken, denn so einen Zuchtbock müßte man hüten und im Revier zu halten versuchen. So wurden sich die Drei also schnell einig. Zwar bereute es der Apotheker gleich darauf, daß er sich hatte breitschlagen lassen, denn einen solchen Bock mußte man sich nehmen, wann und wie man ihn bekommen konnte. Außerdem traute er dem Bauunternehmer nicht vom Hemd bis zum Rock. Und das war das Schlimmste an der Geschichte. Zum Glück aber wurde das

Mißtrauen des Apothekers bald gegenstandslos, als sich nämlich der Bauunternehmer wenig später auf einer seiner Baustellen den Arm brach. Nun war der Apotheker von Haus aus alles andere als mißgünstig oder gar schadenfroh. Aber in diesem besonderen Falle konnte man ihm eine gewisse Genugtuung nicht absprechen. Besonders deshalb schon nicht, weil es der rechte Arm war, der wie bei den meisten auch Forschens Schießarm war.
Damit war also die Rehbockangelegenheit nochmals gut gegangen. Der Bock zog weiterhin seine Fährte, stand mal in diesem, mal in jenem Revier, eben ein richtiger Grenzbock, wie er im Buche steht. Eigentlich ist eine große Anzahl der besonderen, der begehrenswürdigen Rehböcke gerade an den Grenzen zu Hause. Daher mag wohl auch die Fama von den Grenzböcken herrühren. Jedenfalls sind alle Grenzböcke besonders interessant. Darum sind auch stets mehrere Rohre auf sie gerichtet. Meistens geht das nicht gut für sie, und irgendwann sind sie dann plötzlich nicht mehr vorhanden. Die Jäger wissen schon um das Schicksal der Grenzböcke. Alle wissen es, oder fast alle. Nur in diesem Falle ging es dem Klotzbock gut, weil die in Frage kommenden Jäger nicht weniger brav waren als der Bock selbst. Das war sein Glück und auch, daß der Forsch einen kaputten Arm hatte. Denn mit dem Ehrgeiz allein konnte er nicht schießen.
Aber dann kam es doch so, daß der Bock auf einmal verschwunden war. Darüber sprach der Apotheker mit dem Klausenbauern. Doch der hatte dabei noch keine schrägen Gedanken, weil um diese Zeit viele Böcke urplötzlich verschwinden, nicht durch Knall und Blei, sondern einfach, weil sie sich für ein paar Wochen, gleichsam zur Erholung, in die wogenden Getreidefelder eingeschoben haben, als wüßten sie, daß solche Ruhe vor der bevorstehenden aufregenden Blattzeit ganz nützlich sei. Das machen sie ähnlich wie die Hirsche und tun sich auch wie diese eine erholsame Feistzeit an. Nur spricht niemand davon. Wahr ist es trotzdem.
Dem Apotheker jedenfalls leuchtete das ein, und er schlief fortan viel ruhiger, und redlicher Friede war wieder in seiner Jägerseele. Bis zur Blattzeit. Jetzt hätte der Urbock auftauchen müssen. Denn solche wie er waren immer am ersten dabei. Aber der Bock tauchte nicht auf, weder beim Apotheker Labsam, noch beim Bauern Klausen. Und den Forsch brauchte man erst gar nicht zu fragen, weil der um den Bock schon gar nichts wußte. Denn seit Wochen schon war er jedweder jagdlichen Tätigkeit enthoben. Der Bock war wie fortgeblasen. Das war schlimm. Denn jetzt kamen die Zweifel, beim Klausen und beim Labsam, denn der Forsch hatte es gut, der trug ja einen Heiligenschein, für den er noch nicht einmal etwas konnte. So gesehen war der Forsch zu beneiden, trotz seines Armbruches und des Jagdverzichts, weil er über alle schnöden Verdachtsmomente erhaben sein konnte. Dann kam die Zeit, da des Klausenbauern Gruß gar nicht mehr freundlich klang, als er mit dem

Apotheker zusammentraf, und der Apotheker sagte es zu seiner Frau frei heraus, daß er eine solche Unanständigkeit dem Klausen nicht zugetraut hätte. Das bezog sich aber auf den abhanden gekommenen Bock und nicht auf den unfreundlichen Gruß. Es ist ein Kreuz mit den Jägern, daß sie immer von ihren Gefühlen gelenkt werden und von ihrer Passion, wohl auch manchmal von ihrer vermeintlichen Waidgerechtigkeit. Nur wie's wirklich ist, das sagt niemand, weil er nicht auffallen möchte und seinen guten Ruf ganz gern behält. So steckten der Klausen und der Labsam jetzt mitten drin. Allein wären sie auch nicht mehr herausgekommen aus dem Sumpf des Argwohns und der Verdächtigungen. Aber da gibt es noch immer etwas, was dann, wenn es nottut, mithilft, zu leimen und zu flicken. Man mag es Zufall nennen oder auch Schicksal. Vielleicht aber ist es auch nur der ganz simple Ablauf des täglichen Lebens. Wenn der Erfolg da ist, dann fragt niemand mehr danach, wer ihn brachte oder wie er zustande kam. Das taten dann auch nicht mehr der Klausen und nicht der Labsam. Aber eines Tages wußten beide Bescheid.

Das hing mit dem Terri vom Forsch zusammen, der sonst gar keinen Ehrgeiz hatte. Nur einmal, da hatte er ihn, und das noch dazu am falschen Platz. Das war, als die Krone von einem Klotzbock auf der Bank in Forschens Garten zum Bleichen lag. Die griff sich der Terri und rannte damit auf die Straße. So nahm das Unglück seinen Lauf. In einer Kleinstadt sind die Wege kurz. Da lief auch ein Terri leicht von einem Ende zum anderen. Aber so weit brauchte er diesmal gar nicht. Denn an der Apotheke gab es schon das Ende. Da lag nämlich der Drahthaar auf den Zementplatten und sonnte sich. Jener Drahthaar, der keiner Maus etwas zuleide tat. Ein Jagdhund war er dennoch. Darum interessierte ihn auch die Rehkrone, welche der Terri selbstbewußt durch die Gegend schleppte. Deshalb verließ der Drahthaar das Sonnenbad und stürzte sich mit Übereifer auf den kleinen Hund. Das war gar nicht gut für den Großen. Denn der Terri hatte zwar keinen Ehrgeiz, aber er war auch ein Jagdhund und noch obendrein ein Terrier. Der ließ sich nichts abjagen, mindestens so lange nicht, als er noch ein pochendes Hundeherz in seiner Brust verspürte. Und die Rehkrone war sein alleiniges Beutestück. Damit hatte niemand anderes etwas zu tun. So dumm wie Forschens Setter war er auch wiederum nicht. Darum ließ er auch die Krone gerade im richtigen Augenblick fallen, als es ans Beißen ging. Denn beißen konnte er. Das war er allein schon seiner Rasse schuldig. Dann waren zwei Hunde zu einem knurrenden, schreienden Knäuel vereinigt, das von niemandem zu übersehen war. Die Leute blieben stehen, und der Milchmann, der gerade aus dem Apothekerhaus kam, rief, daß man helfen müsse, weil sonst der große Hund den kleinen noch totbeißen würde. Natürlich half der Milchmann nicht, weil Leute, die viel schreien, nur selten helfen. Er hätte auch kaum mit Erfolg den Kampf beenden können. Zu wild rangen die Wütenden miteinander. Dennoch war seine Angst um

den Terri unbegründet. Denn totbeißen ließ der sich nicht und hatte sich sicherheitshalber und für alle Fälle am Behang des Drahthaar festgeklemmt. Das Hausmädchen der Apothekersleute sah die Dinge schon klarer und erkannte, daß der Große erste Hilfe brauchte, nahm einen Eimer Wasser, mit dem sie gerade im Haus zu tun hatte, rannte auf die Straße und weichte die Kampfhähne gründlich ein. Das half! Einen weiteren Kampf konnte der inzwischen alarmierte Labsam gerade noch rechtzeitig verhindern, indem er seinen Hund in den Laden bugsierte und hinter diesem schnell die Türe schloß. Die Rehkrone lag mit blankem Schädel auf dem Gehweg. Die sah der Apotheker auch und machte sich sogleich seinen Reim. Und ehe sich der Terri seine vorübergehend abgestellte Beute wieder aneignen konnte, hatte sie der wackere Labsam längst in den Händen. Jetzt hätte von Rechts wegen der Terri erst richtig kämpfen müssen. Aber das ließ er bleiben, bellte nur wütend die Leute an und trollte sich dann. Ihm fehlte halt doch der nötige Ehrgeiz.
Am Abend besuchte der Labsam den Forsch. Er kam mit der Krone und einem scheinheiligen Gesicht. Das scheinheilige Gesicht zeigte er gleich, die Krone vorerst noch nicht. Die ließ er in seiner Aktentasche. Dem Forsch schien der Besuch gar nicht zu schmecken. Er hatte ein schlechtes Gewissen. Denn das verlorengegangene Gehörn machte ihm schwer zu schaffen. Und der Apotheker ließ ihn zappeln, bis die zweite Flasche Wein leergetrunken war und beide Männer schon einen Schwips hatten. Darum wurde die Fundübergabe kein toternstes Zeremoniell mehr, sondern eher eine teils listige, teils lustige Handlung. Und dann hatte der Forsch eine ganz gelöste Zunge und erzählte dem Apotheker alles, was der vorher gar nicht gewußt hatte. Natürlich wollte der Forsch nur dem Klausenbauern eins auswischen, der ihm und dem Labsam den guten Bock nicht gönnen wollte. Und hätte er, Forsch, es nicht getan, der Klausenbauer hätte es gewiß getan, und Labsam und Forsch hätten hinterher geschaut. Bei der dritten Flasche hatte Forsch den Apotheker soweit, daß dieser sein Ehrenwort gab, niemandem etwas von dem Bock zu erzählen. Aber ein Teufelskerl war der Forsch doch, mit einem gebrochenen Arm so einen Bock zu schießen!
Daß der Klausenbauer längst von dem stattgefundenen Hundekampf und der damit zusammenhängenden Rehkrone Wind bekommen hatte, wußten allerdings weder Forsch noch Labsam. Aus einer Kleinstadt gelangen nun mal alle außerordentlichen Begebenheiten schnell nach draußen.
Nur wußten das weder Labsam noch Forsch und gingen beide in den nächsten Wochen dem Klausenbauern aus dem Wege. Der eine, weil er ein ganz windiges Ehrenwort gegeben hatte, der andere, weil ihn das schlechte Gewissen plagte. Das währte so lange, bis Labsam seine Jagdeinladung gab. Er hatte sie gründlich durchdacht. Auch im Hinblick auf den Forsch. Denn der sollte diesmal seine Lektion

haben. Schon am Morgen bei der Begrüßung wurde den Gästen mitgeteilt, daß mit Sicherheit Sauen vorkommen würden. Worauf diese Sicherheit fußte, wurde allerdings nicht gesagt. Selbstverständlich sollten die mit Sicherheit vorkommenden Sauen auch erlegt werden. Natürlich waren keine Sauen da. Aber wegen dem Forsch mußten welche da sein. Dafür hatten zwei Treiber zu sogen, die von Labsam für diese Aufgabe gründlich vorbereitet worden waren. Darum hatten die beiden Hilfsleute aus zwei Sauschwarten und einem Ballen Stroh ein ganz stattliches Wesen zusammengebastelt, welches auf die entsprechende Entfernung und noch dazu im Schatten des Waldes leicht als Sau angesprochen werden konnte. Diese Attrappe war allein für den Forsch bestimmt. Daran sollte er sich austoben nach Herzenslust. Denn diese Kunstsau hatte einer leibhaftigen Sau gegenüber den bedeutenden Vorteil, daß sie kugelfest war.
Der Vormittag verlief ohne besondere Zwischenfälle, wenn man davon absah, daß der Forsch manchen weiten und manchmal auch gefährlichen Schuß wagte, der ihm eigentlich gar nicht zugestanden hätte. Gleich im ersten Treiben hatten seine Standnachbarn das Nachsehen, besonders der Apotheker, der sich immer hübsch in Forschens Nähe aufhielt. Aber es gab nicht einmal einen bösen Blick, geschweige denn ein böses Wort. Sollte sich der Forsch nur gut einschießen, dachte Labsam und behandelte dabei seinen Gast mit auffallender Zuvorkommenheit. Auch in den folgenden Treiben machte der Forsch die Strecke. Das ging so bis zum Mittag. Nach der Erbsensuppe begab sich der Apotheker abseits zu den Treibern und gab denen seine letzten Instruktionen. Denn im nächsten Treiben stand das große Ereignis bevor. Der Forsch hatte in diesem Treiben einen guten Stand erhalten. Da ragte eine Fehlstelle gleich einer langen Zunge in die Dickung, in welcher getrieben werden sollte, hinein.
Weit hinten hörte man die Treiber gröhlen. Dann schrie jemand: »Achtung, Sauen!« Das war einer der beiden Treiber, welche die Kunstsau an zwei Seilen hielten, jeder von einer Seite und beide genug weit in Deckung, daß ihnen selbst Kugelschüsse nichts anhaben konnten. Von der Seite sah Labsam, wie der Bauunternehmer ständig Zielübungen veranstaltete. Dann nochmals der Ruf: »Achtung, Sauen!« Und dann bewegte sich die Sau am Strick über die Blöße vor Forschens Stand. Dort wuchs das Farnkraut kniehoch, aber gerade in dem richtigen Ausmaße, daß Deckung und Sicht in rechtem Verhältnis zueinander standen und gut genug, daß die Szenerie vortrefflich echt wirkte. So echt, daß ein argloser Jäger gar nicht erst zur Besinnung kam und beim Anblick von Wild schnell fliegen ließ.
Gut war er drauf gewesen, der Forsch. Die Sau mußte liegen. Und wieder schrie jemand: »Achtung, Sauen!« Gerade hatte der Forsch nachgeladen, da schupste schon wieder ein Schwarzkittel über die Blöße, diesmal von der anderen Seite

kommend. Lauf hoch und raus war der Schuß. Der Schütze war sehr zufrieden, mit sich und mit den Sauen. Alles hatte so gut zusamengepaßt. Das Wild kam recht langsam und der gelbe Farn verdeckte das Schußfeld nicht. Zwei Sauen von einem Stand! Das machte Freude. Die Treiberwehr blieb in weiter Ferne. Das war vorher so abgesprochen worden. Doch wieder kam der Ruf: »Achtung, Sauen!« Forsch bibberte vor Erregung, aber den Schuß kriegte er noch rechtzeitig los. Die Sau blieb am Fleck, aber nur für einen Augenblick, weil sich der Strick, an dem sie hing, zwischen den zähen Farnstengeln verheddert hatte. Das wäre dann fast schief gegangen. Aber der ziehende Treiber löste das Problem mit einem gewaltigen Ruck, dem selbst der eingeweihte Mann auf der Gegenseite nicht standzuhalten vermochte und deshalb das Ende des Strickes verlor. Damit war die Saujagd, beziehungsweise das Spiel mit der Kunstsau zu Ende, denn für diese gab es kein Zurück mehr, ohne Zug und ohne Strick. Zwar schrie der Treiber, dem der Strick entglitten war, noch einmal und ganz dummerweise: »Achtung, Sauen!« Aber es konnten ja gar keine mehr kommen und drei Schüsse sollten ja eigentlich für den gehabten Spaß genügen. Komisch war es dem Forsch ohnehin schon zumute bei dem planmäßigen Hinüber und Herüber von Sauen. Und alle kamen sie auf demselben Wechsel. Doch nicht nur die Liebe, auch die Jagdpassion kann den Jäger manchmal blind werden lassen. Inzwischen war die Vorführsau in sichere Obhut gelangt. Und der, welcher sie eingeholt hatte wie eine verdienstvolle Standarte, schrie jetzt aus Leibeskräften: »Weitermachen!« So war es ausgemacht. Und dann lief das Treiben auch noch ganz gut. Nur der Forsch verpaßte gleich zweimal einen Hasen, weil er mit seinen Gedanken zuviel bei den drei Sauen war. Darum rannte er auch gleich nach dem Treiben zu den Anschüssen. Aber die zeigten gar nichts, nur ein paar Flöckchen Stroh. Die fielen dem Forsch nicht ins Auge. Darum suchte er nach rechts und nach links. Und die beiden Treiber, welche vordem die Stricke gehalten hatten, fanden sich auch ein und halfen dem Forsch beim Suchen, so eifrig, daß es fast verdächtig war. Dann sagte der eine, ein kleiner, dicker Mann mit O-Beinen und einem Igelgesicht: »Die haben Sie aber ganz schön vorbeigesenkt!« Und der andere, ein langes, dünnes Windhundgestell mit einem pfiffigen Raubvogelkopf: »Die kommen jetzt so schnell nicht wieder, nach der Knallerei. Nur ein Glück, daß keine krankgeschossen ist.« Diese Heuchler. Der Forsch war anderer Meinung. Er wußte, daß er gut drauf gewesen war. Darum quälte er sich auch weiter ab mit dem Suchen und ließ sogar das nächste Treiben aus, auch noch das übernächste. Nur finden konnte er nichts. Darüber war der Labsam untröstlich, weil Sauen doch so selten vorkamen, und wie schön es gewesen wäre, wenn wenigstens eine gelegen hätte.

Das erwähnte er dann auch nochmals am Abend nach dem Essen, als er seine Jagdrede hielt, und daß alle dem Forsch eine Sau gegönnt hätten oder auch zwei, nach der langen, jagdlosen Zeit wegen des geknacksten Armes. Und dabei sah er den Forsch so naiv an, daß dieser nur noch auf die Tischdecke starren konnte und tief aufatmete, als die Rede endlich beendet war.

Als die Brunftzeit heran war, zog der Schneider in den Staatswald, um seinen Hirsch zu strecken. Nur den jungen, netten Förster, der so sympathisch war, bekam er nicht zum Führer. Statt dessen wurde er einem alten, mürrischen, griesgrämigen Rauschebart zugeteilt. Der war gar nicht damit einverstanden, daß die Pachtjäger von der anderen Seite nun staatliche Hirsche schießen sollten. Das sagte er dem Schneidermeister sogar ins Gesicht. Aber da er ein Beamter sei, würde er selbstverständlich seiner Pflicht nachkommen, wenn's auch schwerfiel. Darum fiel es dann auch schwer, allerdings eher dem Schneider. Denn Hirsche waren genug da, aber keiner war zum Abschuß geschaffen. Entweder waren sie zu gut oder noch zu jung. Passen mochte jedenfalls keiner. Daran änderten auch weder der Weinbrand noch die Zigarren etwas, welche Hinze jedesmal mitbrachte. Mit den Hirschen wurde es jedenfalls nicht besser. Jedoch klug, wie der Hinze war, gab er nicht auf. Er nahm sich vor, dem Alten so lange aufzusitzen, bis dieser von dem hartnäckigen Gast genug hatte.

Und Hinzes Rechnung ging sogar auf. Zwar etwas anders, als er es erwartet hatte, aber immerhin schoß er seinen Hirsch. Von einem Geweih aber konnte man kaum sprechen. Denn das Hirschlein hatte es nur zu zwei fingerlangen Spießen gebracht. Immerhin war es ein Hirsch, das konnte niemand in Frage stellen. Zwar meinte der Forstmeister, daß man diesen geringen Hirsch nicht anrechnen könne, aber der Hinze bedankte sich, weil ihm der Hirsch genügte, und nun wäre ja auch ein anderer an der Reihe. Das gefiel dem Forstmeister und er lobte den Schneider als einen Waidmann von echtem Schrot und Korn, der das Erleben höher stellte als die Trophäe, und den alten Griesgram lobte er auch noch, weil der sich so große Mühe gegeben hatte mit dem Gast und mit dem Hirsch, denn nichts wäre auszusetzen an diesem Abschuß. Dem mußte auch Hinzu zustimmen, denn bei nur zwei Spießen kann kein Ende zuviel sein. Den Bruch an seinem Hut trug er dann wie eine wehende Siegesfahne.

Da hatte es der Klausenbauer besser. Er brauchte nicht erst in den Staatswald, um seinen Hirsch bei Tageslicht zu strecken. Nur genügt es oftmals nicht, die Hirsche im eigenen Revier zu haben, man mußte sie auch bekommen können. Das ist manchmal so eine Sache. Heuer wollte es dem Klausenbauern gar nicht gelingen. Dabei wußte er genau, worauf es ankam, er konnte pirschen und schleichen und lauschen und äugen wie ein Fuchs. Und wenn das alles nichts mehr nutzte, konnte er auch ansitzen. Morgens und abends und stundenlang, bis ihm die Beine steif wurden und der Rücken schmerzte. Aber es half nichts. Und als die Brunft verging und

immer weniger und weniger wurde, und zuletzt nichts mehr übrig blieb als einsame Kahlwildrudel, denen sich höchstens ein Jüngling von Geweihtem anschloß, um Führung und Sicherheit zu haben beim Mutterwild, da steckte der Klausen es auf. Mißmutig und wehmütig. Denn seinen Hirsch nicht zu bekommen, nimmt dem Jäger gern Halt und Festigkeit. Manchmal macht es ihn auch krank, denn die Tage und Wochen des Habenwollens zehren an seinen Kräften, den äußeren wie den inneren. Das geschah sogar beim Klausenbauern, der sonst für jede Katastrophe, für jedes Schiefgehen passende und erklärende Worte auf der Zunge hatte, für sich und auch für andere. Sonst, diesmal nicht. Und um den Topf randvoll zu machen, fuhr ihm ein Lastwagen auch noch einen alten, zurückgesetzten, endenarmen Hirsch auf der Landstraße tot. Damit war des Bauern Grimm endgültig und ließ sich kaum noch steigern, auch nicht, als eines Mittags ein schwerer Wagen auf den Hof fuhr, dem ein seriös aussehender Herr entstieg. Am Steuer saß ein uniformierter Chauffeur. Das Ganze hatte einen besonderen Anstrich.
Und wie sich dann herausstellte, war es auch etwas Besonderes. Denn da kam jemand, um anzufragen, ob der Klausenbauer nicht seine Jagd verpachten wolle. Im ersten Schreck blieb der Klausen sprachlos. Erstens, weil er nicht im Traum daran dachte, seine Jagd zu verpachten, zweitens, weil er es sich leisten konnte, die Jagd zu behalten. Ehe sich der Bauer von dem ersten Schlag erholt hatte, eröffnete der Fremde aber Weiteres. Er sprach von einer guten Pacht und einer Vorauszahlung auf zehn Jahre. Zusammengenommen bedeutete das ein Vermögen. Aber der Klausenbauer hatte seine Jagd noch nie nach Geldeswert berechnet. Das sagte er auch. Aber der Fremde hatte sich für das Gespräch gut vorbereitet, zitierte die schlechten Zeiten für die Landwirtschaft und wußte auch schon, daß es noch schlechter kommen würde. Darum solle es sich der Klausenbauer nochmals überlegen. Denn was man nicht mit seiner Hände Arbeit zu verdienen brauchte, wäre immer leicht verdient. Indes, der Klausen überlegte nicht, weil es ihm so, wie es gerade war, gut genug erschien. Und er sagte dem Herrn, daß er sich nicht mehr zu bemühen brauchte und ging dabei nach draußen. Da wußte der andere, daß er auf dem Hof nichts mehr verloren hatte, setzte sich mit halblautem Gruß ins Auto und fuhr davon. Der Klausenbauer aber schüttelte den Kopf, denn seine Jagd aufzugeben war mehr als nur eine Zumutung. So dachte der Bauer Klausen. Er konnte es sich erlauben, so zu denken. Womit wieder einmal bewiesen war, daß es auch im Zeitalter der Technik und der fortschreitenden Industrialisierung noch manches Gute mit einem Bauernhof auf sich hat. Denn immer noch bleibt der Bauer ein Herr da, wo es andere längst nicht mehr sein können. Das mußten auch der Schneidermeister, der Apotheker und der Bauunternehmer erfahren. Ihre Jagden waren nur gepachtet. Eine Jagdpachtzeit aber hält nicht ein ganzes Leben vor. Besonders dann

nicht, wenn fremde Hände in den Dingen rühren. Denn der seriös aussehende jagdinteressierte Fremde hatte es nicht nur auf den Klausenbauern und dessen Jagd abgesehen. Irgendwann erschien er auch bei den anderen Leuten, welche das Glück hatten, eine Jagd zu besitzen und diese auch verpachten zu können. Denn was fängt jemand schon mit seiner Jagd an, wenn kein Jägerblut in seinen Adern fließt! Er verpachtet sie. Das bringt beiden Teilen Glück, mal mehr, mal weniger. Aber gut muß es schon sein. Sonst gingen die Jagden nicht fort wie knusprige Brötchen.
Der Apotheker war der erste, dem die jagdlichen Felle fortzuschwimmen schienen. Sein hoher Jagdverpächter, der in den Augen des Jägers die Stelle gleich hinter dem lieben Gott einnahm, wurde sehr deutlich und sprach mit der Miene eines Industriemanagers, wie sich andere Leute bereits um seine Jagdgefilde rissen. Diese »anderen Leute« waren vorerst nur ein Mann, derselbe nämlich, welcher den Klausenbauern schon heimgesucht hatte. Aber was nicht war, konnte noch werden, und außerdem brauchte der Apotheker nicht alles so genau zu wissen. Was er aber ganz genau wissen sollte, das war die Tatsache, daß die Jagd doch spottbillig sei, und daß er zulegen müsse, wenn er sie noch weiter behalten wolle. Das war ein bitterer Trunk für den Kräuter- und Pillenmann. Darum machte er auch ein Gesicht, als hätte er eine Zitrone zwischen den Zähnen. Immerhin versprach er, sich die Sache ganz schnell zu überlegen. Schnell, darauf kam es an, denn die Pachtzeit war in weniger als einem Jahr abgelaufen. Da schüttelte der göttliche Verpächter dem Labsam genüßlich die Hand und meinte treuherzig, daß er sich keinen besseren Pächter vorstellen könnte als den Apotheker, und es täte ihm ehrlich leid, wenn man sich nicht einigen würde. Ehrlich. Das Wort »ehrlich« aber mochte der Drahthaar, der das Gespräch mitangehört hatte, anscheinend nicht leiden. Denn er hob dabei sein Bein. Und weil gerade kein Baum und auch kein Stein in der Nähe war, schändete er die Hosen des Göttlichen. Der verstand aber keinen Spaß und schrie wie ein Indianer am Marterpfahl. Dabei hatte ihm der Drahthaar doch nur eine halbe Ration gegeben. Dennoch sah der Mann in seinem Zorn ganz reizend aus. Und die Zitrone hatte der Apotheker jetzt auch nicht mehr im Munde. Denn er zog ein Gesicht wie ein Lausbub nach einem gelungenen tollen Streich. Im Grunde gönnte er dem Verpächter die versaute Hose, obwohl er sonst überhaupt nicht schadenfroh war. Aber wer seinen Hals nie vollbekommen konnte, dem sollte dies wenigstens an seiner Hose geschehen. Denn wenn es Labsam richtig überdachte, war die Jagd schon teuer genug, auch ohne die vielen Extras, die er hingeben mußte, weil man solches auch ohne besonderen Vertrag von ihm erwartete. Später, auf dem Nachhauseweg, dachte er wieder einmal daran, daß es vielleicht doch besser gewesen wäre, er wäre ein Förster geworden. Als er dann zu Ende philosophiert hatte, konnte er auch dem Apotheker einige gute Seiten abgewinnen. Darum kam er auch wieder

ins Gleichgewicht und beim Abendessen sah es ihm niemand mehr an, daß er sich kurz zuvor noch schändlich geärgert hatte.
Wenn sich am Jagdmarkt etwas rührt, dann geschieht es ergiebig und greift um sich wie eine Lawine. Weil Geld eben keine Schranken kennt. Und wo es losgelassen wird, setzt es sich selbst über menschliche Beziehungen hinweg. Und was beim Klausenbauern begann und sich beim Apotheker fortsetzte, das griff auch auf andere über, zum Beispiel auf den Bauunternehmer und auf den Schneidermeister. Aber zuerst war der Forsch an der Reihe. Er hatte einen Gemeindejagdbezirk angepachtet. Das ist zwar nichts Außergewöhnliches, denn Jagd bleibt Jagd. Das Besondere an einer Gemeindejagd aber ist, daß hier viele Köpfe und Herzen zusammenklingen. Kleine und große, kluge und weniger kluge und großzügige und kleinliche. In solchem Falle kann ein Jäger nicht nur Jäger, sondern muß obendrein auch noch ein guter Diplomat sein. Das ist nötig, wenn er nicht nur seine Ruhe und seinen Frieden, sondern in der nächsten Pachtperiode auch noch seine Jagd behalten will. Denn das Sprichwort, wonach viele Köche einen Brei verderben, läßt sich auf solche Verhältnisse nur zu leicht übertragen. Der Jäger aber will seinen Brei nicht verdorben wissen. Darum hält er, wenn er klug ist, die Ohren schön steif, den Mund fein zu und die Brieftasche, je nach der Notwendigkeit, immer einen guten Spalt auf. Dann kann er auch bestehen, wenn s nicht ganz dumm kommt.
Der Forsch war sich seiner Lage bewußt. Er war auch weise und tat alles so geschickt, daß er bestehen konnte. Das hieß schlicht, daß er sich nicht lumpen ließ, wenn die Gemeindeväter ihm ihre Sorgen unterbreiteten. Natürlich geschah immer nur alles zum Wohle der Gemeinde. Der Forsch war nicht kleinlich, denn er konnte es sich leisten. So gab es manches, was die Gemeinde dem Forsch zu verdanken hatte. Beispielsweise das Feuerlöschbecken. Das hatte schon lange gefehlt. Und der Forsch baute es, denn eine Jagd verpflichtet zu manchem. Außerdem war es ein Werk, welches der Allgemeinheit diente. Der Umbau des Gemeindehauses war dann auch ein Werk für die Allgemeinheit. Denn in einem baufälligen Haus können keine guten Beschlüsse reifen. Eine Jagd verpflichtet halt. Nur wußte der Forsch damals nocht nicht, daß auch ein guter Beschluß für ihn schlecht enden könnte. Wenn es nämlich darum ging, die Jagdpacht zu erhöhen. Der Jagdvorsteher sagte es einleuchtend und deutlich. Die Jagd sei ein Luxus, so ähnlich drückte er sich aus, und Luxus kostet Geld. Also solle der Forsch bezahlen. Man hätte sonst noch andere Interessenten an der Hand. Die Galgenfrist für den Forsch war knapp, den die Pachtzeit ging dem Ende zu. Das Feuerlöschbecken gehörte schon der Vergangenheit an. Davon redete niemand mehr, weil menschliche Gemüter über ein gewisses Maß hinaus nicht belastet werden sollten. Auch von dem umgebauten Gemeindehaus redete niemand mehr. Das war auch nicht nötig, denn in den alten Zustand ließ es

sich nicht mehr zurückversetzen. Statt dessen redete man mit dem Forsch. Nicht etwa, weil man ihn gerne loshaben wollte, den nützlichen Jagdpächter. Nur so billig wie bisher könne er die Jagd künftig nicht mehr haben. Sonst ließ sich mit dem Forsch immer gut reden. Nur diesmal ging's daneben. Denn der Jagdpächter hatte nicht nur einen gewaltigen Ehrgeiz, er hatte auch ein gutes Erinnerungsvermögen. Und weil er das hatte, fiel ihm sofort wieder das Feuerlöschbecken ein und das renovierte Gemeindehaus und noch einiges dazu, was, zusammengenommen, eine hübsche Stange Geld gekostet hatte. Darum sagte er ein hartes, klares Nein. Aber der aalglatte Jagdvorsteher erinnerte an die schöne Jagd. Die gäb's so leicht nicht wieder und der Forsch sollte es sich doch gründlich überlegen. Da lief dem Bauunternehmer die Galle über und er sagte dem Jagdvorsteher, daß er sich seine Jagd sonstwohin stecken könnte. Das war natürlich eine Zumutung und eine Übertreibung. Denn so, wie der Forsch es meinte, hätte es der Jagdvorsteher gar nicht tun können. Aber gesagt hatte es der Forsch nun mal in seiner Wut. Der Jagdvorsteher zog beleidigt ab und sagte allen Leuten, die es hören mußten, daß der Forsch ein Rüpel sei und ein ordentlicher Jäger wäre er auch nicht, denn sonst würde er seine Jagd halten um jeden Preis. Der Forsch wußte dennoch, was er tat. Denn Geld muß erst verdient werden, ehe man es ausgeben kann. Und mit dem Geschäftlichen hatte es manchmal seine Tücken. Ein paar Jahre früher, da war's anders gewesen, da kam es auf eine Dummheit mehr oder weniger nicht an. Aber die Zeiten hatten sich geändert. Und außerdem dachte der Forsch gar nicht daran, sich ausnehmen zu lassen wie eine Mastgans.

Da war der Apoteker ein ganz anderer und wurde auch nicht zum Rüpel seinem Verpächter gegenüber. Auch hatte er nur wenig Grund dazu. Mit dem Geschäftlichen ging es vorerst noch recht gut. Die Menschheit wurde immer kränker. Darum wollte er für die Jagd auch das bezahlen, was eine gute Jagd nun einmal kosten mußte. Und war er schon kein Förster geworden, so wollte er doch wenigstens ein Jäger bleiben. Den ersten Ärger hatte er hinuntergespült, und die Freude über seinen Drahthaar war ihm immer noch geblieben und auch der Spaß. Das zusammengenommen durfte auch noch ein paar Mark kosten.

Am Wochenende bummelte er wieder mit freien Gedanken durch sein Revier. Die Kleine Münsterländerin hielt sich tapfer bei Fuß. Zu jagen gab es jetzt kaum etwas. Am Abend, vielleicht kam ihm dann ein Schnepf. An der Waldkante vor Forschens Grenze gab es immer einen guten Strich. Das sollte man nutzen, solange es Zeit war. Denn Schnepfen sind keine Schmetterlinge, die einen langen Sommer hindurch über den Himmel tanzen. Kurz ist die Zeit des Schnepfenzugs, wie alles im Leben immer viel zu kurz ist, was echte Freude auslöst. So kam es dann auch, daß der Apotheker viel zu früh an der Stelle war, die er zum Abend erst besetzen wollte.

Aber da die Luft mild war wie im Mai, und die Füße schon ein wenig müde waren, stieß er seinen Sitzstock in den Boden und richtete sich ein. Und dann hockten sie da, der Jäger und der kleine Hund, und sie schauten der Sonne nach, die hinter dem Horizont versank. Ein stillsitzender Jäger weiß alles, ein laufender oftmals nichts. Denn das Geheimnis des Jagens liegt im Warten und Lauschen. Das ist nicht immer fair, aber es bringt meistens etwas ein. Geheimnisse sind schüchtern und scheu. Sie hassen knarrende Stiefel und knirschenden Sand.
Irgendwann, als die Sonne schon fast verschwunden war, rauschte es im Holz, daß die Braunweiße neugierig das hübsche Köpfchen hob. Der Apotheker tat's ihr nach und schreckte zusammen. Vor dem Holze stand ein Bock. Ein solcher, der selbst einem knallhartgesottenen Jäger das Herz zum Hüpfen – oder zum Stillstehen – brachte. Das war ein Bock! Und im Glas sah er es erst richtig. Und just an der Stelle stand er, mit der es der Klotz im Vorjahr auch immer gehalten hatte. Das konnte kein Zufall sein, das war Fügung. So dachte es jedenfalls der Apotheker. Denn der Verzicht vom letzten Jahr lag ihm noch schwer im Magen und noch schwerer der Alleingang vom Forsch, diesem Halunken. Über diesen Bock hier, da sollte es keine Abmachungen mehr geben. Nicht mit dem Klausenbauern und auch nicht mit dem Baumenschen. Denn wer zuerst schießt, der lacht auch zuerst.
Der Bock aber ahnte nichts von den schwarzen Gedanken, die ihm allein nur galten und schlug rücksichtslos einen Salweidenbusch zusammen, daß die Fetzen flogen, obwohl er das mit solchem Eifer gar nicht nötig gehabt hätte. Denn blank war er längst und kein Strähnchen Bast verunzierte noch seine gewaltige Krone. Aber allzu lange hielt er sich nicht auf und wechselte zurück ins dunkle Holz. Dahinter aber lag die andere Jagd. Das war gar nicht schön. Aber daß er überhaupt da war, dieser Bock, war eine kühne Vorstellung schon wert.
Als vom Nachthimmel der erste Stern blinzelte, kam die erste Schnepfe, breit und langsam und mit quorksendem Ruf. Im Schuß fiel sie wie ein Stein. Da ließ es Labsam genug sein. Es war wohl auch genug. Erst dieser unwirkliche Bock und dann noch eine Schnepfe dazu. Alles an einem kurzen, milden Frühlingsabend.
Am Sonntag nach der Kirche traf Labsam den Klausenbauern. Der hatte am Abend den Schrotschuß gehört und fragte gleich nach den Schnepfen. In dieser Zeit fragen alle Jäger danach. Das ist ganz sonderbar. So ein kleiner Vogel, und was richtet er an unter dem Jägervolk. Manche wissen es zu schätzen und nehmen sich einen Gaukler oder auch zwei. Mehr nicht, weil alles sein Maß behalten muß, beim Essen, beim Trinken, in der Liebe und auch auf der Jagd. Andere bekommen den Mund nicht voll und nehmen sich, was sie kriegen können. Abend für Abend, bis es zu Ende ist mit dem Frühlingsflug und mit dem Nehmen. Weil nichts unendlich ist, nicht einmal die Unendlichkeit. Nur froh werden kann niemand dabei.

Aber davon war jetzt, nach dem Kirchgang, keine Rede. Da schimpft man nicht über die anderen und spricht nicht böse über seine Mitmenschen. Der Klausenbauer tat es ohnehin nur selten und dann auch nur, wenn's ihm zuviel wurde. Und auch der Apotheker handelte nach dem Grundsatz »leben und lebenlassen« und wußte dabei auch, daß jeder seine Fehler hatte, jeder gleichviel, nur verteilt in verschiedene Richtungen. Aber wenn Jäger zusammenhocken oder sich begegnen, dann wird über die Jagd gesprochen oder über irgend etwas, was mit ihr verbunden ist. Der Bauer Klausen hatte eine besondere Neuigkeit, natürlich eine mit der Jagd zusammenhängende. Denn ein starker Bock – wie der aus dem Vorjahr – war da und hatte sich eingestellt zwischen den Grenzen, wie der vom Vorjahr auch. Dieser Schlaumeier. Das sagte der Klausenberger und der Apotheker mußte dabeistehen und konnte nichts sagen. Auch dann noch nicht, als ihm der Bauer mit derber Hand auf die Schulter schlug und dabei meinte, daß es diesmal keine Abmachungen mehr geben sollte um den Bock. Denn der Forsch, der kriegte alles fertig, selbst mit einem gebrochenen Arm. Aber dem Labsam müsse er – der Klausenbauer – doch vielmals danken, daß er verzichtete und sich den Bock damals nicht nahm. Darum sollte er ihn dieses Mal haben. Falls der Forsch nicht schneller war. Er selbst – der Klausen – würde den Finger nicht krumm machen auf den Starken. Dafür verbürgte er sich.
Da stand der Apotheker da wie ein Schuljunge und wußte keine Antwort, um die er doch sonst niemals verlegen war. Aber gut war's doch, daß ein Bock, ein ganz braver, wieder da war, und daß er dem vom Vorjahr so zum Verwechseln ähnlich sah. Manche Probleme lösen sich halt von selbst.
Der Schneidermeister Hinze aber hatte mindestens mit diesem Problem nichts zu tun. Darum focht es ihn auch nicht an. Aber mit dem Problem der Jagderhaltung, nach dem Motto, entweder du zahlst oder du mußt gehen, kam auch er in hautenge Berührung. Dabei hatte er nie an solche Möglichkeiten geglaubt. Denn sein Jagdherr war die Kirchengemeinde. Im Grunde also eine ganz seriöse Angelegenheit. Darauf tat sich der Hinze immer etwas zugute. Aber Kirchengemeinden leben auch nicht auf dem Mond und sind, trotz aller anderen Auffassungen, redlich mit der Erde und ihren klingenden Geschenken verbunden. Darum wäre es töricht, eine solche Institution dem lieben Gott gleichsetzen zu wollen. Jedenfalls lebt eine irdische Kirche nicht vom frommen Wort allein. Das ist keine böse Anspielung, sondern eine Tatsache, mit der man sich abfinden muß. Dann gibt es nachher keine Enttäuschung. An dieser Tatsache aber hatte der Hinze immer vorbeigeschaut. Das hätte er besser nicht tun sollen, dann wäre ihm mindestens eine schlimme Lehre erspart geblieben. Denn die Kirchenvertreter ließen sich nicht prellen, weil es nirgends geschrieben steht, daß sie so etwas tun sollten. Aber dem Hinze war das noch nicht aufgegangen, und er tat immer so, als hätte er seine Jagd direkt vom

lieben Gott zugeschlagen erhalten. Und jetzt war auf einmal das Malheur da, weil überall die Jagdpachten stiegen. Das verärgerte den Schneider sehr. Nicht etwa wegen des Geldes. Das hatte er wohl und daran lag es also nicht. Die Enttäuschung wog viel schwerer. Die Enttäuschung über das irdische Denken der kirchlichen Leute. Nun ja, Kirchenvertreter sind auch nur Leute. Das hatte der Hinze zu wenig bedacht. Aber jetzt saß er mitten drin und mußte sich bekennen. Entweder zum Zahlen oder zum Gehen. Beides wollte er nicht. Da griff das Schicksal ein. Hinze wurde krank. Nicht nur gerade so, sondern recht ernstlich. Krankheit ist nie eine gute Sache. Jedoch diesmal hatte sie etwas für sich. Denn jetzt zeigte sich, daß eine Kirche manchmal doch etwas mit dem lieben Gott gemeinsam hat. Die Geschichte vom armen Lazarus hatte man nicht vergessen. Darum ließ man den kranken Hinze vorerst in Ruhe und mit der Jagd blieb es beim alten.

Der Forsch aber blieb gesund und hielt sein Wort und sagte dem Jagdvorsteher nochmals, daß er sich seine Jagd sonstwohin stecken solle. Das war wiederum nicht schön vom Forsch. Dem Jagdvorsteher gefiel es auch deshalb nicht, weil man den Forsch gern behalten hätte. Denn nützlich und praktisch konnte er schon sein, besonders außerhalb der Jagd. Doch da der Forsch stur blieb wie ein Zugochse, zerrannen alle Hoffnungen auf eine gütliche Einigung in ein Nichts.

Darum ergab es sich dann auch zwangsläufig, daß Forschens Revier einen neuen Jäger bekam. Der hatte sich nicht lumpen lassen und das bezahlt, was die Jagdgenossenschaft in beachtlichen Rechenkunststücken zusammengerechnet hatte und obendrein noch gut nach oben abgerundet. Viel Geld haben ist noch nie eine Schande gewesen. Darum brauchte sich der neue Jäger auch nicht vor der Welt zu verstecken, und da er ein gebildeter Mann war, der wußte, was sich gehörte, machte er ohne Aufschub seine Antrittsbesuche. Beim Klausenbauern fing er an. Das war nun schon sein zweiter Besuch auf dem Hof. Einmal kam er als Fragender, im breiten Auto und Chauffeur. Jetzt kam er als Jagdnachbar im Lodenanzug und mit verdrecktem Jagdwagen. Der Klausen aber war nicht einmal abweisend, obwohl ihn der Forsch dauerte. Aber gute Nachbarschaft beginnt immer bei der eigenen guten Haltung. Außerdem sah Klausen in dem Namen »Bock« den der neue Pächter trug, ein gutes Omen. Der Name hatte doch immerhin einen jagdlichen Anstrich. Im Laufe des Gespräches stelle es sich heraus, daß der neue Mann ein ganz vernünftiger Mensch war. Er hatte gescheite Ansichten und er verstand auch von der Jagd allerhand. So kam man sich bald näher und Klausen zeigte dem neuen Nachbarn Hof und Stallungen, was wiederum dazu beitrug, dem Antrittsbesuch eine besondere Note zu verleihen.

Den Apotheker traf Bock im Revier an der Grenze. Zuerst war leichtes Erschrecken auf beiden Seiten, wie bei Lausbuben, die sich gegenseitig bei einer kleinen

Falschheit ertappten. Denn an der Grenze zu pirschen, löst fast immer ein unbehagliches Gefühl aus. Noch dazu, wenn man dabei überrascht wird. Dabei suchte der Apotheker nur nach neuen Schlagstellen, die der starke Bock hinterlassen haben könnte. Und Forschens Nachfolger war aus ähnlichem Grunde da. Denn er war kein Dummer und hatte den Starken auch schon gesehen. Nun sollte man den Jägern nicht unterstellen, daß sie gern Geschichten erzählten. Das ist nur bedingt richtig und auch nur dann, wenn damit nichts verdorben werden kann. Darum sprach der Apotheker von einem glücklichen Zufall, der ihn an die Grenze geführt hätte und er freue sich, dabei den neuen Nachbarn kennenzulernen. Und der Nachbar betonte die Nützlichkeit für einen Neuling, sich die Grenze gut einzuprägen. Damit kamen beide aus dem Schneider heraus. Aber den Wacholderstrauch hatten sie doch entdeckt, der genau auf der Grenze stand, und an dem eines Rehbockes Gehörn ganz frische Spuren hinterlassen hatte. Dennoch stellte sich der Apotheker immer so, daß der Nachbar den Busch im Rücken behielt. Denn alles brauchte der Neuling auch nicht zu sehen.

Auch bei Hinze machte Bock seinen Besuch und brachte Blumen mit. Die halfen dem armen Hinze zwar auch nicht mehr auf die Beine, dennoch verfehlten sie ihre Wirkung bei dessen Frau nicht. Hinze selbst machte ein abweisendes Gesicht. Das war nicht etwa wegen dem Forsch, den der Neue verdrängt hatte. Denn der Forsch konnte ihm den Buckel herunterrutschen. Die Misere mit der eigenen Jagd wurde wieder heraufbeschworen, und nur das setzte ihm zu. Darum konnte er es auch nicht ertragen, als Bock von guter Nachbarschaft sprach. Deshalb bat er den Besucher schon nach fünf Minuten, daß er ihn allein lassen möchte, da er, Hinze, sich hundeelend fühle. Seine Frau entschuldigte sich an der Haustür für ihren Mann. Aber der guterzogene Bock verstand alles, auch die schnelle Verabschiedung, sagte »gnädige Frau« und küßte die Hand. Und Frau Hinze stelle geschmeichelt fest, daß die Kavaliere doch noch nicht gänzlich ausgestorben waren.

Labsam blieb in jeder freien Stunde in Tuchfühlung mit der verheißungsvollen Grenze. Die Bockjagd war auf. Das war sehr wichtig. Viel weniger wichtig war, daß die alten Böcke noch gar nicht verfärbt hatten. Denn schließlich wollte er nicht eine graue oder schon rote Rehdecke erbeuten, sondern einzig und allein das entsprechende Gehörn. Er wollte! Nur konnte er es nicht. Es war wie verhext. Gesehen hatte er den Bock in den letzten Tagen wohl schon ein halbes Dutzend mal. Aber wenn Holz und Busch ringsherum sind, dann nützt oftmals das Sehen überhaupt nichts. Schießen muß man können auf das Stück. Frei mußte es stehen. Was wissen die Feldjäger schon, wie weit vierzig oder fünfzig Meter im dichten Wald mit Unterholz werden können! Noch dazu, wenn es richtiger, ursprünglicher Wald ist, zwar mit nur wenig Nutzcharakter, aber um so größerer Deckung und Wildheit.

Dabei kann ein Jäger manchmal das Beten lernen oder auch das Fluchen, je nach Temperament und Veranlagung. Und was muß dabei das kleine, gequälte Menschenherz erdulden und aushalten! Schwerstarbeit ist das für den kleinen, blutvollen, tobenden Muskelklump. Das müßte, kommerziell gesehen, hoch honoriert werden. Weil sich der Mensch in der Regel schon für viel geringere Leistungen lukrativ entlohnen läßt. Nur der Jäger, der vergißt das und zahlt auch noch was drauf. Was müssen das für Menschen sein, die Jäger! Auch der Labsam gehörte dazu. Darum war er bald am Ende mit seiner Kraft und wohl auch mit seiner Kunst. Zu Hause war er kaum noch ansprechbar. Am Tage dachte er an seinen Bock, nachts träumte er von ihm und in den Morgen- und Abendstunden war er hinter ihm her, als wär's die ewige Seligkeit in Person. Frau Labsam seufzte. Das hatte bestimmt seinen Grund. Denn wenn eine Klassenarbeit bei den Kindern danebenging, gab es keinen Spektakel mehr von Vaters Seite und auch sonst wurde das, was man gemeinhin unter Erziehung versteht, ziemlich großzügig ausgelegt. Im Geschäft lief auch manches daneben. Sonst sind Apotheker ganz genaue Leute. Denen passiert so leicht nichts. Nur dürfen sie keine Jäger sein wie der Labsam und auch nicht hinter einem kapitalen Bock herrennen wie er. Und dem Labsam passierte in dieser Zeit vieles in seinem Apothekerladen, was diesem durchaus nicht zuträglich war. Denn wenn ein Kranker die verkehrte Arznei bekommt und ein Gesunder die verkehrten Pillen, dann gibt das leicht einen Ärger. Den wollte zwar der Apotheker nicht, aber er bekam ihn doch. Danach kriegte er immer den Moralischen, der damit endete, daß er es erneut bereute, kein Förster geworden zu sein. Doch das förderte nur noch mehr den Drang nach draußen und nach dem nerventötenden Grenzbock. Aber der Labsam war auch, seinem Naturell entsprechend, ein Optimist. Darum kannte er auch die Lebensweisheit, wonach man bestimmt etwas erhält, wenn man sich nur genügend darum kümmert. Diese Lebensweisheit sollte eines Morgens ihre Bestätigung erfahren. Das war an einem Sonntag, als sich andere Christenmenschen gerade rüsteten, um die Frühmesse zu besuchen.

Labsam hatte sich gut präpariert. Aus diesem Grunde war ein hübsches Erdloch entstanden, in dem ein ganzer Mann bis auf den Kopf verschwinden konnte. Ein Hochsitz an der Grenze war nicht nach Labsams Geschmack, der ging gegen seine Jägerehre. Weil ein Hochsitz von jedem Hanswurst gesehen werden konnte. Auch vom Nachbarn. Ein Erdloch an der Grenze war diskret und weniger anrüchig. Mindestens in diesem Falle. Sonst genießen diese Gruben keinen guten Ruf. Aber das tat jetzt nichts zur Sache. Immerhin saß jetzt der Apotheker in einer solchen Grube. Und es war sein Glück, daß er drinnen saß. Denn der Bock kam. Er war ganz plötzlich da und stand so nahe, daß der Apotheker das Atmen unterließ und zur Mumie wurde. Und es kam noch schlimmer. Der Bock zog noch näher, vier Meter, drei Meter, zwei Meter, einen Meter. Jetzt stand er am Rande des Erdloches und verhoffte. Sicher ahnte er etwas. Doch der Wind war nicht sein Gefährte und zog von ihm fort. In einer Ecke des Erdloches lehnte die Büchse. Der Labsam hätte nur den Arm auszustrecken brauchen. Das wäre aber auch alles und das letzte gewesen. Zu viel mehr hätte es nicht mehr gereicht. Der Bock stand unbarmherzig still. Abnicken hätte man ihn können, nur zum Schießen, da reichte es nicht. Beides unterblieb. Dafür sah der Jägersmann in die unwahrscheinlich starke Krone. Voll und schwarz stand sie zwischen den Lauschern, daß dem Schauenden die Luft fortblieb. Die seelische Belastung aber nahm immer noch kein Ende. Jetzt stelzte der Bock um das Erdloch herum. Das konnte nicht gut gehen, gleich mußte er Wind bekommen. Der Jäger aber machte erst gar nicht den Versuch, dem Wilde auch nur mit den Augen zu folgen. Nur wundern tat's ihn, daß der Bock noch immer nicht absprang und losblökte, jetzt, wo er doch mit Bestimmtheit Wind bekommen haben mußte. Beim Wundern blieb es dann auch. Jäger wundern sich ja stets über etwas. Das bringt die Jagd so mit sich und auch die vielfältigen Begegnungen in Wald und Flur. Erst als es der Apotheker schon weit hinter sich brechen hörte und darin den fortflüchtenden Bock vermutete, wandte er Kopf und Oberkörper. Im Unterholz sah er einen weißen Spiegel. Mehr nicht. Darum wartete er ab, bis dieser gänzlich in der Versenkung untergetaucht war. Dann machte er einen Schnaufer, wie ein Gaul ihn zu machen versteht, wenn der Häcksel in den Nüstern sticht, wischte sich den kalten Schweiß von Stirn und Nacken und sagte danhn ein Wort, das gar nicht in den Wald paßte, noch weniger zu einem Apotheker. Für heute war die Jagd zu Ende, mindestens die auf den Bock mit dem starken schwarzen Gehörn zwischen den Lauschern. Denn dort, wo das verbiesterte Stück hingeflüchtet war, war »feindliches« Gebiet.

Das mit der Grenze hatte Labsam richtig erkannt. Was er aber nicht wußte, war, daß es hinter der Grenze auch einen Jäger gab, dem der Sonntag zum Jagen ebenfalls nützlicher schien als der Kirchgang. Das war der neue Jagdpächter Bock. Der hockte zwar nicht in einer irdenen Grube, sondern auf einem Leitersitz. Die Grenze war ihm genau so nah wie dem Apotheker. Und da Unterholz und Bewuchs nicht besser waren um den Leitersitz herum als um das Ansitzloch, stand der Rehbock ebenfalls urplötzlich und wie aus dem Boden gewachsen vor dem Jäger Bock. Dennoch war es eine ganz andere Situation als beim Apotheker. Ein Rehbock äugt nur ganz selten einmal in den Himmel. Darum war es für den Jäger ein Leichtes, die Büchse einzurichten. Das dauerte zwar ein Weilchen, denn das Wild stand nah. Allzunah ist jedoch bei der Jagd mindestens genauso schlecht wie allzuweit. Aber der Rehbock schien weiterziehen zu wollen. Daher kam der Schuß etwas hastig. Der Rehbock schlug mit den Hinterläufen aus, machte dann eine Kehrtwendung und stob dahin

zurück, wo er eben erst hergekommen war. Der Jäger aber tat gar nichts, sondern blieb sitzen. Vor Überraschung. Denn so, wie er drauf gewesen war, müßte der Bock jetzt mausetot im Beerkraut liegen.
Inzwischen hatte sich der Labsam aus seinem Unglücksloch herausgerappelt. Gerade schlug er sich den anhaftenden Sand von der Kleidung, als über der Grenze der Schuß fiel. Ein Büchsenschuß im Nachbarrevier ist zwar für einen Jäger noch kein Grund zur Aufregung. Aber gerade dieser Schuß durfte jetzt nicht fallen. Denn hier gab es keinen Zweifel, wem die Kugel gegolten hatte. Das haute selbst den Apotheker um. Er verwünschte alle Grenzböcke und schimpfte innerlich auf diesen blutigen Neuling, der unverdient und viel zu früh im Jahr diesen Prachtbock wahrscheinlich zu Tode gebracht hatte. Denn eigentlich hätte gerade dieser Bock der Wildbahn erhalten bleiben müssen, als Vererber und so. Und verfärbt war er auch noch nicht, sondern grau wie eine Kellermaus. Doch als der Apotheker noch sinnierte, da schlich es grau durch die Büsche und dann war es der Bock, der gute, der Grenzgänger und Heimlichtuer. Eigentlich hätte der Bock den Jäger eräugen müssen, der so frei stand wie ein Denkmal. Aber um sich darüber Gedanken zu machen, dazu hatte der Labsam jetzt keine Zeit. Darum hob er sein Gewehr, ging ins Ziel und drückte ab. Das ging alles ganz einfach, viel einfacher, als man es bei einem so kapitalen Bock gedacht hätte. Und es ging auch gut. Der Bock blieb in der Fährte, weil er einen sauberen Blattschuß erhalten hatte. Nun war der Apotheker stolz und zufrieden. Die Krone war atemberaubend stark, und alt schien der Bock auch zu sein. Der hatte genug Zeit gehabt, sich zu vererben. Zwar war die Decke noch grau wie eine Kellermaus. Aber alte Böcke haben halt die Eigenschaft, später zu verfärben als die jungen. Darum fiel auch kein Wermuthstropfen in den Becher der jagdlichen Freude.
Natürlich hatte auch der Jäger Bock den Schuß von Labsam vernommen, kämpfte noch eine Weile gegen seinen Ärger wegen des schlechten Schusses an, doch da für ihn klare Tatsachen immer noch mehr bedeuteten als Wünsche und Träume, stieg er von seinem Leitersitz herab. Zum Anschuß ging er erst gar nicht. Vorbeigeschossen bleibt vorbeigeschossen. Denn das Auskeilen des Bockes mit den Hinterläufen hatte ihm nichts gesagt, höchstens soviel, daß ein lauter Knall im stillen Sonntagsmorgenwald ein Stück Wild schon zu derartigen Kapriolen veranlassen konnte. Der Jäger Bock aber war auch ein kontaktfreudiger Mensch. Darum schritt er langsam bis zur Grenze, blieb da stehen und rief mehrmals »hallo«. Und da der Apotheker nicht weniger kontaktfreudig war und außerdem alles in seinen Händen hatte, was ein Jäger in dieser Jahreszeit überhaupt haben kann, zierte er sich nicht lange, sondern rief ebenfalls »hallo«. Dann gab es noch mehrere »Hallos«, bis der Bock den Labsam gefunden hatte. Herzlich war die Begrüßung mit »Waidmannsheil« und »Waid-

mannsdank«. Der Nachbar Bock war wirklich ein netter Kerl. So dachte es der Apotheker. Ein wirklich feiner Kerl, weil er es so herzlich machte und von seinem dummen Schuß so ehrlich berichtete. Dasselbe, eben so mit dem feinen Kerl, dachte Bock auch von dem Apotheker. Weil der so offen von seinem Erdloch sprach und dem Erlebnis mit dem Rehbock am Morgen. Nur von der Grenze sprach niemand. Bei einer Zigarre hielt man gemeinsam die Totenwacht und kam sich näher mit jedem Wort. Dann brach Labsam seine Beute auf, kunstgerecht und wie es sich gehört. Sogar den Schlund verknotete er zünftig, obwohl er das sonst nie tat. Aber unter Jägern mußte alles richtig sein. Denn niemand sollte schlecht von dem anderen denken. Der Nachbar Bock half, soweit es möglich und notwendig war, und immer wieder ging die Rede auf das hochkapitale Gehörn, und die Augen und Gedanken waren auch dabei. Darum solle man nicht überheblich sein, weil keiner der beiden das kleine Schußloch bemerkte, das in den Dünnungen die graue Decke durchschlagen hatte. Das stammte aber nicht vom Apotheker. Denn dessen Schuß saß sauber im Blatt.

Später dankte Labsam dem Schicksal, daß Forsch nicht mehr sein Nachbar war. Wegen der schlechten Erfahrungen vom letzten Jahr. Denn der Apotheker war ein wirklich lustiges Haus und einer, mit dem man gut auskommen konnte.

Derweilen ging es dem armen Hinze immer schlechter, und es schien ganz so, als wenn er nicht wieder auf die Beine kommen sollte. Aber er war, obwohl ein Schneider, doch zäh wie ein Hufschmied. Darum wurde es erst noch hoher Sommer, ehe es mit ihm zu Ende ging. Draußen trieben es die Böcke. Der Hinze wußte das, denn er kannte die Zeit. Und da er nicht wieder dabei sein konnte, schickte er wenigstens seine Gedanken hinaus. So blieb er ein angenehmer Kranker, der kaum mit Sonderwünschen aufwartete. Nur einmal, da hatte er welche. Doch die waren ohne Schwierigkeiten zu erfüllen. Handelte es sich doch nur um die Gehörne, welche er während der Blattzeit in den vergangenen Jahren erbeutet hatte. Es waren nicht viele, kein Waschkorb voll wie bei den anderen. Sie füllten dennoch den kleinen Tisch, welchen man neben sein Bett gestellt hatte. Und die Büchse ließ er sich auch hereinbringen. Da schaute die Frau Hinze ganz glücklich, und sie sagte, daß ihr Mann jetzt bestimmt gesund würde. Darum ließ man ihn auch in Ruhe und störte ihn nicht bis zum Abend. Aus diesem Grunde merkte es auch niemand, als er die Augen schloß und starb. Das mußte er mit einem guten Gedanken getan haben. Denn auf dem Deckbett lag die Büchse, und die Gehörne auf dem kleinen Tisch waren alle durcheinandergerührt.

Mit Hinzes Tod wurde die Kirchenjagd frei. So lösen sich manche Probleme ganz von selbst, wenn man ihnen nur genug Zeit dazu läßt. Der Herr Pastor fand gute Worte für den Dahingeschiedenen, sprach von gegenseitigem Vertrauen und

gegenseitiger Rücksichtnahme, und daß die Kirchengemeinde froh gewesen war, einen solch braven Mann als Jagdpächter gehabt zu haben. So hatte alles ein feines Ende. Doch da man nachher einen neuen Pächter für die Jagd brauchte, nahm man sich gleich den Jäger Bock, weil er schon Angrenzer war und damals, bei seinem Besuch, als der Hinze noch lebte, einen so seriösen Eindruck hinterlassen hatte. Und er zahlte ganz freiwillig das Doppelte von dem, was man bisher dem Hinze abverlangt hatte. Darum gab es dann auf beiden Seiten nur zufriedene Gesichter.
Zufrieden war auch der Apotheker, weil er seine Jagd behalten konnte. Und der Klausenbauer war sogar in Hochstimmung. Denn er erlegte in jenen Tagen einen starken Feisthirsch, wie er selbst kaum im Staatswald zu finden war. Nur der Forsch lief noch mit bärbeißigem Gesicht umher, weil er die Treulosigkeit gewisser Menschen noch nicht so leicht verwinden konnte. Das änderte sich aber im Herbst. Er reiste weit weg in ein fremdes Land, wo es gute Hirsche gab und anderes Wild im Überschwang. Zwei Wochen blieb er dort. Dann hatte er es überwunden. Denn die beiden Hirschgeweihe, welche er von seiner Jagdfahrt mitgebracht hatte, waren ein Traum von Schönheit und Stärke. Darum versteckte er sie auch nicht, sondern zeigte sie vor und lud seine ehemaligen Nachbarn und sogar den Forstmeister aus dem Staatswald zu einer kleinen Feier in sein Haus. Es wurde sehr gemütlich, und Forsch sonnte sich als spendabler Gastgeber und auch als Erbeuter der beiden hochkapitalen Hirschgeweihe. Nur der Klausenbauer fiel aus der Rolle. Denn er fragte, woher denn das starke Rehgehörn herkäme, welches dort über dem Schreibtisch prahlte. An dieses hatte Forsch natürlich nicht mehr gedacht. Darum kramte er eine lange Geschichte hervor. Die begann er dann auch umständlich zu erzählen. Nur brauchte er sich nicht bis zum Ende hindurchzulügen. Denn des Apothekers Drahthaar, der ja seinen Herrn fast überall hin begleitete, und der bis jetzt unter dem Tisch geschlummert hatte, war aufgestanden. Und da im Augenblick weder ein Baum noch ein großer Stein für seine Gelüste zur Verfügung stand, nahm er sich des Klausenbauern Knie vor. Niemand beobachtete ihn, weil aller Augen an Forschens Lippen hingen. Nur der Forsch, der Listige, der sah den Hund und auch dessen Tun. Aber er hütete sich, einem Hunde seinen Spaß zu verderben. Darum nahm er sich Zeit mit seiner Geschichte, und seine ursprüngliche Befangenheit schwand von einem zum anderen Wort. Und weil er alles mitansehen konnte, darum konnte er auch als erster loslachen, als der Bauer mit einem Schrei vom Stuhle schoß. Damit war auch die eben erst von Forsch begonnene Geschichte schon zu Ende. Denn die anderen fragten nicht weiter, und der Klausenbauer mußte fort, um sich umzuziehen. Der Forsch aber machte ein ganz freundliches Gesicht. Und das hatte schließlich der Drahthaar vom Apotheker ganz allein fertiggebracht. Der Drahthaar, der sonst keiner Maus etwas zuleide tat.

»Möchten Sie Sauen schießen?«

Rolf Goergen

An einem Frühjahrsnachmittag wurde mir die Nachricht überbracht, ich sollte im Jagdhaus eines der besten Voreifel-Rotwild-Schwarzwild-Reviere vorstellig werden. Mir war wohl bekannt, daß dort seit Jahren sehr hohe Schadenssummen aufgebracht wurden, aber in Teufels Namen, was hatte ich damit zu schaffen!

Die Begrüßung war alles andere als herzlich; und sofort begann der auswärtige Jagdpächter, das Grundthema knapp und sachlich, ohne jegliche Jagdromantik, am Kern zu packen: »Sie wissen«, begann er, »daß ich zu viele Sauen im Revier habe. Meine Frage: Möchten Sie Sauen schießen, so viele Sie kriegen können!?« Er räumte mir jede erdenkliche Freiheit ein. Selbst ein Fahrzeug, damit ich recht beweglich agieren konnte, wurde mir zugesagt.

Wer schon würde ein solches Angebot ausschlagen? Nach kurzem Überlegen sagte ich zu, obwohl mein Jägerinstinkt mich vor irgend etwas warnte, mich unsicher machte, zudem kein zwingender Anlaß bestand, das Revier zu wechseln, weil ich in zwei reizvollen Jagdbezirken freie Büchse hatte, wie man so schön sagt.

In den folgenden Monaten ließ ich keinen Tag verstreichen ohne Revierbegehung. Und schon sehr bald hatte ich herausgefunden, weshalb der Wildschaden im neuen Revier auf astronomische Summen gestiegen war. Sicher, es gab viel Wild, und wo viel Wild vorkommt, hat man entsprechenden Schaden in den landwirtschaftlichen Kulturflächen; eine uralte Weisheit. Da war aber noch eine andere Kleinigkeit: Einige gewiefte Schlitzohren unter den »Amateurbauern« brachten ihre Kartoffeln – und diese reißen ja ins Geld – in der Nähe der besten Schwarzwildeinstände in den Boden, so daß die starken Rotten, mochten sie auch nur einem anderen Waldbestand zuwechseln, geradezu darüber stolpern mußten.

Wer nun glaubt, in einem solchen Wildparadies – wir schätzten den Schwarzwildbestand auf etwa 70 Stück, und wer die Zuwachsquote pro Jahr kennt, weiß, was dies bedeutet – brauchte man nur hinauszuziehen und den Schießfinger zu betätigen, hat sich geirrt. Jeden Abend, manchen Morgen, ja selbst Nächte verbrachte ich im Revier, ohne einen Erfolg zu verbuchen!

Nun, wenn mir auch keine »passende« Sau vor den Büchsenlauf zog, so sah ich beim täglichen Abfährten doch immerhin, wo sie gewirkt hatten. Meine einzige Beute

während ungezählter Revieraufenthalte waren ein schwaches Böckchen und ein Fuchsrüde, die mir beim abendlichen Passen in die Quere kamen.
Natürlich machte ich mir Gedanken darüber, weshalb es mir einfach nicht gelingen mochte, eine Sau zu strecken. Ich kam zur folgenden, einzig möglichen Erklärung: Die Sauen hatten während der Sommermonate, in denen überall und reichlich der »Tisch gedeckt« war, keine festen Wechsel. Sie vagabundierten kreuz und quer durch riesige Fruchtschläge. Dann wieder bevorzugten sie umliegende ausgedehnte Forstbezirke, denen sich oftmals verfilzte, undurchdringbare Ginster-Wildnisse vorschoben. Ein Dorado allen Wildes, insbesondere für Sauen. Ohne die Deckung verlassen zu müssen, hatten sie alles, was sie brauchten. Heute gingen sie hier zu Schaden, morgen dort und übermorgen an einer Stelle, an der kein Mensch je mit ihnen gerechnet hätte. Glaubte ich, sie endlich einmal an einem überschaubaren Kartoffelfeld sicher zu haben, so quasi halbwegs »im Rucksack«, schlugen diese Burschen mir durch viel zu spätes Auswechseln letzten Ende doch wieder ein Schnippchen.
Nach monatelanger vergeblicher Mühe lohnte St. Hubertus doch, wenn auch etwas verspätet, meine zähe Ausdauer! Es war ein heißer Endjulitag, und ich weilte, wie schon all die langen Wochen zuvor, im Revier. Lange sollte ich mich des ruhiges Ansitzes nicht erfreuen dürfen. Über dem Örtchen Kennfus, das, von meinem Standpunkt aus gesehen, in westlicher Richtung liegt, braute sich ein böses Wetter zusammen und schob sich gegen den Wind mir zu. Eiligen Schrittes flüchtete ich zum abgestellten Wagen.
Schon erhellten aufzuckende Blitze gespenstisch den nachtschwarzen Himmel. Mit Vehemenz entlud sich wenig später ein Gewitter, wie ich es hier in den Mosel- und Voreifelbergen noch nicht erlebte. Blitze und berstende Donnerschläge waren fast eins. Der schon zuvor aufgekommene Wind entfachte sich zum Sturm, peitschte schwefelgelbe, dann wieder tiefschwarze regenschwere Wolken so tief vor sich her, daß ich glaubte, sie müßten wohl an den höheren Bergkuppen zerplatzen. Staub, Blätter, ja ganze abgefetzte Äste wirbelten durch die Luft. Plötzlich, fast ohne Übergang, öffnete der Schleusenmeister dort oben die Tore und ließ Unmengen Wasser herabstürzen. Ich war froh, anstatt auf offener Kanzel nun im sicheren Auto, behaglich trocken, diesem faszinierenden Naturspiel beiwohnen zu dürfen.
Da, ein greller Blitz, gefolgt von einem knatternden, scharfen Knall – ein Einschlag ganz in meiner Nähe! Ich schaute aus dem Fenster. Mein Gott, würde der Bauer Augen machen! Dort, wo eben noch stolz und mannshoch der Roggen stand, lag nunmehr eine sportplatzgroße, auch ebenso glatte Fläche, vom Unwetter niedergewalzt!
Allmählich ließ das Rumoren nach. Der im Westen leicht erhellte Himmel ging in

Abenddämmerung über. Vereinzelt wetterleuchtete es noch über den fernen Eifelbergen. Dunstschwaden stiegen aus den erhitzten Tälern, lösten sich im Höherkommen – Gott sei Dank! – auf.

Wo mögen die Sauen, Hauptgrund meines Hierseins während des Gewitters, gesteckt haben? Ganz in der Nähe lag ein Haferfeld, schon stark von den Schwarzen gezehntet, günstig, inmitten von Wald und Ginster. Dort könnte es heute passen. Ich prüfte den Wind – der paßte auch –, und voller Erwartung stiefelte ich los.

Der Regen hatte nachgelassen. Nur im Holz hörte ich niedergehenden lauten Tropfenfall, was meine Hoffnung noch um einiges erhöhte. Behutsam bog ich um die Feldecke, verließ den Weg und schlich die leicht zum Ginster abfallende Feldkante entlang. Eine wischende Bewegung, dann aufraschelnde Haferhalme ließen mich geduckt erstarren. Nun ging alles sehr schnell. Ein »Klotz« nach dem anderen löste sich vom schwarzen Ginster, huschte behende über die schmale Freifläche und verschwand in dem wiederum deckenden Hafer. Eine Rotte Sauen! Und was für eine! Kaum vermochte ich sie zu zählen. Waren es fünfzehn, zwanzig – oder gar mehr . . . ?

Ich ließ sie weiter zur Feldmitte ziehen, löste mich dann erst aus der verkrampften Stellung, zog hurtig die Schuhe aus und pirschte nun auf weichen Sohlen noch konzentrierter weiter vor, gelangte zum Wechsel und überschritt ihn. Nunmehr führte die langsam schwierig werdende Pirsch an der unteren Längsseite des Feldes entlang. Ich war naß geschwitzt, Nacken und Knie schmerzten. Dicht neben mir rumorten knatschend und wohlig grunzend die Sauen. Genüßlich sog ich die in der Luft stehende würzig-scharfe Sauwitterung in die Nase.

Ein stärkeres Stück, vermutlich eine mißtrauische Bache, zog auf zehn Gänge heran, wuffte, warf sich herum und flüchtete, wie ein grober Keil die aufrauschenden Halme teilend, wieder feldwärts. Hatte sie mich wegbekommen? Aber der im Nu leerfegende Warngrunzer blieb aus. Das war noch mal gutgegangen! Die Rotte spektakelte ungeniert weiter!

Ich hatte längst die Waffe schußfertig in der linken Hand. Die rechte hielt das Doppelglas und suchte die niedergedrehten Blößen nach einem schwächeren Stück ab. Aber wie sollte ich etwas ausmachen? Das Glas tanzte in den Intervallen der aufgeregten Herzschläge vor den Augen herum. Zu allem Überfluß beschlugen auch noch die Okulare. Himmel hilf . . . Sollte heute wieder alles umsonst gewesen sein? Zitternd wischten die feuchten Finger über die Linsen. Nun war's etwas besser!

Mein Gott, kaum dreißig Gänge entfernt, zwischen Ginster und Hafer – ein Überläufer! Jetzt oder nie . . . Schon im Niederknien tastete der grobe Zielbalken in den sich kaum vom dunklen Hintergrund abhebenden Wildkörper. Und hinaus war das Geschoß. Kugelschlag vernahm ich keinen, dafür war wohl die Schußentfernung

zu gering. Blasend brachen die Sauen vor und hinter mir zu Holze. Ein Überläufer streifte auf seiner wilden Flucht meine Beine.
Mit patschnassen Ständern und butterweichen Knien pirschte ich langsam den Feldsaum entlang und stand nach wenigen Metern dankbar ergriffen vor meinem erkämpften Überläufer. Nur 34 Kilogramm brachte er später auf die Waage, was meine Freude aber nicht im geringsten schmälern konnte.
Nun schien der »Knoten geplatzt«. Auch der Jagdpächter machte ein zufriedenes Gesicht. Das erstemal seit Wochen! Er drängte aber heftig zu weiterer Aktivität. Ich konnte seine Ungehaltenheit verstehen. Schließlich mußte er die gesalzenen Wildschadensansprüche erstatten. Bei Schäden über 20 000 Mark hört der Spaß auf! Mein Optimismus bekam einen gewaltigen Dämpfer. Schon fast in Tradition blieben die Läufe blank. Wohl sah ich einige Bachen mit Frischlingen. Konnte sogar amüsiert zuschauen, wie Reineke einem Frischling »ans Leder« wollte. Von der aufmerksamen Bache zeitig genug auf Trab gebracht, ergriff er dann sogar verschüchtert vor einem plötzlich auftauchenden Hasen das Hasenpanier. Diese und viele weitere Beobachtungen entschädigten mich für die aufgebrachte Zeit.
Im Herbst wurde es dann besser. Die tagsüber abgedroschenen Fruchtschläge waren stellenweise über Nacht schon tief umgebrochen. In fast allen Revierteilen Sauen! Mir pulste schon aufgeregt das Herz im Leibe, wenn ich nur an sie dachte – ich dachte selbst während der Arbeit an nichts anderes mehr!
An einem Sonntagmorgen pirschte ich die das Revier teilende, neuangelegte Straße hinunter einem linkerhand liegenden, von den Sauen besonders heimgesuchten Stoppelacker entgegen. Noch herrschte rabenschwarze Finsternis. Nur die vorne am Straßenrand abgestellte Teermaschine konnte ich mit der starken Optik gegen den helleren Hintergrund des Stoppelfeldes schemenhaft ausmachen. An einen Markierungspfahl gelehnt, erwartete ich fiebernd das Büchsenlicht. Ich weiß nicht zu sagen, wie oft schon das Glas über die Feldfläche zwischen den rechts und links des Ackers liegenden Saudickungen suchend tastete. Plötzlich waren sie da . . . Vier, nein es waren sogar fünf schwarze Klumpen! Sauen? Noch reichte das Licht nicht, um mit Sicherheit ansprechen zu können.
Mit jedem Atemzug wurde es heller, mir schien es allerdings unendlich träge. Was war, wenn es einer Sau einfiel, ins nahe Holz zu wechseln, die anderen, wie das so üblich ist, hinterherzogen? Meine Sorge war unbegründet. Die Sauen – es waren tatsächlich welche! – waren derartig mit Mäusen und ausgefallener Frucht beschäftigt, daß sie alles um sich vergaßen. Mit gleitenden Bewegungen schlich ich zur 70 Meter weiter unten, in der Einmündung eines Feldweges abgestellten Straßenbaumaschine; an ihr konnte ich im Ernstfall anstreichen.
Die schwachen Sauen, das konnte ich mittlerweile sicher erkennen, mochten etwa

80 Meter entfernt sein. Als das Licht endlich ausreichte, schob ich die Büchse langsam in Anschlag, entsicherte, beabsichtigte gerade zu stechen, da passierte es... Die Waffe rutschte auf dem glatten Metall ab, schlug mit weithin vernehmbarem »Kläng« an das Monster von Maschine. Zutiefst erschrocken hielt ich den Atem an und peilte unter der Hutkrempe hindurch in Richtung Sauen. Mir schien klar: Sie mußten auf und davon sein!

Menschenskind, das war doch unfaßbar! Ungerührt gingen die Schwarzen ihrem »Hobby« weiter nach. Nun aber aufgepaßt! Ich klemmte den Büchsenlauf zwischen Daumen und Zeigefinger der linken Hand, hatte somit beste Auflage und Halt. Im Sechsfachen sah ich, daß der »dicke« Frischling links breit stand. Schuß – pflupp – er lag! Schnell repetiert. Aus, vorbei, die Rotte war weg. Eine lag jedenfalls... und ich ging froh hinüber.

Einige Wochen später, ich hatte im entgegengesetzten Revierteil gleich an mehreren Stellen Sauen ausgemacht, wollte ich einmal in den allerfrühesten Morgenstunden mit Hilfe des Mondes versuchen, ein Stück Schwarzwild zu strecken. Die Chancen, auf freier Flur eine Sau zu bekommen, wurden mittlerweile etwas dürftiger. Der Speisezettel im Wald – dort ist es nun mal am sichersten – wurde um einen wesentlichen Leckerbissen bereichert: eine ganz enorme Eichelmast! Wo man auch hintrat, nichts als Eicheln. Eine kleine Abwechslung war den ruhelosen Zigeunern jedoch immer angenehm und zog sie allenthalben aufs Feld hinaus.

Strahlend wie eine Laterne hing der schon leicht abnehmende Mond am sternefunkelnden Himmel. Glitzernd waren Wiesen und Felder bereift, und das gefrorene Gras knisterte unter meinen schleichenden Sohlen. Ich war heilfroh, als der geschlossene Sitz am Rande eines Stoppelschlages, auf der höchsten Kuppe des nach Nord-Westen abfallenden Ginsterhanges, dem sich ein Eichenbestand flankierend anschloß, bestiegen war. Warm im molligen Loden eingepackt, kauerte ich mich in die rechte Sitzecke. Dort, zum Feld hin, hatte ich auch das Fensterchen geöffnet.

Drüber im hohen Holz schrie gar jämmerlich ein Kauz und riß mich jäh aus sinnierendem Rückblick auf vergangene Jagderfolge in diesem Teil des Reviers. Ein starker Fuchs trat aus dem Waldschatten. Er sicherte ausgiebig, verfiel aus dem Stand heraus in »schlanken Trab«, querte, ohne noch einmal zu verhoffen, zunächst das Feld, dann die nordöstlich abfallende Viehkoppel und verschwand unten im dichtbewaldeten »Rutzegrübchen«. Gegenüber auf dem guten »Kumper«-Wildacker ästen zwei Stück Rehwild vom üppigen Stammkohl. Zwei weitere gesellten sich hinzu.

Von Sauen war auf der großen, von meiner überragenden Warte gut überschaubaren Feldmark keine Spur. Ich legte das Glas zur Seite, lehnte mich behaglich zurück und muß wohl ein Weilchen eingenickt sein. Ein helles Geräusch ließ mich augenblicklich munter werden. Hellwach spitzte ich die Ohren. Dort noch einmal... Das waren doch... Ja, das waren eindeutig Sauen! Deutlich hörte ich Frischlinge aufquieken, dazu, hin und wieder, die lockenden Grunzlaute der treusorgenden Bache.

Schnell das Glas; ja, dort zog sie, mit fünf kräftigen Frischlingen im Schlepp, über das Feld dem rechts liegenden Ginster zu. Hielten sie die Richtung, dann mußten sie mir auf etwa hundert Meter günstig kommen. Rasch war die Repetierbüchse schußfertig. Beim Visieren bog ich den Oberkörper so weit zurück, daß die Zieloptik in den Schatten der Kanzel gelangte. Unterdessen trennten die Sauen nur noch etwa sechzig Meter vom deckenden Wirrwuchs. Da kam endlich der kurze, zum Sichern genutzte, von mir sehnlichst erwartete Stillstand der Bache und ließ ihre Nachkommenschaft zu dem sprichwörtlichen, oft zitierten »Sauhaufen« auflaufen. Sich gerade wieder rangordnungsmäßig formierend, Ordnung muß ja sein, gelang es mir im letzten Moment, auf einen Frischling sauber abzukommen. Die erschrockene Bache flüchtete mit ihrem Nachwuchs eiligst zu Holze. Allmählich verloren sich die Fluchtgeräusche talwärts zum Erdenbach.

Ich lud vorsorglich nach und stellte die »Mannlicher« gesichert auf ihren Platz zurück, nahm dann das Fernglas zur Hand und suchte das Feld nach der beschossenen Sau ab. Nichts! Eine innere Unruhe befiel mich. Hatte ich die Sau zu Holze geschossen? Damals führte ich noch keinen eigenen Hund; machte mir schon sorgende Gedanken: An welchen Hundeführer nun wenden? Wer kennt sie nicht, die peinigenden Gedanken um das Wild, wenn es nicht auf Sichtweite liegt!

Als es endlich hell wurde, raffte ich mich auf und stakste steifbeinig das Feld hinunter. Und je näher ich dem Anschuß rückte, um so länger wurde mein Gesicht. Insgeheim hatte ich doch gehofft, den Frischling in einer Ackervertiefung zu finden. Aber vielleicht fand ich guten Schweiß. Wie oft gehen Sauen mit den besten Kammerschüssen noch flüchtig weg.

Nun stand ich genau über dem Anschuß. Herrgott, dort lag ja die Sau, mit gutem Blattschuß, lange verendet! Der Bauer hatte beim Abmachen der Frucht die Mähbalken kniehoch eingestellt. So konnte sich der Fünfzigpfünder mit bestem Erfolg »drücken«. Hocherfreut warf ich den Jagdfilz in die Luft, kramte das Horn aus dem Rucksack und blies gleich mehrmals »Sau tot« in den klaren Herbstmorgen hinaus. Die hellen Töne wurden über goldene Mischwälder getragen und verloren sich weit, weit drüben über den schroffen Waldhängen des wildromantischen Erdenbachtals.

Blattjagd

Rolf Heinzl

Mein dänischer Jagdfreund John sollte und wollte in seinen Sommerferien zu uns in die Schweiz kommen. Natürlich war damit meinerseits eine Einladung auf einen guten Rehbock verbunden. Der Bock gab auch den Ausschlag für die weite und teure Fahrt. Eine Woche vor seiner geplanten Abreise rief ich John noch einmal an: »Alles klar für die Reise? Hast du für dich und Karin Plätze reservieren lassen? Hast du spezielle Wünsche für deinen Ferienaufenthalt, die ich vorbereiten und einplanen muß? Wie soll das Damenprogramm aussehen? Wir wollen ja in erster Linie Musik für die Böcke machen und können uns wenig um die Damen kümmern.«
Johns Antwort war kurz, aber aussagekräftig: »Die Damen müssen für sich sorgen, aber wie ist es mit einem zweiten Bock für mich?«
Da wußte ich, daß John noch ganz der alte war, fasziniert und beseelt vom roten Bock, genau wie vor zwanzig Jahren. Dazu ist zu sagen, daß während der Blattzeit in Dänemark Schonzeit ist und John als echter Bockjäger in dieser Zeit nicht untätig sein konnte. Außerdem liebte er die Blattjagd und versprach sich in dieser Zeit besonderen Erfolg.
»Zuerst wollen wir einen Bock auf der Strecke haben. Wenn der alt und richtig ist, oder auch jung und goldrichtig, sehen wir weiter. Jedenfalls sollst du mit einer Trophäe nach Hause fahren, die du dort getrost allen vorzeigen kannst. Bei mir hier wird ganz anders gejagt als in Dänemark bei dir, wo schon jeder Jährling ein jagdbarer Bock ist. Jedenfalls mußt du dich hier mir unterordnen und darfst den Finger nur krumm machen, wenn ich es erlaube.«
»Rolf, in welches Revier gehen wir? Und in welches dann? Hast du mir die Böcke schon ausgesucht?«
»John, wir gehen in ein Revier, in dem ich nur einen Bock frei habe. Dort wird es auch verdammt schwer sein, aber wir haben ja eine gute Woche Zeit. Ich weiß nicht, wie es dort jetzt aussieht, aber ich weiß, daß jetzt dort gehegt wird und man bemüht ist, gute Böcke alt werden zu lassen. Einen alten Bock dort zu bekommen wird eine harte Sache, denn das Revier wurde erst vor zwei Jahren übernommen und war total ausgeschossen. John, der Bock muß richtig sein, sonst darf ich dort nie mehr hin! Ist das klar?«

Das Revier kannte ich aus früheren Zeiten wie meine Westentasche, und ich freute mich auf unser gemeinsames Jagen. Ich hatte dann noch andere Reviere, in die wir gehen konnten, wenn es dort nicht klappen sollte, aber erst wollten wir es dort einmal versuchen. John sollte sehen, daß es hier schwer ist, einen Bock zu bekommen, auch in der Blattzeit.
Es war furchtbar heiß, als wir den »Kopf« bestiegen, einen der südlichen Vorberge des Schwarzwaldes. Ich hatte viel Mühe und wenig Luft, dazu hatte ich noch ein steifes Genick und konnte meinen Grind nur unter großen Schmerzen drehen. John als Flachländer hatte noch größere Mühe, aber das war alles eingeplant. Endlich hatten wir es geschafft, wir hatten den etwa sechshundert Meter langen Kamm des Kopfes erreicht und ich begann nach einer gut zwanzigminütigen Wartezeit Musik zu machen. Mich fasziniert die Blattjagd nicht mehr so wie vor Jahren. Sie hat mich früher fasziniert, das zeigt eine ganze Reihe Gehörne guter und alter Böcke an meiner Wand. John dagegen begeisterte mich mit seiner Fantasie und Passion. Früher bei ihm in Dänemark habe ich bei schwierigen Böcken immer gesagt: »John, gib den Bock auf, den bekommst du höchstens in der Blattzeit.« Darauf kam stets die gleiche Antwort: »In Deutschland vielleicht, aber nicht in Dänemark, da dürfen wir in der Blattzeit nicht auf den Bock jagen.«
In Dänemark in und um Johns Revier gab es gute Rehwildbestände, aber keine alten und guten Böcke. Jeder darf dort sein eigenes Land bejagen, und wenn es nur der Garten hinter dem Haus ist. So wurde fast jeder Jährlingsbock umgeblasen. Die Böcke aber, die die ersten zwei Jahre überlebten, wurden sehr vorsichtig, sehr heimlich. Der bekannte Spruch vom Feisthirsch würde etwas abgeändert sehr gut zu ihnen passen: »Der alte Dänenbock ist ein Gespenst, das du nur ahnst, doch niemals kennst.«
Erschwerend kommt noch dazu, daß nur von Sonnenaufgang bis Sonnenuntergang geschossen werden darf. Das geht genau nach dem Kalender und der Uhr, und die Nachbarn passen auf. Wir begeisterten Bockjäger kannten die einzelnen Jahre auseinander in der Erinnerung an die erlegten oder fast erlegten alten Rehböcke. Das war etwa so: »John, wie alt ist denn deine zweitälteste Tochter?« – »Sie muß jetzt acht Jahre alt sein, denn sie wurde in dem Jahr geboren, in dem ich den alten Gabler im Grenzmoor schoß, und das war im zweiundsechziger Jahr.«
Nun aber zurück zu unserem Unternehmen: Blattjagd im Schwarzwald. Am ersten Platz sprang nichts. Weiter ging es, ohne viel Hoffnung und Begeisterung, dafür aber um so mehr schwitzend. Das Wetter jedenfalls stimmte.
Den nächsten Platz liebte ich besonders, ein wirklich ideales Plätzchen im Buchenhochwald. Vor uns, in etwa 150 Meter Entfernung, eine etwa drei Hektar große Dickung, links ebenso, diese noch etwas größer. Ich setzte mich auf einen Stein, von

dem aus ich rundherum alles übersehen konnte. John baute sich drei Meter vor mir auf, hinter einem stärkeren Baum, an dem er im Falle eines Falles anstreichen konnte. Er konnte jedenfalls beide Dickungsränder bestreichen. Kein Wort wurde gesprochen, nach etwa fünfzehn Minuten begann ich mit meiner Musik. Nach noch nicht einmal drei Minuten sprang aus der rechten Dickung ein Bock. John sah ihn vor mir. Ich sah es am Heben der Waffe. Ich nahm vorsichtig das Glas hoch und konnte den inzwischen auf achtzig Meter herangekommenen Bock gut ansprechen. Ein Blick durchs Glas hatte mir genügt. »Schießen, alter, guter Bock!« zischte ich so laut, daß ich Angst hatte, der Bock hätte es auch gehört. Der Bock verhoffte auch kurz, sicherte in unsere Richtung und zog im nächsten Moment zügig näher. Nun mußte doch der Schuß fallen! John schwang mit, aber schoß nicht. Der Bock zog, verhoffte, zog und verhoffte.

Als er später auf abgeschrittene achtundzwanzig Schritte heran kam, war ich mit meinen Nerven vollständig am Ende und ich zischte laut: »Schieß!« Den Bock riß es wie beim »Zeichnen« herum, aber nicht durch Johns Kugel, sondern durch mein gezischtes Wort. Ich war völlig geschafft und fluchte wie in meinen besten Zeiten. Johns entwaffnender Kommentar war nur: »Ich habe nichts gehört.«

»Warum hast du dich denn nicht einmal umgedreht?«

»Ich konnte nicht. Der Zielstachel stand immer so herrlich auf dem Blatt, und ich wartete immer auf ein Wort von dir.«

»Da hättest du aber doch sehen müssen, daß der Bock gepaßt hätte, warum hast du denn nicht einfach geschossen?«

»Rolf, das durfte ich doch nicht, du hast es mir doch mehrmals verboten!«

Da standen wir beide Altjäger nun und hatten uns benommen wie die schlimmsten Anfänger.

Auf unserem Weiterweg sahen wir dann die Bescherung: Plätz- und Fegestellen wie im Bilderbuch. Unser Entschluß war nun gefaßt. Der Bock hatte hier seinen Einstand, also war er hier auch zu bekommen.

Am Abend ging es an das andere Ende der Dickung. Der Wind paßte, und die Hoffnung, den Bock hier abzufangen, war groß. Wer aber am Abend nicht kam, war der Bock. Ebenso brachte der Morgenansitz nichts.

Am Abend ging es wieder in den Buchenhochwald, nicht weit von unserem vortägigen Blattplatz entfernt, auf einen Hochsitz. Ich wollte diesmal mit John auf Tuchfühlung bleiben. Wir saßen etwa ein Stündchen, John schauend, ich lesend, als mich John anstieß: »Rolf, wenn ich allein wäre, würde ich jetzt blatten.« Sein Wunsch war mir Befehl, und so blattete ich in den schönsten Tönen. Nach knapp zwanzig Minuten bekam John ganz große Augen und wurde ganz blaß. Ich folgte seiner Blickrichtung, und was sah auch ich dann – unseren Bock. Diesmal kam er aus der anderen Richtung geschlichen. Prachtvoll, so ein alter, starker Bock. Laut flüsternd erteilte ich den Schießbefehl. John aber hob noch nicht einmal das Gewehr, er starrte noch immer auf den Bock. Noch einmal flüsterte ich, eigentlich lauter als erlaubt: »Schieß!« John aber rührte sich nicht. Er saß wie eine Statue. Da packte ich John beim Arm und rüttelte ihn. Erst beim zweiten Rüttler sah er mich an und begriff. Es war wie ein Erwachen. Er sah meinen gekrümmten Finger, legte an und schoß.

Im Schnall hob es den alten Bock hoch, und mit der Kugel im Leben versuchte er die Dickung noch zu erreichen. Er schaffte es nicht.

Bevor es zum Bock ging, machte ich bei John noch einen Gehörtest. Das Ergebnis war erschütternd. John hörte zwar nicht sehr gut, aber das war nicht der Grund für sein Nichtschießen, sowohl am Vortag als auch jetzt. Der Grund war: John war beim Anblick des Bockes so von Sinnen, daß er kein Gehör für die Umwelt hatte. Dafür gibt es bestimmt einen lateinischen Namen, den ich aber nicht kenne. Ich sagte nur zu ihm: »John, beim Anblick eines guten Bockes bist du taub wie ein balzender Auerhahn, wie gut, daß du da nicht auch noch blind bist.«

Der Bock war gut und alt. Er enttäuschte uns in keiner Hinsicht. Ich hätte nie gedacht, daß wir in dem Revier zu so einem Bock kommen würden. Aber so ist es auf der Jagd. Tags darauf nahmen wir dann einen Revierwechsel vor. Dort meinte ich leichtes Spiel zu haben, denn mir waren dort eine Reihe guter Böcke bekannt. Aber es wollte einfach nicht klappen. Dann mußte John wieder abfahren. Ich aber blieb und schoß am Tag nach Johns Abfahrt einen guten Bock. Sein Gehörn erinnert mich immer wieder an die Blattjagd mit John.

Erlebnisse mit Hasen

Rolf Heinzl

Auf eine große Hasenstrecke kann ich nicht zurückblicken. Das ist vielleicht gut so. So sind die Hasen, die ich schoß, mir fast alle in Erinnerung, alle sind für mich Persönlichkeiten, bis auf die Hasen, die ich an einem Tag im Burgenland schoß. Das waren damals zu viele, und ich kann mich nur an einige davon erinnern, außer an die Zahl meiner Gesamtstrecke dieses Tages.

Selbstverständlich ging ich sehr gern auf Treibjagden, ich war mit Feuer und Flamme dabei, aber die liebste Hasenjagd war und ist mir noch heute die Hasensuche mit meinen Rauhhaardackeln. Spaß machte es, wenn wir zu dritt oder zu viert über die Felder und Wiesen gingen und nach anstrengenden aber herrlichen Jagdtagen mit einigen Hasen nach Hause kamen. Ebenso gern ging ich ganz allein mit einem meiner Hunde auf Suche.

An einem solchen Jagdtag – es war ein Buß- und Bettag, in Norddeutschland ein Feiertag, in Dänemark nicht – mußte oder durfte ich allein auf Suche. Meine dänischen Freunde mußten an diesem Wochentag arbeiten, ich hatte frei! So suchte ich mit Susi »unsere Reviere« ab. Bei der minimalen Größe war das auch an einem Tag zu schaffen. Wir hatten davor abgemacht, daß ich, falls ich in den Revieren meiner Freunde Strecke machen sollte, diese behalten dürfte. An meine Gegenleistung kann ich mich nicht mehr erinnern, ich weiß nur, daß man mir keine große Strecke zutraute, da wir das Revier an den Wochenenden davor schon abgeklappert hatten. Jedenfalls schoß ich an dem Morgen drei Hasen. Was für mich wichtig war, daß keiner vorbei- oder krankgeschossen wurde. Das war eine feine Sache. Meine Susi hatte mir zwei davon in einem Stückchen Heide, das zu unserem Revier gehörte, hochgemacht. Da sie spurlaut war und ich reaktionsschnell, konnte ich diese beiden Hasen auf gute Schußentfernung beschießen. Der eine Hase blieb im Schuß, der zweite wollte sich schwerkrank ins Nachbarrevier retten. Dabei mußte er den mit Wasser gefüllten Grenzgraben durchrinnen und eine steile Böschung erklimmen, die er nicht mehr ganz schaffte. Meine Susi, die sonst keine Freundin von Wasserarbeit war, sprang in den Graben, packte den Mümmelmann am Löffel und zog ihn zurück in mein Revier. Ich hob sie mit dem Hasen, sie ließ ihn nicht los, an Land. Das war ein feines Jagen!

Am Nachmittag desselben Tages wollte es mit den Hasen nicht mehr so recht klappen. Wir bekamen aber noch einen Fasanengockel und eine Schnepfe. Leider fehlte ich zwei weitere Hähne, aber das wäre auch zu viel des Guten gewesen. Am späten Nachmittag, ich wollte und konnte nicht mehr laufen, paßte ich noch auf Kaninchen. Obwohl reichlich da, kamen keine. Statt dessen trat eine Ricke mit zwei Kitzen, einem starken Geiß- und einem schwachen Bockkitz, aus. Ich hatte nur die Flinte dabei und hegte deshalb keine schwarzen Gedanken. Die Ricke zog aber mit ihren Kitzen immer näher. Als die drei Stück Rehwild nur noch vierzig Schritt weit entfernt waren, wechselte ich die Schrotpatronen. Statt der Nummer sieben lud ich so leise und ruhig, wie es nur ging, die Nummer drei. Das Rehwild hatte nichts vernommen und als die drei Stück nur noch gute zwanzig Schritte entfernt waren, schoß ich das Bockkitz. Das Kitz fiel im Knall um und rührte keinen Lauf mehr.
Ich will keinesfalls Partei für den Schrotschuß auf Rehwild ergreifen, aber auf die Entfernung ist er absolut tödlich und voll zu verantworten. Natürlich hat man nur in seltenen Fällen Rehwild auf diese Nähe schußgerecht vor sich, und wie leicht verschätzt man sich in der Entfernung und schießt gerade beim Treiben zu weit und das Wild muß dann qualvoll verenden.
An diesem Abend konnte ich Walter Freverts Buchtitel »Und abends bracht' ich reiche Beute« gut vorbringen, er paßte trefflich auf meine Strecke, die ich aber großteils meiner Susi zu verdanken hatte. Es war ein Glückstag, an dem alles zusammengepaßt hat. Jagdfreund Schön wurde ganz blaß, als er die Strecke sah. Ich hatte den Kofferraum meines VW Käfers mit Fichtenzweigen ausgelegt und das Wild gut sichtbar und ästhetisch dort untergebracht. Der Kofferraum war voll und ich hätte kaum mehr Wild unterbringen können. Natürlich wurde ich von Jagdfreund Schön beneidet, aber nicht etwa wegen meines Waidmannsheils, nein, nur um all das schöne Wildpret.
Mit Wehmut denke ich an diesen Tag zurück. Wieviel Treibjagdtage hatte ich inzwischen mitmachen dürfen, bei denen die Gesamtstrecke einer großen Anzahl Jäger geringer als meine damalige Einzelstrecke war. Trotzdem sagten seinerzeit die alten Jäger, daß es damals schon viel weniger Niederwild als in ihrer Jugend gab. Die Gründe für das Zurückgehen der Strecken sind ja allen bekannt, und ich glaube nicht, daß es jemals wieder so reichlich Niederwild wie in früheren Jahren geben wird. Ich bin aber froh, daß ich diese Zeiten noch etwas erleben durfte.
Schon in früheren Jahren war es mein Hobby, während meiner Auto- oder Zugfahrten Wild mit den Augen zu suchen und zu zählen. Man konnte am hellichten Tage mal dort einen Hasen, dort ein Volk Hühner oder ein paar Fasanen sehen. Was aber sieht man heute: Krähen, Bussarde und Katzen.

Damals hatte ich auch ein seltsames Waidmannsheil, das mir nicht aus dem Sinn gehen will: Ich brauchte einen Hasen, oder besser: das Wildpret eines Hasen für eine verlorene Wette. Also, das war ein Grund, mir einen Hasen zu suchen. Es wurde also eine Aktion mit meiner Susi gestartet. Ernst Schön bemerkte dazu: »Auf dem Weideland neben dem Hokkeruper Forst habe ich mehrfach zwei Hasen gesehen. Meine Ansitze waren aber erfolglos. Wenn das Wetter paßt, könnten sie auf dem Weideland liegen. Dann mußt du sie nur finden und treffen. Du darfst einen behalten, bringst mir aber dafür einen kurz vor den Festtagen, da habe ich, wie du weißt, immer einen großen Bedarf.«

Steifgefroren stakste ich nach einem Ansitzmorgen auf Rehwild und Fuchs über das Weideland. Vor mir Susi. Sie war ein feines Hündchen für die Hasensuche, sie machte zwar keine Quersuche, blieb aber trotz ihrer Passion immer in meiner Nähe, so daß ich, wenn ein Hase vor mir hoch ging, diesen noch beschießen konnte. Dabei blieb sie unerklärlicherweise immer links von mir, so daß ich mich voll auf die rechte Seite vor mir konzentrieren und diese gründlicher absuchen konnte. Irgendwie lag ich dabei auch immer im Wettstreit mit meinem Hund. Wer wird den nächsten Hasen finden? Sie mit ihrer guten Nase? Ich mit meinen gierigen Augen?

Sobald Susi Laut gab, hatte ich die Flinte schon im Anschlag, und nur wenige Hasen konnten damals ihrem Schicksal enteilen. Wir waren an dem kalten Morgen noch keine zwanzig Minuten über das Weideland gegangen, als Susi aufjaulte. Sie hatte einen mächtigen Hasen herausgestoßen, der in höchster Fahrt versuchte den Wald zu erreichen. Ich schoß in dem Moment, als er einen mindestens achtzig Zentimeter hohen Satz machte, so daß ich ihn unterschoß. Zu einem zweiten Schuß kam ich nicht mehr, der Hase erreichte unverletzt das Hochholz. Als ich mehr als bedeppert die Hülse aus der Flinte nahm, eine neue Patrone lud und dabei die Entfernung des Fehlschusses abschätzte, sah ich dort, wohin meine Schrote geflogen waren, eine Bewegung im Gras. Ich sah Susi und Hasenläufe. Nichts wie hin. Was dort lag, war ein Hase, eine Häsin. Meine Schrote hatten den starken Hasen, wahrscheinlich einen Rammler, gefehlt und dafür die Häsin getroffen, die sich dort gedrückt hatte. Der Rammler war über die Häsin gesprungen, wahrscheinlich um sie zu warnen. Es ist nur eine Annahme, aber ich weiß keine bessere Erklärung. Zurück zu dem »Rammler«. Es ist auch etwas vermessen zu behaupten, daß es sich dabei um einen Rammler gehandelt hat, aber es kann etwas dran sein. Jagdfreund Schön und seine damaligen jagenden Altersgenossen waren der Meinung, daß die Hasen, die auf der Flucht ihre Blume nach oben tragen und so »Weiß« zeigen, Rammler, die Hasen aber, die die Blume nach unten drücken und kein »Weiß« zeigen, Häsinnen seien. Der gefehlte Hase hatte die Blume nach oben getragen, ich hatte lange Gelegenheit das zu sehen. Der von mir zufällig getroffene Hase war einwandfrei eine Häsin.

Die wenigen Hasen, die wir in Dänemark schossen und bei denen man davor die Blume sehen konnte oder nicht, bestätigten voll diese Ansicht. Auch bei späteren Treibjagden schaute ich mir die Hasen auf der Strecke an, die ich vor dem Schuß einwandfrei beobachten konnte, egal ob sie den Schroten meiner Mitjäger oder meinen zum Opfer gefallen waren. Danach muß ich meinem inzwischen verstorbenen Jagdfreund recht geben.
Jedenfalls ist es eine oft gehörte Ansicht, daß die Hasen, die sehr fest liegen und zum Teil sogar herausgetreten werden müssen, Häsinnen sind. Ich habe die festliegenden Hasen nie herausgetreten und nie beschossen, bis auf eine Ausnahme, so daß ich dazu nicht Stellung nehmen kann.
Die Ausnahme, als ich einen herausgetretenen Hasen beschoß, werde ich auch nicht vergessen. Ich war bei Heini zur Treibjagd eingeladen. Jeder Pächter durfte einen Gast mitbringen. Unter Heinis vielen Jagdfreunden war ich der Auserwählte, und er wollte mich auch unbedingt zu Schuß bringen. Aber es wollte nicht klappen. Weder Heini noch ich waren bis fünfzehn Uhr zu Schuß gekommen, und von den anderen Mitjägern waren nur sehr wenige, die sich einer Strecke rühmen konnten. Also, etwa um fünfzehn Uhr fand Heini beim Angehen einen Hasen, der sich in die Sasse drückte. Er rief mich. Ich sollte den Mümmelmann schießen, ich sollte ihm unbedingt den Gefallen tun. Langes Palaver zwischen Heini und mir und dem zwischen uns sich drückenden Hasen. Endlich hatten wir uns geeinigt. Den ersten Schuß sollte ich abgeben, den zweiten, falls nötig, Heini, dann war ich wieder an der Reihe und zum Schluß noch einmal Heini. Alles war klar, Heini warf seinen Hut und der Hase schoß aus der Sasse.
Ich schoß leider daneben. Der Hase war zu nah! Dann war Heini an der Reihe, auch ohne Erfolg. Nun fehlte ich zum zweiten Male, und auch Heini hatte mit seinem zweiten Schuß keinen Erfolg. Da standen wir nun und schauten uns groß an. Allen anderen Jägern hatten wir ein prachtvolles Schauspiel geboten. Natürlich hatte ich eine prima Ausrede auf Lager, der Hase saß erstens »fest«, es war also wahrscheinlich eine Häsin, dazu zeigte er bei seiner Flucht kein »weiß«, war also ganz bestimmt eine Häsin, und Häsinnen wollte ich nicht schießen. Andererseits aber mußte ich schießen, um auch Heini eine Gelegenheit zum Schuß zu geben, also schoß ich mutwillig vorbei. Ich weiß nicht, wer mir damals die Geschichte abgenommen hat; ich hätte sie keinem geglaubt.
Ich durfte John auf eine Hasenjagd begleiten, die er alljährlich einmal bei seinem Schwager auf dessen Gut in Mitteldänemark organisieren und durchführen durfte und an der immer sechs Flinten und sechs Treiber, die Söhne seines Schwagers, teilnahmen. Dabei wähnte ich mich schon als Jagdkönig. Ich hatte drei Hasen auf der Strecke, John und ein weiterer Jäger nur einen. Dann passierte es. John beschoß

einen Hasen, den er fehlte. Ein verirrtes Schrotkorn traf einen seiner Neffen an der Wange. Der Junge, der sonst nicht zimperlich war, schrie aus Leibeskräften. Ich rannte zu ihm und hatte erkannt, daß das Schrotkorn keinen großen, dafür aber schmerzhaften Schaden angerichtet hatte. Ich flüsterte dem Jungen zu, er müsse jetzt einfach umfallen und die Augen schließen, den Rest würde ich besorgen. Jedenfalls ließ sich der Bursche nach Hause tragen, und ich sorgte dafür, daß John ordentlich zupacken mußte und so eine ordentliche Lektion erteilt erhielt. Als dann der letzte Trieb gekommen war und man mich zum Jagdkönig ausgerufen hatte, legte ich sofort Veto ein und lehnte es ab, Jagdkönig zu sein.
»Das edelste Wild hat heute John geschossen, zumindest auf den Platz gebannt. Ein Abnicken wäre ein leichtes gewesen. Ich bin dafür, daß John zum Jagdkönig ernannt wird, die Königsrede halten und die Gesamtzeche bezahlen muß.« Einstimmig wurde der Vorschlag angenommen. In den darauf folgenden Jahren wurden die Neffen nicht mehr von John beschossen.
Einmal nur habe ich eine »Hasenschlacht« mitgemacht. Oft hatte ich von den berühmten Hasenstrecken im Osten gehört und gelesen, konnte mir so etwas aber einfach nicht bildlich vorstellen. Dann kam eine Einladung zu einer solchen Jagd, die ich natürlich gern annahm.
Wir waren dreißig Flinten und ebenso viele Treiber. Es war in einem der berühmten burgenländischen Reviere. Nach der Begrüßung wurden wir mit dem Auto zu den Ständen gebracht. Der Boden war gefroren und es lag eine dünne Schneedecke. Beim Anfahren wurde das Feld lebendig. Überall tauchten Punkte auf, die sich als Hasen entpuppten. Ob zufällig oder nicht, ich hatte jedenfalls meinen Stand neben dem der Jagdherrin. Sie war eine sehr charmante und anziehende Persönlichkeit und mußte an dem Tag ihren Mann vertreten, der im Ausland war. Die Jagdherrin schoß wenig und nicht gut, hatte aber einen unglaublichen Anlauf. Sie stand etwa zwanzig Schritte rechts neben einer sehr breiten Ackerfurche, auf der die Hasen in hoher Fahrt ankamen. So etwas hatte ich noch nicht gesehen. Der Stand war das Maximum. Nachdem ich die vergeblichen Versuche der Jagdherrin längere Zeit beobachtet hatte, meinte ich einschreiten zu müssen. Mein Stand war etwas fünfzig Schritt links der Ackerfurche. Die Jagdherrin schoß und schoß, aber kein Hase fiel. Sie schien zu verzweifeln. Ich hatte den Eindruck, daß sie gern eine Strecke gehabt hätte, und so arbeitete ich mich Schritt für Schritt an die Furche heran und die Jagdherrin wich Schritt für Schritt zurück. Dann – die Furche war etwa in der Mitte zwischen uns – nahm ich all die anlaufenden Hasen unter Feuer. Sobald ein Hase lag, rief ich ihr ein kräftiges Waidmannsheil zu, das mit einem Handwinken gedankt wurde. Am Ende des Treibens konnte ich ihr acht Hasen »apportieren«. Drei weitere, sie waren mir nicht in der Furche gekommen, behielt ich für mich. Die

Jagdherrin bedankte sich herzlich, und ihr warmer Blick tat mir gut. Ich versuchte ihn natürlich zu erwidern.
Im nächsten Treiben schoß ich eine wunderschöne Dublette, meine einzige auf Hasen. Ich war stolz und schwamm in Wonne. Dann wurde zum Mittagessen geblasen. Am Nachmittag kamen mir wieder zwei Hasen, so, wie sie für eine Dublette kommen sollen. Ich wollte eine weitere Dublette schießen und war meiner Sache sicher. Zu sicher, denn ich fehlte beide Hasen. Mir blieb nichts weiter übrig, als ihnen entgeistert nachzuschauen.
Am Ende des Jagdtages lagen vierhundertzwanzig Hasen auf der Strecke, wovon ich einwandfrei dreiundzwanzig auf mein Konto buchen konnte, die acht Hasen der Jagdherrin nicht mitgerechnet.
Stände ich heute vor der Wahl, einen Jagdtag allein auf Hasensuche mit einer Strecke von zwei bis drei Hasen oder einen Treibjagdtag mit einer Strecke von zwanzig bis dreißig Hasen aussuchen zu dürfen, ich würde die Suche wählen.
Vor drei Jahren hatte ich ein aufregendes Erlebnis mit einem Hasen, das ich abschließend schildern möchte.
Im Südschwarzwald, in einem Revier, in dem ich einen Begehungsschein habe, liegt eine kleine Dickung, in der mit Sicherheit ein Hase liegen mußte. Ich hatte ihn mehrfach beim Ansitz auf Bock und Geiß vor mir. Er war immer aus der Dickung gekommen. Diesen Hasen wollte ich mir zum Fest holen. Meine Rauhhaardackelhündin Cosy sollte mir dabei helfen. Cosy war ebenso passioniert wie ich, und wir beide hatten sehr viel Freude am gemeinsamen Jagen. Leider mußte ich in ständiger Angst leben, sie zu verlieren, denn sie hörte und sah nichts mehr, wenn sie auf warmer Spur oder Fährte war. Dreimal mußte ich in Lokalzeitungen Suchanzeigen aufgeben, weil sie nicht zurückgekommen war. Ich hatte in den letzten Jahren schon Reißnägel und vorgeschriebene Karten bei mir, mit dem Wortlaut: »Rauhhaardakkel entlaufen, Tel . . .«, die ich an die jeweiligen Gemeindetafeln heftete.
Bei jedem ihrer Abgänge schwor ich mir zu schimpfen und den bösen Mann zu spielen, daraus wurde aber nie etwas. Ich war immer selig, wenn ich sie wieder in meine Arme schließen konnte, und sie ließ sich gern in den Arm nehmen, so meinte ich. Selbstverständlich hatte Cosy auch ein Halsband mit eingravierter Telefonnummer. Zum Glück bekam ich Cosy immer wieder zurück. Als sie acht Jahre alt war und ich die Hoffnung hegte, daß sie nun etwas ruhiger werden würde, bekam sie leider die Dackellähmung.
Zurück zu unserem Weihnachtshasen. Von Jagdfreunden, die in Skandinavien auf Hasen gejagt hatten, hörte ich, wie dort Hasenjagden durchgeführt werden. Da ich diese Art Jagd nicht kannte, wollte ich sie, wenn auch in etwas abgeänderter Form, einmal praktizieren. Cosy und ich übten für diese Jagd. Cosy mußte »Platz«

machen, ich ging dann außer Sichtweite und rief: »Cosy, such das Häschen!« Dann suchte Cosy. Als es halbwegs klappte, wurde die Aktion gestartet. Ich hatte mir natürlich lange davor einen guten Stand ausgesucht, von dem aus ich zwei Dikkungsränder gut bestreichen konnte. Cosy mußte an der Dickungskante, die an die Wiese grenzte an der ich mehrfach angesessen bin, »Platz« machen. Dann ging ich schnellen Schrittes zu meinem Stand. Auf mein Rufen: »Cosy, such das Häschen!« war es nur knapp fünf Minuten ruhig, dann hörte ich ihren Aufschrei. Entweder sie hatte den Hasen gefunden oder sie war auf ein Stück Rehwild oder einen Fuchs gestoßen. Leider entfernte sich der Ball von mir und wurde immer leiser, bis ich ihn nicht mehr hören konnte. Cosy hatte auf der vierten Seite, die ich nicht sehen konnte, die Dickung verlassen. Damit hatte ich nicht gerechnet. Ich war mit dem Gedanken beschäftigt, ob ich einen Dauerauftrag mit dem Wortlaut: »Rauhhaardackel entlaufen...« aufgeben sollte, als ich ganz entfernt, hinter mir, meinen Hund hörte. Was stellt sie nun wieder an, dachte ich so bei mir. Aber Cosy war von Minute zu Minute besser zu hören. Anscheinend kam sie zurück. Unwillkürlich drehte ich mich um, und was sah ich: unseren Hasen. Er wollte wieder in eine seiner Sassen. Ein erträumtes Bild, wie er so dahergehoppelt kam. Ich ließ ihn auf gute Schußentfernung herankommen und schoß. Mein Hase aber hoppelte weiter, als wenn der Schuß nicht ihm gegolten hätte. Er war schon an mir vorbei, als ich ein zweites Mal Funken riß. Wieder keine Reaktion, er hoppelte ganz gemächlich in seine Dickung.

Ich stand noch ganz versteinert da, als Cosy heran war. Sie war verstummt und suchte die Plätze ab, wohin meine Schrote geflogen waren. Dann lief sie weiter zur Dickung, tauchte aber dort nicht unter, sondern lief am Dickungsrand entlang. Ich fand sie später beim Auto. Kein Zureden half, sie wollte nicht noch einmal, unfaßbar bei ihrer Passion. Ich trug sie zum Ausgangspunkt unseres Unternehmens, befahl »Platz« und ging wieder auf meinen Stand. Dann kam wieder mein Befehl: »Cosy, such das Häschen!« Nach einer knappen halben Stunde, ich hatte sie nicht gehört, ging ich zu ihrem Platz. Sie war nicht dort, sie war wieder beim Auto. Von meinen Schießkünsten hielt sie an diesem Tage nichts. Sie hatte genug davon und traute mir keinen Treffer mehr zu. So fuhren wir nach Hause. Ich muß sagen, daß ich gerade diesen Hasen gern gehabt hätte. Cosy jedenfalls trug keinerlei Schuld an diesem Fehlschlag. Was es als Festbraten gab, weiß ich nicht mehr, Hasenbraten jedenfalls gab es nicht.

Greifvögel

Otto von Frisch

Raubtiere heißen heute nicht mehr Raubtiere sondern Beutegreifer, die Raubvögel Greifvögel. Unter den Jägern gilt weitgehend immer noch Raubzeug und Raubvogel. Das hat sich schon zulange eingefahren. Es ist auch völlig egal, wie eine Gruppe von Lebewesen bezeichnet wird, solange man um ihre Ökologie, ihre Biologie und das, was sie dazu zwingt, sich so oder anders zu verhalten, Bescheid weiß.

Ein Räuber ist jemand, der einem anderen etwas wegnimmt und ihn dadurch schädigt, schlicht ein mieser Dieb. Raubtiere und Raubvögel nehmen niemandem etwas weg, es sei denn sich gegenseitig. Da hat aber die Natur wie üblich so weise vorgesorgt, daß sie keinen so schnell benachteiligt. Das Nahrungsangebot, in diesem Fall die verschiedenen Beutetierarten, ist so weit gefächert, daß jeder zu seinem Recht kommt. Außerdem regelt das Angebot die Nachfrage. Viel Beuteangebot bedeutet steigende Nachwuchsraten bei den Nutzern, wenig Beuteangebot absinkenden Kindersegen.

Längst bevor der Mensch mit Hilfe seines Denkvermögens anfangen konnte, die Umwelt nach seinem Gutdünken zu verändern, jagten, schlugen, rissen und fraßen die »räuberischen« Tiere zu Wasser, zu Lande und in der Luft. Dabei hatten sie ein gutes Auskommen, und wenn einmal die eine oder andere Art ausstarb, wurde sie bald von einer anderen ersetzt, die ihren Platz einnahm. Das ging glänzend durch die Jahrtausende. Und die frühen Menschen, die sich ja auch nicht nur vegetarisch ernährten, räuberten mittendrin fleißig mit. Auch das tat noch niemandem Schaden. Mit der Keule, dem Pfeil und Bogen oder der Wurfaxt eine Art als Nahrungskonkurrenten völlig auszuschalten, war ja unmöglich. Das ökologische Gleichgewicht bestand noch durchaus. Sehr schnell kam es allerdings ins Wackeln, nachdem die Feuerwaffen erfunden waren, und mit deren Verbesserung und technischer Präzision geriet es völlig aus den Fugen. Einher gingen die explosionsartige Vermehrung der Menschheit, die Industrialisierung, die Technisierung der Forst- und Landwirtschaft und die vieler anderer Bereiche.

Was wir heute haben, ist der Kampf um das Überleben der Art Mensch. Auf die derzeitige ökologische Miß-Situation brauche ich nicht einzugehen. Sie ist in aller Munde, die Medien sind voll davon. Aber so recht begriffen haben es doch noch

längst nicht alle. Und wenn es vielleicht wirklich schwer ist für einen Laien, die großen ökologischen Zusammenhänge zu begreifen, so müßte es doch für naturverbundene Menschen, zu denen die Jäger sich zählen, möglich sein, wenigstens ausschnittsweise bestimmte Vorgänge zu durchschauen und zu akzeptieren.
Gerade wenn's um die Greife geht, stößt man aber immer wieder auf eine Mauer des Unverstandes oder vielleicht auch des Nichtverstehenwollens. Ich habe es wirklich oft genug selbst erfahren und frage mich immer wieder, wie das möglich ist. Ich frage mich auch immer wieder, wie es möglich ist, daß sich Jägerschaft und Ornithologen seit Jahrzehnten bald um diese Frage raufen. Zeitschriften beider Organisationen mag man durch diesen Streit schon nicht mehr aufschlagen, weil einem sofort eine entsprechende Schlagzeile in die Augen springt. Eigentlich hatte ich vor, in diesem Buch, das ich schreiben muß, weil es mir hinterher leichter sein wird, die Kritik gleichmäßig zu verteilen. Ich wollte sozusagen einen »Rundumschlag« machen. Den Jägern wollte ich so einiges sagen, den Vogelschützern, den Naturschützern allgemeiner Art und den Anglern.
Aber schon während ich schreibe, merke ich, daß es wohl in erster Linie die Jäger abbekommen werden, obgleich ich keineswegs auf die Hundertfünfzigprozentigen aus den Gilden der Vogel- und Naturschützer so ganz gut zu sprechen bin. Da gibt es auch genug, die übertreiben und in manchen Anschuldigungen und Forderungen über das Ziel hinausschießen. Aber wenn man dann zum Abwägen kommt, zu der Frage, was wirklich wichtig ist und von bleibender Bedeutung in unserer heutigen bösen Zeit, so muß man sich eben schon sagen, es ist die Erhaltung und der Schutz unserer Mitlebewesen in erster Linie. Es kann nicht mehr darum gehen, ob die Jäger etwas zum Jagen haben und ob ihnen ein paar Tierarten, die jagen *müssen*, dabei ins Handwerk pfuschen. Je mehr Arten an Tieren und Pflanzen wir ausrotten, um unsere eigenen Vorteile zu wahren, um so ärmer wird die Welt für uns und unsere Nachkommen, an deren Leben und Überleben wir ja letzten Endes zu denken wohl eine verdammte Pflicht haben.
Die Vogel- und Naturschützer – eigentlich ist ja beides dasselbe –, die Umweltschützer eben, schützen *nur*. Das tun die Jäger nicht, die schießen halt auch und schielen dabei nicht nur auf das eigentlich jagdbare, ich möchte hier einmal sagen, das verwertbare Wild, sondern auch nach den Greifern, den Graureihern und manchen anderen. So muß ich mich dann doch deutlicher an ihre Adresse richten, in der zaghaften Hoffnung, sie mögen mich verstehen, weil ich letzten Endes zu ihnen gehöre. Zu ihnen, den Jägern, zu den Umweltschützern aber auch.
Er muß tief verwurzelt sein, nicht bei allen, aber bei vielen, dieser Drang, alles, was Greifvogel heißt, zu vernichten. Wahrscheinlich seit Urväter Zeiten. Denn damals, im vergangenen Jahrhundert besonders, wurde unter dem fadenscheinigen Mäntel-

chen der Wissenschaft gesammelt, sprich geschossen, was vor die Flinte kam. Als Leiter eines naturhistorischen Museums sind hier Einblicke nicht schwer. Da liegen sie reihenweise, die Bälge, in den systematischen Sammlungen, Arten, die längst ausgestorben, und solche, die kurz davor sind. Natürlich nicht nur Greifvögel, alle anderen auch, aber manche konnten das Gemetzel besser überstehen, entweder, weil sie zahlenmäßig sowieso stärker waren oder weil nach einer gewissen Zeit das Interesse an ihnen erlosch.

Da hat ein berühmter Ornithologe, Sammler und Museumsgründer durch Jahre hindurch in der ersten Hälfte unseres Jahrhunderts systematisch die Horste der Wanderfalken aufgesucht und nicht nur die Eier, sondern auch gleich Jungvögel und Brutpaare mitgenommen, bis die altüberlieferten Brutplätze schließlich verwaist blieben. Und er war beileibe nicht der einzige Sammler in dieser Zeit in unseren Landen. Da wurde weltweit gekungelt mit Vogeleiern und Vogelbälgen.

Bleibt zumindest der Verdacht nicht völlig auszuschließen, daß die Abnahme einiger Vogelarten, aber natürlich auch anderer Tiere, schon in diesen Zeiten ihren Ursprung hatte. Geschossen und gefangen wurde damals vor allem aus Sammelleidenschaft, nicht aus Jagdgier oder Konkurrenzneid, das muß gesagt sein. Der negative Erfolg allerdings war der gleiche.

Das – negative – Interesse an den Greifen ist nie erloschen. Erst das völlige Jagdverbot auf diese Vögel brachte ihrem Bestand eine gewisse Besserung. Und schon waren wieder Ausnahmegenehmigungen fällig.

Fällt die Einsicht so schwer, daß alle Lebewesen auf unserer Erde ihre Lebensberechtigung haben? Fällt es so schwer, zu verstehen, daß wir vielen Tierarten, darunter auch den Greifvögeln, ihre Lebensräume und ihr Nahrungsangebot derart eingeschränkt oder verändert haben, daß sie nun notgedrungen auch einmal auf solche Beutetiere ausweichen müssen, die wir gerne selber erlegen möchten? Und machen sich denn die ewig Unverbesserlichen nicht klar, daß der Mensch als einziger Jäger in der Lebewelt seine Beute wirtschaftlich nutzt? Daß er Kapital daraus schlägt? Daß er außerdem zum Vergnügen jagt? Und daß er genau und gerade deswegen um so nachsichtiger sein muß seinen Mitjägern aus der Tierwelt gegenüber, die ausschließlich Beute machen, um überleben und ihre Art erhalten zu können?

Ich überließe das letzte Fasanangesperr in meinem Revier, so ich ein eigenes hätte, noch so gerne dem Habicht, dem Bussard oder dem Sperber, um ihnen eine Überlebenschance zu geben. Mein eigenes Überleben hängt davon nicht ab.

Merkwürdig doch auch, daß nur die Taggreifvögel die bösen sind. Käuze und Eulen, schon länger unter Schutz als ihre Kollegen vom Tage, bekommen von der Schmach nichts ab. Man spricht gar nicht über sie, obwohl sie ja auch nicht nur

Mäuse fangen. Was im Dunkeln munkelt, was man nicht sieht, wem man also nicht so leicht etwas nachweisen kann, hat offenbar Narrenfreiheit. Gott sei Dank!
Der Rückgang unserer Niederwildbestände liegt sicherlich nicht an den Greifvögeln und auch nicht am sogenannten Raubzeug. Fast überflüssig schon, zu sagen, daß der Mensch Verursacher dieser Umstände ist. Er hat die Monokulturen und Kahlschläge erfunden, Feldgehölze und Hecken ausgeräumt, er muß jeden Bach und Graben vertiefen und geraderücken und den letzten Tümpel zuschütten. Wo früher Pferdegespanne zogen, da fahren heute schwere Maschinen über die Felder, pflügen, eggen, drillen, düngen und spritzen. Ja spritzen – Herbizide, Fungizide, Insektizide: Pestizide. Da bleibt den Hühnern und Hasen und den vielen Nichtjagdbaren dazu gar nichts anderes über als auszusterben. Zwar pflanzen die Jäger hier und da, aber so schnell, wie überall die Deckung und notwendige Unkraut- oder Kleintiernahrung verschwinden, kommen sie nicht nach.
Wer also derart im Glashaus sitzt, braucht nicht mit Steinen nach hergesuchten Sündern zu schmeißen.

Es ist gut, daß die Greifvögel jetzt alle unter Schutz stehen, denn mit dem richtigen Ansprechen ist es in vielen Fällen tatsächlich nicht so einfach. Da ich jedes Jahr junge Biologiestudenten in die Kenntnis der heimischen Wirbeltierfauna einzuführen versuche, weiß ich, was es heißt, wenn man plötzlich mit einer nicht gerade kleinen Anzahl von bislang unbekannten Tierarten konfrontiert wird.
Wer heute den Jagdschein erwirbt, ist zwar gründlicher darauf vorbereitet worden als in früheren Zeiten, aber die Erfahrung des Ansprechens und Beobachtens in freier Natur fehlt oft so gut wie völlig. Ein Vogel kann ja so unterschiedlich aussehen, wenn er sitzt, fliegt, sich plustert oder schlank macht oder auch schon in der Färbung. Man braucht sich nur einmal die Mäusebussarde anzusehen, die von Dunkelbraun bis fast ganz Weiß variieren. Und um einen Vogel – auch andere Tiere natürlich – schnell zu erkennen, braucht es Übung und Wissen, wie er sich verhält, wie seine Stimmen klingen, und manch anderes. Färbung und Größe machen es alleine nicht. Und was man während der Übungszeit zur Jägerprüfung vorgeführt bekommt, das sie präparierte Tiere, die sitzen stumm auf ihren Ästen und rühren sich nicht.
An einem Abend in einer Gastwirtschaft. Ich saß mit zwei Freunden, wir ließen uns einen köstlichen Hasenrücken schmecken, und ein paar Tische weiter eine kleine Herrengesellschaft, grün, Jäger ohne Zweifel. Da spitzt man schon einmal die Ohren, um mitzubekommen, was der Jagdtag so gebracht haben mochte, oder worüber sich die Gemüter etwa erhitzen.
An den Wänden der ländlichen Wirtschaft das Übliche. Reh- und Hirschgeweihe,

ein Keilerkopf mit bleckenden Hauern und einige ausgestopfte Vögel, die so aussahen, als würden sie eben noch durch die Spinnweben zusammengehalten, die sich von ihnen zur Decke ziehen. Alles Arten, die längst geschützt sind, Brachvogel, Waldohreule, eine Große Rohrdommel mit schielenden Augen und ein Habicht im Jugendkleid.

An diesem nun erhitzen sich tatsächlich die Gemüter, wie ich bald höre, wenn's auch ziemlich ruhig dabei zugeht, denn die Herren sind offensichtlich nicht von der Art, die sich nach einem Jagdtag vollaufen läßt. Sie machen auch nicht den Eindruck, als hätten sie noch Eischalen hinter den Ohren, was das Jagen und das Waidwerken betrifft.

Aus dem Stimmgemurmel sind nur Gesprächsfetzen zu verstehen, aber einig ist man sich dort drüben nicht über das, was da an der Wand hängt.

Habicht? Ein starker Sperber vielleicht? Nein, der sieht doch ganz anders aus, das ist ein Bussard, sag ich euch. Aber der lange Stoß und die Binden. Na, der ist eben schlecht präpariert. Eine ganze Weile geht es hin und her, klar wird man sich nicht. Es ist eben wirklich nicht so leicht, wer sieht heute schon einen Habicht draußen und gar im Jugendkleid, das ganz anders ist als das der ausgefärbten Vögel.

Wenige Tage zurück erst, da standen wir am winterlichen Waldrand, um vom Jagdherrn auf die kommenden Treiben vorbereitet zu werden. Auf uns zu lief eine Feldhecke vom weiten Acker her. Alle lauschten den erklärenden Worten, auch ich, aber gleichzeitig waren meine Augen bei der Hecke, in der sich einige Amseln und Wacholderdrosseln tummelten. Dann goggerte ein Fasanenhahn, und gleich darauf kam er schimpfend über der Hecke entlanggestrichen und ließ sich an ihrem Ende ziemlich abrupt in die Büsche fallen. Der Auslöser dieses etwas nervösen Verhaltens kam hinterher: ein Habichtweibchen, das offensichtlich versucht hatte, den Hahn zu schlagen, und das sich nun ebenfalls in die Hecke fallen ließ, ohne Erfolg allerdings, denn der Fasan hatte sich wohl gut ins Unterholz eingeschoben. Kurz darauf strich der Habicht an.

Von meinen Mitjägern hatte nur einer gleich mir den Vorgang bemerkt, wir grinsten uns still zu und freuten uns über diesen seltenen Anblick. Außerdem wußten wir, daß beim Treiben mit Sicherheit am Ende der Hecke ein Fasan aufstehen würde. Vielleicht bekam man ja einen Stand nahebei.

Man kann es also den Jägern, die als Großstadtkinder aufgewachsen sind oder sich auch sonst nicht sehr für das Leben in Wald und Feld bislang interessiert haben, nicht übelnehmen, wenn sie Mühe haben, die Tierwelt zu kennen. Die Frage ist allerdings, ob die Jägerlehrgänge nicht mehr Zeit auf das Erkennen des Wildes, gleichgültig ob jagdbar oder nicht, legen sollten, statt andere Dinge

einzupauken. So halte ich persönlich zwar das Wissen über den Umgang mit Waffen für äußerst wichtig; da muß man wirklich im Traum beherrschen, was zur Gefahr werden kann, aber Ballistik, Pulverladung oder wie es im Bauch einer Büchse aussieht? Hier kann man sich beraten lassen beim Kauf der Waffen. Und ich würde Reparaturen allemal einem Büchsenmacher übergeben und niemals selbst darangehen. Schließlich bringe ich mein Auto auch in die Werkstatt und nehme den Motor nicht eigenhändig auseinander, wenn er spuckt.
Auch das jagdliche Brauchtum, schön und gut, es gehört dazu, und man kann es sich aneignen. Ein Wissenszwang braucht es nicht zu sein. Aber Tiere erkennen, in all ihren Lebenslagen, ob jung oder alt, das muß ein Jäger können.
Der Runde im Wirtshaus damals half ich schließlich auf die Sprünge. Nicht, weil ich mich großtun wollte, sondern weil ich in ihrem Kreis einen Herrn entdeckte, als ich aufbrach, den ich von meinen früheren Jagdtagen gut kannte und ihn begrüßte. Da meinten sie dann, ich müßte es ja nun wirklich wissen als Ornithologe und Museumsmensch, und mir würden sie schließlich auch glauben. Wir kamen an diesem Abend noch ganz schön ins Fachsimpeln, und mein Aufbrechen zögerte sich dabei noch um geraume Zeit hinaus.

Eine böse Sache ist das Ausschießen von Krähen und Elstern aus ihren Nestern im Frühjahr.
Rabenvögel sind gewitzt und lernen schnell. Früher hat man sie mit vergifteten Eiern verfolgt, denn sie sind ja ebenso wie die Greife Konkurrenten der Jäger und holen sich schon einmal einen Junghasen oder ein Fasanenküken.
Gifteier sind inzwischen verboten. Aus guten Gründen. Gift in der Landschaft ist nicht kontrollierbar; wer einen vergifteten Fleischbrocken oder ein vergiftetes Ei frißt, das bleibt dem Zufall überlassen. Das kann eine Krähe sein oder eine Elster, das kann aber auch ein Igel sein, der Hund vom Jagdnachbarn oder eine geschützte Vogelart.
Weil die Rabenvögel aber so gewitzt sind, erwischt man sie auf der Jagd nicht so leicht. Mit einer Ausnahme, wenn sie brüten. Also hinaus im Frühjahr, die Bäume sind erst spärlich bekleidet, die Nester lassen sich schnell ausfindig machen. Aber was da im Nest ist, das sieht man nicht, das kann man nur vermuten, und da man eher Schlechtes als Gutes vermuten möchte, donnert man mit der Schrotflinte von unten in das Nest.
Schon in der Jägerprüfzeit lernt man, nie auf etwas zu schießen, das man nicht genau angesprochen, erkannt hat. Wenn ich blindlings in ein Nest schieße, so kann da eine Krähe darin sitzen, muß aber nicht. Sehr oft hat sich da droben ein Turmfalke oder eine Waldohreule häuslich niedergelassen. Beide Arten stehen unter Schutz, beide

Arten bauen keine eigenen Nester, sondern benützen besonders gerne alte Krähen- oder Elsternnester als Heim ihres eigenen Nachwuchses. Und dann sind sie tot.

Und selbst wenn es eine Krähe ist, die im Nest sitzt, muß die vielgepriesene waidmännische Art und Weise des Jagens bezweifelt werden. Wer sagt, daß der Vogel tot ist, wenn die Schrotgarbe durch den Baum und durch die Nestunterlage gebremst wird? Wer sagt, daß zwar der Altvogel tot ist, nicht aber die eben erst geschlüpften Jungen, die dann verhungern oder erfrieren. Waidmännisches Jagen stelle ich mir anders vor.

Was ist denn waidmännisch überhaupt? Einmal, im leichteren Falle, bedeutet Waid nichts anderes als Jagd. Ein Waidmann ist ein Jäger, wenn er waidwerkt, dann jagt er. Sein Jagdkumpel ist ein Waidgenosse, und Waidmannsheil heißt Jagdglück, worauf man mit Waidmannsdank antworten kann, so man dieses gehabt hat.

Aber waidmännisch bedeutet ja noch etwas anderes, und da wird dieses Wort gerne strapaziert. Es weist auf die Gesinnung des Jägers hin, dem Wild gegenüber, aber auch seinen Mitjägern, auf seine Selbstzucht. So steht es jedenfalls im Lexikon. Wenn man sich waidmännisch oder waidgerecht verhält, dann soll man das Wild, das man jagt, nicht unnötig quälen, leiden lassen oder aufregen. Und seinen Waidgenossen soll man den Hasen nicht vor der Nase wegschießen, auch nicht, wenn einem gerade noch ein Hase fehlt zum Jagdkönig.

Und natürlich steht dem Jäger seine Waidgerechtigkeit über allem. Aber wie sieht es da etwa mit der Fallenjagd aus?

Fallenstellen ist auch ein uraltes Handwerk der Jäger. Für die Pelzjäger ist es immer noch das Handwerk, mit dem sie ihre Beute ohne Kugellöcher im Balg in den Sack stecken können. Aber Pelzjäger haben Geld im Kopf und keine waidmännischen Gedanken. Der Balg bleibt heil, aber die Pfoten sehen schlecht aus. Und dann, derart gefangen, oft keineswegs gleich tot, seine Zeit in einer Falle abzusitzen – ich möchte dieses Lebewesen nicht sein. Fallen werden gestellt. Einige sind inzwischen bei uns verboten. Aber auch ein Abzugeisen fängt nicht jedesmal tödlich, eine Kastenfalle sowieso nicht. In Fischreusen ersäuft auch so manches, was da gar nicht hineingehört.

Ich glaube nicht, daß verletzte oder sich in Zwangslagen befindende Tiere genauso leiden wie ein Mensch in ähnlichen Situationen, daß ihr Schmerzempfinden dem des Menschen entspricht. Dazu habe ich zu viele verletzte Tiere beobachten können, die sich verhältnismäßig »normal« verhielten, während ein Mensch mit gleichen Wunden zumindest das Bewußtsein hätte verlieren müssen. Aber ich glaube es eben nur, beweisen kann ich es nicht, und es ist überhaupt schwer, derartiges zu beweisen. Solange wir jedoch auch nur das geringste physische oder psychische Leiden bei Tieren vermuten dürfen – und daran zu zweifeln ist sicherlich ebenso falsch, wie es übertrieben zu sehen –, sollten wir es nicht herausfordern. Raubzeug mit Flinte und Büchse zu bejagen, ist zeitraubend und nicht bequem. Fallen erledigen das, dieweil man selbst im Bett liegt oder hinter dem warmen Ofen sitzen kann. Zeit ist knapp in der heutigen Zeit, auch für Jäger. Aber, so meine ich, wer für die Jagd und das Jagen keine Zeit mehr hat, der soll es bleibenlassen!

Noch etwas anders mag mir so gar nicht in den Sinn, wenn wieder einmal die große grüne Fahne der waidmännischen Art zu jagen gehißt wird. Wieso, die Frage sei erlaubt, ist es absolut unwaidmännisch, einen Hasen in seiner Sasse zu schießen oder einen Fasanenhahn als Aufgebaumten beziehungsweise Infantristen?
Beide würde man doch leicht und sicher treffen. Weit leichter und sicherer und damit schneller tötend, als wenn der eine in voller Flucht daherkommt und der andere wie ein Pfeil über einen wegfliegt. Da ist das Risiko eines schlechten Schusses weit größer und die Gefahr, die Tiere nur zu verletzen und sie nicht so sehr selten qualvoll verenden lassen zu müssen. Wir jagen doch nicht etwa, um uns gegenseitig sportliches Schießen beweisen zu können?
Also machen wir uns doch nichts vor: Wir reden von waidmännisch und meinen sportlich oder gekonnt.
Das hat mit dem Tier, dem es gilt, wenig zu schaffen, nur der Schütze macht eine bessere Figur. Würde er noch jagen müssen um des Überlebens willen, um sich und seine Steinzeitfamilie mit Nahrung und Kleidung zu versorgen, dann wären ihm der Hase in der Sasse und der aufgebaumte Fasan eine gar sehr willkommene Beute.
Ich *habe* einmal Hasen in der Sasse geschossen, mehrere in einem Herbst, als ich in einem Revier alleine unterwegs war. Ich schäme mich dessen überhaupt nicht. Ich sag's ja auch. Aber erst einmal habe ich sie finden müssen, sehen, entdecken. Und dann habe ich mich gefragt, wo eigentlich der Unterschied ist, ob ich diese Hasen gleich totschieße oder sie erst noch um ihr Leben rennen lasse. Und ich habe mir vorgestellt, wie das bei einem Rehbock oder einer Ricke sein würde. Wie ich da sehnsüchtig darauf warten würde, daß sie endlich ruhig stehen, breit möglichst, beste und sicherste Schußmöglichkeit bietend. Ist ein Hase so viel weniger wert als ein Reh?
Also, wir sollten mit der Waidgerechtigkeit nicht soviel Schindluder treiben und sie so übermäßig strapazieren. Wer zumal bei größeren Treibjagden seine Augen nicht nur zum Zielen gebraucht, der wird im Umgang mit diesem vielgepriesenen Wort sowieso bald vorsichtig werden.
Wie leicht man als Jäger und gleichzeitig aktiv und mehr oder weniger öffentlich tätiger Naturschützer in eine verzwickte Lage kommen kann, das wurde mir klar, als etwas geschah, auf das ich wohl unbewußt schon länger gewartet hatte.

Ich war im Herbst zu einer kleinen Treibjagd auf Hasen und Kaninchen geladen, und zwar von einem sehr guten Freund. Die Betonung liegt auf »sehr gutem«, nicht irgendein Jagdkumpel. Er besaß ein kleines Revier in der Heide mit viel Kiefern und wenig Niederwild, machte aber jedes Jahr seine Jagd, nicht zuletzt der Bauern wegen, auf deren Wohlgesonnenheit er angewiesen war, wollte er das Revier auch weiterhin behalten.

Der Tag war schön, geschossen wurde wenig, ein paar Hasen, so sechs oder acht, lagen schließlich auf der Kiefernstreu. Das letzte Treiben stand bevor. Wir umstanden als Schützen einen kleinen länglichen Waldstreifen, rechts neben mir hatte ein Landwirt gesetzten Alters und ausgestattet mit einem behäbigen Bäuchlein Stellung bezogen. Es wurde angeblasen, die Treiber setzten sich gegenüber in Bewegung, lauthals und unüberhörbar.

Da segelte lautlos am schon dämmerig werdenden Abendhimmel ein Mäusebussard über die Wipfel auf uns zu. Ich beobachtete ihn, wie ich mich stets gerne ablenken lassen vom Vogelleben um mich – was manchem Stück Wild die Chance gibt, unbemerkt an mir vorbeizukommen –, als ich halb aus den Augenwinkeln heraus wahrnahm, daß mein Nachbar die Flinte hochnahm. Bevor ich auch nur Böses zu ahnen vermochte, Zielübungen sind ja nicht verboten, da knallte es schon, und der Bussard fiel meinem Nachbarn vor die Füße.

Ich zuckte innerlich zusammen, als hätte ich selbst die Schrote abbekommen, und sagte mir: Jetzt ist es tatsächlich passiert, was machst du nun?

Fast mechanisch ging ich hinüber, nachdem abgeblasen war, hob den Vogel vor des Schützen Füßen auf und meinte nur: »Sie gestatten, daß ich ihn als Beweismittel sicherstelle!«

Das Bäuchlein erbebte. Die frische rote Gesichtsfarbe wurde blaß. »Ja, aber der war doch schon beschossen worden!« Natürlich war er das nicht, mit Sicherheit war der Bussard nicht krank gewesen, als er daherkam.

»Ja, aber Sie können doch nicht...!« Da trug ich den Bussard in meiner Hand, marschierte zum Sammelplatz und fühlte mich absolut nicht wohl in meiner Haut. Ja, was machst du nun?

Bussarde waren geschützt, sie durften nicht geschossen werden. Klar. Ich hatte gesehen, mit eigenen Augen, daß einer geschossen worden war. Auch klar. Ich kannte den Schützen, wenn auch nicht mit Namen. Ein ganz klarer Fall also. Ich mußte Anzeige erstatten. Ich konnte ja schließlich nicht jahrelang reden und reden, immer wieder versuchen, auch die stursten Greifvogelgegner von der Wichtigkeit und Richtigkeit des Schutzes dieser Vögel zu überzeugen, und dann im Ernstfalle weggucken und den Kopf in den Sand stecken.

Da hatte es mich nun erwischt. – Irgendwen galt es jetzt in die Pfanne zu hauen.

Haute ich meinen Freund, haute ich den Schützen, das blieb sich ziemlich gleich, den Schaden hatte allemal mein Freund, mein sehr guter.
Am Sammelplatz stand ich etwas benommen abseits, der tote Bussard baumelte kopfunter vor meinen Beinen.
Ich saß in einer Zwickmühle. Wenn ich mit dem In-die-Pfanne-Hauen Ernst machen würde, würde ich die Freundschaft meines sehr guten Freundes zumindest auf eine harte Probe stellen. Nichts unternehmen aber würde bedeuten, gegen alle meine Prinzipien handeln.
Sie würden über ihn herfallen, über meinen Freund. Was ladest du für Typen ein zur Jagd? Wegen eines Bussards so einen Aufstand! Na und, kann doch mal passieren, früher haben wir sie dutzendweise geschossen! Willst du eigentlich die Jagd in ein paar Jahren wiederbekommen?
Da kam er, mein Freund und Jagdherr.
Ich ging noch ein paar Schritte weiter zur Seite, brauchten ja nicht gleich alle zu hören, was nun erörtert werden mußte. Sauer war ich, das muß ich schon sagen, der Bussard, ein wunderbarer und schön gefärbter Vogel, war tot und hätte noch leben können. Und mit einem Fasan hatte mein Nachbar ihn nun mit Sicherheit nicht verwechseln können. Solche Verwechslungsausreden sind ja geläufig. Vor etwa zwanzig Jahren schoß jemand einen Seeadler. Er hatte ihn mit einem Bussard verwechselt, der damals noch geschossen werden durfte. Der Schütze muß ein Vergrößerungsglas auf den Augen gehabt haben. Nun also, mein Freund bemerkte sehr richtig: »Ein Bussard.«
Ich sagte: »Mein Nachbar hat ihn geschossen, vor meinen Augen, was machen wir jetzt?«
Dann sagte ich noch: »Ich muß ihn anzeigen.«
Mein Freund darauf sofort: »Das kannst du nicht machen.« Sehr bestimmt und eindeutig. Ich hatte nichts anderes erwartet.
Und dann rappelte es in meinem Gehirn, und ich produzierte in äußerst kurzer Zeiteinheit eine Notlösung aus dieser Zwickmühle. »Dann muß der Schütze ein Bußgeld an eine Naturschutzorganisation zahlen. Und der Vogel kommt in das Museum, um dort für Lehrzwecke präpariert zu werden. Ich nehme ihn gleich mit!«
»In Ordnung«, sagte mein Freund.
Das Bußgeld wurde bezahlt, der Vogel im Museum präpariert. In Ordnung war das alles in keiner Weise. Ich hatte gekniffen.
Immerhin war der Vorfall bei den anwesenden Jägern nicht ohne Wirkung geblieben, denn, wie ich später erfuhr, war das abendliche Jagdgericht doch gar arg mit dem Schützen umgesprungen. Man hatte wohl das Unrecht auch eingesehen. Und im nächsten Jahr, als ich mit etwas gemischten Gefühlen wieder zur Jagd im

Kiefernwald antrat, war nichts von unguten Gefühlen dem »Aufpasser« gegenüber zu merken. Das habe ich sehr positiv empfunden.

Als der Mäusebussard noch bejagt werden durfte, habe ich häufig erlebt, daß die am Boden sitzenden oder auf einem Zaunpfahl aufgeblockten Greife ebenso wie Krähen mit der Kugel beschossen wurden, nur um die Treffsicherheit des Schützen und die seiner Waffe demonstrieren zu können. Traf man nicht, war's Pech, traf man, blieb das Tier in Fetzen zerlegt liegen.
In mir hat sich stets etwas heftig gewehrt, auf Tiere zu schießen, die nicht sinnvoll verwertet werden können. Als ich sechzehn war, schenkt mir mein Onkel mein erstes Gewehr, eine einläufige Hahnflinte Kaliber 24, die er selbst als Bub im Jahre 1893 bekommen hatte. Das war auf dem Schaft eingraviert. Dieses hübsche leichte Gewehrchen, anders kann man es kaum bezeichnen, liebte ich heiß und erlegte damit meine ersten Eichelhäher, Eichkatzeln und sogar einmal eine Ente im Flug. Schon damals mochte ich nichts liegen lassen. Entweder wurden die Tiere präpariert als Bälge und kamen in meine Sammlung, oder sie wanderten in den Kochtopf. Bläßhühner, abgezogen und mit Speck umwickelt gebraten, schmeckten vorzüglich. War ein Eichkatzl zu arg zerschossen, schnitt ich wenigstens den Schwanz ab und steckte ihn mir getrocknet auf den Hut. Natürlich besaß ich damals noch kaum eine innere Einstellung zur Jagd, das hat sich alles erst viel später geordnet und zurechtgerückt, aber das Töten nur des Schießens wegen muß mir doch schon gegen den Strich gegangen sein.
Mit diesem Gewehrchen passierte mir auch mein erster »Jagdunfall«. Mein Onkel, der mir drei Regeln mit auf den Weg gab: schieß nie auf etwas, das du nicht genau angesprochen hast, nimm nie ein geladenes Gewehr mit ins Haus, ziele nie auf einen Menschen – hat die reine Wahrheit nie erfahren.
Ich zog damals eine Menge junger Vögel auf, vom Waldkauz angefangen bis zur Wasseramsel. Da gab es stets Nachschubschwierigkeiten mit dem richtigen Futter. Ich plünderte die Nester von Ameisen und Wespen, fing Heuschrecken und Grillen, und als ich einmal in unserer Schiffhütte einen Schwarm halbfingerlange Barsche entdeckte, die dicht beieinander standen, wäre das für meine ewig hungrige Wasseramsel ein idealer Nahrungsvorrat gewesen. Ein Netz hatte ich nicht, wie also an diese Beute herankommen?
Ich mußte wohl einmal etwas über die Wirkung von Dynamit im Wasser gehört haben, holte jedenfalls meine kleine Flinte, hielt den Lauf ins Wasser zwischen den Fischschwarm und drückte ab. Kein Fisch kam nach oben, aber der Lauf hatte vorne einen drei Zentimeter langen Riß. Viel später erst wurde mir klar, wie glücklich ich damals davongekommen war. Allerdings galt es nun, meinem Onkel den Schaden

zu erklären, der später durch den Dorfschmied schnell behoben wurde, indem er ein Stück des Laufes absägte und ein neues Korn einpaßte, was der Treffsicherheit der Flinte keinen Schaden tat.
Die Version, die ich auftischte, schien glaubhaft. Ich sei im Bachlauf hinter einem Hermelin hergewesen, dabei gestolpert und mit dem Lauf ins Wasser geraten. Dabei sei ein Schuß losgegangen. Mein Onkel, selbst ungeheuer passioniert, fand das wohl mehr aufregend als gefährlich und schickte mich umgehend zum Schmied.
Beides, den Lauf freiwillig ins Wasser halten oder mit gespanntem Hahn im Bergbach herumturnen, sollte keiner nachmachen. Solche gut abgegangenen Unfälle bleiben eine Lehre fürs Leben.

Das Jagdessenreh

Wolfgang Richter

Kämen nur die siebzehn Bauern mit ihren Frauen zum Jagdessen, deren Höfe im Bereich der Gemeinschaftsjagd Hambach-Nord liegen, würde ein Reh leicht ausreichen. Es kommen aber auch acht bis zehn von Hambach-Süd, die einige Tagwerk Grund im Nordbereich liegen haben. Rein rechnerisch müßte für sie ein halbes Reh genügen. Wastl Kronbichler, der Jagdpächter, versagte es sich aus jagdpachttaktischen Gründen, Recherchen darüber anzustellen, weshalb ein halbes Reh nicht genügte. Selbst dann, wenn er Recherchen angestellt hätte, würde er deren Ergebnis nie der Öffentlichkeit preisgegeben haben, denn er war sich dessen bewußt, daß ein Jagdpächter, dem es an Diplomatie mangelt, in der nächsten Pachtperiode kein Jagdpächter mehr ist. Einen Mangel an Diplomatie können sich nur Politiker mit sicherem Listenplatz leisten.
Der Vorstand der Jagdgenossenschaft Hambach-Nord brauchte sich, seine Genossen hinter sich wissend, als die er nur die in Nord ansässigen anerkannte, keine derartige Zurückhaltung aufzuerlegen und durfte ungestraft äußern: »Zu suchen hätten s' zwar bei unserem Jagdessen zumindest anstandshalber nix, aber bei ihrem eigenen werden s' halt net satt, und deshalb laß ma s' bei dem unsrigen mittun.«
Auch die Südler hätten das Kraut nicht fett gemacht, aber im Nordbogen der Hambacher Gemeindejagd lag die große Klosterfilze, ein Torfmoor, das wahrscheinlich im Zuge der Säkularisation aufgeteilt worden war.
An die fünfzig Leuten, Groß- wie Kleinbauern, Handwerkern und Häuslern, war damals, als nicht Öl, sondern der Torf noch den Winter erträglich machte, ein Stück Filzengrund, nicht größer oft als fünfhundert Quadratmeter, zugeteilt worden. Und sie alle, alle kamen, weshalb das Jagdessen alljährlich vier Rehe verschlang. Vor fünf Jahren, zu Beginn der Pachtperiode, war das kein Problem, denn der Vorgänger hatte die Jagd nicht mehr bekommen, weil er sich – Wildschaden spielte in Anbetracht seines Geldbeutels keine Rolle – einen Rehbestand von annähernd zwanzig Stück pro hundert Hektar geleistet hatte. Inzwischen aber war die Wilddichte vertragsgemäß auf ungefähr acht Stück reduziert worden, weshalb es nicht so einfach war, gegen Ende der Schußzeit die vier Rehe für das gleich nach Neujahr stattfindende Jagdessen noch zu erwischen.

»Zwei hab' ich schon in der Kühltruhe«, eröffnete Wastl seinem langjährigen Freund und Begehungsrechtler Konrad, »zwei mußt' noch schießen! Weißt' ja, ich komm' jetzt nimmer dazu; tagsüber muß ich im Holz arbeiten, und um viere, wann s'austreten, da muß ich schon im Stall sein.«
Konrad fuhr sich von unten her mit vier Fingern durch den grau gewordenen Kinnbart. »Wird schon gehn«, entgegnete er. »Drei Wochen haben wir ja noch Zeit. Morgen hab' ich einen freien Tag, da hock' ich mich gleich nach Mittag in die Klosterfilzen, dort ziehn s'gern umanand'.«
So ganz überzeugt davon, daß er in der Klosterfilzen ein Reh erwischen würde, war Konrad zwar nicht, aber dort bestand am ehesten Aussicht, auf einen Hasen zu Schuß zu kommen. Seit zwei Jahren schon hatte es bei ihm keinen Hasenbraten mehr gegeben. Eine Schande für die Küche eines Jägers.
Bevor der schmale Fahrweg in die Klosterfilze mündet, aus der kein anderer Weg hinausführt, windet er sich durch ein Fichtenstangenholz. Hier kam Konrad ein VW-Pritschenwagen voller Latschenzweige entgegen.
Jahr für Jahr waren hier im Naturschutzgebiet im Spätherbst die Latschen geplündert worden, ohne daß es Konrad gelungen wäre, die Frevler einmal zu stellen. Sein Zorn galt dabei eigentlich weniger den Latschendieben als vielmehr jenen unvernünftigen Zeitgenossen, die teure Latschenkränze kauften oder Gräber für den Winter mit Latschen eindecken ließen. Die Toten hatten nichts mehr davon und würden, könnten sie's noch, allenfalls die Köpfe schütteln über die Unvernunft der Lebenden.
Konrad hielt an, stieg aus und ließ auch seinen braunen Wachtelrüden ins Freie, denn im Führerhaus des Pritschenwagens saßen zwei Männer, ein älterer und ein jüngerer, und mit zweien durfte er es in seinem Alter nicht mehr aufnehmen. Die Autonummer hatte er sich inzwischen schon gemerkt, aber die konnte ausgetauscht sein.
»Von wem haben Sie die Erlaubnis zum Latschenschneiden?« fragte er den Fahrer, den Älteren, der inzwischen das Fenster heruntergekurbelt hatte.
»Vom Osterhammer«, kam die mürrische Antwort.
So so, dachte Konrad, er weiß also, daß dem Osterhammer eine Filzenparzelle gehört. Würde er einen Parzelleneigner genannt haben, der kein Hambacher Bauer war, hätte es mit der Genehmigung, auch wenn sie nach Recht und Gesetz nicht erteilt werden durfte, seine Richtigkeit haben können. Gerade der Osterhammer aber hätte selbst dann keine erteilt, wenn es zulässig gewesen wäre, denn er liebte seine Filze, in der er schon als Bub umhergestreift war, während die Eltern Torf gestochen hatten.
»Darf ich einmal Ihren Führerschein seh'n?«

»Dazu haben Sie kein Recht«, knurrte der Fahrer, »der geht Sie gar nix an!«
Konrad ging zu seinem Wagen zurück, nahm unauffällig die Kleinbildkamera von der Ablage und ging um den Transporter herum. Er hatte richtig kalkuliert. Der Fahrer steckte den Kopf aus dem Führerhaus, um zu sehen, was der Jäger tue, und klick, befand sich sein Konterfei auf dem Film.
Da stiegen beide aus. »Gib den Film her, wenn du keine Schläg' haben willst!« drohte der Jüngere.
Als Konrad dem Verlangen nicht nachkam und zu seinem Wagen zurückgehen wollte, griff der andere ihn an.
Schon hing der Rüde, der alles aufmerksam und mißtrauisch verfolgt hatte, dem Angreifer am Bein. Als der ihn im Genick packen wollte, biß er ihn in die Hand. Aufschreiend versuchte der Angreifer sich zu befreien.
»Greif! Zurück!« befahl Konrad.
Greif ließ aus, blieb aber knurrend in Angriffsstellung. Dem Latschendieb rann Blut über den Handrücken. Beide, der Alte wie der Junge, blickten betreten drein. Konrad stellte fest, daß ihre Gesichter eigentlich nichts Unsympathisches an sich hatten. Er holte seinen Autoverbandskasten. »Komm her«, wandte er sich an den Jüngeren, »laß dich verarzten. Aber mach keinen Unsinn, du siehst ja, mein Greif versteht keinen Spaß!«
»Zeigst' uns jetzt an?« wollte der Ältere wissen.
»Ja, meinst' etwa nicht?« entgegnete Konrad. »Seit drei, vier Jahren wart' ich schon drauf, daß ich euch einmal erwisch'!«
Der Alte widersprach. »Mir ham's das erste Mal g'macht. Der ...« hier stockte er, »... weißt', der, für den mir s' holen soll'n, der traut sich wahrscheinlich nimmer, seit der neue Naturschutzbeauftragte da is', der allweil in der Gegend umanandschleicht.«
»Für wen habt ihr sie denn gestohlen, die Latschen?«
Die beiden schwiegen.
»Hast' mich etwa angelogen? Stehlt ihr auf eigene Rechnung?«
Konrad blickte den Alten scharf an. In den Augen, die ihm aus dem hageren, faltigen Antlitz entgegenblickten, lag Resignation. Mit einer Gebärde der Hilflosigkeit legte des Alten verarbeitete Rechte sich auf die Motorhaube von Konrads Wagen.
»Ich bin Rentner«, sagte er. »Meine Frau ist schon tot. Für mich würd's grad langen, aber mein Sohn ist schon drei Jahr' arbeitslos. Was das bedeut', wenn man eine Frau und drei Kinder hat, das brauch' ich Ihnen ja wohl net sagen. Vor einem halben Jahr ham mir uns den gebrauchten Pritschenwagen gekauft, mit dem wir Schrott sammeln. Was dabei 'rausspringt, können Sie sich denken. Mit den vierhundert Mark für die Latsch'n hätten wir grad den Rest von dem Karr'n abzahlen können.«

Konrad stopfte sich eine Pfeife. Der Rauch verlor sich im Halbdunkel des Stangenholzes.

»Gut«, sagte er, »ich zeig' euch nicht an. Aber ich geb' euch meine Adresse, und ihr gebt mir die eure, und euerm Auftraggeber, der an den Latschen mindestens noch achthundert Mark verdient, dem sagt ihr einen schönen Gruß, daß ich innerhalb von vier Wochen von ihm eine Quittung über vierhundert Mark an das SOS-Kinderdorf sehen möcht'!«

Als Konrad nach diesem Zwischenfall zu der Leiter neben dem alten, windschiefen Torfstadel kam, von dessen Dach die Stürme schon ein gutes Dutzend Ziegel gerissen hatten, sah er den Spiegel eines Rehes zwischen Fichten und Föhren dahinwippend verschwinden.

Im Reisighaufen neben dem Stadel schlüpfte ein Zaunkönig umher, mit feinem Stimmchen über den dort abgelegten Wachtelrüden schimpfend. In den Birken jenseits der heidekrautbewachsenen, latschendurchsetzten Blöße sorgte für einige Minuten ein Flug Zeisige für Leben. Im Hochholz am Ende der Filze schimpften zwei Häher. Über den Grautigerkater vom Kreuzpaintner wahrscheinlich, der sich nur noch im Holz herumtrieb, statt auf dem Hof und den umliegenden Wiesen Mäuse zu fangen. Ein Specht hämmerte. Ab und zu durchbrach sein langgezogener, weithin hörbarer Ruf die Stille. Gegen Sonnenuntergang ruderten Krähen mit schwerem Flügelschlag in doppelter Schrotschußhöhe ihren Schlafbäumen zu.

Kein Reh ließ sich blicken.

»Du stinkst zu sehr nach Zivilisation!« pflegte Wastls verstorbener Vater Severin zu sagen, wenn sich Konrad das Waidmannsheil für längere Zeit versagte. »Ka Wunder bei an Zollbeamten, der allweil bloß in andere Leut ihrem Sach' rumschnüffelt.«

Eine neue Lodenkotze hatte Severin auf der Jagd erst getragen, nachdem sie über eine Woche im Kuhstall gehangen. Und neue Jagdstiefel zog er erst an, wenn er sie zuvor mindestens zwei Wochen im Stall und auf dem Feld angehabt hatte. Selbst danach umging er in der ersten Zeit keinen Kuhfladen, sondern trat mitten hinein.

Konrad stieg vom Hochsitz, nahm Greif die Halsung ab und schickte ihn los mit »Such' voran!«.

Greif pflegte sich um gesunde Rehe zwar nicht zu kümmern, aber es konnte ja sein, daß er eines in Bewegung brachte, das dann nicht allzu flüchtig in Schußweite vorüber kam. Konrad saß noch nicht richtig wieder oben, da stieß Greif keine fünfzehn Schritte neben der Leiter einen Hasen aus der Sasse und dahin ging's mit »Jiff, jiff, jiff!«. In weitem Bogen wies der Laut des Hundes des Hasen Weg vom östlichen Filzenrand bis zur Reviergrenze, den Feldern im Norden und von da in Richtung Buchberger Buckel im Westen, wo sich der Hundelaut mit dem Lärm einer Motorsäge vermischte.

Die Motorsäge wegen überhörte Konrad es, daß die Jagd sich wieder näherte, weshalb er den Hasen erst gewahrte, als er nur noch zwanzig Schritt der niederen braunen Heide zu überqueren hatte, um zwischen Latschen, Birken und niederem Kiefern- und Fichtenbewuchs zu verschwinden.

Konrad hatte in dieser Woche Frühdienst von vier Uhr morgens bis mittags um zwölf. Um zwei Uhr saß er schon an bis ... hm, ja, bis sechs, sieben Uhr abends, denn der Mond nahm zu, und wenn ihm ein Rehe nahe genug kam, würde er es schon noch ansprechen können.

Übers Wochenende fielen gut zwanzig Zentimeter Schnee. In der folgenden Woche begann Konrads Dienst am Mittag, weshalb die Bockbüchsflinte zwei Tage neben den anderen drei Gewehren zu Hause hängen blieb. Am Mittwoch saß Konrad schon vor Tagesgrauen in der Kanzel an der auf drei Seiten von Fichten umgebenen, auf der vierten Seite von den Latschen der Klosterfilze begrenzten Winklerwiese. Über den Wipfeln lag halb auf dem Rücken der abnehmende Mond.

Zwei Hasen kamen aus den Latschen und knabberten auf Schrotschußnähe an den aus dem Schnee hervorlugenden Grashalmen.

Hasenbraten! Konrad lief das Wasser im Mund zusammen. Mit leisem Klick glitt der Umschaltknopf von Kugel auf Schrot. Im Zielfernrohr bewegten sich die Löffel des einen. Doch Konrad setzte wieder ab; denn wenn er jetzt einen Hasen schoß, brauchte er mit Rehen wahrscheinlich nicht mehr zu rechnen. Den Kopf wendend, blickte er zur linken Fensteröffnung hinaus. Er glaubte seinen Augen nicht zu trauen: Dort stand verhoffend ein Fuchs, unschlüssig wohl, ob er sein Heil auf die Hasen versuchen sollte. In diesem Augenblick waren Konrad die Rehe egal, war es doch schon über zwei Jahre her, daß er den letzten Fuchs abgebalgt hatte. Es gelang ihm, den Lauf ohne Geräusch durch die Luke zu bringen. Reineke schnürte, den Hasen erfahrungsbedingt keine Beachtung mehr schenkend, zügig weiter. Wenige Meter noch, und er war aus dem Schußwinkel verschwunden. Ein scharfes Mäuseln ließ ihn für Sekunden verhoffen. Der Schuß warf ihn hin, wo er stand.

Ein mittelalter Rüde mit prächtigem Balg! Das Gesicht keines anderen Wildes ist so ausdrucksvoll wie das des Fuchses. Beinahe reute Konrad der Schuß. War es nicht ein herrlicher Anblick, ihn bei fast vollem Tageslicht leichtfüßig dahinschnüren und dann in gespannter Aufmerksamkeit verharren zu sehen?! Als er den Fuchs aufgenommen hatte, betrachtete er einen Augenblick nachdenklich die Perlenschnur der Tritte im Schnee, die mit einem hellroten Fleck jäh abbrach.

In den Tagen vor Weihnachten fielen die Flocken wieder in dichtem Wirbel vom grauverhangenen Himmel. Die Rehe hielten sich vorwiegend in der Nähe der gut beschickten Fütterungen auf. Dort in der Nähe zu schießen, widerstrebte Konrad trotz allen sonst großzügigen Umganges mit dem Jagdgesetz.

Zwischen Weihnachten und Neujahr versuchte er es einmal auf dem Buchberger Buckel, wo zahlreiche Fährten von Rehen und die Hoppelspuren von Hasen verrieten, daß die noch grünen Blätter des Brombeergeranks in dem lichten, hiebsreifen Buchen-, Tannen- und Fichtenbestand gern angenommen wurden. Am Vormittag war Föhn aufgekommen und hatte das Grau vom Himmel des Voralpenlandes nordwärts hinweggeblasen und den Schnee krank werden lassen. Bald hier, bald da rutschte eine in der warmen Luft schwer gewordene Schneelast von den Ästen und fiel mit einem dumpfen Schlag zu Boden. Nach fast zwei Stunden, in denen sich nichts sehen ließ außer einem Kleiber und einem Flug Gimpel, der mit weichmelodisch wehmütigen Rufen vorüberstrich, fielen Konrad die Augenlider herunter. Sein Kopf sank vornüber, und der graue Kinnbart drückte sich in den dicken, grünwollenen Schal, den dritten, den seine Frau ihm in den letzten Jahren gestrickt, nachdem seine Vorgänger mangelnder Ordnungsliebe oder feuchtfröhlicher Vergeßlichkeit zum Opfer gefallen waren. Dem für Konrads Wohlergehen zuständigen Schutzengel mochte es nicht behagen, daß sein Schützling nicht von der ihn liebevoll bestrickenden Ehefrau, sondern – dies aber wirklich nur ausnahmsweise – von der molligen, vollbusigen Bedienung des Weißbräu träumte, weshalb er ihn mit einer gehörigen Ladung Schnee ins Genick unsanft aus seinen sündhaften Träumen weckte. Die Geiß, die mit ihren Kitzen inzwischen aus der jenseitigen Dickung auf eine Windwurfblöße gezogen war, wo ihr der herabfallende Schnee nichts anzuhaben vermochte, eräugte des Jägers schreckhaftes Auffahren, weshalb der nur noch drei wippende Spiegel in der Dickung verschwinden sah.
Silvester.
Konrad saß an dem auf drei Seiten von Wald umgebenen Wieswinkel an. Der frühe erste Schnee hatte es verhindert, daß der Kreiselmäher noch ein viertes Mal das Gras bis auf die Wurzeln abmähte, weshalb Rehe und Hasen, wenn sie sich mit den Läufen ein wenig mühten, noch gute Äsung fanden.
Neumond. Es begann wieder sacht zu schneien. Ganz langsam schlich die Dämmerung aus dem Wald auf den Wieswinkel heraus. Zweieinhalb Stunden schon saß Konrad und wagte sich trotz des Ostwindes kaum zu rühren, denn der erst im Sommer neu errichtete Hochsitz knarrte bei jeder Bewegung. Im Sommer hatte er das nicht getan, aber bei Frost verlagerten sich wohl die statischen Verhältnisse.
Endlich trollte eine Geiß mit ihrem Kitz aus dem Bestand, verhoffte mitten im Wieswinkel und begann mit dem Lauf das Gras freizulegen. Ganz langsam und vorsichtig hob Konrad den Kolben an die Schulter. Ein klein wenig mußte er noch nach vorn rücken, um an der halblinks stehenden Eiche vorbeivisieren zu können. Da knarrte die Leiter, und Geiß und Kitz gingen flüchtig ab. Konrad wollte schon wieder absetzen, da gewahrte er eins der Rehe unter den Randfichten. Die 5,6 × 52

peitschte aus dem Lauf. Mündungsfeuer blendete. Drüben war nichts mehr zu sehen.
Konrad hatte das Stück nicht mehr ansprechen können. Es konnte auch die Geiß sein. Zum Teufel, warum hatte er sich zu diesem Schuß hinreißen lassen?! Die Latschendiebe hatten wenigstens nur aus Not gestohlen, während er es ohne Not in Kauf genommen hat, daß unter Umständen ein Rehkitz elend verkümmerte. Für ihn und Wastl war es schließlich kein Problem oder Opfer, wenn jeder für das Jagdessen beim Wildprethändler ein Reh kaufen mußte.
Konrad ging zurück zum Auto, holte den Hund und stapfte, von Greif begleitet, zum Anschuß. Nach den Fährten zu urteilen, mußten im Randholz noch mehr Rehe gestanden haben. Der Lichtkegel der Taschenlampe wies weder Schweiß noch Schnitthaar. Immer dichter fielen die Flocken. Wenn es so weiterschneite, lagen morgen früh mindestens zwanzig Zentimeter Neuschnee auf den Fährten von heute. Konrad entschloß sich, Greif zu schnallen. Wenn das Reh hier irgendwo lag, dann würde er es finden. Lag es nicht, war es weidwund geschossen, dann würde er es fangen und mit angewölftem Drosselgriff abwürgen. Mit einem alterfahrenen, bewährten Hund kann man sich zur Not einmal eine Ausnahme von den korrekten Nachsucheregeln erlauben. Auf einen Leichtsinn mehr kam es jetzt auch nicht mehr an . . .
Greif fiel eine frische Gesundfährte an. Der beinahe lautlose, auseinandergezogene Laut, mit dem er solches gelegentlich zu tun pflegte, hörte nach dreißig, vierzig Metern auf. Nach zwei Minuten erklang, näher als zuvor, Hetzlaut, der sich rasch entfernte. Dort, wo der Hetzlaut eingesetzt hatte, fand Konrad ein Wundbett mit Schweiß.
Weiter und weiter entfernte sich die Jagd. Schneeverhangene Dickungen und der dichte Flockenschleier dämpften den Laut und täuschten eine noch größere Entfernung vor. Auf der Einöde Riedbichl, jenseits der Jagdgrenze schon, schlug der Hofhund an.
Von Greif war nichts mehr zu hören. Da, nach zwei, drei Minuten, ließ sich sein Laut wieder vernehmen. Kein Hetzlaut mehr, sondern von derselben Stelle der tiefe, runde Ton, mit dem der Rüde vermeldete, daß er das Stück zur Strecke gebracht.
Konrad atmete auf. Nun, da die Spannung nachließ, fror er ohne Mantel erbärmlich. Eine Viertelstunde mochte vergangen sein, als Greif wieder auftauchte, freudig kundtuend, daß er das Stück habe. Sogleich verschwand er wieder auf der Fährte, ab und zu lautgebend, bis wieder der volle, tiefe Klang des Totverbellens zu hören war. Das verbellende Verweisen war Greif angewölft. Es hatte keiner großen Mühe bedurft, ihn darin sicher und zuverlässig zu machen. Im Laufe der Zeit – Konrad ließ ihn gewähren – hatte sich daraus eine Mischung von lautem Verweisen und

Totverbellen dergestalt entwickelt, daß er zwar zu seinem Herrn zurückkehrte, dann aber unverzüglich wieder zum Stück eilte, um nunmehr anhaltend totzuverbellen.
Das Reh lag in einem verwachsenen, alten Torfstich am Rande der Klosterfilze. Ein starker, aber wohl nicht älter als dreijähriger Bock, denn er konnte erst vor kurzem abgeworfen haben. Konrad empfand beinahe Freude darüber, daß es ein Bock war und nicht die Kitzgeiß. Gewiß, er hatte damit gegen das Jagdgesetz verstoßen: fahrlässiges Schonzeitvergehen! Doch dieser Verstoß bedrückte ihn weniger als zuvor der Gedanke an ein der Erfahrung der Mutter beraubtes Kitz. Ja, so sind sie nun mal, die Gesetze. Vielleicht ist es auch gut so, daß sie so sind und Moral und Gewissen nicht restlos in ihre Normen pressen.
Aber wie dem auch war, Konrad hatte gegen das Gesetz verstoßen. Wo kein Kläger, da zwar kein Richter, aber ein gewissenhafter Mensch läßt es dabei nicht bewenden, sondern erlegt sich notfalls selbst eine Buße auf. Konrad kaufte deshalb am Tag nach Neujahr für gut hundert Mark Lebensmittel und Getränke, mit denen er in die Stadt fuhr, wo er an der Mietwohnung der Latschendiebe läutete. Vor dem zehnjährigen Mädchen, das ihm öffnete und ihn aus großen, dunklen Augen in blassem Gesicht ansah, stellte er die schwere Plastiktüte hin mit den Worten: »Sag' deinem Papi und deinem Opa einen schönen Gruß vom Jäger mit dem Hund.«

Ende einer Jagdpacht

Tim Taureg

Gestern, am letzten Freitag im Februar, war die entscheidende Abstimmung, und jetzt ist es sicher – wir werden das Revier verlieren. Ein Viehhändler aus dem Nachbarort bekommt es. Die Entscheidung war knapp, und Geld hat dabei nicht einmal die wichtigste Rolle gespielt, sondern die Stimme eines großen Bauern, der nebenbei Vieh züchtet und deshalb schon mit dem Vater des Viehhändlers gute Beziehungen unterhielt . . .

Ein Monat noch – dann wird ein anderer in »unserem« Revier schalten und walten. Er wird mit seinen Freunden auf den Kanzeln und Leitern sitzen, die wir im Verlauf so vieler Jahre gebaut haben und in deren Namen oft ein Stück der Geschichte dieser Gegend steckt oder ein Hinweis auf die Waidgenossen, die dabei mitgeholfen haben. Die »Neuen« werden nichts davon wissen und sich nicht mehr um die alten Geschichten kümmern, die uns so viel bedeuten.

Dabei sind das nicht immer nur persönliche Erinnerungen, sondern oft genug auch Namen, die für die Jagd hier eine besondere Bedeutung haben. Die Leiter mit dem sonderbaren Namen »Schnetterswiese« zum Beispiel könnte einem, der ihre Sprache versteht, von einer stillen Waldwiese erzählen, die es längst nicht mehr gibt, weil ein Teil der Auffahrt zum Sportplatz zum Opfer fiel und der Rest aufgeforstet wurde. Die Kanzel »Zur Gemeinsamkeit« haben wir so genannt, weil sie einst in schöner Gemeinsamkeit von Jägern, Fußballern und Bauern zusammen errichtet wurde, und den »Rosenbusch«, nach dem eine weitere Kanzel benannt wurde, gibt es schon lange nicht mehr – es war ein ganzes Rosengehölz, das vor Jahren der Flurbereinigung weichen mußte.

Aber wir leben ja weiter, und auch uns hatte diese Jagd nicht gehört, sondern war uns nur für neun unvergeßliche Jahre verpachtet worden. Wir – das sind der Jagdherr, der Roland und ich. Wir haben uns in dieser Zeit die Freuden und Mühen der Jagd und der Hege redlich geteilt. Manches hätten wir wohl besser machen können oder anders – aber das läßt sich ja nachher immer leicht sagen . . .

Man denkt unwillkürlich über Vergangenes nach, wenn man im Februar mit einem Rucksack voll Futter über verschneite Wege stapft und überlegt, daß ein anderer nun ernten wird. Es sind auch bittere Gedanken, die so kommen, während der Wind eisig

von Osten bläst, die dürren Blätter in der Hecke rascheln und der Schnee unter den Stiefeln knirscht. Aber schließlich haben auch wir mal angefangen, und damals war es für den Vorpächter nicht viel anders: Er mußte gehen, weil er sich heillos mit den Nachbarn überworfen hatte und weil dann noch eine Geschichte mit der Jagdbehörde dazugekommen war, und wir müssen gehen, weil die Bauern den Viehhändler haben wollen.
Ob das im Herbst oder noch früher abzuwenden gewesen wäre?
Dazu fällt mir jetzt der Friedel Bittenmaier ein. Der ist Nebenerwerbs-Landwirt, wie so viele hier, und bewirtschaftet zwei eigene und acht dazugepachtete Hektar Land am Abend und am Samstag – die Woche über arbeitet er in einem kleinen Betrieb in der Kreisstadt. Er hat natürlich nie Zeit, und wir haben uns gewundert, als er davon erzählte, daß er die Jägerprüfung machen wollte. Es gelang ihm sogar im ersten Anlauf, aber er hatte auch weiterhin nie Zeit – weder zum Ansitz, zu dem ihn der Jagdherr mehrfach einlud, noch zur Treibjagd, zu der wir ihn gern gesehen hätten – aber halt auch nicht zum Pflügen eines Wildackers. Den Jagdherrn verdroß das auf die Dauer, und als ihm der Friedel im Jahr darauf noch einmal einen Korb gab, weil er schon wieder keine Zeit hatte, das angebotene Schmalreh zu schießen, oder weil er lieber einen Bock geschossen hätte, gab es einen kleinen Wortwechsel, der darauf hinauslief, daß der Jagdherr keine Lust hatte, ihm ewig weiter nachzulaufen. Andere wären für solche Einladungen viel dankbarer und müßten viel mehr dafür tun. Der Friedel kriegte das in den falschen Hals, und von da ab hieß es bei ihm immer, daß man ihn in seiner eigenen Heimat von der Jagd ausgeschlossen hätte. Wenn man bedenkt, daß er der Schwager vom Bürgermeister ist, kann man sich ausrechnen, wie unglücklich sich diese Legende auswirkte.
Unserem Willi wäre das nicht passiert. Der Willi Friedrich, den ich gern respektvoll »Herr Altpächter« nenne und der dann immer knurrt: »Bin kein Pächter und habe auch gar nichts mehr zu sagen ...«, der hatte das Revier zwei Perioden lang in den fünfziger und sechziger Jahren, bevor er es abgab, sich aber gleichzeitig eine schöne Ferienwohnung mitten im Revier sicherte. Er ist jetzt 75, aber wenn es auf Fasane und Enten geht, dann hängt er uns alle ab. Ich erinnere mich an so manchen glühend heißen Oktobertag, an dem wir die Maisäcker durchstreiften – schwitzend und nach dem dritten Acker mit heraushängender Zunge, so daß unsere Gedanken oft mehr auf die Dorfschänke gerichtet waren als auf weiteres Jagen. Es gibt nicht so sehr viele Fasane im Revier, vielleicht 20 oder 30, mit denen man rechnen kann, aber man muß sie finden. Maisäcker sind ihr Lieblingsaufenthalt, aber manchmal stecken sie auch in den Hecken oder am Waldrand und manchmal in dem Schilfsumpf, der streckenweise unser Flüßchen

begleitet. Bei diesen Suchen also war der Willi jedesmal unerbittlich und wußte uns immer wieder anzutreiben: »Nur den einen Acker sollten wir noch durchgehen ...«
Noch viel wichtiger für uns war aber seine intime Kenntnis des Dorfes und seiner Bewohner. Er kennt sie seit dreißig Jahren, die Leute, die Verwandtschaften, ihren Einfluß aufeinander, ihre Bedeutung innerhalb der lokalen Hierarchie und ihre Grundstücke in Wald und Feld. Es gibt kaum ein Problem, das der Willi nicht mit einer Flasche Wein in der Hand lösen könnte. Es ist ja auch wirklich ein Vorteil, wenn man den Vorsteher der Jagdgenossenschaft schon gekannt hat, als er noch kurze Hosen trug. Nach der Treibjagd, die wir meistens im November veranstalteten, hat er immer die Hasen und Fasane verteilt – klug, listig und gerecht. Nur einmal hat er sich geärgert. Das war vor zwei Jahren, als er der Gattin des zweiten Bürgermeisters einen unserer raren Fasane gebracht hatte und diese ihm einige Tage später enttäuscht erklärte, der sei aber sehr trocken und zäh gewesen. Die Gute hatte das kostbare Wildpret wie ein Haushuhn behandelt.

Ja, auf den Willi Friedrich hätten wir vielleicht mehr hören sollen. Er wußte von der Verwandtschaft des Friedel Bittenmaier mit dem Bürgermeister, und er wußte auch von der Antipathie seines Onkels gegen alle »Fremden«, zu denen wir ja nun einmal gehörten. Dieser Onkel war einer der Großbauern, einer der wenigen Vollerwerbsbauern, die es hier noch gibt, mit dem unser Jagdherr vor Jahren einmal eine an sich harmlose Debatte wegen eines Wildschadens hatte. Es hatte sich, wie jedes Jahr, um einen der vielen Maisäcker gehandelt, die im September der Tummelplatz der Sauen werden. Wenn sich da so zwei oder drei Hektar Mais am Wald entlangziehen, dann hilft nur noch ein dreifacher Elektrozaun oder eine Jägerpostenkette auf dem Weg zwischen Waldrand und Acker. Die Sauen flitzen so rasch aus dem Wald und in den Mais, daß selbst beim schönsten Vollmond nicht an Schießen zu denken ist. Unter diesen Umständen ist es oft ratsam, solche besonders gefährdeten Äcker frühzeitig abzuernten und den Mais zu häckseln – er wird ja ohnehin als Viehfutter verwendet. Darum nun hatte unser Jagdherr den Großbauern gebeten. Der hatte aber aus irgendwelchen Gründen keine Zeit und keine Lust dazu, und so wurde der Schaden täglich größer, ohne daß wir das hätten ändern können. Die Sache wurde als Totalschaden beigelegt, aber leider nicht zur völlig Zufriedenheit des Bauern, wie sich jetzt bei der Abstimmung wieder gezeigt hat.

Ansonsten war das Verhältnis zum Dorf immer sehr gut. Es sind einfache und freundliche Menschen, die hier leben – Bauern zumeist, wenigstens vom Gemüt und von der Art ihres Lebens, auch wenn sie die Landwirtschaft heute meistens nur noch als Nebenerwerb betreiben, weil die kleinen Äcker nicht genug hergeben oder weil der Hof nur von einem der Brüder bewirtschaftet werden kann. Es sind Bauern, die etwas vom Land und von der Arbeit darauf verstehen und die dieses Land lieben.

Wie oft habe ich hier von ganz einfachen Menschen, denen jede Art von Schwärmerei völlig fern liegt, gehört, wie schön sie gerade ihr Tal fänden, in dem sie leben, wie sie den Wald lieben, der es säumt, und wie sie sich über jede Veränderung freuen, die die Jahreszeiten mit sich bringen.

Die Gegend ist streng katholisch, und am Sonntag wird nirgendwo gearbeitet, aber die Bauern gehen dann gern mit ihrer Familie um den Ort herum spazieren und betrachten mit stiller Freude ihre Heimat, die ihnen so gut gefällt. Hier gibt es Heimatfeste, die diesen Namen wirklich noch mit Recht tragen, weil sie ganz zwanglos diese schlichte Zuneigung mit den zeitgemäßen Bedürfnissen der jungen Leute im Ort vereinen: Da hören die Jungen gern den Liedern zu, mit denen man hier seit Jahrhunderten die grünen Weinberge, die Jäger und Holzfäller besingt, und die älteren Semester genießen den jugendlichen Trubel inmitten wüster Disco-Rhythmen. Und »los« ist hier immer was – sei es der Michaelis-Markt im benachbarten Kreisstädtchen, sei es das Strohballenfest am Ort oder die Kirchweih im September oder ganz einfach »Musik«.

Wir konnten da beim Abendansitz im Sommer oft mitgenießen oder wichen am Sonntagmorgen den letzten »Volleulen« aus, die nachhause schwankten, wenn wir uns zum Ansitz begaben. Einmal hatten wir uns zu dritt auf mehrere Sitze nebeneinander am Waldrand gesetzt, um herauszufinden, wo denn nun ein ganz bestimmter Bock austrat. Um acht Uhr abends wehten die ersten Klänge zu uns herauf, um neun hörte sich die Blaskapelle schon richtig schmissig an, und in den Tanzpausen konnte man, wenn man nicht zum Waldrand hin, sondern ins Dorf hinunter lauschte, das allerlustigste Lachen und Jauchzen hören. Der Jagdherr muß es auch vernommen haben, denn um dreiviertel zehn erschien er unter meiner Leiter und fragte: »Hast du noch Lust?«. Er sprach mir aus dem Herzen; wir holten unseren dritten Mann auch noch ab und zogen dann, so schnell es ging, der Halle, der Musik und dem Gejauchze zu. Es wurde ein außerordentlich lustiger Abend.

Das Revier ist fast 500 Hektar groß. Der größte Teil davon liegt in dem Wiesental, auf dessen einem Hang ich jetzt stehe. Mitten durch das Tal strömt ein kleines Flüßchen, dessen Quelle nicht allzuweit von hier am Rande des großen Waldgebirges liegt. Es ist ein Mittelgebirge, und seine höchsten Gipfel erreichen kaum 600 Meter. Früher war es nicht nur sagenumwoben und unwegsam, sondern für Reisende auch ausgesprochen gefährlich. So manche Kutsche erreichte nie ihr Ziel, und die Wirtshäuser dort im Wald hatten einen sehr zweifelhaften Ruf.

Ruhig und einsam ist es heute noch. Auf den Höhen rauschen immer noch dichte Wälder, und wenn man sich von den Straßen oder Parkplätzen im Wald ein paar hundert Meter entfernt hat, kann es leicht geschehen, daß man den ganzen Tag keinen Menschen mehr sieht. Hier gibt es nicht nur Rotwild, sondern sogar noch ein paar Auerhähne und einige Wildkatzen. Die großen Waldungen, die sich oft 30 bis 40 Kilometer ohne große Unterbrechungen hinziehen, gehören dem Staat. Dazwischen gibt es einige größere private Waldgüter, und um die Ortschaften herum den Bauernwald, den man hier »die Hecken« nennt. Der Waldrand, zu dem ich mit meinem Futtersack unterwegs bin, ist ein solcher Bauernwald. Dahinter liegt dann ein privates Waldgut, das im Winter der zuverlässige Zufluchtsort unseres Rehwildes ist und im Frühjahr der Lieferant »neuer« Rehe.

Gegenüber, auf der anderen Seite des Wiesentals, ist auch Wald und ein besonders schönes, verschwiegenes Seitental, in dem sich ein herrlich klares Bächlein zwischen Büschen und Wiesen dahinschlängelt. Nicht weit davon kann ich unsere Jagdhütte sehen, von der wir im Sommer, nach dem Ansitz, nur mit einem Handtuch bekleidet, zu dem Bächlein hinuntergingen, um zu baden. Auf dem Rückweg nahmen wir dann ein paar Behälter mit Wasser mit hinauf – das war unsere Wasserversorgung. Hier reicht der Wald auf den Hängen bis fast zum Bachgrund hinab, und es war immer ein ganz besonderes Vergnügen, hier, nicht weit von der Grenze, auf einem Baumstubben anzusitzen oder einmal morgens durch das Seitental dem Waldbach entlang zu pirschen. Das Rehwild bummelte oft vertraut durch das hohe Gras zwischen den Ufererlen, die Eichelhäher merkten zu spät, daß da jemand kam, und wenn sie losrätschten, war ich schon hinter der nächsten Baumgruppe verschwunden. Nur die Tauben paßten auf und erschreckten den Jäger immer wieder durch das Klatschen ihrer Schwingen, wenn sie bei der leisesten Störung ihre Morgenplätze im Wipfel einer hohen Fichte verließen. Wir liebten diese morgendlichen Gänge durch eine gerade erwachte und fast noch schlaftrunkene Natur – selbst wenn wir kein Wild, sondern nur Wiesenblumen, funkelnde Tautropfen oder nebelverhangene Bäume sahen.

In der Mitte des Wiesentals und in der Mitte des Reviers liegt der Ort. Eigentlich sind es ja vier Dörfchen, die rechts und links des Flüßchens liegen und jeweils Groß . . . heißen, wenn es die rechte Seite ist, und Klein . . ., wenn es die linke ist – aber sie wurden zu einer »Verwaltungseinheit« zusammengefaßt, wobei man ihnen erfreulicherweise ihre uralten Namen ließ. Ziemlich genau in der Mitte steht eine stattliche Kirche aus schönen Sandsteinquadern und dahinter liegt der uralte, blumenübersäte Kirchhof. Das Ganze ist schmal und langgestreckt – ein Straßendorf, wie die meisten Orte hier. Zum Teil erzwangen wohl die Täler diese Bauform, zum Teil gehen sie aber auch auf die Fürstbischöfe zurück, die in ihrer Jagdbegeisterung überall solche Siedlungen »mit einer Hufe Land hinter dem Haus« für ihre Untertanen anlegten und auf diese Weise für die Hetz- und Treibjagden genug Personal zur Verfügung hatten.

Ein ruhiges Revier – nicht nur jetzt, wo die Felder unter dem Schnee schlafen und die

Bauern froh sind, wenn sie nicht aus dem Haus müssen. Es gibt hier wenig Touristen, so daß wir auch in der schönen Jahreszeit keine Furcht vor Störungen zu haben brauchten, solange wir uns nach den landwirtschaftlichen Gegebenheiten richteten.

Morgens war immer reichlich Zeit – die Bauern stehen heutzutage auch nicht mehr so früh auf, wie es in den Kinderbüchern oder in altmodischen Romanen beschrieben wird, eher wird da schon mal abends mit Licht gepflügt oder das Heu gewendet. Ich war im letzten Sommer ziemlich überrascht, als ich beim Aufbrechen meines ersten Bockes am Waldrand das Tuckern eines Traktors hörte. Es war erst fünf Uhr, also nach üblichen Maßstäben mindestens eine Stunde zu früh dafür. Der Traktor kam näher, und ich sah, daß es der Erwin Lautenschläger war, dem oberhalb des Weges ein Stück »Hecken«-Wald gehört. Wir begrüßten uns, er sagte freundlich: »Na, hat's endlich geklappt?« und besah sich dann sachverständig den Bock. Ich fragte, was ihn so früh herausgetrieben habe, und erfuhr, daß er mit seiner Frau zu einer Hochzeit mußte, vorher aber unbedingt einige Fuhren Holz aus seinem Wald holen wollte, das er schon vor einiger Zeit geschlagen hatte.

Holz machen ist übrigens eine der großen hiesigen Leidenschaften: Sie haben fast alle spezielle Heizkessel, in denen man außer Öl auch Meterscheite verheizen kann. Ein solcher Kessel, der einen Neubau von 200 qm Wohnfläche heizt und mit warmem Wasser versorgt, ist fast unersättlich, und da gilt es, bis zum Winter möglichst viel Holz heranzuschaffen. So ziehen die Kesselbesitzer bei jeder nur möglichen Gelegenheit mit ihren Motorsägen los und kommen – zu unserem Leidwesen – dann oft abends erst nach Einbruch der Dunkelheit mit ihrem Traktor und mit Licht wieder aus dem Wald heraus. Das verdirbt natürlich manchen Ansitz, was uns aber immer noch lieber war als eine Horde lufthungriger Städter oder als diese unbarmherzigen Pilzsucher, die in stadtnahen Wäldern keine Dikkung undurchforscht lassen. Hier waren es schließlich Einheimische, denen der Wald gehört und deren Tun in sinnvollem Zusammenhang mit ihrem Wirtschaften und ihrem Leben steht. Dieser Trost hilft nicht immer, aber wir haben uns angewöhnt, in solchen Fällen einfach und ohne Fluchen und Murren den Sitz zu wechseln.

Im Spätsommer, zur Erntezeit, dröhnt dann unser Wiesental wie eine Fabrikhalle vom Lärm der Maschinen und Fahrzeuge. Dann rauschen, wenn das Wetter es so vorschreibt, die Mähdrescher mit Scheinwerfern bis in die tiefe Nacht hinein über die Felder, und wo sich dann die Rehe und die Hasen eigentlich hinflüchten, haben wir nie so richtig herausgekriegt. Weg müssen sie aber, denn hinterher ist alles ratzekahl, und auf den Äckern bleiben nicht einmal die Stoppeln stehen. Manche finden vielleicht Unterschlupf in den Maisäckern, aus denen Körnermais werden soll, aber spätestens nach weiteren vier Wochen bleibt ihnen wirklich nur noch der Wald.

Ja, fleißig sind die Leute hier, auch wenn sie nicht mehr »vor Tau und Tag« aufstehen, wie es früher notwendig war in der Landwirtschaft und auch für die anderen, die umständlich zu Fuß oder mit dem Fahrrad zum weit entfernten Bahnhof mußten und von dort aus in die noch weiter entfernte Stadt, wo die Arbeit um sieben begann. Von hier, aus dem Wiesental, sind ganze Generationen in Betriebe der Großchemie in die Stadt gefahren, und mancher Junge hat seine Lehrstelle heute nur der Tatsache zu verdanken, daß der Großvater dort schon als Betriebsschlosser gearbeitet hat.

Und sie brauchen das Geld aus der Industrie. Der Boden gibt nicht viel her, und mit der Landwirtschaft allein hat es eigentlich nie zum Leben gereicht. Jedenfalls wären die Leute damit nie aus den winzigen Fachwerkhäuschen herausgekommen, in denen unten der Stall ist und darüber, um die Wärme nur ja gut auszunutzen, die zwei Stuben. Den Städtern gefällt das, weil es so verwinkelt und anheimelnd aussieht; die ehemaligen Bewohner dieser Idyllen waren aber alle heilfroh, als sie endlich genug Geld für den Neubau am Hang zusammen hatten, in dem es jetzt Zentralheizung anstelle des Küchenherdes, fließendes warmes Wasser statt der Pumpe im Hof und ein richtiges großes Badezimmer gibt, so daß man nicht mehr in ein wackliges Holzhäuschen mit herzförmigem Ausschnitt hinter dem Haus gehen muß.

Gebaut wird das alles natürlich in Eigenhilfe: Da arbeitet der ganze Fußballverein mit, bis dem Schorsch sein Haus fertig ist, und später hilft dann der Schorsch eben auch bei den andern mit bauen. Hier laufen an jedem Sommerabend und am Samstag sowieso überall die Betonmischmaschinen – es sind, wie gesagt, fleißige Leute. Müßiggang wird hier eher wie eine Sünde empfunden, und wir Jäger hatten, zumindest an Samstagen, manchmal direkt ein schlechtes Gewissen, daß wir so gar nichts Nützliches taten – aber schließlich kann man nicht ewig Hochsitze bauen oder die Jagdhütte neu anstreichen.

Die Landschaft ist wie mit Erinnerungen gesättigt. Neun Jahre sind eine lange Zeit, da kann man, wenn man will und die Liebe dazu hat, ganz schön mit einer Landschaft verwachsen. Irgendwann einmal beginnen die Hügel und Täler oder auch markante Punkte im Gelände, wie zum Beispiel ein einzeln stehender Baum oder die Eichengruppe da hinten rechts im Nordwesten, zu sprechen und dir Geschichten zuzuraunen. Die Eichengruppe deckt ein uraltes Kapellchen mitten im Feld auf einem Hügelrücken, der sich in ein Tälchen senkt, in dem es keine Häuser und keine festen Wege gibt. Nur ein Wässerchen sickert hindurch und bildet einen sumpfigen Grund, den Weiden und Erlengebüsche säumen. Hier konnte man leicht

einen ganzen Sommertag verträumen und sich vorstellen, wie die Jagd wohl früher einmal gewesen sein mochte.
Den besten Bock meines noch nicht allzu langen Jägerlebens habe ich hier erlegt – an einem Junimorgen im strömenden Regen. Er war alt, hatte ein mächtiges und wundervoll geperltes Gehörn und war ungewöhnlich stark im Wildpret. Das alles habe ich aber erst so richtig begriffen, als ich zu ihm trat: Ich bin fast erschrocken, als ich sah, wie gut er war, und ich habe dann trotz des Regens ganz lange mit dem Hut in der Hand bei ihm gestanden . . .
Der Andreas war so recht das Muster eines lustigen Jägersmannes; ein Kerl, der bei jedem Spaß mitmachte und bei keiner Arbeit fehlte. Zweieinhalb Jahre lang war er bei uns, dann hat er sich mit dem Jagdherrn verkracht und das Revier von einem auf den anderen Tag verlassen. Der Grund dazu war eigentlich nicht der Rede wert, wie so oft bei Streitigkeiten, dafür hat aber die Vorgeschichte unter anderem mit »praktischem Naturschutz« zu tun, und deshalb will ich sie kurz erzählen:
Wie gesagt, war der Andreas ein Waidmann von altem Schrot und Korn, dessen Vater und Großvater schon Jäger gewesen waren und der sein Handwerk von Grund auf verstand. Das brachte ihn manches Mal in Gegensatz zu den Ansichten des Jagdherrn, und da es auf der Jagd, anders als bei anderen Partnerschaften, nur eine Lösung gibt, nämlich die, daß der Jagdherr das letzte Wort hat, war der Andreas nicht immer zufrieden mit diesen Entscheidungen. Und da er Streit nicht aus dem Weg ging, sagte er's auch.
Der Knall kam später. Unterhalb unserer Jagdhütte bildete das Bächlein, von dem ich schon erzählt habe, einen langgestreckten, dicht mit Schilf und Sauergräsern bewachsenen Sumpf – das, was man heute so fachmännisch ein Feuchtbiotop nennt. Die Fasane fühlten sich dort, besonders im Herbst, wenn die Maisäcker abgeerntet waren, sehr wohl, so daß wir bei den Treibjagden immer ziemlich sicher mit zwei bis drei Hähnen rechnen konnten und gelegentlich mit einem Fuchs. Eines Tages – der Andreas war allein im Revier – sah er, wie eine Planierraupe dabei war, den Bauaushub von zwei nahegelegenen Baustellen auf einer riesigen Fläche des Sumpfes zu verteilen, der damit offensichtlich trockengelegt werden sollte. Er versuchte, mit dem Bauern, der die Aufschüttung dirigierte, zu reden, wurde kurz und barsch abgefertigt (». . . mer mache auf unserm Land, was mer wolle . . .«), wies trotzdem noch einmal darauf hin, daß solche Auffüllungen genehmigungspflichtig seien, wurde endgültig fortgejagt und beschloß dann, die Sache nicht auf sich beruhen zu lassen. Er holte einen Polizisten aus dem nahen Kreisstädtchen herbei und erwirkte mit dessen Hilfe einen Aufschub der Arbeiten.
Genützt hat es leider nichts. Der Polizist wollte immer weniger mit der Sache zu tun haben, je mehr sich ergab, daß er mit dem Besitzer des Landes um vier Ecken

verwandt war. Der Ortsvorsteher, ebenfalls ein Verwandter, bemühte sich erfolgreich um eine Ausnahmegenehmigung. Unser Jagdherr machte, um gute Stimmung bei den Bauern bemüht, dem Andreas einen Riesenkrach, und jetzt sind dort schon die Grenzen für weitere Aufschüttungen und einen Fischteich abgesteckt. Adieu Sumpf und adieu Andreas . . .

Nun bin ich ganz oben am Waldrand und kann die Fütterung schon sehen. Man kommt ganz schön ins Schwitzen mit so einem Rucksack voll Hafer, und so leiste ich mir noch eine Verschnaufpause, drehe mich um und blicke über das ganze Tal und das ganze Dorf. Vom Kirchturm her kommt das Ave-Läuten. Fünf Uhr. Eine erzkatholische Gegend. Und bäuerlich immer noch trotz aller Stadtnähe und Stadtarbeit. Da haben wir vielleicht auch Fehler gemacht. Die Bauern haben es gern, genau zu wissen, mit wem sie umgehen. Sie suchen sich ihren Jagdpächter sorgfältig aus, wollen dann aber auch einen ständigen Kontakt mit ihm und mit seiner Familie. Er muß zur Dorfgemeinschaft gehören – nicht so wie der Bauer Oswald, der schon immer hier war, und auch nicht so wie der Pfarrer, der hier zwei Gemeinden betreut und im Nachbarort wohnt, aber vielleicht so wie der Lehrer oder der Wirt – jedenfalls so, daß man bei jeder Berührung merkt, daß er gern hier ist und gern mit den Menschen hier zu tun hat. So etwas kann für einen Stadtmenschen ziemlich anstrengend sein, und für die Gattin des Jagdherrn, die sich nun einmal wenig aus der Jagerei machte, war es ganz undenkbar.

Der Günther, unser Jagdaufseher, hat es versucht, auf seine Weise gut Wetter zu machen. Er hat seine Eier beim Eier-Hugo neben der Kirche gekauft und sich seine Werkzeuge beim Dorfschmied reparieren lassen. Bei diesen Gelegenheiten, bei vielen Gängen durchs Dorf und während vieler feuchtfröhlicher Stunden im Dorfkrug hat er natürlich manches erfahren, was uns verborgen blieb. Leider dehnten sich diese feuchtfröhlichen Treffen immer weiter aus und trugen ihm zwar manche neue Bekanntschaft, aber auch manchen Tadel seines Jagdherrn ein, wenn er wieder einmal von seinen vielen Freunden im Dorf erzählte, dafür aber das Füttern oder andere Arbeiten vergessen hatte. Schließlich konnte man nicht mehr ganz genau auseinanderhalten, wer eigentlich hier der Jagdherr war – der Günther oder der Pächter, den die forcierte Geheimdiplomatie seines Jagdaufsehers schließlich so zu stören begann, daß er sich von ihm trennte.

Dabei ist unser Jagdherr eigentlich ein freundlicher Mensch, dem die Harmonie in seiner Umgebung über alles geht und den ich noch kein einziges Mal habe schimpfen hören, wenn einer seiner Gäste oder Freunde irgendwelchen jagdlichen Fehler gemacht hatte. Er wußte aus seiner langen Praxis, wie leicht so etwas passieren kann und wie schwer es ist, einen falsch geschossenen Bock wieder lebendig zu machen. Nein, wenn so etwas ohne böse Absicht passierte, bekam der Schuldige höchstens ein paar spöttische Worte zu hören, die er sich vielleicht besser hinter die Ohren schrieb als eine lange Strafpredigt, und wurde dann zu einer der Strafen verdonnert, die bei allen Jägern, außer beim Opfer dieser Strafe, so beliebt sind, weil sie nämlich dann auf Kosten des Opfers was trinken können.

Am wohlsten fühlte sich unser Jagdherr, wenn er von recht vielen Gästen umgeben, in seiner Jagdhütte plaudern, trinken und singen konnte. Vielleicht war Singen sogar das wichtigste. Er singt selber ausgezeichnet, hat ein fabelhaftes Gedächtnis für Texte einschließlich der jeweils zweiten, dritten und vierten Strophe und ist jederzeit und in jedem Zustand in der Lage, sich ganz hervorragend selbst auf der Gitarre zu begleiten. Es machte ihm übrigens auch nie viel aus, den furchtbaren Zustand, in dem sich die Hütte nach solch heiterem Abend dann am nächsten Morgen befand, selbst aufzuräumen. Zu einem Gast, der diensteifrig, aber linkisch versuchte, den Besen zu schwingen, sagte er einmal: »Weißt du, ich habe das während meiner Jugendherbergszeit ganz gut gelernt, und seitdem kann ich das viel schneller als du – gib' den Besen ruhig her.«

Vor ein paar Jahren ergab sich aus irgendeinem Anlaß, an den ich mich nicht mehr erinnere, ein Treffen mehrerer Jagdfreunde in seiner Hütte, an dem er nicht teilnehmen konnte. Wir tranken erst alles Mitgebrachte, ich mußte dann früh heim, die anderen Freunde becherten weiter, leerten alle vorhandenen Vorräte und verließen schließlich den Festplatz in wüstem Durcheinander. Er hat das dann am nächsten Tag lächelnd aufgeräumt und meinte nur: »Es tut mir richtig leid, daß ich da gestern abend nicht dabei gewesen bin.« Geärgert hat er sich nur, wenn man ihn ausnutzte oder absichtlich und längere Zeit seine Wünsche mißachtete. Auch dann gab es erst ein oder zwei »Verweise«, die in launiger, aber unzweideutiger Versform ins Hüttenbuch geschrieben wurden. Nützte das nichts, dann flog man allerdings raus . . .

Ich habe ihm viel zu verdanken. Nicht nur schöne Stunden auf der Jagd, sondern vor allem die Erfahrung, wie man bei aller Konzilianz und Großzügigkeit fest und kompromißlos im Wesentlichen bleiben kann. Wir haben in den vergangenen Jahren eine Freundschaft geschlossen, die weit über die Grenzen der Jagd hinausgeht und das Pachtende lang überdauern wird.

Womit wir wieder beim Thema wären. Ende einer Jagdpacht . . .

Nicht zu ändern, also weg mit den trüben Gedanken. Auch das Revier hat sich in den vergangenen Jahren zum Schlechteren verändert. Gerade gegenüber dem Kirchturm sehe ich am Hang den Sportplatz liegen. Das ist der Hang, an dem unser Willi früher sein ganzes Rotwild und manche Sau geschossen hatte, als da noch kein Sportplatz war. Jetzt gibt es einen mit Flutlicht, das die Fußballer nach dem Training im Winter der Einfachheit halber brennen lassen, bis der letzte gegen Mitternacht aus dem Klublokal geht, und nebendran wird gerade ein zweiter Platz geschoben – ein Riegel fürs Wild und die Verödung des darunterliegenden Revierteils von fast 50 Hektar.

Sehe ich nach rechts, in den Felderteil des Reviers, so erblicke ich die Dächer der neuen Reithalle, die mitten im Feld aus einem ehemaligen Schafstall entstand. Der lokale Bauunternehmer liebt Pferde, und da sein Bruder der Bürgermeister ist, war es nicht schwer für ihn, den Schafstall in ein Reiterparadies von mehr als fünf Hektar zu verwandeln. Asphaltierte Wege führen jetzt über die sehr praktisch in Betonrohre verlegten Bäche dorthin, und ein neu gegründeter Reiterclub verspricht für die Zukunft noch Schlimmeres.

Könnte ich über die Bäume am Waldrand vor mir noch weiter nach links sehen, so hätte ich den neuen Grillplatz des Ortes im Blick – befestigt, beleuchtet, mit Zufahrt und mitten in einem ehemals sumpfigen Ufergebiet, in dem sich die Rehe gern steckten und das ideal für die Entenjagd war.

Vielleicht ist es gar nicht gut, wenn man heutzutage eine Landschaft, eine Gegend oder ein Revier zu lange kennt – die negativen Veränderungen, die Folge aller möglichen »Ausbauten« sind erschreckend. Das fängt mit der Flurbereinigung an, die hier sehr heftig in die Landschaft eingegriffen hat, und hört mit privaten Maßnahmen der Bauern oder der Gemeinde auf, für die es in jedem Einzelfall natürlich eine durchaus vernünftige Begründung gibt. Und wer will einem Bauern verbieten, Wiesen trockenzulegen, Wege zu befestigen, Bäche in Rohre zu pressen und störende Büsche oder Wäldchen abzuholzen, wenn es ihm die Behörden während der Flurbereinigung vormachen? Ganz abgesehen von der sonstigen Umwelt, in der auch jeder nimmt, was er kriegen kann. Hier muß auf allen Ebenen umgedacht werden, bevor es zu spät ist.

Die Eiseskälte des gefrorenen Schnees dringt mir durch die Stiefel. Ich gehe noch die paar Meter bis zur Fütterung, freue mich, daß sie ratzekahl leer ist und schütte meinen Rucksack hinein.

Auch wir haben mal angefangen in einem Revier, das ein anderer vor uns hatte. Wir tun bis zuletzt, was wir können. Es waren herrliche Jahre, und wir sind dankbar dafür. Dankbar dem Schöpfer, daß er dieses schöne Land so geschaffen hat und uns darin leben läßt, dankbar den Bauern, die uns oft mit Rat und Tat geholfen haben, und natürlich auch dankbar den Jagdfreunden, die durch ihre lustige Gesellschaft die Jagd erst schön gemacht haben.

Geliebtes Grün

Josef Gehrer

Der Jäger pirscht auf das Wild. Das Wild lebt im Wald. Der Wald ist grün. Darum kreist des Jägers Sinnen, Trachten und Träumen im Bereich der grünen Farbe. Wenn der Wald rot wäre, karmin- oder zinnoberrot, dann kreiste des Jägers Sinnen, Trachten und Träumen um die rote Farbe. Daran auch nur zu denken, »o Täler weit, oh Höhen, o schöner, roter Wald«, wäre für die Mehrzahl aller Nimrode zweifellos Grund für Kollaps und Herzschlag, Selbstmord oder Landesflucht. Nein, der Wald ist grün, immer noch und immer wieder, dafür sorgt unser grundsolider deutscher Regen, der zur rechten Zeit Ruß und Straßenstaub von Blatt und Nadel abwäscht. Auch wenn der Jäger gerade nicht durch den Wald pirscht, denkt er in Grün, bezieht er die geliebte grüne Farbe in seine Gedankenwelt ein. Und je mehr er den Wald entbehren muß, desto heftiger berauscht er sich an den Attributen der grünen Welt. Wenn ihm schon nicht das stille Meer der Fichten grün entgegenleuchtet, so soll es wenigstens der grüne Vorhang am Fenster sein, der ihm Waldeslust und Waldeinsamkeit vorgaukelt. Und muß sich des Jägers Hinterteil statt mit dem grün bemoosten Baumstrunk mit einem Klubsessel begnügen, so soll dieser wenigstens von grüner Farbe sein. Je weiter der Jäger vom Wald entfernt ist, desto heftiger wird sein Gründenken, greift über in alle Bereiche des Daseins, wird zur fast wütenden grünen Psychose, die den Füllfederhalter am Schreibtisch, den Wagen in der Garage, die Krawatte und den Sockenhalter erfaßt und sich zuletzt sogar noch an die harmlose Frau Gemahlin heranmacht, zuerst mit grünen Wildlederhandschuhen, grüner Handtasche, und sich dann in fast unanständiger Zudringlichkeit vorpirscht, bis auch das zarte Negligé in der Farbe des fernen, heißgeliebten Waldes schimmert. Bitte kein Lächeln! Die Sache ist viel zu ernst und viel zu wahr! Wer es sich leisten kann, tagtäglich im Wald zu sein, dem kommt es nicht darauf an, ob seine Schafwollsocken grün oder grau sind, die Hauptsache, sie sind warm. Ob ihm die Fichtennadeln auf einen Hut von grüner oder brauner Farbe fallen, das spielt keine Rolle, und das verschwitzte Hemd riecht deshalb nicht angenehmer, weil es grün ist. Die Berufler, die echten Waldler, der Holzknecht, der Bauer, sie *leben* zwar in Grün, aber sie *denken* nicht in Grün. Der Bauernjäger ist ein Mischling, halb nüchterner Praktikus, halb Passioneur. Die unteren Regionen bestimmt der Bauernstand mit dunkelgrauer, gestreifter Zwirnhose und schwarzen Schnürlschuhen, die oberen der Jäger mit grünem Hemd, Mooshut und Spielhahnfeder. Am Sonntag siegt der Jäger gänzlich über den Bauern, zunftbewußt ziert die grüne Krawatte mit dem eingestickten Sechserbock den dürren, ausgemergelten Hals.

Nun, das alles sind Äußerlichkeiten, Unwichtigkeiten, grüne Witzeleien; tatsächlich aber ist die grüne Farbe mehr als ein Anstrich, sie ist eine Substanz, eine Element, zäh und, wie es scheinen will, schier unveränderlich.

Die von der Grünen Farbe, so nennt man die Leute, die mit Wald und Wild berufsmäßig umgehen, die Forstmänner. Wie alle Fachleute sind sie leicht geneigt, den Amateur mit einem mitleidigen Lächeln abzutun. Aber wie in allen Bereichen unseres Lebens, springt der Amateur dem Berufler manchmal unversehens über den Kopf und ist, frei von Kastengeist und beflügelt von Idealismus, plötzlich eine Nase voran. Was aber die breite Front betrifft, so bilden die Forstleute immer noch die Kerntruppe des grünen Ordens, nehmen den Vorwurf des Konservatismus', ja Reaktionärtums gelassen in Kauf, den Wald, das letzte große ruhige Element unserer Zeit, zu schützen. Immer noch ist es so: wer mit einem echten deutschen Forstmeister über einen Baum verhandelt, der verhandelt mit dem Baum selbst! Und das ist gut so, das sollte so bleiben! Es wäre ein vernichtender Schlag für den Wald, wenn jene Männer ausstürben, die, in Lodengewänder gekleidet, ihre geliebten Reviere umkreisen, um bärbeißig und barsch, schlau und hinterlistig, eigenwillig und obrigkeitsfern dem grünen Abgott zu dienen. Hier, im Schatten der Forsthäuser, wird die grüne Farbe zur Monstranz, die das Letzte, das Heiligste beherbergt.

Er kam von Nordosten, von Hinterpommern, als Flüchtling in unsere kleine bayerische Stadt. Erst mochte ich ihn gar nicht leiden, ja, eigentlich niemals so ganz. Er trug eine grüne Phantasieuniform und auf den Achseln ein Paar Schulterstücke wie ein General. Er nannte sich Förster, vielleicht war er das auch einmal auf irgendeinem Gut im fernen Pommernland. Hier jedenfalls nahm er die Stelle eines kleinen, gelegentlichen Forst- und Jagdaufsehers ein. Seine stets blitzblank gewichsten Schaftstiefel, die er wahrscheinlich nicht einmal im Bett auszog, rochen mir zu sehr nach »Tritt in den Hintern«, als daß ich diesen Mann, vom Äußeren her betrachtet, hätte lieben können. Die Hundepeitsche, die er teils auch benutzte, um Propeller zu spielen, teils um sich an den Stiefelschaft zu klopfen, machte ihn mir nicht sympathischer. Ich war es gewohnt, wenn überhaupt, hinter den dicken, gemütlichen, schafwollbestumpften Waden der oberbayerischen Bergjäger herzulaufen; da glänzte nichts, da klatschte nichts, da war alles von wohltuender Unaufdringlichkeit.

An einem Hubertusabend geschah es, daß fortgeschrittener Bierkonsum mich bewegte, diesem Prototyp des grünen Preußen näherzurücken; das war zur Stunde, als die Spitzen der grünen Zunft am Arme ihrer Dianen bereits den Saal verlassen hatten. Der Kerl war nicht von Pappe! Als uns die Nachtkellnerin schließlich eng umschlungen aus dem Saal rollte, hatte ich mit meinem Hut auch einen Teil meiner Vorbehalte gegen die nördlichen Schaftstiefeljäger eingebüßt.

Er war schon zweiundsiebzig, so hatte er mir gestanden, er hatte seine Frau verloren auf der Flucht, er hatte gelernt und gelernt in Grün und wieder in Grün, sein ganzes Leben lang, und fand nun ein Almosen auf seine alten Tage, eine Hin- und Wiederbeschäftigung im untersten Rang. Da hatte er das steife pommersche Kreuz noch mehr durchgereckt, die Schaftstiefel noch blanker gewichst und die Hundepeitsche noch herrischer geschwungen. So sah ich ihn von diesem Hubertusabend an, und ich sah ihn noch oft, zu Rad auf Revierfahrt, zu Fuß mit dem Hund; er roch nach Leder, der ganze Kerl, nach Hochmut, aber es war ein Notverband, ein Gips, der ihn zusammenhielt.

Eines Tages war er verschwunden, und durch Zufall sah ich ihn wieder im Krankenhaus. Wir hatten seit jenem denkwürdigen Hubertusabend kein Wort mehr miteinander gewechselt, kannten uns wohl eigentlich gar nicht mehr. So betrachtete ich ihn aus der Ferne, wie er vor dem Flurfenster stand, ohne Schaftstiefel, in Pantoffeln, gefährlich abgemagert, aber straff, umhüllt von einem Morgenrock von – grüner Farbe! So stand er und schaute hinaus auf die Bäume und über die Bäume hinweg ins ferne grüne Pommernland, so weit schaute er, das sah man. Und er wurde wieder hoch, wand sich wieder empor, als habe er einen Ast zu greifen bekommen, einen Ast weither aus Pommerns unendlichen Wäldern, und er trug ihn noch einmal empor in den Duft und in das Rauschen der grünen Wipfel, die sein Leben waren. Jahre später erst verlor ich ihn gänzlich aus dem Gesicht. Nun war er wohl umgeknickt, still und unbemerkt, ein Baum, dessen Zeit abgelaufen war.

Wenn ich über die grüne Farbe teils lästere, teils psalmiere, so bitte ich, meine liebe, gute Großmutter nicht unerwähnt lassen zu dürfen. An ihr war eigentlich alles dunkelbraun und mausgrau und gar nichts grün. Trotzdem war sie dem Grünen verfallen ihr Leben lang. Gute fünf Kilometer war der Wald von ihrem Häusl entfernt drunten im Niederbayerischen, in dem sie mit Mann und ständig steigender Kinderzahl ein armes, sauberes, anständiges Dasein lebte. Der Großvater war Säger und bekam sein Deputatholz, trotzdem fuhr die waldbesessene Frau mit Schubkarren und Kirm tagtäglich ins Holz, türmte das Gefährt mit Reisig auf, füllte den Tragkorb mit Fichtenzapfen und holte die schwere Fracht mit flachsigen Händen und eisernen Waden heim in die Holzleg. Waren die Hoaberln (Blaubeeren) reif, kniete sie den Waldboden ab in unermüdlichem Eifer, und wurden Schwammerl gemeldet, rückte sie aus mit Korb und Rucksack, und wenn niemand fand, sie wußte,

wo sie zu suchen hatte, und schnitt und klaubte ein mit ihren tiefbraunen, ledernen Händen, die aussahen und rochen wir harzige Fichtenäste. Was sie tat, war grüne Passion im reinsten, unverdorbensten Sinne: Sie nahm von des Waldes Frucht und Überfluß und trug ihm dafür Stückerl für Stückerl ihr Herz hinaus, so lang, bis sie keines mehr hatte, bis alles von ihr draußen war, bis sie ganz dem Walde gehörte. »D'Baam san schö!«, das wurde, ganz zuletzt, ihr Kernsatz, ihr Schlußmotiv, als sie im 92. Lebensjahr, ihrem letzten, zu Bett lag, den Blick unverwandt durchs Fenster hinaus auf den fernen, geliebten Wald gerichtet.
Geliebtes Grün, Baum, Moos, Farn und Flechte; Altar der Waldsehnsüchtigen! Nimm's nicht krumm, wenn wir dich bis zur Lächerlichkeit verbrauchen und mißbrauchen. Nicht aus niedrigem Beweggrund geschieht's, nicht aus Eitelkeit und Eigenbrödelei. Wenn wir es manchmal übertreiben, überdrehen, dann ist die Hitzigkeit daran schuld, der Fanatismus, die Unersättlichkeit der letztlich – Frommen!

Aus fernen Wildbahnen

Bärenjagd am »Muddy River«

Sigmund Széchenyi

Wir binden den Kahn an einen Baum und entladen ihn
Andys alter Lagerplatz liegt inmitten einer kleinen Fichtengruppe, 200 Schritt vom Bach entfernt. Ein blätterloser, abgestorbener Pappelgreis – der Baumwollbaum – steht zwischen den Fichten, von einem Ast hängt an einem rostigen Draht ein wirklich mächtiger Bärenschädel. Neben diesem erinnern allerdings auch einige in den Boden geschlagene Stangen und etliche rostige Konservenbüchsen an Andys derzeitigen Ruhm.
»Das war ein kolossaler Bär!« sagt er, indem er den angenagten Schädel streichelt, »das wäre etwas, wenn wir einen ähnlich erbeuten könnten. Seine Decke war drei Meter lang. Wir erlegten ihn während der Schneeschmelze im Mai, mit einem Freund aus Seward. Zu dieser Zeit, wenn sie aus dem Winterschlaf aufwachen, haben die Bären den schönsten Pelz. 100 Dollars bekamen wir dafür.«
Der Lagerplatz wird in Ordnung gebracht. Hjalmar geht zur Quelle, um Wasser zu holen, dann macht er Brennholz. Andy fegt den Platz für die Zelte und beseitigt das viele Unkraut. Ich schleppe vom Bachufer das Gepäck herbei. Sechsmal muß ich hin und her, so viel haben wir mitgenommen! Zwei Zelte, Eisenofen, Büchsen, Munition, drei Schlafsäcke, Kleider, Mäntel und Lebensmittel für zwei Wochen. Man sollte nicht glauben, wie viel drei Menschen für zwei Wochen brauchen, selbst wenn sie noch so einfach leben.
Wir arbeiten in Hemdsärmeln und kommen trotzdem in Schweiß. Die Sonne spendet reichlich Wärme; das Wetter ist genauso schön wie zur gleichen Zeit bei uns daheim.
»Es ist möglich, daß wir morgen einen Schneesturm bekommen«, meint Andy zu unserer Aufmunterung, »wir müssen täglich mit dem Winter rechnen. Dieses schöne Wetter ist der reine Zufall.«

Indes meine beiden Begleiter sich mit dem Zeltaufschlagen plagen, mache ich einen Spaziergang, um die Umgebung unseres Lagers kennenzulernen. Von unserem Lager zieht sich eine sumpfige, mit Schilf bewachsene Wiese bis ans Meer. Bei Flut steht auch sie unter Wasser; als wir vormittags hier ankamen, war sie ein Teil des

Meeres, jetzt, wo die Ebbe die Wasser zurückzieht, werden mächtige Überschwemmungsgebiete davon befreit. Kleine Inseln recken sich empor, reichen sich alsbald die Hände und vereinigen sich zu einheitlichem Festland. Kleine Bäche kommen ans Tageslicht, die klares, kaltes Schneewasser aus den Bergen führen. Am Abend werden sie wieder – vom schmutziggrauen Meerwasser überspült – verschwinden.
In einem dieser Bachbetten, in knapper Rufentfernung vom Lagerplatz, stoße ich auf den mächtigen Tritt eines Bären. Er ist frisch, vielleicht von gestern, die Flut hat ihn noch nicht weggewaschen. Alle Einzelheiten der gewaltigen Brante läßt das Trittsiegel erkennen.
Im Muddy River sind nur mehr wenige Lachse zu finden. Ihre Wanderung scheint zu Ende zu gehen. Die meisten Fische sind bereits bis in die Nebenbäche hinaufgedrungen. Auch die Bären wird man dort oben suchen müssen, denn sie sind bestimmt ihrer Verköstigung nachgezogen.
Ich finde auch einige ältere Spuren, zwei darunter stammen von ganz kapitalen Bären. Die Tritte sind allenthalben so große wie meine Füße.
Als wir um das Lager herum Ordnung machen, rührt ein wohlbekannter Laut an mein Ohr: die ferne, flötende Melodie der Kraniche . . . kann ich sie auch wahrnehmen? . . . In unglaublicher Höhe bilden ungefähr fünfzig ein dünnes bräunliches V im reinen Blau des Himmel . . . sie ziehen nach Norden, genauso, wie sie es in unserer ungarischen Heimat tun. In Nordamerika Kraniche zu sehen, hatte ich nicht erwartet.

11. September, Camp »Muddy River«

Mein Ofen ist ein wirklicher Segen. Noch am Abend wurde es so kalt, daß ich Feuer machen mußte. Am Morgen war sogar unser Trinkwasser im Eimer gefroren. Doch jetzt scheint wieder die Sonne und erwärmt die Luft; es wird wieder ein herrlicher Sommertag.
Ich habe beschlossen, erst am Nachmittag hinauszugehen, weil während des Vormittags noch allerhand zu tun ist. Die Zelte müssen versetzt werden, sie wurden gestern an ungünstiger Stelle aufgeschlagen. Gegen Mittag erreicht die Flut ein Ausmaß, daß eine gewaltsame Ausquartierung bereits befürchtet werden muß. Zwar stehen die Zelte auf einer kleinen Anhöhe und das Wasser erreicht sie nicht direkt, aber wo immer wir hingehen, reicht es uns bis über die Knöchel.
Nachmittags, gleich nachdem das Wasser zurückgetreten war, machen wir uns gegen Süden, dem Meer entlang, auf den Weg. Jener Teil des Ufers, der zweimal täglich überschwemmt wird, ist ein ungefähr zwei Kilometer breiter Streifen.

Jetzt ist das Meer im Abebben und verläßt das Überschwemmungsgebiet; kleinere und größere Bäche und Wasseradern ziehen sich gurgelnd zurück. Auf Schritt und Tritt müssen wir die kleineren überspringen und die breiteren durchwaten, wobei das Wasser gründlich in unsere Stiefel eindringt.

Aber nicht nur das hält uns auf. Dieser Spaziergang am Ufer ist so interessant, weil es derart viel zu sehen gibt, daß wir immer wieder stehenbleiben. Eine Menge Kram, eine Sammlung von Strandgut liegt verstreut umher; darunter mächtige, alte silbergraue Baumstämme. Wer weiß, wo ihre Heimat war, von wo die Meeresströmung sie hierher gespült hat . . . Bretter, verfaulte Balken, stumme Boten verlorener Schiffe.

Sogar für Bären muß es unterhaltsam sein, in diesen Gefilden zu wohnen. Daß sie nach den Stürmen aus den Wäldern kommen, das Strandgut inspizieren und den neuangeschwemmten Plunder untersuchen – gründlich und mit Begeisterung –, kann man aus den vielen Spuren erkennen.

Immer wieder stehenbleibend, Spuren untersuchend und umherschauend, schlendern wir das Ufer entlang. Der dichte Nadelwald reicht bis an den Rand der Überschwemmungszone heran. An mehreren Stellen versuchen wir in den Wald zu dringen, dieser ist jedoch so mit dornigem Unterwuchs verflochten, daß es unmöglich ist und ein Weiterkriechen auch keinen Sinn hätte. Wir wollen heute nur das Ufergelände erkunden. Bis zum Dunkelwerden können wir getrost weitergehen, denn verirren kann man sich hier nicht. Am Wasser entlang würden wir auch im Finstern nach Hause finden, und obendrein haben wir heute Mondlicht.

Am Rande des Fichtenbestandes fällt uns etwas Bräunliches auf . . . nein, es ist kein Bär, keine Rede davon . . . aber was mag es sonst sein? Ein Schiffswrack? Fast sieht es so aus, aber selbst mit dem Glas läßt es sich nicht näher bestimmen.

Erst beim Näherkommen sehen wir, daß es eine menschliche Behausung ist. Eine unter Fichten versteckte Hütte.

»Bei Gott«, sagt Andy, »das muß die Hütte des armen alten Jack sein, des Pelzjägers, den ich neulich erwähnte, von dem wir schon seit Jahren nichts mehr gehört haben. Als wir vor fünf Jahren unser Camp hier hatten, streiften wir niemals hier am Ufer entlang. Es war Frühjahr, und wir mußten die Bären auf den Berghöhen suchen. Ich hatte keine Ahnung, daß der Alte hier hauste.«

Zögernd nähere ich mich der Hütte, denn ich verspüre nicht viel Lust, die jahrealten irdischen Überreste des alten Jack zu begutachten. Der Arme dürfte wohl ohne Zweifel hier zugrunde gegangen sein.

Aufatmend bemerke ich, daß die Türe von außen zugenagelt ist. Folglich muß der Bewohner fortgegangen sein. Auch ein Schild hängt daran, die verwaschene Schrift ist fast nicht mehr zu lesen. Mit viel Mühe entziffern wir schließlich: »Dieses Haus mit aller darin befindlichen beweglichen Habe ist der Besitz Jack Millers. Wer Hand daran legt, ist dafür vor dem Gesetz verantwortlich. Oktober 1930.«

Die Hütte ist in ganz gutem Zustand, nur das Dach droht einzustürzen. Durch das zerbrochene kleine Fenster werfen wir einen Blick hinein: Im Halbdunkel ist ein Bett aus Brettern zu erkennen, mit alten Fetzen bedeckt. Am Fußboden liegen rostige Fallen, Konservenbüchsen, dazwischen ein Paar zerrissene hohe Stiefel verstreut; gebrochene Schneereifen, ein Eisenofen, darauf ein Topf, stehen herum. Am meisten beeindruckt mich eine auf dem Tisch in einer alten Konservenbüchse stehende Kerze: des alten Jacks erloschenes Lebenslicht.

Wohin er wohl gegangen sein mag, nachdem er die Tür seines Hauses so sorgfältig vernagelt hatte?

Um die kleine Bude herum wimmelt es von Bärenspuren. Seit Jahren versuchten die Bären hier zu plündern. Immer wieder umkreisen sie die Hütte und trachten, irgendwie hineinzugelangen. Durch das Fenster können sie nicht und die Tür ist fest vernagelt.

Man sieht, der Alte war ein ordentlicher Mann. Wenn er von zu Hause wegging, ließ er seine Türe nicht sperrangelweit offen. Wir halten uns an die angeschlagene Warnung und berühren nichts. Mit dem Gesetz wollen wir nicht in Konflikt kommen, und so gehen wir weiter, um unsere Entdeckungsreise fortzusetzen. Ganz unerwartet endet der Wald. Sein Saum macht einer großen, sumpfigen Wiese Platz, die sich in einem Bogen hellgrün an den dunklen Nadelwald schmiegt. Die Wiese – von ungefähr 100 Hektar – liegt mit ihren verstreuten kleinen Fichtengruppen außerhalb des Überschwemmungsgebietes. Sie ist stark sumpfig. Sobald man in ein Loch tritt, sinkt man bis zur ganzen Stiefelhöhe ein. Es scheint ein stiller Platz zu sein, der dem Wild behagen muß. Wir fassen auch sogleich den Entschluß, nicht mehr weiterzugehen und uns am Waldrand anzusetzen, denn hier mußte man guten Anblick haben.

So sitzen wir also eine halbe Stunde lang, rauchen und sprechen über das Einsiedlerleben der Pelzjäger. Auch Andy hatte seinerzeit eine ganze Reihe von Wintern draußen verbracht. Gerne würde ich mehr davon hören, wenn er nur mehr erzählen wollte. Es ist geradezu ermüdend, die paar Worte darüber aus ihm herauszuquetschen.

Ich gebe es auf. Lieber nehme ich – wer weiß zum wievielten Mal – das Jagdglas wieder zur Hand. Ich beobachte die Wiese in allen Einzelheiten. – Nichts. Nicht einmal ein Vogel ist zu sehen. Kein Ton zu hören, nur das monotone Murmeln des Meeres. Etwas weiter weg liegen zwei Fichten; der Sturm hat sie übereinander geworfen. Ich gehe hin und klettere hinauf. Von dort habe ich einen besseren Überblick über die Wiese.

Im ersten Augenblick glaube ich, das Opfer meiner Einbildung geworden zu sein. Ich will meinen Augen kaum trauen . . . noch einmal muß ich ganz genau hinsehen, denn ich will mich nicht auslachen lassen . . . Es ist jedoch Wirklichkeit . . .
Ein mächtiger Bär steht dort am Waldesrand!
Ich lasse mich vom Baum heruntergleiten. Jetzt ist der Bär durch eine Fichtengruppe gedeckt. Ich brauche nicht zu befürchten, eräugt zu werden, er ist 500 Schritte entfernt, und auch der Wind steht günstig.
Dort ist er! Er hat den Waldrand bereits verlassen, zieht auf die Mitte der Wiese und kommt uns näher. Mir scheint er von unwahrscheinlicher Größe. Groß wie ein Büffel! Als er sich querstellt, sieht man einen mächtigen Höcker auf seinem Widerrist . . .
Andy kann sich jedoch nicht begeistern:
»Das ist kein besonderer Bär«, flüstert er hinter mir sein ernüchterndes Gutachten.
»Was?!« antworte ich, »ist er vielleicht nicht einmal schußbar? Selbst in Zoologischen Gärten habe ich keinen größeren gesehen!«
»Nein, der ist nicht sehr groß«, meint er, »andrerseits können wir es uns nicht leisten, ihn außer acht zu lassen, denn man kann nie wissen, ob wir noch einen anderen finden werden. Gehen wir!«
Und schon eilen wir dem Bären entgegen, vorsichtig von einer Fichtengruppe zur nächsten.
Bei jedem Schritt quatscht und gurgelt es im Morast. Auch über kleine Bäche müssen wir waten. Ich schwinge mich auf eine Fichte: Der Bär zieht geradewegs hinaus, auf das Meer zu. Eine bessere Richtung könnten wir uns gar nicht wünschen; er scheint sich am Ufer umsehen zu wollen. Noch ist er 400 Schritt entfernt, wir halten es immerhin für besser, uns bis zum Waldesrand zurückzuziehen, das Plantschen in der sumpfigen Wiese könnte uns verraten. Im Wald werden wir viel schneller und ohne Lärm das Ufer erreichen können.
Jetzt ist der Bär nicht mehr zu sehen, der Wald liegt etwas tiefer als die Mitte der Wiese. Nach kaum zehn Minuten sind wir am Ufer, an der Ecke des Waldes. Wir stehen auf einem günstig gelegenen Hügel, von dem aus die Wiese völlig zu übersehen ist, der Bär jedoch – ist verschwunden.
Es ist unverständlich. Wind konnte er nicht bekommen haben, auch eräugen konnte er uns nicht. Wenn er aber aus freien Stücken umgekehrt wäre, hätte er in der kurzen Zeit den Wald noch nicht erreichen können.
Weder ein Hügel, noch eine Fichtengruppe konnten ihn decken. Wohin mag er also verschwunden sein? Doch nicht in diesem Wasserriß . . . Von hier aus, wo wir stehen, führt ein stellenweise tiefes, rissiges Bachbett durch die Wiese. Es schlän-

gelt sich hin und her, läuft aber im großen und ganzen parallel zum Meeresufer. Vielleicht sollten wir in diesem gedeckt auf die Mitte der Wiese zuschleichen?
Andy ist bereits im Bachbett und ich bin gerade dabei hinabzusteigen, als ich plötzlich den Bären erblicke. Er war tatsächlich im Bachbett verschwunden, jetzt klettert er – kaum 200 Schritte entfernt – wieder heraus.
Ich brauche nicht hervorzuheben, daß wir bereits auf dem Bauch liegen. Nur unsere Nasenspitzen schauen aus dem Unkraut heraus. Der Bär – als hätte er darauf gewartet – trollt am Ufer entlang uns direkt entgegen. Er nähert sich langsam, verhofft mehrere Male, nimmt Wind, läßt sich wieder in das Bachbett hinab. Anscheinend hat er Appetit auf Lachse. Doch sind wohl keine zu finden, denn er kommt wieder auf uns zu, als ob wir ihn gerufen hätten. Schon ist er auf 100 Schritte nah . . . es wäre ein leichter Schuß. Aber warum soll ich mich beeilen? Er wird auf Wurfnähe herankommen . . .
Der Bär verhofft. Er wirft auf und windet. Was er jedoch sucht, ist Fischwittrung. Er ist ein herrliches, dunkelbraunes Exemplar, nur der Rücken ist gelblich. Der Wind fängt sich in seinem schönen, langen Pelz und läßt seine sich sträubenden Haare flattern. Das Absehen des Zielfernrohrs tanzt bereits auf seinem Blatt; ich könnte ihn nicht mehr fehlen, will aber doch warten, bis er noch näher kommt. Jetzt sind es nur noch 20 Schritt . . . ich halte auf das große, viereckige Haupt und . . . schon habe ich es überschossen! Als ich abkam, trat er gerade in ein Loch, und so sank auch das Haupt bedeutend tiefer. Ich höre ein heiseres Brüllen, er macht einen Satz zur Seite und wird flüchtig. Auch ich springe hoch, halte ein gutes Stück vor, und im Schuß überschlägt sich der Bär. Unter Wutgebrüll roulliert er drei-, viermal.
Nicht einmal einen Hasen habe ich so viele Purzelbäume schlagen sehen. Anscheinend hatte ich aber nicht genügend vorgehalten, denn der Schuß sitzt etwas kurz. Er setzt sich auf und fletscht grimmig die Zähne . . . ich setze ihm eine Kugel hinter das Gehör, worauf er sich in seiner ganzen Größe streckt.
Es ist ein schöner, ausgewachsener, männlicher Bär. Mir scheint er großmächtig, auch wenn man ihn nicht zu den wirklichen Riesen zählen kann. Andy schätzt seine Decke auf höchstens zweieinhalb Meter. Andrerseits hat er bereits einen prachtvollen Winterpelz, viel schöner, als man es im allgemeinen im September erwarten kann. Der Grundton ist dunkelkaffeebraun, am Rücken und Schopf cremefarben.
Wir werden auch die Decke jetzt nicht abstreifen, sondern diese Arbeit auf morgen verschieben. Ich lasse die Decke zwar ungern hier, doch beruhigt mich Andy, daß es hier nichts gäbe, was ihr gefährlich werden könnte. Tatsächlich gibt es hier ja weder Geier noch Hyänen. Aber ob andere Bären sie in Ruhe lassen werden?

Wir lüften den Bären, bedecken ihn mit Fichtenreisig und lassen ihn liegen. Nach getaner Arbeit schlendern wir wohlgelaunt beim Licht des Vollmonds – die Musik der murmelnden Brandung als Begleitung – nach Hause.
Gegen 10 Uhr sind wir daheim. Hjalmar hat eine Überraschung für uns: Er hat mit meinem kleinen Walther-Karabiner ohne Korn eine Wildente geschossen. Sie ist unser Nachtmahl, und ich habe noch niemals eine bessere gesessen. Auch einen Tisch und drei Sitzgelegenheiten hat er aus gestrandeten Brettern gezimmert. Wir essen unser Nachtmahl bei beißender Kälte und silbernem Mondschein. Wir wollen aber kein Feuer machen, denn es ist überflüssig, daß die Bären der ganzen Umgebung von unserer Anwesenheit Kenntnis nehmen.
Selbstverständlich wird während der Mahlzeit ausschließlich von Bären gesprochen. Wie wunderbar es gleich am ersten Tag geklappt hat! Wenn die Bärenjagd so einfach ist, was werden wir hier zwei Wochen lang anfangen? Denn wenn der zweite Bär erlegt ist, können wir ja nicht mehr weiterjagen. Ob es nicht gescheiter gewesen wäre, diesen Bären laufen zu lassen? In zwei Wochen würden wir bestimmt mit noch viel stärkeren zusammenkommen. Bärenspuren sind überall so reichlich vorhanden, daß es nicht schwer sein dürfte, ihren Urhebern zu begegnen.
So wurde dies und jenes besprochen.
Andy schüttelte jedoch den Kopf:
»Es wäre schade gewesen, diesen schönen Bären nicht zu erlegen. Den ersten soll man sich immer sichern. Im Herbst ist die Jagd auf Bären immer von Zufällen abhängig. Ich selbst würde mich nicht wundern, wenn wir keinen anderen mehr zu Gesicht bekämen. Im Frühjahr ist es etwas anderes. Da liegen sie den ganzen Tag auf den kahlen Höhen, nehmen im Schnee ihre Sonnenbäder und strolchen nicht weit herum, da sie nach dem langen Winterschlaf schwach sind. Da ist es nicht schwer, sich die starken auszusuchen. Die Erlendickungen haben keine Blätter und man kann hindurchsehen, das dunkle Fell der Bären ist darin leicht auszumachen. Aber jetzt ziehen sie erst bei Dunkelheit aus dem undurchdringlichen Urwald, und besonders bei Mondenschein gehen sie erst in der Nacht fischen. Machen wir uns keine Gedanken darüber, daß wir ihn geschossen haben, denn um diese Zeit ist es gar nicht einfach.«

12. September, Camp »Muddy River«

Nach starkem Morgenreif verspricht der Tag wieder sonnig zu werden. Wir gehen zu unserem Bären hinaus.
Es ist ihm nichts geschehen. Ich hatte doch rechte Angst gehabt, daß wir ihn

angeschnitten finden könnten; diese Angst war unbegründet. Was uns – wenn wir seinen Platz besser bedacht hätten – mehr Sorge hätte bereiten müssen, war die Nähe der Überschwemmungsgrenze. Es wäre angezeigt gewesen, ihn weiter wegzuziehen. Wir wären schön dagestanden, wenn ihn während der Nacht das Meer fortgespült hätte. Als wir ihn abstreifen, kommt wieder eine große Schar Kraniche über dem Ufer entlang. Diesmal fliegen sie tief und fallen sogar 200 Schritt von uns ein.

Mit der Bärendecke haben wir immer noch Arbeit. Wir sind dabei, das viele Fett von der Decke abzuschärfen. Plötzlich bekommen wir einen unerwarteten Zuschauer: eine alte dunkelgraue Möwe mit einem farblosen Gesicht. Sie läßt sich einige Schritte von uns nieder, plustert sich fröstelnd auf und beobachtet uns bei der Arbeit. Dann, als wären wir überhaupt nicht da, spaziert sie zum Bärenaufbruch und pickt darin herum.

Nachdem sie sich mit der schmutzigen Nahrung tüchtig verschmiert hat, streicht die Möwe auf das Meer hinaus, um sich zu waschen. Sie plustert und taucht und badet ganz gewissenhaft. Daraufhin kehrt sie zurück und macht sich wieder an die Arbeit. Als uneingeladene Tischgenossen der Möwe erscheinen noch weitere Ankömmlinge: drei Elstern, die sich auf einer Fichte niederlassen. Wenige Augenblicke später sitzen sie schon am Boden in unserer Nähe und hüpfen frech schackernd auf das appetitanregende Frühstück zu. Die Möwe nimmt von ihnen keine Notiz und schmaust ruhig weiter. Sie weiß anscheinend, daß sie dem Bärengescheide allein nicht gewachsen ist. Die Elstern wollen sich jedoch nicht hier an die Mahlzeit setzen; sie reißen sich Stücke der Eingeweide heraus und fliegen auf die Wipfel der nahestehenden Fichten, um sie dort zu verzehren.

Wir nehmen uns an den Vögeln ein Beispiel und setzen uns auch zum Frühstück.

Dann geht es in den Wald. Die Bärendecke lassen wir am Ufer; wir haben noch drei Stunden Zeit bis zur Dämmerung. Auf die große Wiese, auf der wir gestern den Bären in Anblick bekamen, führen aus dem Wald drei Bäche. Wir wählen den uns am günstigsten scheinenden und folgen ihm, so lange wir noch Zeit haben. Bärenspuren gibt es in Hülle und Fülle, leider sind sie nicht frisch.

Die auf Schritt und Tritt stinkenden, halbverfaulten Lachskadaver zeigen jedenfalls an, daß die Bären bereits höher hinaufgezogen sind. Vor zwei Wochen mußte hier der beste Lachszug stattgefunden haben; auch die Bärenspuren deuten auf diese Zeit hin.

Aber selbst wenn sich Bären noch hier befänden, wüßte ich nicht, wie man sie anpirschen könnte. Der sich hin und her schlängelnde Bach ist anderthalb Meter tief, und an beiden Ufern ist das Gelände so ungangbar, daß wir immer wieder gezwungen sind, in das eiskalte Wasser zu steigen. Übereinandergefallene Riesenwindwürfe, dichtes Erlenbuschwerk, ganze Farnkrautbestände, Himbeeren und ein Durcheinander stacheliger Ranken stehen einem im Wege. Nur mit der Axt könnte man sich einen Durchgang durch diesen Urwald bahnen. Schwerlich würde jedoch selbst der argloseste im Bach fischende Riesenbär den unter diesen Umständen viel zu lauten Jäger abwarten.

Unter den vielen Pflanzen, die als Unterwuchs den Waldboden bedecken, ist die elendeste der »*Devil Club*« (Teufelskeule). Ich kenne den botanischen Namen dieses mannshohen Gewächses nicht, das mit seinen stacheligen Ästen, Stielen und sogar Blättern dem Jäger in Alaska ebensoviel Zerstreuung bietet wie das »*Wait-a-bit*« in Afrika. Die großen, fleischigen Blätter sind oben ganz glatt und machen einen harmlosen Eindruck. Auf der Unterseite sind sie jedoch mit kaktusartigen Dornen vollgespickt, die nicht nur in den unbedeckten Körperteilen abbrechen, sondern sich sogar durch die Kleidung hindurch in der Haut verankern. Meine Hand ist durch diese Entzündungen hervorrufenden Stacheln, die mit den Stichen der schwarzen Mücken abwechseln, rot angeschwollen.

Nach unserem ergebnislosen Ausflug in den Wald holen wir jetzt die Bärendecke und gehen auf unserem gewohnten Steig, am Ufer entlang, heimwärts. Es ist ein ruhiger, schöner Abend, und wir schreiten schweigsam zwischen dem leise plätschernden Meer auf der einen und dem stillen Nadelurwald auf der anderen Seite heimwärts.

Aus schwindelnder Höhe über den Wäldern blickt einsam das schneebedeckte Haupt des »feuerspeienden Eisberges«, des Iliamna, auf uns herab. Auch er raucht friedlich seine Abendpfeife. Man kann kaum glauben, daß er manchmal auch böse werden kann. Vor drei Jahren warf er, wie ich höre, bis in die Mitte der Meerenge den Inhalt seines verdorbenen Magens. Sogar das gegenüberliegende Ufer soll er mit Asche bedeckt haben.

13. September, Camp »Muddy River«

Wieder haben wir einen schönen, sonnigen Tag. Ich erwähne dies jeden Morgen, weil es zu dieser Jahreszeit ein Wunder sein soll. Im Herbst sind gewöhnlich von zehn Tagen neun stürmisch, und die Sonne dürfte sich im Monat September überhaupt nicht mehr zeigen.

Der Vormittag vergeht mit Herumtrödeln an der Bärendecke.

Noch gestern wählten zahllose dicke, dunkelgrüne Aasfliegen den schönen dichten Pelz als Zuchtstätte und belegten ihn mit kleinen gelben Eier. Wir mühen uns bis Mittag, sie aus den langen Haaren zu entfernen.

Nachmittags setze ich mich mit Andy in den Kahn, und wir fahren den Muddy River aufwärts. Der Bach ist teils schmäler, teils breiter, an manchen Stellen mißt er sogar 15 Meter. Er fließt rasch, und eine Stromschnelle folgt der anderen. Manchmal rudern wir, manchmal ziehen wir den Kahn vom Ufer aus an einem Strick, und manchmal müssen wir ihn streckenweise mit einem langen Bootshaken vorwärtsschieben. Mit wenig Erfolg, denn wir sind bald ermüdet. So befestigen wir ihn am Ufer, kaum zwei Kilometer von unserem Lager, und trachten nunmehr, zu Fuß weiterzukommen. Das macht aber noch mehr Mühe als das Kahnfahren. Himmelhohe Felswände säumen das Ufer, das mit dem von der Wildschafjagd her bekannten undurchdringlichen Erlendickicht bewachsen ist. Die armdicken, in allen Richtungen wachsenden Äste beugen sich über den rasenden Bach, und nur mit Schlangenbewegungen ist man imstande, darüber hinwegzuturnen. Inzwischen können wir am rutschigen Ufer kaum Fuß fassen und sind oft derartig in dem vielarmigen Astwerk eingezwängt, daß wir uns gegenseitig nur mit dem Messer befreien können. Gute anderthalb Stunden müssen wir uns schwitzend durcharbeiten, bis wir das Erlendickicht hinter uns haben. Dabei vermute ich, daß es nicht mehr als einen Kilometer breit ist.

Wir erreichen eine sumpfige, spärlich bewachsene Lichtung, wo sich der Muddy River in drei Arme teilt. Offensichtlich vereinigen sich diese bei starkem Regen oder während der Schneeschmelze zu einem Strom, der dann in breitem Bett talabwärts bricht. Aber jetzt sind die Arme durch lange Schotterbänke getrennt; der Muddy River wird nicht gespeist, er ist abgemagert und zeigt seine Rippen.

Auf den Schotterbänken sehen wir eine Unzahl Bärenspuren. Alte und auch frische. Wir finden welche von der Größe eines Suppentellers und kleine von Jungbären, in denen nicht einmal mein Handteller Platz hat. Aus diesen Zeichen möchte man annehmen, daß sich die Bären des ganzen Landstriches hier begegnen. Wir wollen also hierbleiben, einen besseren Platz würden wir kaum finden können. Vom Rand des Erlendickichts aus beobachten wir die Lichtung.

Wir bleiben lange sitzen, aber außer Mückenstichen wird uns keine andere Zerstreuung geboten. Eine Stunde vor Eintritt der Dunkelheit geben wir den Anstand auf, nach Sonnenuntergang wäre es unmöglich, das Erlendickicht zu überwinden. Auch so bekommen wir noch üble Kreuzschmerzen davon.

Um so angenehmer ist der zweite Teil des Weges. Wir sitzen im Kahn und lassen uns von der nur bei den Wirbeln gurgelnden, sonst lautlosen Strömung abwärtstreiben und sehen dem Vollmond zu, wie er aus seinem Meeresgrab aufersteht. Zweimal fahren wir auf einer Schotterbank auf; ums Haar wäre ich mitsamt der Büchse aus dem Kahn geflogen. Dessen ungeachtet lassen wir die Ruder ruhen und landen schließlich in der Gegend unseres Lagerplatzes.

14. September, Camp »Muddy River«

Den heutigen Tag kann ich leider nicht mit der gewohnten angenehmen Ankündigung beginnen. Das Wetter hat sich geändert: es ist trüb und windig. Von Norden kommen bleigraue Wolken auf uns zu. Wir treffen unsere Vorbereitungen für einen ganztägigen Ausflug. Man sollte soweit wie irgend möglich flußaufwärts kommen und die Lachse in den Nebenbächen erreichen, denn ohne Zweifel sind dort auch die Bären zu finden.
Zum Proviant werden auch Decken gepackt, die, sollte uns die Nacht überraschen, dringend gebraucht würden. Heute gehen wir zu dritt, denn zu zweit sind wir dem schweren Kahn nicht gewachsen. Das Lager bleibt unbewacht. Es ist nicht zu fürchten, daß es ausgeraubt würde, denn außer uns gibt es bis auf 300 Kilometer keine Menschenseele. Natürlich müssen wir hoffen, daß es auch keinem verspielten Bären auffällt. Andy hatte früher mehrere Male die Überraschung erleben müssen, bei seiner Heimkehr das Lager von Bären völlig auseinandergestreut zu finden. Zur Sicherheit stellten wir eine Vogelscheuche vor die Zelte. Sie wird schön angezogen, ihre schlenkernden Arme bewegt der Wind, um ihren Hals rasselt eine als Glocke gedachte Konservenbüchse. Ich hoffe, daß sie imstande sein wird, nicht nur Vögel, sondern auch Bären zu vergraulen.
Um halb neun Uhr setzen wir uns in Bewegung. Mit Hilfe des Ruders, eines Boothakens und des Strickes, mit dem wir das Boot stromaufwärts ziehen, erreichen wir ohne Schwierigkeiten den Punkt, an dem wir gestern steckengeblieben waren. Da wir aber keinerlei Lust haben, uns durch das gestrige undurchdringliche Erlendickicht durchzuzwängen und außerdem den Kahn noch brauchen werden, wird beschlossen, ihn unter allen Umständen weiterzuschieben. Ohne ein Wort zu verlieren, steigen Andy und Hjalmar in das bis zu den Hüften reichende Eiswasser und drücken den Kahn stromaufwärts. Dort, wo das Flußufer ein Gehen halbwegs ermöglicht, ziehen sie ihn an dem langen Strick aufwärts. Ich habe nur die Aufgabe, im Kahn sitzend zu verhindern, daß dieser dem Ufer zu nahe kommt. Bald ist die Lichtung, an der wir gestern angesessen sind, erreicht. Da sich aber nur wenige Lachse hier zeigen, halten wir erst gar nicht. Nur hin und wieder sieht man einen sich aufwerfenden Silberblitz und hört das Klatschen auf das Wasser.
Von hier an geht es übrigens leichter vorwärts. Die Männer marschieren am schotterigen Ufer des Flußbettes und ziehen den Kahn, indes ich ihn von rückwärts mit dem Bootshaken anschiebe. Gottlob scheint die drohende Gefahr eines Wetterumsturzes vorüber. Die Sonne scheint und läßt das Gletscherkleid des Iliamna unter dem rauchenden Gipfel hell erglänzen.
Um ungefähr ein Uhr landen wir. Wir essen einen Apfel, eine Tafel Schokolade und

machen uns daran, das Gelände zu untersuchen. Das Bachbett gewinnt hier eine Breite von nahezu sechzig Metern, doch ist der Wasserlauf bedeutend schmäler als unten in der Nähe des Lagers. Die reichlichen Schotterbänke des breiten Bettes teilen den Lauf in verschiedene Arme. An manchen Stellen fließen vier Rinnsale, die sich dann wieder vereinen. Sowohl auf den Sandbänken wie auch am Ufer kann man ziemlich viele frische Bärentritte ausnehmen. Auch Fische sind jetzt in größerer Zahl zu beobachten. Allein während unseres Frühstücks sind wohl zwanzig hochgeschnellt.

Dummerweise haben wir uns in den schwächsten Arm des Baches verirrt, in dem man schwer vorwärtskommt, da er so seicht ist, daß wir mehrere Male auf Grund kommen. Wir würden aber zuviel Zeit verlieren, wollte wir, um den tieferen, schiffbaren Arm zu finden, wieder zurückgehen. Also wird hiergeblieben und ein geeigneter Ort für den Anstand gesucht.

Bärenwechsel sind zu beiden Seiten des breiten Flußbettes zu sehen; an einem sollten wir uns ansetzen. Wir würden guten Einblick in das Flußbett haben und gleichzeitig gut gedeckt sein. Es ist aber noch zu früh, vor dem Abend wird das Wild wohl kaum ausziehen. Andy schlägt vor, auf einem in das Erlendickicht führenden Wechsel vorwärtszukriechen, was ich jedoch ziemlich sinnlos finde. Da er aber von Bärenjagd sicherlich mehr versteht als ich, will ich ihm nicht widersprechen.

Hätte ich es nur getan! Mit dem anderthalbstündigen Herumkriechen, meist auf allen Vieren, konnten wir – falls sich ein Bär in der Nähe befunden haben sollte – diesen nur ernstlich vergrämt haben. Weiter als zwei bis drei Meter konnte man dort drinnen nicht sehen, und unser Versuch war ein absoluter Mißerfolg.

Jetzt, wo wir uns endlich aus dem verdammten Dickicht befreit hatten, wurde es Zeit, an den Ansitz zu denken. Unsere Aussichten hatten wir gründlich verdorben und es war klar, daß wir hier vergebens auf etwas warten würden. Wir müssen infolgedessen auf das andere Ufer.

Während ich mit Andy im Dickicht umhergekrochen war, hatte Hjalmar den Kahn abwärts gedrückt, hatte den tiefen Bach gefunden und war sogleich zurückgekehrt. Infolgedessen war ein Übersetzen zum anderen Ufer möglich.

Dem Ufer entlang sind so viele frische Tritte, daß man annehmen möchte, die Bären wären hier von früh bis abends auf- und abgewechselt. Die Erlendickung zieht sich jedoch bis zum Wasser, Äste verdecken auch die Wechsel und man sieht kaum zwei Meter weit.

Schließlich gelingt es uns, dennoch endlich eine mit Gras bewachsene Lichtung zu finden. Sie hat eine Länge von ungefähr dreißig Schritt. Von ihrer Mitte aus kann man den Bärenwechsel ansitzend sperren. Im hohen Gras können wir uns gut drücken und nach beiden Seiten je 15 Schritte übersehen. Käme also etwas auf

diesem, dem Ufer naheliegenden Wechsel, müßte man es rechtzeitig bemerken können.
Wir sitzen schon eine gute Stunde und noch hat sich nicht einmal ein Käfer gezeigt.
Andy und Hjalmar liegen auf dem Rücken und sind, ermüdet vom Kahnfahren, eingeschlummert. Sogar ihrer Stiefel haben sie sich entledigt, die nun vor uns am Ufer trocknen. Man hört nichts als das Strudeln des Wassers und das gelegentliche plätschernde Aufklatschen springender Lachse.
Was ist das? Was bewegt diesen Erlenstrauch?
Als bearbeite ihn ein Hirsch, so biegt er sich nach allen Seiten ... aber ich bin ja in Alaska ... am Bärenanstand ...
Genau am Bachufer, auf kaum fünfzehn Schritte, dort, wo der Bärenwechsel in der Dickung verschwindet, bewegt sich ein Erlenstrauch. Ohne den Blick zu wenden, greife ich rückwärts und drücke meine Hand in die Seite des schlummernden Andy ...
Im nächsten Augenblick teilt den Strauch ein ... unbeschreiblich riesiges Bärenhaupt ...
Es gewinnt an Größe, es nähert sich langsam auf dem Wechsel ... das folgende ist eine Sache von Augenblicken ...
Das Korn meiner Büchse ruht bereits auf der Mitte des mächtigen Hauptes.
»Großer Bär?« flüstere ich zu Andy nach rückwärts.
»Ich seh' nichts.«
Das Haupt wird immer größer – zehn Schritte – acht ...
»Soll ich schießen?«
»Ich seh' nichts.«
Länger kann ich nicht warten, gleich tritt er auf uns ...
Noch hat er uns nicht bemerkt ... Himmel, welch ein Bär!
Krachend löst sich der Schuß.
Er klappt wie ein leerer Sack zusammen, wälzt sich noch auf den Rücken, um seine vier Branten in die Luft zu strecken ...
Wir springen auf ... jetzt sehen ihn meine Leute: »A hell of a bear« (ein Mordsbär!) rufen sie.
Mit einem Ruck rollt er an den Rand des Flußbettes. Wieder stößt er die Branten gen Himmel – dann noch ein Stoß, er dreht sich um und fällt mit einem Plumps ins Wasser ...
Sein Haupt versinkt, aber die Tatze mit den riesigen Krallen fuchtelt drohend in der Luft ... schnell einen Strick und die Schlinge um die Brante, sonst treibt ihn der Fluß weg. Beim nächsten Ruck muß er ganz untergehen.
Schon fliegt die Schlinge und erfaßt die Brante. Der gigantische Körper macht noch

eine Drehung ... Zähnefletschend und röchelnd hebt sich das schweißüberströmte Haupt aus dem Wasser ...
Ich lasse das Strickende los, fasse die Büchse und setze ihm noch eine Kugel in das hilflose Riesenhaupt. Wie ein schwerer Stein sinkt es ins Wasser zurück.
Sekundenschnell wird der Strick, der die Bärenbrante hält, um einen Baum gewikkelt. Immer noch schlagen die drei anderen Läufe in der Luft herum, jedoch immer langsamer und mit weniger Kraft. Fächerförmig spreizen sich die fingerlangen Krallen, aus dem Wasser steigen noch einige schweißgerötete Blasen – dann herrscht Ruhe ...
Träge wälzt sich der Fluß weiter. Wir aber stehen am Ufer, nach den Aufregungen der letzten Minuten kaum imstande, ein Wort herauszubringen, und klammern uns an den Strick – den Riesenbären als Anker.
Wir schätzen ihn auf sieben bis acht Doppelzentner. Sein Pelz ist jedoch tatsächlich nicht der beste, mit ganz kurzem, einfarbig kastanienbraunem Sommerhaar. Der von vorgestern – sein Erlegungsort war fünf Kilometer von diesem entfernt – trug bereits seinen langen Wintermantel.
Übrigens hatte ich schon immer gehört, daß, je größer die Kodiakbären und je fischreicher ihre Nahrung, desto schlechter ihr Haar sei. Unter den wirklichen Riesen ist der schöne Pelz eine Seltenheit.
Andy mochte Recht haben: »Dies ist ein Bär aus der Niederung, darum ist er schlecht im Haar. Der andere kam vom ›Highland‹ (von der Höhe), dort ist es kalt und darum hatte er bereits den Winterpelz.« Bis hierher ging alles nach Wunsch.
Jetzt stehen wir aber vor dem Problem: Wie sollen wir ihn aus dem Bach herausbekommen?
Aus dem Kahn werden zwei Äxte geholt und wir machen uns an die Holzarbeit. Wir fällen vier Bäume, schneiden die Stämme zu 1½ Meter langen Klötzen; aus diesen wird eine Art Holzriese gezimmert.
Die Absicht ist, mit unseren Stricken eine Art Flaschenzug an den Randbäumen des Ufers zu befestigen; damit wollen wir versuchen, den Bären über die schräggestellte Holzriese herauszuziehen.
Es ist bestimmt ein genialer Plan, theoretisch muß er zum sicheren Erfolg führen. In der Praxis sieht es jedoch anders aus! Die Stricke reißen, uns zerreißt es beinahe auch, und der Bär rührt sich nicht. Nun bin ich restlos davon überzeugt, daß wir das größte Raubtier der Welt vor uns haben. Unsere fleißige Holzarbeit war vergebens – als hätten wir versucht, ein Nilpferd ans Ufer zu heben.
»Bauen wir einen Staudamm vor den Bären hin, irgendwie werden wir ihn dann mit Hilfe der Strömung vielleicht doch höher ziehen können«, läßt Andy seinen neuesten Geistesblitz los.

Die Leute aus Alaska sind immer darauf eingestellt, daß sie alle an sie herantretenden Aufgaben allein, nur mit Hilfe ihrer Hände, bewältigen *müssen*, auch wenn es unmöglich scheint. Es müßte dann schon wirklich eine ganz außergewöhnliche Aufgabe sein, wenn ein Pelzjäger aus Alaska verzagen würde.
Also folgen wir der Weisung Andys und bauen eifrig den Bärendamm auf. Große Erdschollen werden vom Ufer gebrochen und in das Wasser vor den halbversunkenen Bären geworfen. Dann tragen wir Reisigbündel auf die auseinanderfallenden Erdbrocken, angeschwemmte Holzstücke, Steine, noch mehr Erdreich und Äste. Als sich die Bank immer mehr erhöht, stampfen wir sie fest. Dann bringen wir die vorher ihren Dienst versagenden Holzklötze heran und spreizen sie zwischen den Bärenkörper und die aufgebaute Bank, vielleicht war das Holzhacken dann doch keine vergebliche Mühe.
Schließlich knüpfen wir die abgerissenen Stricke zusammen, befestigen mit Schlingen die Vorderbranten des Bären, werfen den Strick um einen großen Baum und ziehen, uns gegen den Baumstamm stemmend, mit aller Kraft . . . die Muskeln spannen sich, die Hosenriemen krachen . . . der Bär bewegt sich . . .
Hoh – ruck, hoh – ruck!
Bei jedem »ruck« kommt er ein paar Zentimeter höher. Und siehe, auch der Bach kommt uns zu Hilfe, er beschleunigt seine Geschwindigkeit, drückt und schiebt den Riesenkörper fleißig nach oben, der, auf dem Bauch liegend, sich allmählich aus dem Wasser hebt.
Schon liegt er zu dreiviertel auf der Bank, nur das letzte Viertel ist noch im Bach versunken, da bleibt er stecken und rührt sich keinen Zentimeter weiter, allen Anstrengungen und allem »hoh – ruck« zum Trotz. Er hat es satt, er mag nicht mehr gezogen werden.
Doch Andy meint, das tue nichts, es sei so in Ordnung, den rückwärtigen Teil könne er auch unter Wasser abstreifen.
Es fängt bereits zu dämmern an. Eine Zeitlang geht die Sache gut voran, von der dem Ufer zuliegenden Seite kommen wir verhältnismäßig schnell vorwärts. Auf der anderen Seite ist die Plage bedeutend größer.
Zum Glück haben wir klares Wetter und der Mond wird durch keine Wolke verdeckt. In seinem Licht geht die Arbeit weiter.
Den Kahn ziehen wir neben die Bank und befestigen ihn, damit die Strömung ihn nicht entführt. Andy und Hjalmar steigen hinein und setzen das Abstreifen fort. Ich mache indes am Ufer Feuer, erstens weil ich vor Kälte zittere, zweitens weil das verstärkte Licht die Arbeit erleichtert.
Es tut wohl, sich so am prasselnden Feuer zu wärmen. Seine funkensprühenden Flammen werfen einen geisterhaften Schein auf die im Bach arbeitenden Männer.

Ein Bild, das an das Schweineschlachten in der Heimat gemahnt. Als würden die bluthändigen Gestalten, die im Kahn knien, ein Riesenschwein von 800 Kilogramm zerwirken. Der Anblick ist barbarisch – ein Bild aus heidnischer Vorzeit – und hat sich mir tief eingeprägt.

Es geht auf Mitternacht, als es endlich gelungen ist, den Bären nackt auszuziehen. Die größten Schwierigkeiten bereitete es, ihn umzudrehen und die Arbeit an dem Teil, der sich unter Wasser befand, auszuführen. Aber auch das war nun gelungen. Den abgestreiften, geköpften Bären stoßen wir in den Bach. Mögen ihn die Lachse verzehren, so wie er bis jetzt umgekehrt sie verzehrt hat.

Dann geht es auf die Heimreise. Auf dem leise plätschernden, vom Mondlicht versilberten Bach geht es stromabwärts. Vorne sitzt Andy, am Heck Hjalmar. Mit Hilfe der Ruder wird der nötige Abstand von den Ufern gehalten. Ich sitze in der Mitte, auf der Bärendecke wie auf einem Thron. Im Hinblick darauf, daß sie von Nässe trieft und mörderisch nach Fisch stinkt, nicht der angenehmste Platz. Hauptsache ist jedoch, daß sie sich unter mir befindet und nicht mehr entfliehen kann! Es ist unangenehm kalt. Während des Abstreifens sind wir durch und durch naß geworden. Erst jetzt kommt es mir in den Sinn, daß dies für mich den Schluß der Bärenjagd bedeutet. Ich habe meinen zweiten Bären! Wir schreiben den 14. des Monats, und das Schiff wird erst in neun Tagen erwartet. Das bedeutet neun Tage Tatenlosigkeit in dieser vorwinterlichen Wildnis: eine nicht eben rosige Aussicht. Doppelt, wenn ich mir ausmale, daß mich von den Unbilden der Witterung nur eine einzige Zeltbahn trennen wird.

In ein unbewohntes Lager zurückzukehren, ist wenig erfreulich. Noch dazu in der Nacht, hungrig und durchgefroren. Kein Nachtmahl, kein Wasser, kein Feuer, nicht einmal Heizmaterial zur Hand.

Dafür haben wir aber einen Bären!

Einer von uns läuft zur Quelle, der andere macht Kleinholz. Wir zünden eine Kerze an und heizen mächtig unseren kleinen Eisenofen. Eilig werfe ich die durchnäßten Kleider ab und bereite mir meinen gewohnten Abendtrunk: eine zerquetschte Orange in ein halbes Glas Wasser (aus Anchorage habe ich mir einen Sack Orangen mitgebracht), zwei Stück Zucker und einen tüchtigen Schuß Whisky dazu.

Dann rauche ich meine Pfeife an – mit keinem Menschen auf der Welt möchte ich jetzt tauschen.

15. September, Camp »Muddy River«

Die ganze Nacht hindurch wütet ein eiskalter Sturm, der fast das Zelt über meinem Kopf davonträgt. Mache ich in meinem Ofen Feuer an, herrscht in wenigen Minuten eine derartige Hitze, daß es im Schlafsack nicht auszuhalten ist, geht jedoch das Feuer aus, wird es im Zelt so kalt, daß ich nicht immer wieder zum Heizen hinauskriechen mag. Infolgedessen nützt mir der Ofen während der Nacht überhaupt nichts. Weil im Schlafsack für meinen Kopf kein Platz ist, muß ich mit aufgesetztem Hut schlafen.

Am Morgen war das Wasser in meinem Trinkglas bis auf den Boden gefroren. Jetzt jedoch – es ist 11 Uhr – scheint die Sonne, noch dazu mit solcher Kraft, daß man sich richtig sonnen kann. Da erscheinen auch schon die Gelsen in Massen, um auf unseren rotgeschwollenen Händen und Gesichtern zu tanken. Auch die grünen Aasfliegen sind nicht faul; zu Tausenden sitzen sie auf der frischen Bärenhaut. Selbst in das Zelt kommen sie herein, und das ganze Lager summt. Unbegreiflich, daß sie während der eiskalten Nacht nicht zugrunde gehen. Ab 3 Uhr nachmittags ist keine mehr zu sehen. Wo mögen sie sich hinverkriechen, wo übernachten, um mittags wieder derart bei Kräften zu sein?

Mein Bärenfell ist 284 Zentimeter lang. Um 59 Zentimeter länger als das gestrige. Das Schädel mißt genau einen halben Meter, gegenüber 38 Zentimeter des anderen. Andy schätzt sein Alter auf 15 Jahre. Wir spannen das Fell auf den alten »Baumwollbaum«, der vor dem Zelt steht, dort wird es den ganzen Vormittag fotografiert, vermessen, bewundert und gebürstet. Der Bär muß Unmengen von Lachsen verspeist haben, daß selbst seine Decke noch derart danach stinkt.

Wer hätte aber gedacht, daß ich bereits am vierten Tag alles erledigt und zwei große Bärenfelle vor meinem Zelt hängen haben würde? Ich hatte unerwartetes Glück gehabt.

Jetzt stelle ich auf der Landkarte fest, daß man vom Gipfel des weißen Vulkans auf das Beringmeer hinübersehen muß. Ob wohl je ein Mensch den Iliamna bestiegen hat? Andy meint, noch niemals. Nicht wie wenn ich diesen Ruhm begehrte! Nicht einmal, wenn dort der größte Bär der Welt auf mich warten würde! Trotzdem ist es interessant und ein erhebendes Gefühl, unter einem solchen Berg zu wohnen. Noch niemals hat also ein menschlicher Fuß seinen Gipfel betreten, er bewahrte seine Unberührtheit und ist eine uneinnehmbare Festung geblieben!

Ich hoffe, daß der Iliamna seine Jungfräulichkeit noch lange bewahren und beizeiten den seinem Gipfel zustrebenden Alpinisten abschütteln und mit etwas Lava übergießen möge, ehe er so ein abstoßendes trigonometrisches Zeichen dort aufpflanzt.

Diese Berge sind solange wunderbar, solange ihre Stirnen die Zauberkronen der

Unberührtheit tragen und nicht die Aushängeschilder der Bergsteiger. Es ist viel schöner, sich von hier unten auszumalen, wie es oben aussehen mag, als es aus dem Mund jener zu hören, die oben waren. Ich ziehe vor zu glauben, daß die Geister verendeter Riesenbären in Gestalt weißbärtiger Zwerge auf diesem Gipfel wohnen und in goldenen Gefäßen über dem Krater Silberlachse dünsten, als zu lesen, daß sein Bezwinger mit Atembeschwerden zu kämpfen und durch Erfrieren vier Fußzehen verloren hatte.

Urwald-Halluzination

Hubert Behr

Hirschbrunft 1938

Mit dem Wildheger Pompej, von dem ich, da er ausnahmsweise recht gut deutsch sprach, mehr hatte als von den anderen Begleitern in Ungarn und Rumänien, mit denen ich bisher zur Hirschbrunft durch die Wälder streifte, lag ich auf der mit Tannenzweigen gepolsterten Pritsche einer kleinen versteckt liegenden Hütte in den Karpaten. Wir hatten unser Abendbrot verzehrt, lauschten dem böigen Geplätscher des seit zwei Tagen anhaltenden Regens, rauchten und stierten in die geöffnete Klappe des konservendosenähnlichen Blechofens. Er war unsere einzige Lichtquelle, die in rötlichen Zuckungen gerade dazu reichte, um zum Genuß des Tabaks zu kommen, denn das Petroleum war uns ausgegangen.

Jeder hing wohl so seinen Gedanken nach, von denen ich nicht glaube, daß sie sich viel unterschieden. Mag sein, daß die von Pompej etwas verärgerter waren als die meinen, denn ich war eigentlich schon genossen gemacht, da ich in einem anderen Revier bereits zwei starke Hirsche auf die Decke gelegt hatte.

Auch hier hatte es so hoffnungsvoll begonnen, daß ich glaubte, mit einem Erfolg rechnen zu können, da ich gleich am ersten Morgen einen leidlichen Vierzehnender sah, den ich hätte schießen können, außerdem ging ich am Nachmittag um 4 Uhr einen gut meldenden Hirsch an, der aber Wind bekam, und schließlich hatten wir am Abend desselben Tages noch mit einem dritten Hirsch ein sehr aufregendes Erlebnis. Und das war so: Etwas verstimmt stehe ich noch an dem mit herrlichem Altholz bestandenen Steilhang, an dem ich mir soeben den gut meldenden Hirsch verstänkerte, da höre ich verschwommen von irgendwo dahinten-unten den anderen melden. Ich eile zurück zum abgelegten Pompej. Der Hirsch war im Ziehen, und es bestanden für ihn nur die Möglichkeiten, auf zwei Wechseln sein Ziel, eine Weidefläche, zu erreichen. Wir tippten auf den falschen. Bis wir unseren Irrtum eingesehen hatten, war es so spät geworden, daß uns die Korrektur nicht mehr rechtzeitig gelang. Im letzten Licht und gänzlich aus der Puste bekam ich den Hirsch noch zu Gesicht, als er mit zwei Tieren eilig über eine Bestandeslücke zog. Dieser Augenblick genügte gerade dazu, festzustellen, daß er eine enorme Auslage und blitzende Kronenenden hatte, jedoch nicht, um Einzelheiten des Geweihes erkennen zu können; an ein Schießen war nicht zu denken. Es war wieder einmal so eine Laune der neckischen Jagdgöttin gewesen, bei der es sich nur um Minuten handelte, denn kurz vorher hatte das Wild eine Mulde mit deckungslosen Hängen durchqueren müssen, und fünf Minuten später, als ich es auf der Bestandeslücke gesehen hatte, zog es auf jene große freie Fläche des Hanges aus. Zwar pirschte ich noch hinterher, erkannte den Hirsch aber nur noch als dunklen Klumpen auf hundertfünfzig Meter in ungünstiger Schrägstellung und behielt daher natürlich die Kugel im Lauf.

Das war ein sehr reichhaltiges Tagesprogramm für dieses schwierige Karpatenrevier gewesen.

Eigentlich waren wir hinter einem mir vom wohlwollenden Jagdmeister zugedachten Kapitalhirsch her, der hier schon seit einigen Jahren von sich reden machte, jedoch ist das Spezialisieren in den Karpaten leichter erzählt als getan. Man muß dort die Feste feiern wie sie fallen, denn zu einem festen Bestätigen waren besonders hier das Gelände und die Umstände nicht angetan. Bereits im Vorjahr und auch diesmal hatte ich von zuverlässigen Leuten voneinander unabhängige Beschreibungen und von noch ganz »warmen« Begegnungen mit diesem Hirsch gehört, die sich deckten, so daß ich keineswegs an seiner Existenz zweifelte. Im allgemeinen soll man ja sonst in den Karpaten in solchen Fällen eher zweifeln als hoffen; wenn man aber selbst ein bißchen etwas von der Sache versteht, kann man durch hinterlistige Fragen oft dahinterkommen, ob man liebenswürdig, renommiersüchtig oder eigennützig beschwindelt wird, oder ob wirklich etwas daran ist.

Ich hielt den Hirsch für nicht übermäßig schlau, aber er hatte in all den Jahren einen unverschämten Dusel.

Wir glaubten, an einem wilden, unübersichtlichen Graben, der tief in den steilen Hang einschnitt, auf der richtigen Fährte zu sein. Die Gegend dieses Grabens war der Lieblingsaufenthalt dieses starken Hirsches gewesen, und deshalb schoben wir ihm auch heuer die seltenen »Brüller« vor Beginn des Büchsenlichtes und das verhaltene noch seltenere Trensen und Knören im Zwielicht des Morgens in die »Schalen«. Zum Nachpirschen langte das letztere nie, und bei einem vorzeitigen Angehen wäre man höchstens in der Dunkelheit mit ihm zusammengekommen. Und beim Vorlegen konnten wir in dem Gelände überhaupt nur hasardieren. Saßen wir oben im Graben, überquerte er ihn unten und umgekehrt, wie das nun einmal so ist, wenn der Hirsch Glück hat.

Im Revier war es inzwischen still geworden, der einzig lebhaftere Tag war der erste gewesen, die Hauptbrunft war wohl vorüber, denn wir befanden uns schon im ersten Drittel des Oktober.

Gestern morgen hatte ich nun lange vor Büchsenlicht »Popelmänner« in Form von alten Zeitungen am Gegenhang des Grabens aufgehängt. Ich versprach mir sehr viel davon, denn ich sagte mir, wenn ich schon in den Bergen einen großen Bogen um Zeitungen schlage, die ich an sich nur aus ganz prosaischen Gründen mit nach dort verschleppe, wieviel eher würde dies dann der alte Karpatenhirsch tun. Es regnete an dem Morgen, und wir saßen in einer winzigen Rindenkoliba, die Pompej vor fünf Jahren gebaut hatte, als sie hier Holz schlugen, und von der wir die Gegenseite des Grabenhanges in einer Breite von fünfzig Meter einsehen konnten, an dem der Hirsch eigentlich entlangziehen mußte, wenn er nicht beabsichtigte, die Zeitungen zu lesen. Nach unten hatte ich in der Grabensohle auch zirka hundert Meter Schußfeld, und nach links oben beendete dieses die Krümmung des Grabens nach etwa achtzig Metern.

Langsam, bald eine Stunde später als sonst, wurde es Büchsenlicht. Vergeblich, wie schon so oft, warteten wir auf einen Ton des Hirsches. »Das Schwein reert wieder nix«, meinte schließlich recht prosaisch Pompej. »Der Hirsch wird bei dem Wetter wohl später kommen«, antwortete ich, »wir wollen noch bis um 10 Uhr hierbleiben, vielleicht äugt er ›sprachlos‹ vom jenseitigen Hang auf die Zeitungen am gegenüberliegenden.«

Um 9 Uhr gellten oben vom Kamm des Hanges, der die Grenze des nicht allzu großen Revieres bildet, zwei Büchsenschüsse an unsere verdammt empfindlichen Löffel.

Mittags kannten wir das Drama. Einem Gelegenheitsjäger war ein vielendiger, kapitaler Hirsch auf einer Pojana gekommen. Mit dem ersten Schuß fehlte er den stehenden Hirsch auf sechzig Schritt, und mit dem zweiten zerschoß er ihm die Keule. Man fand Knochensplitter von einer Größe, daß die zünftige Bezeichnung »Pirschzeichen« dafür albern geklungen hätte, müdete den Hirsch bei der noch im Pulverdampf vorgenommenen Nachsuche dreimal auf, und – sah ihn nie wieder.

Das war unser Hirsch, darüber war ich mir mit P. eigentlich einig; deshalb waren wir am nächsten Morgen auch ganz woanders hingegangen und saßen nun in Nebel und Regen auf der hohen Warte eines Gebirgszuges. – Da schreit unten in unserem Graben einmal wild und rauh ein Hirsch. Ich mache mit dem Daumen einen Schlenker und sage: »Da ist er noch!«

Hier war wegen der schlechten Sicht sowieso nicht viel zu machen, also hin und abgespürt. Dort fanden wir, nach hastigem, glitschigem Abstieg und schweißtreibendem, schleichendem Bergan im steinübersäten Graben schließlich die regenverwaschenen Fährten einiger Stücke, die diesen an der Rindenkoliba durchquert hatten. – Hoffnungsvolles Pech. – Wenn wir nicht überhaupt einem Phantom nachjagten, schien die Glückssträhne unseres Hirsches noch immer nicht unterbro-

chen zu sein. Der gestern morgen vom Nachbar beschossene mußte ein anderer Hirsch gewesen sein.
Morgen wäre nun eigentlich mein letzter Tag, und deshalb war, wie anfangs gesagt, Pompej vielleicht ärgerlicher als ich, und weil es außerdem noch immer stark regnete. Wenn es mich aber ankommen sollte, wollte ich ja noch einen Tag zugeben oder vielleicht auch zwei, das verriet ich ihm aber nicht.
In der Nähe des Ofens dampften unsere vom abendlichen Pirschgang durchnäßten Kleidungsstücke, und ab und zu spuckte der Ofen glimmende Holzbestandteile und Pompej wirklich auf den Lehmschlag der Hütte. »Ob man den armen, angeschweißten Hirsch, der sich sicher noch immer quält, wohl finden wird?« unterbrach ich das Spucken. – »Wie mir die rumänischen Heger erzählten, will man am Sonntag eine Treibjagd auf Bären dort abhalten und hofft, bei dieser Gelegenheit den Hirsch zu finden.« Und so kamen wir auf Erlebnisse bei Bärenjagden zu sprechen, die P. häufig als Treiber mitgemacht hatte, und von denen ich einige, die ich auf ihre tatsächliche Begebenheit hin nachprüfen konnte, hier folgen lasse.
»Vor einigen Jahren« – so erzählte er – »fand hier eine der üblichen Treibjagden auf Bären statt, bei welcher Gelegenheit ein Jäger einen Bären anschweißte, der sich unweit vom Anschuß im Treiben niedertat. Einige Treiberbuben sahen ihn lang ausgestreckt im Wundbett liegen und riefen dies einem in der Nähe gehenden Holzarbeiter zu. Der Mann, wohl in der Annahme, der Bär wäre verendet oder so schwerkrank, daß keine Gefahr mehr vorhanden sei, und vielleicht auch in der Hoffnung auf ein anständiges Trinkgeld, beschloß, ihm mit der Axt den Schädel zu zertrümmern. Als er sich dem Bär auf wenige Schritte genähert hatte, wurde dieser plötzlich hoch und nahm den Mann an. Der Axthieb verfehlte sein Ziel, und schon stand der Bär über ihm. Das Geschrei der Treiberjungen hatte aber auch einen in der Treiberlinie mitgehenden Heger herbeigelockt, der den Bär mit seiner mit gehacktem Blei geladenen Kartaune über dem bereits toten Mann auf wenige Meter zusammenschoß. Später mußte man feststellen, daß der draufgängerische Holzschläger außerdem noch einen gehörigen Teil des Schusses mit abbekommen hatte, der genügt hätte, um aus der Rettungsaktion das Gegenteil zu machen.«
Solche drastischen Fälle kommen natürlich selten vor. Gewiß bin ich kein Vertreter des sicheren und langweiligen Prinzips, daß »körperliche Abwesenheit« besser wäre als »Geistesgegenwart«; ich vertrete aber die normale Ansicht, daß man die Fähigkeit, die der liebe Gott dem Homo sapiens nun einmal mit in die Wiege gelegt hat, gewisse Überlegungen vor einer Handlung anzustellen, auch gebrauchen soll. Im allgemeinen verlaufen wohl Erlebnisse auf Bärenjagden nicht viel anders als bei uns die auf Schwarzwildjagden. Ein dafür typisches Erlebnis, das P. noch ganz frisch in Erinnerung war, sei hier wiedergegeben.

Vor zehn Tagen – leider konnte ich daran nicht teilnehmen, da ich derzeit noch 120 km weiter mit meinen Hirschen beschäftigt war – trieb man wie üblich die Ausläufer dieses Gebirgszuges unten im Tal, da sich dort Bären wegen des Wildobstes und der Eichelmast zusammengezogen hatten. – Oberstuhlrichter fröhnen meist auch dem Waidwerk, und es will mir nach mancher Überlieferung scheinen, als ob sie zum Teil prächtige Gestalten für Petermanns Jagdgeschichten abgeben würden, denn selten hörte ich eine originelle jagdliche Erzählung dort unten, wo der »Härr Obärrstuhlrichter, bittä scheen«, nicht eine besondere Rolle gespielt hätte. So auch hier. Also dem Herrn Oberstuhlrichter kam natürlich der im Treiben befindliche Bär, dem er halbspitz von vorn mit glattem Durchschuß die linke Vorderprante durchbohrte und den rechten Hinterlauf zerschmetterte; mit dem zweiten Schuß verletzte er das vorletzte dem Bär noch verbleibende Gehwerkzeug, dann flüchtete »frate nicolei« auf wenige Meter breit an ihm durch, ohne den Herrn Oberstuhlrichter zu beachten. Halb spitz von hinten trug er ihm die dritte Kugel dann schräg durch den Pürzel an, und so zugerichtet kam der arme, humpelnde Meister Petz einem anderen Jäger, der ihn mit einem Blattschuß erlegte.
Der Oberstuhlrichter soll am Abend, als der Bär totgetrunken wurde, erhebliche Neckereien auszustehen gehabt haben, wie überhaupt die Schüsseltreiben in Siebenbürgen sehr zünftig sind und jedem rechten Jägersmann »gar wohl gefallen können«. Es gibt edle Weine dort unten, und nicht von allen bekommt man Kopfweh, wie viele der Ansicht sind. Ich bin im allgemeinen ein Freund von leichtem Moselwein, aber genau wie mir in Aßmannshausen in der »Krone« kein Bordeaux schmecken oder mir bei Zigeunermusik das Bier schal würde, so mag ich zu solchen Gelegenheiten dort unten keinen anderen Stoff zu mir nehmen als diesen vollen, aromatischen Rebensaft. Alles, wo es hingehört.
P. ließ noch mehrere Geschichten folgen, bei denen irgendwelche Nimrode keine sehr rühmlichen Rollen spielten, bis ich ihn, als sie mir zu unwahrscheinlich klangen, unterbrach. »Weißt Du, mein Lieber, brennend gern würde ich ja mal so eine Bärentreibjagd mitmachen, aber nicht deshalb, um mich später als kühner Bärenjäger präsentieren zu können, sondern wegen des ungeheuren Reizes, der meines Erachtens damit verbunden ist, daß die Möglichkeit besteht, auch Wildarten der Karpaten vor die Büchse zu bekommen, mit denen man sonst nur in den seltensten Fällen zusammentrifft, wie Luchs, Wolf oder einen der alten kapitalen Keiler. Ich habe schon manchen starken Hirsch geschossen, und auch die Gefühle, die man bei der Erlegung eines mir so sympathischen Brummbären hat, sind mir bekannt, aber für einen Wolf oder gar so einen Karpatenbassen würde ich gern mein bestes Hirschgeweih ...« – ich stockte – »hergeben? – nein, das wäre zuviel gesagt, aber auf den nächsten starken Hirsch, der mir begegnete, verzichten.«

»Ja«, meinte P., »die wirklich ›großen Eber‹ kommen bei diesen Jagden eigentlich nie vor, die Treiben sind zu groß, ich weiß nicht, ob sie zu dickfellig oder zu schlau sind.« Natürlich erklärte er mir das alles nicht auf diese Art, dazu war er nicht sprachgewandt genug, sondern an Hand von Beispielen, mit denen man Seiten füllen könnte. »Große Eber schießt man bei Mondschein auf den Feldern, im Winter auch vor dem Hunde, im allgemeinen aber durch Zufall wie letzthin ein Bauer. Kommt da ein Mann zu ihm und sagt: ›Ein mächtiger Eber ist zwischen deinen Schweinen unter den Eichen.‹ Der Bauer hängt sich seinen Schießprügel um, geht zu den weidenden Borstentieren, sieht den liebes-›rauschenden‹ kapitalen Keiler, pirscht ihn mühelos bis auf zwanzig Meter an und schießt ihn tot. Zweihundert Kilogramm hat er aufgebrochen gewogen.«

Auch diese Geschichte konnte ich später nachprüfen, sie beruhte auf Wahrheit. Andere jagdliche Erzählungen folgten, die aus P.'s Jugendzeit stammten, und die er mit einer Liebe zur Sache erzählte, ganz gleich, ob sie von Sauen, Wölfen, Füchsen, Rehen, Hasen oder einem seiner verschiedenen Hunde handelten, die er sich auf seine Art nutzbringend zur Jagd angelernt hatte, die ihn mir so sympathisch machten. Er war auf seine Art Jäger. Die Revierjägerprüfung hätte er wohl auf Anhieb kaum bestanden; er kannte weder einen Abschußbock, noch hatte er dafür Verständnis, daß ich am ersten Morgen den leidlichen Vierzehnender laufen ließ, aber er war ein Mann, welchem dereinst der Wächter der ewigen Jagdgründe nicht den Hirschfänger abwehrend entgegenhalten wird.

Aber ich komme vom Thema ab, und von der Halluzination war auch noch immer nicht die Rede, doch glaube ich, gehört die Vorgeschichte dazu, um klarzumachen, daß die kommende Halluzination-Situation eine, wenn auch nicht entschuldbare, Wahnvorstellung schuf, der ich zum Opfer fiel.

Längst hatten die vor einiger Zeit aufgelegten Holzkloben nicht mehr die Explosionskraft, ihre winzigen freundlichen Brandbomben durch das Türchen zu schleudern. Sie verglommen wie die glühenden Wände unseres bullernden Wärmespenders, der einen guten – zu guten – Zug hatte. Vom Winde verschluckt... unlogischerweise huschten auch noch die Barrings vorbei... Hirschfänger... Ammi... kurz, langsam ging es mit meinen Gedanken zu Ende. Morpheus nahm mich sanft in seine beruhigenden Arme, und in sacht verstummendem Geschwafel, ohne ein formelles Gutenacht, dämmerten wir hinüber wie Krähen in einem Feldgehölz.

Im Wunschtraum erschienen mir all die Wölfe und überdimensionalen Keiler Siebenbürgens, die Pompej hätte erlegen können, wenn er so »eine Bichse mit Gukär« gehabt hätte wie ich, und im Halbschlaf hörte ich ihn schnarchen und malte mir aus, was man hier alles machen könnte, wenn man nicht noch einen Nebenberuf hätte und es einem auf die Zeit nicht anzukommen brauchte. Da aber Zeit nun einmal Geld ist, und man ohne dieses Zeug schlecht leben kann, ist man eben doch zu einem erheblichen Teil auf Luftschlösser angewiesen.

Als wir am nächsten Morgen erwachten, regnete es nicht mehr. Es sah aber ungemütlich und nicht vielversprechend aus. Der Himmel war schwarz wie ein Bärenpopo, und ein lebhafter Wind jagte eisige Duschen aus den hohen Bäumen. Bei einer Zigarette ein Schluck Tee hinter die Binde gegossen, ein Stück Brot und Salami in die Tasche, und dann ging es den schlüpfrigen, lehmigen Steig hinab und links den steinübersäten Graben mit tastendem Bergstock wieder hinauf. Wieder hatten wir Zeitungen an den Hauptwechselns in die Sträucher gehängt. Eine halbe Stunde später schlieften wir in unsere Koliba.

Oben auf den Kämmen rauschte der Wind in den Wipfeln. Ich saß zusammengekauert am »Einschlupfloch« und lauschte in die unfreundliche Dunkelheit, aber kein Ton eines Lebewesens unterbrach diese hoffnungslose Melodie. Im ersten Dämmerlicht kam mir erst so recht zum Bewußtsein, wie schnell die Natur in den letzten kalten, nassen Tagen gealtert war. Als ich ankam, war der Wald noch fast grün, nur hier und da leuchtete an den Hängen ein einzelner Ahorn knallgelb oder ein schon müder Wildbirnenbaum feuerrot aus dem vorherbstlichen Grün der Buchen, so daß weder der strahlende Sonnenschein noch die sommerliche Wärme darüber hinwegtäuschen konnten, daß die schönste Zeit des Jägers gekommen war. Bei der augenblicklichen Situation aber kam mir alles so aussichtslos vor, daß es mich wie ein heißer Strahl traf, als plötzlich hinter mir ein Hirsch leise trenste und gleich darauf einen gewaltigen Schrei in das Grau des regnerischen Morgens schickte. Er mußte entweder die Zeitungen übersehen haben oder schon vor unserer Ankunft durch den Graben gezogen sein. Das war ja nun gleich, jedenfalls pirschte ich sofort, etwas vorhaltend, den Hang halb schräg hinauf. Die verhaltenen, an ein Selbstgespräch erinnernden Lautäußerungen des Hirsches genügten, ihn etwa zehn Minuten später zu Gesicht zu bekommen. In dem sonst völlig geschlossenen Hochwald, mit mehr oder weniger dichtem Unterwuchs, gestattete die alte Rutschbahn eines gefällten Urwaldriesen einen vielleicht hundert Meter weiten Ausblick steil nach oben zum Kamm des Hanges. Und gerade dort brummte jetzt der Hirsch. Ich machte noch einige Schritte vor und konnte nun in den Dürrästen eines Fallbaumes die Doppelbüchse auflegen und mit dem achtfachen Zielfernrohr die Schluppe hinaufleuchten, da erhaschte ich auch schon, grau in grau, eine Bewegung im Gewirr der Zacken und des Gesträuchs. Dem Rumpf nach zu urteilen, ist es ein Hirsch. Also endlich, Alter, jetzt wirst du mein! Ich erkenne eine Stelle, die der Gegend des Halsansatzes und der mächtigen Blattpartie angehört. Leise knickt der Stecher, nur ein Druck noch, dann wäre es geschehen. Aber nein, »der Wahn ist kurz, die Reu' ist lang«, es könnte ja auch ein Beihirsch sein, obgleich ich keinen Moment zweifle, daß

es der Alte ist. Da senkt er langsam das Haupt, wohl um eine Fährte zu prüfen, ein ungemein lang erscheinendes Geweih kommt zum Vorschein, dünne Stangen und oben – leer, ein Zehner. Ein Zukunfts- oder auf alle Fälle ein junger Hirsch. Ein ähnlich unschönes, spinnebeiniges Gebilde hängt bereits in meinem Wigwam und ärgert mich. Der Hirsch zieht schließlich weiter. Ich vermute den Alten noch in der Nähe und warte, ob nicht irgend etwas passiert, wonach ich mein weiteres Handeln einrichten kann.
Eine Viertelstunde mag vergangen sein. Das Brummeln des abziehenden Hirsches ist längst nicht mehr zu hören, so daß ich gerade den Gedanken fasse, in gleicher Richtung auf halbem Hang nachzupirschen, da werden meine Blicke auf eine Bewegung dicht über dem dampfenden Waldboden gelenkt auf derselben Schluppe, auf der vorhin der Hirsch stand, mir aber mindestens um vierzig Meter näher. Wohl ein Stück Kahlwild. Unbeweglich steht es. Aber ein Stück, so spät hinter dem Hirsch? – das wäre ganz gegen die Regel! Vorsichtig nehme ich das zehnfache Zeiß vor die Augen. Da durchfährt es mich siedendheiß. Ein Stück Rotwild war das keinesfalls, – diese kurzläufige fast plumpe Gestalt! Ein Bär? – nein – dazu war der Kopf zu lang. Ein Wolf – auch das wohl kaum, dazu erschien mir die Figur zu mächtig. Die phantastischen Geschichten P.'s von den riesigen Mondschein-Keilern, die er mir gestern abend erzählte, wurden plötzlich wach, präparierte Köpfe mit langem Wurf, wie ich sie ab und zu sah, kamen mir in Erinnerung. Ja – ein Urkeiler – der Traum meiner schlaflosen Nächte, nun stand er vor mir. Vielleicht eine Bache, blitzte es mir durchs Gehirn. Unsinn, – diese wie eine Vision auftauchende, unbeweglich stehende Sau war allein und konnte nur ein Keiler sein. Ich setzte das Glas ab und wollte zur Büchse greifen. Noch einmal kamen mir Bedenken, mir schien mein Glück so unwahrscheinlich, daß ich es noch einmal prüfen zu müssen glaubte. Aber doch, es stimmte, die Bedenken, daß es doch, was sehr nahe lag, ein Stück Rotwild war, mußte ich abermals verwerfen, *da es viel zu niedrig auf den Läufen stand*. Nun griff ich endgültig zur Büchse.
Immer handle ich von dem Augenblick an, wo ich erst einmal den abwägenden Entschluß zum Schluß auf ein begehrenswertes Stück Wild gefaßt habe, wie in einem Trance-Zustand, aus dem ich erst mit starkem Jagdfieber wieder erwache, wenn es geknallt hat. Auf den Schuß hin schnellte das Stück auffallend hoch in die Luft, ein kurzes Poltern folgte, dann hörte ich es zusammenbrechen. Halb rechts über mir – ich dachte, ich wäre verrückt, – donnert darauf ein Hirsch mehrere Male den Kampfruf in den wasserdampfenden Waldesdom. Äste knacken, und das typische Geräusch abtrollenden Wildes ist zu vernehmen. Noch mehrere Male höre ich die wütend klingenden Schreie des Hirsches, die sich von den ersten aber darin unterscheiden, daß ihr Ausklang in einen rauhen Schreckton übergeht. ö ö ö ö – böu.

Pause. ö ö ö ö – böu – und schließlich nur noch den rauhen Schreckton böu. Schon einmal hörte ich nach einem Schuß dieselben Laute von einem Brunfthirsch.
Hinter mir vernahm ich den Wildheger anwechseln. – »Ich habe eine Sau geschossen«, flüsterte ich ihm zu, als er bei mir war, »dort muß sie zusammengebrochen sein.« Er machte ein ungläubiges Gesicht, was ich ihm, der den ganzen Vorgang unvoreingenommen nur mit dem Ohr verfolgt hatte, auch nicht verdenken konnte. Sein Gesichtsausdruck verstärkte meine aufkommenden Zweifel, denn die hohe Flucht hatte eigentlich so gar nicht nach Sau ausgesehen.
Wir gingen zum Anschuß. Er befand sich in einer Mulde, wie ich zu meinem verblüfften Entsetzen jetzt feststellte, und im gleichen Augenblick legte mein Gehirn das bekannte Ei des Columbus, das gerade mit der Spitze auf einen Stein aufschlug, stand . . . und mich angrinste.
Ich folgte nun der schon am Anschuß beginnenden sprühenden Rotfährte, bereits in der Gewißheit, ein Rottier gemordet zuhaben.
Ich finde, keine andere Patrone liefert mit größerer Wahrscheinlichkeit eine Schweißfährte – auf die es in der üppigen Wildnis der Karpaten ganz besonders ankommt – als die 9,3 x 74 mit dem *abgeplatteten* Teilmantelgeschoß, da sie normalerweise bereits Schweißverlust aus dem reißenderen (gegenüber Scharfrandgeschossen) Einschuß gewährleistet, während jagdliche Spitzgeschoße jeglicher Konstruktion den ihnen nachgesagten schweißliefernden *Ausschuß* bei einem starken Karpatenhirsch in Schrägstellung auch nur höchst selten erzielen. Mich begleitete zwar auch stets die ganz hervorragend schießende 7 x 64 Brennekebüchse (11,5 g schweres Torpedo-Ideal-Geschoß) in die Karpaten; ich nahm sie aber nur, wenn das Gelände beziehungsweise die Situation voraussichtlich einen weiten Schuß erforderte. Bei der Jagd soll das aber vorher der Teufel wissen, denn sie ist ja bekanntlich »alle Tage neu«. Ich persönlich habe zufälligerweise noch keine ärgerlichen Erfahrungen mit der Patrone gemacht, gefunden habe ich das beschossene Stück immer; Karpatenhirsche jedoch nie durch die Schweißfährte. In diesem Fall handelte es sich allerdings um kein Beispiel für meine Vorrede, da hier jede Hochwildpatrone Ausschuß – und daher auch Schweiß – geliefert hätte; denn nach vierzig Metern standen wir wirklich vor einem eselgrauen Stück Rotwild, das mir breit gestanden hatte, einer nicht führenden alten Tante. Das letztere war mir nur insofern ein Trost, da ich nicht einem Kalb die Mutter genommen hatte, die es gerade dort im Winter mit seinen Gefahren braucht. In dieser Gegend der Karpaten waren noch Verhältnisse, wo sich die Natur selbst hilft. Gelte Stücke gibt es praktisch dort nicht. Entweder das Muttertier ist noch kräftig genug, den Wölfen und dem Winter zu trotzen, dann kann es auch ein Kalb führen. Setzt es einmal ein Jahr nicht, so bedeutet das eine »Brache«, die ihm nur dienlich sein kann.

Ein gräßlicher moralischer Kater machte sich bei mir bemerkbar. Pompej kratzte sich hinten rechts am Kopf, wobei ihm der Hut übers linke Auge rutschte, übrigens eine typische Bewegung rumänischer Wildheger, und sagte schließlich: »Macht nix, ganz alte Kuh«.

»Ja, ganz alte Kuh, aber das kommt von deinen verdammten Keilergeschichten.«

Natürlich war das keine stichhaltige Entschuldigung, und daß das hellgraue Stück im wasserverschwommenen Waldesdunkel in einer für mich nicht wahrnehmbaren Vertiefung des steilen Hanges gestanden hatte und mir dadurch so kurzläufig vorgekommen war, so daß ich es als Sau ansprach, soll auch nur zur Erklärung meines Irrtums dienen. Man darf eben, wenn man scharf geladen hat, keiner Halluzination zum Opfer fallen.

Für dieses Jahr gab ich meinen Hirsch auf, aber ich hoffe, es klappt doch noch mit ihm; denn er lebt noch, im Winter wurde er gesehen. Der vom Nachbar beschossene Hirsch war tatsächlich ein anderer gewesen.

Mit Bambuslanze auf Sauen

Oskar Skewes-Ramm

Urwüchsiges Jagen in Chile

Oskar Skewes-Ramm, Tierarzt aus Chile (z. Zt. am Institut für Wildbiologie und Jagdkunde der Universität Göttingen) forscht über das in Chile eingebürgerte europäische Wildschwein.
Hier berichtet er über Begegnungen mit einheimischen Saujägern in den Bergwäldern Chiles und über ihre urwüchsigen Jagdmethoden.

»... und reißt der Puma auch Wildschweine?« frage ich meinen Landsmann aus der »Wildnis«.
»Ja. Manchmal führen sie Krieg gegeneinander, ohne gegenseitige Herrschaftsansprüche, gehen dann aber wieder auseinander. Das erkennt man später an den Kampfspuren am Erdboden.«
»Und wie viele Schweine haben Sie schon erbeutet?«
»Wissen Sie, das sind sehr kluge Tiere. Die hören und riechen hervorragend. Hier in der Kordillere, wo die Luft so leicht ist, riechen sie den Menschen aus weiter Entfernung.« – Der Landsmann erzählt weiter über Kreuzungsversuche von Wild- mit Hausschweinen, um die letzteren »winterfester zu machen«. Ich höre begeistert zu, was dieser Mann über seine Begegnungen mit Wildschweinen hier in Chile zu erzählen hat. Seit Monaten beschäftige ich mich mit diesem Thema. Es gibt noch keinerlei Veröffentlichungen oder Informationen über das Vorkommen des europäischen Wildschweines in Chile. Ich will die Geschichte seiner Ansiedlung und seine Verbreitung erforschen.
Chile ist eines der am eigenartigsten geformten Länder der Welt. Schmal und lang erstreckt es sich am pazifischen Rand Südamerikas von der Nordgrenze gegen Peru bis zum Kap Hoorn an der Südspitze Feuerlands. Das sind rund 4225 km. Die durchschnittliche Breite wird mit 180 km angegeben. Das Land ist also etwa 24mal so lang wie breit! Will man diese ungewöhliche Länge mit Verhältnissen vergleichen, die dem Europäer näherliegen, so kommt man auf eine Entfernung von Madrid bis Moskau.

Vor ein paar Tagen habe ich 200 km nördlich einen Wildschweinjäger kennengelernt, der mit sichtlichem Stolz, mit der Lanze in einer Hand und einem Keilerkopf in der anderen, neben seinem Hund für ein Foto posierte. Er hatte schon mehrere Sauen erbeutet mit der Absicht, ein bißchen Abwechslung auf den Tisch zu bringen. Die beiden Hunde, die ihm sonst beim Viehtreiben helfen, spüren die Sauen auf frischen Fährten auf, besonders im Winter. Sie stellen das Wild, und er erlegt dann die Sauen mit der selbstgemachten Lanze. Ich vermeide den Ausdruck »Saufeder« bewußt, weil die einzige Gemeinsamkeit im Endzweck liegt. Die Waffe besteht einfach aus einem Stück Stahl (meist eine Feile), an beiden Kanten scharf geschliffen und mit Draht an einer Bambusstange festgebunden.
Der Jäger weiß ganz genau damit umzugehen und wie ein möglichst schneller Tod zu erzielen ist. Und das alles aus eigener Erfahrung. Er erzählt von einem Keiler, der einem Pferd während einer Jagd im Grenzgebiet zu Argentinien den Bauch aufgerissen hat. Die Waffen eines im letzten Winter erlegten Keilers sind 23,4 cm lang und 3,2 cm breit.
Diese Waffen liegen, während ich diese Zeilen schreibe, vor mir auf dem Schreibtisch. Einen Schädel hatte der Erleger sogar schwarz bemalt, damit die Waffen eindrucksvoller wirken. Obwohl er weniger Wert auf die Stärke oder Länge der Waffen legt, verkauft er im Sommer ein paar Keilerschädel an ahnungslose städtische Urlauber, die diese toll und merkwürdig finden. Aber nach einiger Zeit landen diese »Souvenirs« gewiß im Mülleimer. Eigentlich schade drum!
Am anderen Tag bin ich zu einem anderen berühmten Wildschweinjäger 250 km südlich unterwegs, und abends erreiche ich ihn. Mein erster Eindruck ist, daß ich entweder einen großen Lügner oder einen sehr einfältigen Mann vor mir habe. Tatsächlich weiß er aber ganz genau, wovon er redet. Seine Augen werden bei seinen Schilderungen immer lebhafter. Seine Frau ergänzt, daß sie auch einmal beim Transport eines »großen Keilers« mit dem Fahrrad mitgeholfen habe.
Bereits im Morgengrauen sind wir auf den Beinen, die Hunde bekommen eine Extraportion von Haferflocken und ein wenig Fett dazu, und dann geht es los in die Berge. Die zwei Hunde, Mischlinge undefinierbaren Ursprungs, sind sehr mager, was sie aber nicht daran hindert, elastisch neben uns herzutrippeln. Beide haben etwa die Größe eines Deutschen Wachtelhundes. Normalerweise liegen sie den ganzen Tag teilnahmslos herum, werden nur munter, wenn es zur Jagd geht. Sie sind von Nolberto selbst für die Saujagd abgerichtet worden. Nolberto hat zuvor keine Erfahrung mit der Hundeführung oder der Abrichtung gehabt, trotzdem geben sie nun ein hervorragendes Gespann ab. Nolberto hat spät in seinem Leben mit der Jagd angefangen, aus eigener Initiative und Erfahrung. Zuerst hat er Hasen mit der Drahtschlinge gefangen, dann hat er sich auch an Wildschweinen versucht.

Da er immer seine Hunde dabei hatte, bekamen die immer etwas vom Aufbruch ab. Danach fingen die Hunde aus Ernährungsgründen von allein an, Wildschweine zu stellen. Dazu hat Nolberto sich eine Lanze gebastelt, und die ganze Sache läuft wie geschmiert, so daß er jetzt jedes Wochenende mit seinen beiden Hunden zur Jagd geht.

Seit drei Stunden laufen wir bergauf. Es ist kalt, und überall liegt Schnee. Nolberto erklärt mir, daß in dem Tal, das wir ansteuern, viele Wildschweine sein dürften.

»Hier!« ruft Nolberto. Mein Herz könnte nicht schneller schlagen, sofort bin ich bei ihm.

Eine Schwarzwildfährte, leider aber ein paar Tage alt.

Wir erreichen nun das angekündigte Hochtal. Es liegt etwa 800 m hoch. Die Hunde laufen vor uns, ganz locker. Die Art und Weise, wie sich Nolberto und die Hunde bei der Jagd verstehen, und ihr gegenseitiges Vertrauen sind verblüffend. Kein Kommando, kein Rufen, keine Hundepfeife, nichts. Die Hunde laufen völlig auf sich gestellt und tun, als hätten sie keine große Lust zum Jagen. Manchmal verschwinden sie für einige Zeit.

Der Wald, den wir jetzt durchlaufen, raubt mir die letzten Kräfte. An manchen Stellen stehen die Bäume so dicht, daß kaum ein Lichtstrahl auf den Boden fällt und kein Unterwuchs mehr aufkommen kann. Es ist oft schwer durchzukommen, es gibt keinen Weg. Manchmal kriechen wir durch die Schwarzwildwechsel, die hier wie 70 cm hohe richtige Tunnel aussehen. Danach treffen wir lockere Baumbestände mit einem dichten, zwei bis drei Meter hohen Bambusunterwuchs, der fast undurchdringlich ist. Einige Teile vermitteln aber auch den Gesamteindruck bestwüchsiger Laubwälder Europas, wie etwa der Eichenwälder des Spessarts.

Jetzt erreichen wir ein sumpfiges Gebiet neben einem wilden Fluß. Nolberto bleibt plötzlich stehen und drückt auf meine Schultern. Mit der anderen Hand zeigt er nach vorne. Ich kann es kaum fassen: Am gegenüberliegenden schneebedeckten Ufer des Flusses zieht ganz vertraut ein prächtiger Keiler! Er sieht mit seiner dunklen Winterschwarte gegen das Weiß der Umgebung besonders eindrucksvoll aus. Ein, zwei, drei Schritte, dann verhofft er und sichert mit hohem Wurf. Die Hunde sind hinter einer anderen Fährte her, es ist nichts von ihnen zu hören.

Bewegungslos stehe ich da, es sind vielleicht 35 Meter bis zum Keiler. Der aber kann uns nicht wahrnehmen, da wir mit guter Deckung im Gebüsch stehen. Ich bin schon im Anschlag, versuche zwischen dem Gebüsch freies Schußfeld zu bekommen. Ich ziele auf das Blatt, und dann kracht es schon.

Wie nach einem Kanonenschuß hallt von allen Seiten das Echo.

Der Keiler ist hochblatt getroffen, dreht um und bekommt den zweiten Treffer, der ihn seitlich rollen läßt. Ich sehe nur die Läufe hinter einem dicken Stamm hervorragen.
Nolberto springt und stolpert zum Ufer, aufgeregt schreiend: »Sie haben ihn erlegt, erlegt!« Ich kann das kaum fassen, es ist das erste Wildschwein, das ich erlege. Noch kann ich mir auch nicht vorstellen, was diese Form zu jagen für Nolberto bedeutet. Es ist das erstemal, daß er so etwas erlebt. Normalerweise kostet es ihn viel mehr Mut und Arbeit, ein solches Exemplar zur Strecke zu bringen. Er hat die einfachste Methode entwickelt, um Sauen mit einem 25 cm langen Messer zu erlegen. Eine einfache, selbstgemachte Lederscheide hält die »Klinge« am Gürtel fest. Keine Lanze, kein Stock, die man durch den üppigen Wald mitschleppen muß. Wenn aber die Hunde eine Sau gestellt haben, was er am giftigen Standlaut hört, schneidet er mit dem gleichen Messer einfach einen Bambusstock ab und befestigt die Klinge mit Riemen aus Autogummischläuchen an der Stange. So manches Mal mußte er schon die Flucht ergreifen, und ein paar Verletzungen hat er glücklich überstanden. Dennoch traut er sich an jede gestellte Sau heran, egal wie stark sie ist. Einige über 100 kg schwere Keiler sind ihm schon zum Opfer gefallen. Er jagt nun seit sieben Jahren und hat bereits an die 300 Wildschweine auf diese Art und Weise erlegt. Stets geht er allein zur Jagd, und das nur am Wochenende, da er sonst in einem Sägewerk arbeitet. Wir versuchen nun, den Fluß, ohne naß zu werden, zu überwinden. Es ist schon 17 Uhr, es wird allmählich kalt. Endlich sind wir beim Stück. Das Wild wurde von beiden Flintenlaufgeschossen tödlich getroffen. Es wird alles gemessen, was ich ihm Rahmen meiner wissenschaftlichen Arbeit zu messen habe. Danach ist es fast dunkel. Wir haben keine Taschenlampe dabei. Denn wer schleppt schon eine Taschenlampe, wenn man noch Fotoapparat, Meßband, Waage und Waffe mitführt – auf einen zehnstündigen Marsch!
Es wird alles ordentlich versorgt, da es unmöglich ist, jetzt etwas mitzuschleppen. Es folgen sechs Stunden Rückweg im stockfinsteren Wald. Um uns nicht allzusehr zu verlaufen, lassen wir die Hunde den Weg nach Hause suchen und stolpern hinterher. Am anderen Tag ziehen wir mit einem freiwilligen Helfer los, um die Beute zu holen. Aufgebrochen wiegt der Keiler 97 kg, und ich schätze sein Alter auf drei bis vier Jahre. Der Keiler wird an Ort und Stelle zerwirkt, und jeder von uns muß in improvisierten Rucksäcken etwa 30 kg schleppen. Danach hat man keine Lust mehr, auf Wildschweine zu schießen. Dennoch, nach dem folgenden Wildschweinessen sind alle Strapazen bereits vergessen. Schon machen wir wieder Pläne für den nächsten »Ausflug«!

Safari in Zimbabwe

Dr. Egon Lechner

Ein Zeichen der Hoffnung für Wild und Jagd

»Stop! Stop!« rief in letzter Sekunde der hellwache Simon, »Elephants!« Und ohne lange zu überlegen, drosch der White Hunter den Rückwärtsgang ins laut quietschende Getriebe des Land-Rovers. Es war nicht das erste Mal, daß wir in den vergangenen Tagen nur durch ähnlich überhastete Absetzmanöver knapp einem Zusammenprall mit diesen oft sorglos auf dem Sandweg bummelnden oder trotz Motorengeräuschs ungerührt aus dichtem Dornbusch tretenden Kolossen entgingen. Zimbabwe bewies damit täglich aufs neue, daß es mit über 50 000 von ihnen eines der elefantenreichsten Länder Afrikas ist.

Gut gelaunt und in Gedanken waren wir auch diesmal einen der aufgelassenen Viehwege entlanggetuckert. Bis zum Rückkauf der Matetsi-Farmen durch die seinerzeit noch weiße Regierung hatten sie die ausgedehnten Ländereien der Viehzüchter und Tabakbauern erschlossen; heute führen sie den Jäger zu den weitverstreuten Wasserstellen oder direkt hinab zum Sambesi.

Unsere Hoffnungen kreisten schon um den erst gestern abend in Flußnähe ausgebrachten Leoparden-»Bait«. Ob der heimliche Schleicher, den seine imposante Handschrift im feinen Sand des ausgetrockneten Bachbetts verriet, unseren mit viel Umsicht in luftiger Höhe festgezurrten Köder wohl angenommen hat? Oder beobachtet er aus sicherem Versteck immer noch mißtrauisch den ihm so gefällig zur Selbstbedienung angebotenen Impalabraten?

Schon leuchtete der behäbig dahinfließende Sambesi durch den Busch, als uns urplötzlich dieses »lebendige Gebirge« den Weg streitig machte – und sofort annahm. Kein Wunder, daß Eric, der weiße Berufsjäger am Steuer, bei unserem überstürzten Rückzug, haarscharf vorbei an beinhartem Dornbusch und vereinzelten Schirmakazien, schnell ins Schwitzen kam: Die genau wie wir überraschte Elefantenkuh, deren meterlange dünne Stoßzähne von Alter und Gewitztheit zeugten, schien von unserem Bemühen, schnell hier wegzukommen, keineswegs beeindruckt. »Mehr Abstand!« signalisierte ihre verärgerte, zunächst noch zögerliche, aber unerhört wendig vorgetragene Attacke.

Bluff oder bereits finsterer Ernst? Mit nervös pendelndem Schädel, den Rüssel halb erhoben, wobei die breit abstehenden Ohrsegel vor Erregung hart an den Körper klatschen, kommt uns die graue Riesin schneller nahe, als wir den Geländewagen rückwärts aus der Gefahrenzone steuern können. Vorsicht, denn forsche Dreistigkeit und zerstörerische Wut liegen bei dem größten, in seiner Beziehung zum Menschen eher feindselig gewordenen Landsäuger äußerst nahe beisammen. »Der Elefant, das einzige Großwild, das seit Jahrhunderten aus Gewinnsucht gejagt wurde, hat im Laufe der Zeit den Menschen in sein Weltbild aufgenommen, und zwar im Sinne tiefen Mißtrauens«, charakterisiert Tanja Blixen das Verhältnis zwischen Mensch und Elefant. »Unsere Annäherung«, schreibt sie, »ist für ihn eine Herausforderung, die er niemals unbeachtet läßt; ganz unaufgefordert geht er auf uns los, rasch und aufrecht, ein ragender, alles überwuchtender Turm von einem Körper, massiv wie Gußeisen und dabei behende wie fließendes Wasser ... ihn treibt gerechter Grimm, er trägt eine alte Familienfehde aus.«
»Paß du nur auf den Weg auf, Eric«, rufe ich dem Profi am Steuer zu und repetiere für alle Fälle die 33 Gramm schwere Vollmantel in die 458 Mauser.
Da läßt der »Fünftonner« jählings von seiner Verfolgung ab, verhofft und wendet. Entwarnung!
Kurz darauf setzt sich die Herde gemächlich in Gang, und im Parademarsch schreiten insgesamt vierundzwanzig Elefanten – keine hundert Meter entfernt – aus dem Schutz der Dickung, Richtung Sambesi. Zu je einem Drittel Kühe, Babys und Halbwüchsige beiderlei Geschlechts. In den vergangenen zwei Tagen waren uns bereits gut zweihundert Elefanten in Familienverbänden von fünf bis dreißig Häuptern begegnet; aufregend und faszinierend ist so ein Anblick allemal.

Diese mit sechzigtausend Hektar größte der sieben Matetsi-Konzessionen liegt in der äußersten Nordwestecke des Landes. Dank der natürlichen Gegebenheiten ist sie eines der wildreichsten Jagdgebiete dieser Region. Zimbabwes ernsthafte Anstrengungen, Wild- und Artenschutz vor allem auch mittels vernünftiger jagdlicher Nutzung zu betreiben, sind heute fester Bestandteil der staatlichen Natur- und Umweltpolitik. Sinnvolle Wildbewirtschaftung gilt als einer der wirksamsten Wege zum Schutz der freilebenden, insbesondere auch der bedrohten Tierarten. Dabei ist diese Form von Land- und Naturnutzung gerade in diesen hochempfindlichen Systemen wesentlich »sanfter« und zugleich volkswirtschaftlich erfolgreicher als der früher als Devisenbringer vergötterte Massentourismus mit seinen investitionsintensiven und meist gefährlich ausufernden Struktureingriffen. Die Weichen Zimbabwes sind in diesem Sinne richtig gestellt!
Das entspricht auch der Linie des World Wildlife Fund (WWF), der nach eigenen

Aussagen die Jagd in Afrika nicht verbieten, »sondern den Staaten Afrikas helfen (will), ihre Wildtiere sinnvoll zu bewirtschaften«. Inzwischen haben weltweit viele Staaten längst die Bedeutung des legalen, behautsam selektiven Jagdtourismus sowohl für die Finanzierung ihrer Wildschutzmaßnahmen als auch für den Artenschutz insgesamt erkannt. Ein Großteil der Einnahmen aus Abschußgebühren fließt den staatlichen Wildschutzbehörden zu, insbesondere auch zur Bekämpfung der teilweise verheerenden Wilddieberei und des ungesetzlichen Handels mit im Washingtoner Artenschutzabkommen geschützten Tieren.

Dieser Schutz ist freilich nicht allein mit Geld zu bewerkstelligen, auch nicht mit noch mehr Kontrolle und guten Ratschlägen, sondern nur durch wirksame Aufklärung und Umsetzung dieser Erkenntnisse in Arbeit und Brot »vor Ort«, überall dort, wo die Menschen mit der freilebenden Tierwelt wetteifern und ums Überleben kämpfen.

In Afrika stehen Elefant und Büffel, Löwe und Leopard nach wie vor in Konkurrenz zum Menschen: Sie verwüsten dessen Maisfelder, rauben dessen Weidevieh und beanspruchen ihm gegenüber ihren angestammten Lebensraum. »Dem auf dem Land lebenden Afrikaner ist es egal, was im sogenannten modernen Naturschutz emotional-ideologisch hochstilisiert wird«, urteilt ein Afrikakenner, »die freie Wildbahn ist für ihn eher lästig und gefahrvoll.«

Was die Afrikaner auf dem Lande überhaupt vom Verfügungsrecht anderer über ihr Wild halten, zeigt ein nur vordergründig vergnüglicher Vorfall aus dem ehemaligen Rhodesien: „Als 1986 zu Zimbabwes Nationalfeiertag Wildhüter den Auftrag erhielten, sieben Büffel heranzuschaffen, um Würdenträger und feiernde Massen in der Hauptstadt zu stärken, kamen die Lastwagen leer zurück", schreibt Rolf de Baldus, „Bauern hatten einen Hinterhalt gelegt und die Büffel abgeladen, nicht ohne den Fahrern den Rat mit auf den Weg zu geben: ›Sagt euren Bossen in der Stadt, daß die Büffel uns gehören!‹«

Das vor allen jenen ins Stammbuch, die weltweit die Unantastbarkeit des freilebenden Wildes propagieren und dabei die Menschen vergessen, die dort leben. Sie hatten es früher zwar bejagt, aber ihm sein Lebensrecht gelassen. Wo freilich Armut und Hunger herrschen, sehen sie es nur noch als Konkurrenten oder bestenfalls als – letzte – Nahrungsreserve. »Wer Wildtiere retten will«, fordert Zimbabwes Premier Mugabe zu Recht, »muß zunächst der Bevölkerungsexplosion Einhalt gebieten. Nur dann wird es möglich, den Schutz von Lebensräumen für die freilebende Tierwelt zu gewährleisten.«

»Der wichtigste Artenschutz ist der Biotopschutz«, sagt Heinz Sielmann.

Im Matetsi hat in dieser Hinsicht die Zukunft schon begonnen: Das Großwild steht mit keiner anderen Form der Landnutzung mehr in Konkurrenz. Die selektive

Abschöpfung von Überpopulationen durch Jagdgäste anhand wildbiologisch begründeter Abschußplanung bringt Devisen und Arbeit aufs Land, versorgt die Bevölkerung mit Fleisch und entwickelt bei allen Beteiligten mehr positives Umweltbewußtsein als gefühlvolle Proteste und öffentliche Appelle.
Und noch eins: Vom Jagdgast kam und kommt nie ein Gepardenfell oder eine Krokodilhaut, weder legal noch illegal, auf den Markt! Der ausländische Jäger will seine Trophäe nur für sich selbst, respektiert staatliche Selektions- und Quotierungsrichtlinien, und vor allem, er »ballert« nirgendwo auf der Erde »nach Lust und Laune« wild drauflos. Dafür sorgen nicht nur die ihn immer begleitenden staatlich konzessionierten und registrierten Guides, Gamewardens und Professional Hunters. »Eine moderne, mit ökologischen Kenntnissen vertraute Jägerschaft«, so Sielmann schon vor einem Jahrzehnt, »kann eine wichtige Streitmacht im Naturschutz sein«, und später: »Dazu bedarf es seitens der Naturschützer auch der grundsätzlichen Zustimmung zur Jagd als der pfleglichen Nutzung freilebender Tierbestände.« Sicher hat es früher Übergriffe jagdlich undisziplinierter, hemmungsloser Jäger gegeben. Aber sie haben – ziemlich überall – dazugelernt. Jagd nach ökologisch, ethisch und wirtschaftlich akzeptablen Grundsätzen ist international inzwischen fester Bestandteil der pfleglichen Nutzung der Natur. »Den Sinn mußt du wechseln«, fordert schon der alte Seneca von allzu eifrigen Weltverbesserern, »nicht den Himmelsstrich.«
Die von den Weißen gepflegte Jagdtradition und die bei den Schwarzen traditionelle Haltung, dem Wild zu lassen, was des Wildes ist, ergänzen sich in Zimbabwe in erfreulich überzeugender Weise. Leider ist das in Afrika – noch – nicht überall so! Meßlatte hierfür sind neben den vorhandenen jagdorganisatorischen Rahmenbedingungen die amtlichen Bejagungsrichtlinien, vor allem aber der jederzeit nachprüfbare Artenreichtum und die regionsspezifischen Wilddichten. Und hier erhielt ich insgesamt bereits am ersten Nachmittag ein beeindruckendes Bild.
Als ich nach zwölf Stunden »über den Wolken« in Harare dem Flugzeug entstieg und anschließend Richtung Victoria Falls über eine scheinbar von Menschenhand noch unberührte Landschaft flog, fühlte ich mich bald wie einst David Livingstone: »Scenes so lovely must have been gazed upon by angels on their flight« (»Solch bezaubernder Anblick muß selbst vorbeifliegende Engel in Entzücken versetzen«). Wenn nicht alles trog, war ich diesmal leibhaftig in das alte, vergessene Afrika geraten.
Bereits am Nachmittag, während der ersten »Schnupper«-Fahrt, wurden meine kühnsten Erwartungen übertroffen: ein Wildvorkommen, wie ich dergleichen noch nie sah! Immer wieder, mal in kleineren, dann in größeren Trupps, tum-

meln sich während des ganzen Tages Elefanten und Büffel entlang den ausgedehnten Ufern des Sambesi, aufmerksam beobachtet von unzähligen Flußpferden und Krokodilen.
Bei einer kurzen Rast an der Straße, die zu den nahen Grenzstationen nach Botswana und Sambia führt, unterhielten wir uns mit einem schwarzen Vorarbeiter, dessen Leute eigens abgestellt sind, um die Hauptstraße laufend vom Dung der hier durchziehenden Elefanten- und Büffelherden freizuschaufeln. Er berichtete unter anderem, vor gut einer Stunde sei eine vielleicht dreihundert Kopf starke Büffelherde, vom Fluß kommend, ins nördliche Revier zurückgewechselt und habe eine halbe Stunde lang den Verkehr blockiert . . .
Selbstverständlich begegneten wir auf Schritt und Tritt den Herden der im südlichen Afrika zum »Allerweltswild« zählenden Impalas; mit ihren eleganten Ballerinasprüngen hielten sie ebenso Abstand zu uns wie die ulkigen Paviane, die sich beim ersten Warnpfiff eines Genossen stets ohne viel Federlesens aus dem Staube machten. Man fühlte sich an die beinahe einhundert Jahre alten Schilderungen des berühmten Frederick Courtenay Selous erinnert, der den großen Wildreichtum dieses Landes rühmte. Zimbabwe ist heute stolz darauf, daß von den 26 Wildtieren aus Selous' Berichten heute noch 19 wegen ihres starken Vorkommens bejagt werden können, während die übrigen wie etwa der Gepard, die Roan oder das Schwarze Rhino immerhin noch in gesicherten Beständen vorhanden sind. So gilt jetzt auch die Population des in Afrika am stärksten bedrohten Großwildes, des Schwarzen oder Spitzmaulnashorns, im Middle Zambesi Valley Zimbabwes, unter Fachleuten als eine der stabilsten und größten des Kontinents. Schwarzafrikanische Wildbiologen haben inzwischen auch verhindert, daß weite Flächen dieses Flußgebietes durch einen geplanten Staudamm zerstört wurden, ». . . denn das hätte dieser Region das ökologische Herz herausgerissen«, wie sie sagen.
Während des Fluges wurde deutlich, welch ideale Bedingungen für den Erhalt dieser Artenvielfalt und des ungeheuren Wildreichtums hier vorhanden sind: Eineinhalbmal so groß wie die Bundesrepublik Deutschland und von nur acht Millionen Menschen besiedelt (16 Menschen pro Quadratkilometer!), bietet das mit durchschnittlich 300 Metern über dem Meer liegende Land mit seinen Ebenen und Bergregionen in Höhen von 500 bis 1800 Metern, mit seinen riesigen Waldgebieten, seinen Savannen, den lichten Mopane- und Dornbuschgebieten und den ganzjährig wasserführenden Flüssen, Seen und zahlreichen Dämmen ideale Voraussetzungen für die freilebende Tierwelt. Gestützt und getragen werden Wild- und Artenschutz jedoch durch die von der weißen Regierung entwickelte und nach Erhalt der Unabhängigkeit 1980 von der schwarzen Regierung übernommene fortschrittliche Bejagungspolitik.

Die fast fünfzig privaten Safari-Unternehmen in den Hauptjagdgebieten des Landes – teilweise auf privaten Game-Ranges, oftmals auf staatlichen Konzessionsgebieten – unterliegen strengsten Jagd- und Abschußrichtlinien. Schon bei der Lizenzerteilung durch das Game Department wurde erklärt, daß jedwede Jagd vom Auto aus, auch ausgestiegen und dort anstreichend, verboten ist, daß der Motor während der Abgabe eines Schusses abgestellt sein muß und nur 400 Metern entfernt von großen Straßen gejagt werden darf. Abschußquoten, Trophäenvermessung durch die Wildschutzbehörden, zoll- und veterinärmedizinische Vorschriften zum Export und Versand der Trophäen – was übrigens völlig problemlos die ortsansässigen Veranstalter erledigten – werden ebenso ernst genommen wie die Einhaltung der Kalibervorschriften: Elefant, Büffel und Flußpferd dürfen nur mit Mindestkaliber 9,2 mm, Löwe, Leopard und Großantilopen, wie Kudu, Wasserbock, Sable etc., nur ab Kaliber 7 mm bejagt werden. Das ist wohlverstandener Wild- und Tierschutz!
Obwohl in Zimbabwe ganzjährig gejagt werden kann (wechselfeuchtes Tropenklima!), finden Safaris in der Regel von Mitte April bis Mitte November in der angenehm trockenen Winterperiode statt. Die Tagestemperaturen liegen dann um 20 °C und sinken nachts auf −5 °C, wobei teilweise auch Bodenfröste auftreten. Während der Regenzeit, etwa zu Weihnachten, herrschen hier Temperaturen von 25–30 °C. Entsprechend hoch ist die Luftfeuchtigkeit, was insbesondere in den Niedergebieten, wie dem Matetsi, Malariavorsorge nötig macht. Im Juli dagegen mußte ich mich keines einzigen Moskitos erwehren.

Bedauerlicherweise hatte ich mich wieder mal zu wenig auf diese Reise vorbereitet und kaum etwas gelesen. Die für Weitschüsse geeignete 7 mm Remington Magnum erwies sich als für den Busch ungeeignet und auch überflüssig. Schon wegen der allgegenwärtigen Elefanten und Büffel braucht man stets griffbereit die 458; Eric entschied deshalb nach dem Einschießen: »Nimm die Schwerkalibrige für alles Wild!« Ich hatte zuerst Bedenken, weil einem doch auch einmal 150-Meter-Schüsse abverlangt werden. Aber es klappte einwandfrei, bis hinunter zum kleinen Warzenschwein. Einen mir spitz zustehenden Keiler, den stärksten, dem ich je begegnete, habe ich freilich auf knapp 40 Meter glatt überschossen: aus Angst, die herrlichen Waffen zu zerschießen! Möge sich ein nach mir kommender Jäger der 30-cm-Gewehre erfreuen . . .
Peinlich ist natürlich, wenn man bei der Pirsch auf wehrhaftes Wild an den oft neben- und durcheinanderlaufenden Löwen-, Hyänen- oder Leopardenspuren offenbaren muß, daß man das Abc der Wildkunde nicht beherrscht. Wer dann nicht den Mumm aufbringt, Schnitzer einzugestehen, blamiert sich möglicherweise

schneller, als seinem Ruf guttut. »Wer wirklich Autorität hat«, so Bertrand Russell, »scheut sich jedenfalls nicht, Fehler zuzugeben.«
Zum Glück half mir der mit fünfzehn Revier- und Safarijahren erfahrene »Allround-Beistand« Simon dienstbeflissen immer wieder auf die Sprünge. Büffel-, Giraffen- oder Eland-»Tracks« und -»Droppings« (Fährten und Losung) bereiteten mir schon nach der ersten Morgenpirsch kein Kopfzerbrechen mehr, ebensowenig die Trittsiegel der vorkommenden Großantilopen.
Insgeheim interessierte mich aber vor allem der birnenförmige und deshalb leicht von Kudu-, Wasserbock-, Tsesseby- oder Roanfährten unterscheidbare Abdruck der Rappenantilope. Denn wegen der »Sable«, wie diese pechschwarze Großantilope auch bezeichnet wird, hatte ich eigentlich mein Ränzel geschnürt. »Sable« heißt im Englischen dunkel und finster und hat nichts mit unserem »Säbel« zu tun, auch wenn es noch so oft falsch verwendet wird.
In freier Wildbahn kommt dieser einzigartige Bogenhornträger außer in Tansania, Sambia und Mosambik nur noch in Zimbabwe in bejagbaren Beständen vor. Die Jagd auf dieses herrliche Tropenwild war ein alter Traum, den ich lange schon in der obersten Schublade meiner Reisepläne untergebracht hatte.
Nach dem Grundsatz, nur noch das zu erlegen, was mich als Wildpret in der Pfanne oder als Erinnerungstrophäe an der Wand erfreuen kann, wollte ich außer auf meine »Traum-Antilope« und einen Leoparden nur dann den Finger krumm machen, wenn Diana mir überraschenderweise eine in Alter und Körpermaß außergewöhnliche Beute vor die Büchse führen sollte.
Nach diesen Überlegungen richtete sich unsere Jagdstrategie. Doch schon am zweiten Morgen brachten uns tellergroße, auch vom Profi-Hunter in fünfundzwanzig Afrikajahren in dieser Größe noch nie erblickte Abdrücke einer Löwentatze das Blut in Wallung.
Die reinste Provokation! Der Bursche war, begleitet von zwei jüngeren Löwen, in der vergangenen Nacht kilometerweit ausgerechnet auf der Schotterstraße dahinmarschiert, die wir täglich im Schrittempo während der routinemäßigen Elefantenpatrouille auf Spuren und Fährten absuchten. Und das keine zwei Meilen vom Camp entfernt!

Simon stammelte sein etwas verwirrendes »too big« (zu groß), wie immer, wenn er »very big« (sehr groß) ausdrücken wollte. Sein eher schmächtiger Körper zeigte höchste Konzentration. All seine Sinne waren jetzt auf das noch unsichtbare Gegenüber gerichtet und seine schwarzen Augen glühten förmlich im scharfgeschnittenen, hakennasigen Gesicht, sichtbares Zeugnis früher nordafrikanischer Vorfahren. In seinen Adern floß noch das Blut früher arabischer Vergangenheit dieses Landes. Ein ferner Hauch von Erinnerung an das letzte Jahrtausend und die inzwischen versunkenen Völker der Momomopas und der Rotsi, die – wie in alten arabischen und persischen Schriften festgehalten ist – hier bereits früh Goldbergbau und ausgedehnten Handel mit arabischen Kaufleuten trieben und damit große Macht und Reichtum erlangten. Das Gold für Salomons Tempel und der Schatz der Königin von Saba sollen aus dieser Gegend stammen.

Was Wunder, wenn sich der alte, dickschädelige Löwe in Flußnähe herumtreibt. Eben dort, wo Tausende von Wildtieren, wie von einem Magneten angezogen, täglich zum Wasser streben, um bei der besonders im Winter und gerade heuer extrem großen Trockenheit für einige Tage »aufzutanken«. Hier gibt sich alles Wild ein Stelldichein, vor allem die riesigen Büffelherden mit ihre tolpatschigen Kälbern. Das erregende nächtliche Gebrüll mehrerer Löwenrudel entlang den weiträumigen Flußstrecken mit ihren vegetationslosen Sandbänken und der üppigen, gutes Versteck bietenden Uferbebuschung enthüllt den ewigen Kreislauf: Wer nicht aufmerksam und binnen weniger Minuten seinen Durst stillt und diese Gefahrenzone unverzüglich wieder verläßt, stirbt schnell am großen Fluß ...

Noch ehe die ersten zartrosa Strahlen der aufgehenden Sonne den breit und lautlos vorbeiziehenden Sambesi berühren, wird gefrühstückt. Vor dem Haupthaus tuckert sich bereits der Allrad warm. Bei 7° Celsius trägt Eric Handschuhe am Steuer des offenen Wagens, während sich die Afrikaner in ihren Klamotten verkriechen und ich den Reißverschluß des Parka, den ich eigentlich widerwillig mitgenommen habe, jetzt nur allzugerne bis unter das Kinn hochziehe. Heute geht es erstmals tief hinein ins »Sable Country«. Das Land ähnelt jener Gegend in Namibia, wo ich vor einigen Jahren, obwohl sie dort freilebend überhaupt nicht vorkommt, völlig überraschend einer rabenschwarzen Rappenantilope auf knapp hundert Meter gegenüberstand.

Unvergeßlich, wie das zum Standbild erstarrte Wild fast zwanzig Minuten lang bewegungslos aushielt und aufmerksam zu uns herübersicherte. Faszinierend gerade deshalb, weil dieses herrliche Geschöpf zum Greifen nahe und für uns dennoch tabu war und ohne Hintergedanken »vereinnahmt« werden konnte: Es war aus einem achtzig Kilometer entfernten Privatgehege entwichen und vom Besitzer schon seit fast zwei Jahren (!), meist mit Helikopter, gesucht worden. Zwei Stunden später, als der Farmer, mit einem Betäubungsexperten der Wildschutzbehörde an Bord, zufassen wollte, war die Rappenantilope bereits wieder unauffindbar, wie vom Erdboden verschluckt, verschwunden.

Aber mein Jägernerv war getroffen! Immer wieder sah ich in der Erinnerung das Bild dieses Sable: schwarzglänzend, vier bis fünf Zentner schwer, über die Schulterpartie nach hinten leicht abfallend, mit seiner bis zum Spiegel und in die Wedel-

unterseite verlaufenden weißen Bauchfärbung und der leicht vom Wind bewegten, bürstenartigen Nacken- und Rückenmähne, eine gute Spanne über dem Widerrist – wie bei einem Vollblut, das zur Körung vorgeführt wird! Die Würde und Gelassenheit, die durch die maskenhafte, über die Lichter zum Äser verlaufende weiße Bänderung und die leicht orangebraunen, nervös kreisenden Lauscher noch verstärkt wurden, erinnerten mich immer wieder an einen aufmerksam aus dem Fels herabsichernden Gams. Wie Gamswild stürmt die Sable nie panikartig davon, sondern verhofft in der Regel nach kurzer Flucht hinter der nächsten sich bietenden Deckung: Gesicht und Stirn immer dem Verfolger zugewandt. Daraus ergeben sich allerdings Schwierigkeiten beim Ansprechen so wie beim Schuß. Zeit lassen heißt die Parole! Überhaupt, wenn man sie in einer Gegend bejagt wie dem Matetsi, wo Spitzentrophäen bis zu einer Hornlänge um einen Meter jederzeit vorkommen und mit etwas Glück auch SCI-Weltrekord-Trophäen (ab 125 cm) zu erlangen sind. Die Rowland-Ward-Weltrekord-Trophäe aus dem Jahre 1931 freilich (154,3 cm) stammt meiner Meinung nach von einer Riesen-Rappenantilope, die heute weltweit geschützt ist und nur in Angola noch vereinzelt vorkommen soll.
In den ersten drei Tagen hatte ich immerhin mindestens ein Dutzend Sablebullen vor mir – jagdbar, aber eben nicht mein »Traum«. Ich hoffte auf das Sablegebiet im Westen des Reviers. Dort sollen jene alten Einzelgänger stehen, die nicht nur Freude, sondern auch Ehre machen. Um die so phantastische Geschichten kreisen wie jene, daß diese Haudegen von den brunftigen Kühen und deren Anhang besucht werden und nicht umgekehrt. Oder über die Treffsicherheit der Sable: Sie soll mit ihren Hornenden einen gegen sie abgeworfenen Stein in der Luft abfangen und zurückschleudern können.

»Verdammt«, fluchte Eric, als wir noch kurz am Löwen-»Bait« (Köder) vorbeifahren, »die Hyänen haben den halben Kudu gefressen!« Am Vortag, als wir den Köder mit einem Stahlseil vom Geländewagen aus auf einen freistehenden Baum hinaufzogen, hatten wir ihn nicht hoch genug gehängt. Das Spurenbild beruhigte mich: Löwen waren überhaupt nicht vorbeigekommen! Der Alte, dessen unverkennbar kurzdumpfes Gebrüll wir schon in der vergangenen Nacht vermißten, hatte sich vermutlich gestern früh den Dicksack vollgeschlagen und pennte jetzt irgendwo faul im Busch.
Ausgesprochen säuerlich schien wenig später der blondgemähnte Pascha zu sein, den wir dank der Aufmerksamkeit des Trackers neben seiner etwas abseits ruhenden Buhle, keine zwanzig Meter vom Jeep entfernt, im Schatten einer Dornbuschinsel direkt neben dem Weg entdeckten. Trotz der mißmutigen, bewegungslos versteinerten Miene läßt die Großkatze nicht einmal ahnen, welche Naturgewalt und welch

ein Donnergebrüll in ihrer Brust verborgen sind, bereit, beim geringsten Anlaß explosionsartig hervorzubrechen. Vor allem, wenn man sie mit einem unglücklichen Schuß anflickt oder sonstwie in die Enge treibt.
Gerade in diesen Tagen ging übrigens die Nachricht um die Welt, im südlichen Tansania seien sechsunddreißig Menschen hungrigen Löwen zum Opfer gefallen. Die Regierung hat daraufhin mehrere hundert Soldaten dorthin geschickt, um zum Schutz der Bevölkerung dem Spuk unverzüglich ein Ende zu bereiten (übrigens erfolglos!). Gnade Gott, wenn sich Großkatzen an den Geschmack des weichen und salzigen Menschenfleisches gewöhnen, dann droht echte Gefahr! Das passiert auch immer wieder in den inzwischen stark überbesetzten indischen Tigerreservaten. Die rapide anwachsende Bevölkerung nimmt den freilebenden Tieren weltweit täglich viele hundert Hektar Lebensraum. Das wiederum bedeutet zwangsläufig weniger grasfressende Beutetiere für das Großraubwild. Was Wunder, wenn es dann, vom Hunger getrieben, wehrlose Holzsammler schlägt!
Die oft leichtfertig verteufelte Trophäenjagd ausländischer Gäste hat auf die Bestandszahlen des Wildes überhaupt keinen negativen Einfluß, dafür aber einen bedeutenden wirtschaftlichen für die Landbevölkerung vor Ort. Das diffamierende Gerede von der Bedrohung der Arten durch den legal jagenden Gast läßt sich allein schon mit den Zahlen der in die USA eingeführten Trophäen widerlegen – gerade dort ist der Zoll äußerst penibel. Bei der Gastjagd geht es um Promille der vorhandenen Populationen – ein Nichts im Vergleich zu den in fast allen wildreichen afrikanischen Staaten üblichen und notwendigen, um ein Vielfaches höheren »Culling«-(Verdünungs-)Aktionen, ohne Öffentlichkeit und Ethik. Allein 1985/86 mußte beispielswseise in Zimbabwe der Elefantenbestand von 56 000 auf 50 000 reduziert werden.

Und dann die Wilderei. Laut WWF sank in den letzten fünfzehn Jahren der Nashornbestand in Kenia und in Nordtansania – trotz Jagdverbots und Cites – um 90 Prozent; allein 1984 wurden im Nigura-Nationalpark in Zaire 3600 Elefanten gewildert, aber – kritisiert wird die zahlenmäßig unbedeutende legale Jagd!
Es mag unser naturschützerisches Gewissen beruhigen, wenn wir meinen, den Afrikanern, ihrer Umwelt und deren Wildschutzreservaten durch möglichst ganzjährigen, natürlich »preiswerten« Fotosafari- und Wildparktourismus zu helfen. Doch wie schnell wird dieser Massentourismus mit seinem eilig hochgerechneten Devisenzufluß zum Bumerang... Eine halbe Million Besucher jährlich in den Nationalparks Kenias oder beispielsweise 2,5 Millionen Menschen jährlich im Yellowstone-Nationalpark in den USA bedrohen die Ökosysteme, auch die freilebende Tierwelt mehr, als sie nützen: Wir sind teilweise dabei, insbesondere in den

sogenannten »weltberühmten« Nationalparks, die noch intakten Ökoräume zu übernutzen und die freilebenden Tiere totzulieben! »Alle noch so gut gemeinten Aktionen, weltweit meist von sehr vielen Spendern finanziert, haben sich letztlich aber als ziemlich untauglich erwiesen, Afrikas Wildbahn vor der Vernichtung zu bewahren«, schrieb jüngst Nairobis angesehene »Daily Nation«.

Gemächlich zuckeln wir auf längst verwilderten, vergessenen Farmwegen über Senken und Bergrücken hinweg, teils durch Trockenbusch-Savannen und lichten Mopane. Dieser laubabwerfende Trockenwaldbaum, der seinen Namen – Mopane heißt Schmetterling – den paarweise gesetzten Blättern verdankt, die sich leicht gefaltet der Sonne zuwenden und damit kaum Schatten werfen – weshalb dieser Baum fast immer im Sand ohne Unterwuchs steht –, bestimmt unser Jagdgefilde. Immer wieder halten wir an. Abglasen! Keine Spur einer Sable!

Dabei habe ich, wie meist in den ersten Tagen in jagdlich fremder Umgebung, »optische« Anpassungsschwierigkeiten. Auch jetzt, als wir auf einem Hügel anhalten und die schwarzen Begleiter fast gleichzeitig in etwa einem Kilometer Entfernung einen quer zu uns im Sonnenhang ziehenden Trupp Rappenantilopen entdecken. »Looking for water«, grinst Simon selbstsicher. Hoffentlich! Immerhin ist der kleine, jetzt fast ausgetrocknete Fluß, der das Jagdgebiet durchzieht, eine gute Stunde Geländefahrt entfernt. Andere Wasserstellen gibt es nicht. Und es heißt von der Sable, sie könne nicht länger als zwei bis drei Tage, ohne zu trinken, auskommen – ganz im Gegensatz zu ihrer fast wüstenerprobten Verwandten, der spießhornigen Oryx.

Die Sonne steht jetzt, zehn Uhr früh, mit voller Kraft über dem Land. Abgesehen von diesem Antilopenverband, der saumselig im Gegenhang von uns weg nach Norden bummelt, scheint die Welt wie ausgestorben. Selbst die meisengroßen, blaubrüstigen Dauerzwitscherer, die Blue-Waxbill, hopsen nur in den Zweigen herum und geben keinen Laut von sich: Winterzeit – Trockenheit – Kräfte sparen!

Am Ende der Herde zieht, deutlich größer, der Rudelboß. Seine wie schwarze Lackstiefel blankpolierten Hornsäbel blitzen gelegentlich im Morgenlicht auf. Die den jungen Bullen in Hornmaß und brauner Färbung ähnlichen, nur geringfügig zierlicheren Kühe können im Eifer des Gefechtes übrigens leicht zu Verwechslungen führen. Insbesondere bei einem unruhig gewordenen, sich immer hastiger absetzenden Rudel, wo sich ständig Körper vor Körper schiebt, Bäume, Büsche und persönlicher Standort während der Verfolgung sich laufend verändern und man bereits ein wenig ausgepumpt und vielleicht etwas zu beutehungrig sich allzusehr auf Können und Glück verläßt.

Eric und Simon stimmen das weitere Vorgehen ab: Dieses Rudel zieht an den Nkwami. Wir werden versuchen, es großräumig zu umschlagen.
Kaum im Wagen, bremst der Berufsjäger schon wieder. Vor uns steht ein ungewöhnlich großes Elefantensiegel im Sand. Ein Einzelgänger! Der Abdruck gleicht einem riesigen Keramikteller, dessen Oberseite mit unzähligen kleinflächigen Rissen durchsetzt ist. Wir sind im Zwiespalt: Ziehen wir diesem Riesen nach, so verpassen wir vielleicht die Rappenantilopen auf ihrem Rückwechsel. Einerseits. Wenn wir hier aber einem braven Stoßzahnträger auf die Schliche kämen, wäre das eine echte Sensation! Nach einer knappen Stunde schwierigem Nachhängen über Stock und Stein – man hält nicht für möglich, wie unauffällig diese Fünf- bis Sechstonner mit ihren gutgefederten Sohlen sich absetzen können – stellen wir nach einem letzten kilometerweiten Rundblick von einem der vielen Hügel herab ernüchtert fest: über alle Berge, heute jedenfalls nicht mehr erreichbar!
Bei der Weiterfahrt peinigen uns dann Zweifel, Phantasien und Hoffnungen. War das vielleicht der legendäre Siebzigpfünder, von dem immer wieder berichtet wird? Der sich, mit dicker Schlauheit und der Erfahrung von vielleicht 50 Jahren auf dem Buckel, schon fluchtartig verdrückt, wenn er nur einen Menschen in der Ferne ahnt? Natürlich sind die Jäger weit und breit hinter ihm her, auch wir! Ebenfalls nicht frei von dieser bei nüchterner Betrachtung etwas törichten »Über-50-Pfund-Latte«, die gerade bei der Elefantenjagd in den Gehirnen der Jäger eilfertig das Trophäengewicht über das Erlebnis stellt. Dabei ist die Jagd auf einen ausgewachsenen Elefantenbullen, unabhängig von seinem Elfenbein, immer gleich aufregend, abenteuerlich und risikoreich. Wer sich jemals einem dieser »grauen Gebirge« auf 15 bis 20 Meter genähert und versucht hat, einen sofort tödlichen Schuß anzutragen, weiß, wovon die Rede ist. Eine Unachtsamkeit, plötzlich sich drehender Wind, das unerwartet aufgeregte Klappern quadratmetergroßer Ohrflügel einer beunruhigten Kuh – dann werden plötzlich alle Geschichten über Elefantenjagden Wirklichkeit. »Je mehr man mit afrikanischen Elefanten in Berührung kommt, desto vorsichtiger wird man«, bekennt der große Afrikajäger C. G. Schillings, »und nie kann der Jäger wissen, was ein Elefant im nächsten Augenblick tun wird . . .«
Dabei werden immer wieder – übrigens bei jeder Jagd auf wehrhaftes Wild! – Mut, Vorsicht und vielleicht sogar Hemmungen überwältigt und mitgerissen vom überstarken Wunsch nach Erfolg und Beute. Ich meine, Jean Paul hat recht: »Der Furchtsame erschrickt vor der Gefahr, der Feige in ihr, der Mutige nach ihr.« Erlebnis ist eben unabhängig von Zentimeter und Kilo. Nach Plänen der Wildlife-Behörde sollten in diesem Gebiet sechs Elefantenbullen unbedingt entnommen werden. Gut fünfzig Zwanzig- bis Vierzigpfünder hatte ich vor der Büchse, erlegt habe ich keinen. Dergleichen ziert schon meine Wände!

Am Ende des Tages, nachdem wir trotz aller Umsicht und Anstrengung die Sableherde nicht mehr aufspüren konnten – vielleicht hatten sie uns mitbekommen oder doch noch eine uns unbekannte Wasserstelle aufgesucht –, waren wir nach einer angenehmen Dusche, feinem Kudufilet und kühlem Bier alle bald wieder voll Zuversicht, wenngleich ich bereits unter dem sanften Druck »Halbzeit« stand.

Während der ganzen Nacht ist die Luft vom dröhnenden Brüllen der Sambesi-Löwen erfüllt. »Sie sind rabiater geworden«, stellt Eric fest, »unsere Schüsse der vergangenen Tage haben sie aufgemuntert!« Das klingt gut, das paßt genau zu unserer Stimmung.
Bei rabenschwarzer Dunkelheit, zwei Kilometer vom Luder für die Löwen entfernt, verlassen wir den Landrover. Ohne ein Wort, jeder nur mit sich und den eigenen Wahrnehmungen beschäftigt, biegen wir auf dem gestern eigens freigefegten, durch dichten Busch führenden Pirschpfad ein. Simon vor mir, dann Eric und der Game-Warden. Etwa hundert Meter vom ebenerdigen, aus Gezweig und Riedgras erstellten Schirm entfernt nehmen wir die Gewehre etwas fester in die Hand. Da zuckt der Schwarze vor mir zurück und flüstert aufgeregt etwas in Matabele. Ganz nahe, links von uns, vernehmen wir mehrmals deutlich hintereinander ein tiefes, langgezogenes, fast sauertöpfisches Grohnen – die Stimme eines alten Löwen.
Gefühlsmäßig hätte ich gerne noch etwas gewartet, da man kaum den Pfad vor sich erkennen kann. »Go!« fordert Eric. Wenn je etwas bei der Jagd dieses seltsame Gemisch aus Vorsicht und durch Unausweichlichkeit erzwungene Entschlossenheit auslöst, dann ist es der nächtliche Anmarsch zu einem ebenerdigen, engen Schirm, keine Steinwurfbreite vom Riß oder Köder eines Löwen entfernt. Mehr an Herausforderung und Nervenkitzel – sofern den jemand suchen sollte – bietet keine Pirsch. Unsere Erregung ist kaum zu verbergen. Gehör, Geruchssinn und Auge registrieren jetzt wie sensibles Radar alles, selbst das hastige eigene Schlucken und den Atem der Begleiter.

Wir erreichen die Verblendung. Lautlos, bei gutem Wind und knappe vierzig Gänge von der inzwischen deutlich am Baum erkennbaren Wildkarkasse entfernt schleichen wir in den Schirm. Welch eine Enttäuschung: nicht angenommen! Wie uns später die Spuren verraten, lag der Großtatzige etwa zweihundert Meter entfernt im Busch. Er war sogar auf unserem Pirschsteig, sicherlich lange vor unserem Eintreffen, bis hin zum Rand des Dickichts geschlichen, um sich dann nach links abzusetzen. Vermutlich hat er anschließend aus sicherer Entfernung die Lage gepeilt.
Auch sonst meint es dieser Tag nicht gut mit uns. Seit einer guten Stunde folgen wir bei drückender Mittagshitze, verbissen wie hungrige Hyänen, einer stattlichen

Büffelherde von über hundert Häuptern – davon immer etwa zehn Prozent Nachwuchs –, die gemächlich zum einige Kilometer entfernten Fluß bummelt. Es ist schwierig, gegen die aufmerksamen, meist durch Busch und Wald abgeschirmten Kühe anzukommen. Die alten Büffel nutzen deren Schutz und halten sich bedeckt. Der flüchtige Blick mit dem Glas auf einen kurz freistehenden Bullen, mit handbreit dickem Helm, massig grauem und völlig »verledertem«, griesgrämigem Gesicht, genügt: So ein Methusalem fehlt in meiner Sammlung. Wie ihn aber in diesem brodelnden, stampfenden Getümmel absondern und dingfest machen? Einmal komme ich übrigens so nahe heran, daß ich fast »aus der Hüfte« hinlangen könnte, würden nicht im gleichen Augenblick Kühe und Kälber dazwischentreten. Im nächsten Augenblick wird der Büffel-»Greis« frei und äugt mit fast geschlossenen Lichtern zu mir herüber. Die Lauscher vom Dornbusch tief gespleißt und zerfranst, das Horn, rechts weit ausladend, bereits dünngefegt, doch bilderbuchmäßig gekurvt, verharrt er spitz, breitbeinig auf knapp fünfzig Schritt vor mir und bietet seine gewaltige Brust. Langsam, als ich eben versuche, Kimme und Korn in eine Linie zu bringen, dreht sich der dünnhäutige Brocken mit einem mürrisch wildem Ausdruck im Gesicht voll aus dem Dornbusch heraus, und ehe sich der Finger krümmt, sehe ich zu meinem Entsetzen, daß dem Kämpen das linke Horn fehlt. In der Mitte glatt abgesprengt! »Stirb an Altersschwäche, alter Raufer, die Löwen freuen sich«, lästere ich ernüchtert und sichere die Großkalibrige. So eine Pechsträhne!
Beim einstündigen Rückweg zum Wagen, teils über Fels und Geröll oder durch brusthohes Savannengras – an Äsung ist hier, wo das wurzelzupfende, die Grasnarbe schädigende Weidevieh keinen Schaden mehr anrichtet, keine Not –, schmeißt mich Simon mit einem Sprung rückwärts fast um: Nach ihm schlägt eine in der Mittagssonne überraschte, armlange Kobra, die dann allerdings schleunigst im raschelnden Laub verschwindet. Hatte nicht Eric – in dieser Beziehung abgebrüht wie alle Berufsjäger – mir, ohne nachzudenken, versichert, hier gäbe es nur selten Schlangen, um diese Jahreszeit überhaupt keine? Trotz aller Beschwichtigungen leuchtete ich täglich vor dem Einschlafen unter Bett und Schrank und hänge Schuhe sowie Klamotten »schlangensicher« und verschnürt an einen Nagel in der Wand. Im Gelände habe ich wegen meiner über knöchelhoch geschnürten Lederschuhe diesbezüglich sowieso keinen Bammel.
Auch die nächsten zwei Tage sind voller Erlebnisse – aber ohne Erfolg. Wo treibt sich nur das in den Bergen erspähte Sablerudel herum? Trotz seines 50-km^2-Reviers und seiner offensichtlich mönchischen Zurückgezogenheit werden wir es finden! Davon bin ich einfach überzeugt.
Nun mag man sich streiten, ob es den Einsatz und Aufwand lohnt, wegen einer einzigen Trophäe all die Mühen und Strapazen auf sich zu nehmen. Aber würde

nicht auch jeder begeisterte Musikfreund alle Anstrengungen unternehmen, wenn sich ihm die Chance böte, einer der Stradivaris, die es noch auf Erden gibt, habhaft zu werden? Und so ergeht es auch dem Jäger, für den es gilt, nach Fehlschlägen, in oft jahrelanger Suche, eine der schönsten, der einzigartigsten und längst erträumten Trophäen zu erbeuten. Eine Sable-Antilope! So ein makelloses, unverwechselbares Geschöpf der Natur: koboldhaft, selten, heimlich und schlau, überall und nirgends zu Hause. Eine einzige Herausforderung, sie zu überlisten und zu besitzen.
Auge und Herz gleich weit geöffnet, glasen wir bei jedem nur möglichen Rundblick penibel genau Hänge, Dickbuschinseln und Hügelkämme ab. Kilometerweites Panorama. Nichts. Trotzdem sind diese Afrika-Safaris eigentlich recht angenehm – im Vergleich zu anderen, oft ausschließlich auf Fußpirsch ausgerichteten Berg- oder Wildnisjagden, insbesondere in Ländern, wo Wetterlaunigkeit zum Unsicherheitsfaktor Nummer eins wird. Tagelang Kälte, Regen und Sturm ausgesetzt zu sein, wie auf der nördlichen Halbkugel oft die Regel, widerfährt einem in Afrika nicht!
Und dann hebt es mich buchstäblich vom Sitz. Simon flüstert aufgeregt: »Mtshwaele!« (»Da, große Sable«), beugt sich blitzschnell über Eric hinweg und dreht die Zündung ab.
»Wenn das ein Traum ist, bitte nicht wecken!« denke ich und greife sofort nach meinem Repetierer. Fünfzig Schritt neben dem Weg steht, spitz zu uns herüberäugend, völlig frei und bereits etwas nervös tänzelnd, meine Wunsch-Sable. Daß das ein reifer Bulle mit über einem Meter Waffenlänge ist, verraten Statur und Vorderansicht der hochaufragenden Hornbogen. Simon läßt sich wie ein leerer Sack vom Wagen fallen. Da möchte ich auch schon sein! Mich hat der Bulle fest im Auge. Völlig einleuchtend übrigens, daß ein Schuß vom Auto aus in dieser Lage nichts anderes als mieser Wildfrevel wäre, ohne die geringste Chance für dieses stolze Wild.
Das war zu erwarten! Kaum versuche ich, den Fuß aus dem Wagen zu heben, sprengt der Bulle schon mit einer abrupten Kehrtwendung davon, hinein ins dunkle, schützende Dickicht. Schon ist Simon zur Stelle. Hautnah aufgerückt, gebückt und wie zu einer Person verschmolzen nehmen wir die Verfolgung auf. »Look! Too big!« gestikuliert kurz danach aufgeregt der Tracker ins Dickicht. Schon glaube ich, etwas Wildähnliches durchs Buschgewirr im Glas zu haben, da sucht die Sable prustend erneut das Weite. Jetzt wird's heikel: Sie wittert, obwohl uns der Wind immer noch ins Gesicht steht, längst die tödliche Bedrohung!
Noch eine Belästigung mehr, dann ist sie mit Sicherheit über alle Berge und mit ihm meine Träume! Doch vorwitzig und zu selbstsicher verhofft der Bulle nach kurzer Zeit noch einmal und beobachtet uns, »Aug' in Aug'«! Sofort hab ich ihn im Zielfernrohr: Hundertzwanzig Meter entfernt späht er durch die höchstens zwanzig

Zentimeter breite Lücke zwischen zwei Bäumen. Er bietet kaum mehr als die Stirn. Verdammt wenig! Nur die Lage seiner Gesichtsmaske läßt ahnen, wo sich Träger und Brust verbergen. Jetzt oder nie! Im Zielfernrohr begegnet mir kurz nochmals der Blick des Wildes, das seine Nervosität durch lautes Schneuzen in kurzen Abständen verrät. Dann mein Schuß – und die schwarzweiße Maske sinkt lautlos zwischen den Bäumen ins Nichts. Noch im Echo des Knalls ertönt verärgertes Trompeten von ganz in unserer Nähe eingestellten, hier nicht vermuteten Elefanten. Da sind die Schwarzen auch schon am Wild ...
Während Simon immer wieder sein »too big« vor sich hinmurmelt, gleiten meine Hände bereits bedächtig über die mächtigen Bogensäbel, über Wülste und Höcker – wie über eine Stradivari – und betippen die akaziendornspitzen Enden: Kein Wunder, daß sich die Schwarzen so vorsichtig dem gestreckten Wild näherten ... Doch auf Schub und Schock der 458, auch bei dieser Distanz, ist Verlaß. »Zehn Jahre, mindestens 44 Inch«, stellt Eric begeistert fest und: »Seit Ende der 70er Jahre fiel hier nichts Vergleichbares mehr.«
Wie viele Geheimnisse, welch aufregende Kämpfe und dramatische Gefechte sind wohl in diesen schwarzen Degen verewigt, deren Basis kaum mit einer Hand zu umschließen ist? Den mir eilfertig überreichten Bruch habe ich mir nicht auf den Hut gesteckt; ich meine nämlich, daß Tradition etwas Ortsgebundenes ist und nur dort geübt werden sollte, wo sie hingehört.
Mir kam in den Sinn, was Tanja Blixen nach erfolgreicher Jagd ihrem Tagebuch anvertraut hatte: »Der Jäger ist verliebt in das Wild. Während der Stunde der Jagd ist der Waidmann mehr als das; er ist vernarrt in das Stück Wild, das er anpirscht und sich zur Beute machen will – nichts anderes sonst existiert für ihn auf der Welt.« Das jedenfalls war das alte, herrliche Afrika, das ich gesucht und gefunden hatte. Es war mir wieder einmal gelungen, trotz aller Schwerkraft, zu fliegen. Nach Simons Meinung vielleicht etwas »too high«!

Riemenfest und fährtentreu

Von lauter Jagd

Konrad Andreas

Im Norden Finnlands

Ein Dreiläufer war es, ein knapp halbwüchsiger nordhessischer Mümmelmann, der in der Blattzeit 1955 ein Erlebnis in mir wachrief, das ich im letzten Kriege hoch im Norden, in der Wildmark Finnisch Lapplands, mit einem seiner weißen Vettern hatte und das mich damals tief und nachhaltig beeindruckt hat.
Wie das kam?
Ich saß im Schirme einiger Fichten vor einem schmalen, von Niederwald und Kiefernaltholz eingefaßten Wiesenschlund. Gewärtig eines Bockes, der mir zu Beginn der Rehbrunft einmal aufs Blatt gesprungen war und den ich in der Folge noch dreimal gesehen hatte, paffte ich aus meiner Stummelpfeife blaue Wolken in die laue Luft. Ist er mangelhaft veranlagt, oder kann er doch noch Zukunft haben? Das war die Frage, die mich stark bewegte und die ich bei dem Dämmerlicht, in dem ich diesen Bock stets sah, trotz scharfem Glas nie hatte mit Gewißheit lösen können. Ich glaubte zwar, nach Verhalten und Figur den richtigen, ewig mittelmäßigen Abschußbock in ihm erkannt zu haben, konnte mich jedoch auch täuschen. Klarheit mußte ich mir deshalb unbedingt verschaffen. Bevor der letzte Zweifel nicht behoben war, nicht feststand, daß der Bock mit ruhigem Gewissen abgeschossen werden durfte, solange hatte er tabu zu sein. Das Schuldgefühl vor einem offensichtlich falsch geschossenen Stück ist für einen Jäger, der sein Wild liebt, immer schmerzlich.
Eine Arie hatte ich bereits geblattet, so schmachtend und verlangend wie nur möglich, und dann nach längerer Pause im Anschluß an den Fiepruf auch das sog. Angstgeschrei ertönen lassen, aber nichts verfing. So blieb ich unterm Schirm der Fichten ruhig sitzen, sah einem Kleiber zu, der drüben in dem Altholzstreifen twickte und am Stamme einer Eiche auf der einen Seite rauf- und auf der anderen kopfunter wieder runterrutschte, lauschte auf das nahe Rucksen eines Ringeltaubers und freute mich der Stille und Beschaulichkeit des klaren Sommerabends.
Da sah ich plötzlich einen halbwüchsigen Hasen, so einen richtigen Springinsfeld,

schräg vor mir auf ganz hohen Läufen und mit steilgestellten Löffeln aus dem Walde hoppeln. Es schien, als sei der kleine Mümmelmann bemüht, sich auf besagte Weise möglichst groß zu machen. Draußen, auf dem Randweg, setzte er sich erst einmal zurecht, um sich zu putzen. Dann stellte er sich auf die Zehen, reckte sich und streckte sich und machte schließlich einen wunderschönen Kegel, so hoch, wie's irgend ging. Die Luft schien rein zu sein. So kam mir Lampe junior, hie und da ein zartes Kräutlein naschend, langsam und bedächtig näher. Da gab er sich ganz unerwartet einen Ruck. Das sah so aus, als sei ihm plötzlich etwas eingefallen und wollte er sich innerlich versammeln. Da flitzte er auch schon am Wegrand auf mich zu. Drei Schritt vor meinem Hunde, der ihm unbeweglich zusah, stutzte er. Wenige Augenblicke blieb er sichernd sitzen, um dann nach jähem Kehrt genau in seiner Spur zurückzulaufen. Zehn Gänge oberhalb der Stelle, wo der Hase aus dem Holz gekommen war, machte er rechtsum und – wie belustigt seine kleine Blume schwenkend – einen tadellosen Absprung in den Wind.
Bravo, dachte ich, Widergang und Absprung hast du eben fein gemacht, du kleiner Kerl; das kannst du schon wie'n Alter! Ererbte Kunst. Noch freute ich mich des genossenen Anblicks, als das Häschen auch schon wieder auf demselben Paß und Wege wie zuvor erschien, um mir genau das gleiche nochmals vorzuführen.
Früh übt sich, wer ein Meister werden will!
Ich war jetzt in Gedanken ganz beim Hasen. Eigentlich ein viel zu interessantes Wild für öde Massenstrecken; viel zu schade, um bei großem Schützenaufgebot und Treiberlärm gedankenlos erlegt zu werden! Ich weiß, es geht zumeist nicht anders; unsere Kultursteppe, in der die Mümmelmänner ja bevorzugt heimisch sind, läßt eine andere Bejagung häufig gar nicht zu. Trotzdem: Wer Lampe richtig kennenlernen, ihn als Wild im Kern erleben und bewundern, ja mit dauerndem Erinnerungswert erbeuten will, muß ihn im Walde mit dem lauten Hunde jagen, beim Stöbern oder beim Brackieren. Der Hase, der dabei geschossen wird, ist keine simple »Kreatur«, die als hohle Nummer im Kollektiv der Tagesstrecke untergeht, sondern haftet in erlebter Eigenart ganz unauslöschlich im Gedächtnis.
Hier – bei richtigem Stöbern und besonders beim Brackieren – zeigt sich erst, »wie der Hase läuft«, wie unglaublich interessant als Wild der biedere Meister Lampe ist, und was er als gerissener Spurenläufer von der Kunst des Hundes fordert. Bestehen kann da nur ein Hund, der bei feinster Nase so zäh im Jagen, so eisern spursicher und locker spurlaut ist, daß seine Arbeit und die Flucht des Wildes mit dem Ohr zu »sehen« sind.
Betrachtungen, die mich im Fluge der Erinnerung vom Ringgau in den hohen Norden führten.
Zwischen Eismeerstraße und der Linie Salla-Rovaniemi liegt über dem Polarkreis in

jenem unermeßlich weiten, unwegsamen Waldgebieten neben ungezählten anderen ein ziemlich breiter, kilometerlanger See. Nordostwärts endet er in einem Moor mit trügerischer Decke. Dem folgt ein Erlenbruch. Mit anschließenden höheren Waldpartien schiebt es sich in eine breite, von felsigen Steilhängen flankierte Schlucht, die sich in der Folge mehr und mehr verengt. Kiefer, Fichte, Birke, Aspe, Eberesche stocken hier in naturgewolltem, malerischem Durcheinander, mit üppigen Beerkrautpolstern und durchstreut von Glimmerschiefer und Granit in Form von Brocken, Felsgestein und Blöcken aller Größen, wie sie die Eiszeit dieser Urweltlandschaft hinterließ.

Wo die Hänge fast rechtwinkelig zusammentreffen, führt ein alter, steiler Rentierwechsel aus der Schlucht heraus auf ein Plateau mit reinem Nadelwald. Als ich das Gelände hier das erstemal erkundet hatte, sagte ich mir gleich, daß dieser Rentierwechsel einen Zwangspaß bildet, auf dem beim Jagen mit der Bracke Anlauf zu erwarten ist. Doch woher eine Bracke nehmen und nicht stehlen? Eine Hündin, die ich später selbst besaß, meine edle »Kucka«, war damals noch nicht auf der Welt. Da kam der Zufall mir zu Hilfe! Eines Morgens im November hatte sich den Meldehunden meiner Einheit eine Finnenbracke zugesellt, eine ältere, harsch behaarte Hündin, auf weißem Grunde schwarz bemantelt, das Schwarz an Kopf und Läufen schön rostrot übertupft und abgesetzt, mit heller Fangpartie und typisch leuchtendweißer Rutenspitze, der sog. Blume. Wie nicht anders anzunehmen war und sich später auch ergab, hatte sich die Hündin weit verjagt. So fand sie bei uns Anschluß. Ich meldete sofort, daß uns die Hündin zugelaufen war. Ihr Besitzer, ein waidfroher Kamerad der finnischen Wehrmacht, war hocherfreut, als er die Bracke bei mir wiederfand. Vorher aber hatte ich bereits mit ihr gejagt.

»Weibi«, wie mein braver Steirer Toni sie gleich nannte und wie ich sie hier weiter nennen will, war mit uns sofort d'accord. Erst wurde sie mal gut gefüttert, dann schlief sie sich auf einer Rentierdecke gründlich aus. Derweil entwarfen wir den Schlachtplan für den nächsten Morgen. Toni sollte sich mit »Weibi« an den See begeben und sie zwischen Moor und Bruch zur Suche schnallen. Ich selber war entschlossen, oberhalb des Rentierwechsels Vorpaß zu beziehen. Als Zeit zum Schnallen wurde nach Vergleich der Chronometer 10.30 Uhr angesetzt. Der Morgen kam. Es hatte in der Nacht leicht geschneit. Der Himmel war bedeckt, das Wetter also günstig. Beizeiten faßte ich am oberen Hange unter Wind des Rentierwechsels Posto. Der Hintergrund der Stufe, die sich dort gebildet hatte, bot willkommene Rückendeckung. Der Einblick in die Schlucht war günstig und auch der Paß auf Flintenschußentfernung gut zu übersehen. Mein alter, braver »Rauck«, der Kurzhaarsieger, der mich auch im Kriege überall begleitet und mir schon zu manchem Waidmannsheil verholfen hatte, lag getreulich neben mir.

Ein flüchtiger Blick aufs Zifferblatt der Armbanduhr: Noch war nichts zu erwarten. Lapplandmeisen schwirrten vor mir durch die Wedel einer alten, flechtenbärtigen Fichte. Auch ein Unglückshäher ließ sich sehen. Rauchgrau und mit rotem Stoß, trägt der muntere, zutrauliche Vogel die Farben unseres Hausrotschwänzchens. Er ist zwar von der Größe unseres Eichelhähers, aber ohne dessen Ruppigkeit und ohne den so respektablen Stimmaufwand der schmähsüchtigen Vetters. Im Wesen ähnelt er vielmehr dem Tannenhäher. Sein Lockruf ist ein sanftes Fiepen, ähnlich dem »Piu« des Schmalrehs. Immer wieder fiel mir auf, wie anziehend die Wittrung dieses Hähers für die Hundenase ist; »Rauck« markierte sie stets ähnlich wie Geläuf von Hühnern. Wie der hübsche Vogel als erklärter Glückbringer der Lappen zu seinem ominösen Namen kam, vermochte ich nie zu ergründen. Als ich einst am Inari einem alten Rentierlappen eine Stummelpfeife und dazu ein Päckchen Tabak schenkte, war er hochbeglückt, und seinem eingefallenen Mund, in dem kein Zahn mehr stockte, entrang sich etwa folgendes: »Kein Wunder, habe heute früh schon Kukuli gesehen!« So aber nennt der Lappe jenen Vogel, der zoologisch Unglückshäher heißt.

Was mochte Kukuli *mir* heute bringen?

Kaum gedacht, hörte ich vom See her das Geläut der Bracke! Die Laute überstürzten sich zuerst. Kein Zweifel, »Weibi« hatte auf der Nachtspur schon gefunden und den gestochenen Hasen erst auf Sicht gejagt. Prachtvoll melodisch klang ihr Hals. Vom »Glockenspiel der Bracken« singt die Droste und nennt sie »die lebendigen Glokken«.

In ihrer klangvollen Melodik ist die Brackenstimme von ganz eigener Art. Die Hündin jagte nunmehr zügig auf der Spur*. Die Jagd schien sich nach Westen zu entfernen, und plötzlich war der Laut wie abgerissen. Dann klang er wieder auf – mit hohem Jauchzer! Natürlich, »Weibi« hatte einen Haken überschossen und war nun Lampe wieder auf der Spur. Nach Süden wandte sich die Jagd. Sie schien am Seeufer entlang zu gehen und sich in grauer Ferne zu verlieren. Meine Felle sah ich schon den See hinunterschwimmen. Verdammte Tat! Ich zündete mir einen Tobak an und rauchte wie ein Schlot in vollen Zügen.

Da, war denn das nicht wieder »Weibis« Stimme?! Hatte der Hase kehrt gemacht und kam zurück? Es war tatsächlich so. Immer näher läutete das Glöckchen. Die Spannung wuchs. Jetzt jagte »Weibi« wieder in dem Erlenbruch, das der Hase erst verließ, als ihm alle Volten, Winzelzüge, alle Kniffe, sich die Bracke in dem bültigen Gelände abzuschütteln, nichts mehr nützten.

---

* Ich weiß, der Brackenjäger spricht von Hasen*fährte!* Ich bitte ihn deshalb, mir gütigst zu verzeihen, wenn ich hier trotz aller Sympathie für seine Bräuche »spurtreu« bleibe.

Nachdem das so bezaubernde Geläut mit kurzen Intervallen im Bruch wohl eine halbe Stunde hin und her gegangen war, erklang es plötzlich näher. Ich paßte angestrengtest auf und hatte das Gewehr schon halb im Anschlag, als der Hase, der bis auf die schwarzen Löffelspitzen selbst so flaumig weiß wie seine Umwelt war, ganz unten in der Schlucht erschien. Mit Seitenwind kam er auf hohen Läufen nicht sehr flüchtig näher, an einem flechtenüberzogenen, fast zweimeterhohen Fels vorbei, der jenseits einer schmalen Rinne etwas tiefer lag. Dreißig Gänge weiter machte Lampe plötzlich kehrt, um genau in seiner Spur zurückzulaufen, bis zum Fels. An dessen Mitte wandte er sich jäh nach rechts, um in einem respektablen Satz, der es als gerissener Absprung später für die Hundenase in sich hatte, die Platte dieses Felsblocks zu erreichen. Dort, auf hoher Warte, blieb Mümmelmann ein Weilchen sitzen und lauschte mit gespanntem Löffelspiel dem Laut der Bracke, die weiter unten noch damit beschäftigt war, einen Knoten, den er ihr geknüpft, zu lösen. Dann sprang der Hase wieder mit dem Winde ab und war im Nu verschwunden. Ich holte Luft und war gespannt, wie wohl die Bracke diesen Widergang und Absprung meistern würde!
Bald, nachdem der Hase von dem Felsblock abgesprungen war, erschien die Hündin läutend auf der Spur. Als sie diese dort, wo sich der Hase widergangen hatte, überschoß, verstummte sie sofort. »Weibi« war nicht schwatzhaft, wie die Brackenjäger Finnlands einen Hund zu nennen pflegen, der bei solchem Stoß ins Leere nicht sogleich zu läuten aufhört, also waidlaut ist.
Die Bracke schlug jetzt einen Bogen. Verhalten durch die Lefzen jaffend, suchte sie im Wind der eingekreisten Spur zurück, um nach etwa 80 Gängen festzustellen, daß deren Wittrung wieder kälter wurde, der Hase also abgesprungen war. Jetzt folgte unter Wind der Spur ein Bogen nach dem andern. Dabei verfehlte »Weibi« im Windschatten des Felsblocks das erstemal die Fortsetzung der Flucht des Hasen. Erst als sie ihre Kreise weiter unterhalb der Stelle zog, kündete ein Jauchzer, daß sie wieder Anschluß hatte.
Diese Leistung war in der Tat ein Meisterstück!
Jetzt läutete die Hündin Schlag auf Schlag. Die Jagd entfernte sich, verstummte, klang bald wieder auf, und als »Weibi« wieder fast am Bruch zu jagen und zu knobeln schien, kam der Hase, wo er vorher meinem Blick entschwunden war, auf seiner Spur zurück, umlief den Felsblock, nahm den Paß an, auf dem er sich vor seinem Absprung widergangen hatte, und – lief mir sozusagen in die Flinte.
Zum Laut der Bracke brach der Schuß. Der Hase überschlug sich und blieb vor einem Findling liegen.
Den hatten wir! Meine Hoffnung, die ich auf den Rentierwechsel als *den* Zwangspaß

setzte, hatte sich erfüllt. Da ich nicht wußte, was »Weibi« mit der Beute machen würde, ließ ich »Rauck« zur Sicherheit den Hasen apportieren und blieb auf meinem Stand.

Der Laut der Hündin kam rasch näher. Wo der Hase wieder aufgetaucht war, erschien, ihr Blümlein hurtig schwenkend, auch die Bracke. Ein Anblick, der mich lebhaft an ein wunderschönes Aquarell von Bruno Liljefors erinnerte.

Als »Weibi« auf die Stelle kam, wo »ihr« Wild im Schuß verendet war, verstummte sie sofort. Sie ließ die Rute hängen, prüfte Schweiß und Wolle und folgte mißvergnügt der Spur des anderen Hundes, der ihr die Beute vor der Nase weggeschnappt. Als sie uns eräugte, rief ich »Weibi« an und suchte sie herbeizulocken. Sie reagierte nicht. Schwer beleidigt, zog sie ab und lief in Richtung See zu Toni, der nach einer Weile mit ihr ankam.

Inzwischen hatte ich den Hasen liebevoll betrachtet. Daß er kein Jüngling war, stand fest. Was er vorm Hunde zeigte, war die Kunst des eingesessenen und mit allen Schlichen wohlvertrauten Routiniers. Fürwahr, ein vornehmer Gesell der weiße Vetter unseres Lampe, gar fein im Schneeweiß seines seidenweichen Winterbalges, mit seinen schwarzen Sehern und der zarten Zeichnung seiner schwarzen Löffelspitzen! Toni, der gleich den Hasen liegen sah, begrüßte mich mit Waidmannsheil. Aus seinen offenen Steireraugen leuchtete die Freude über den Erfolg der Jagd. »Tja«, sagte er, »des Hunderl kann's. Wie's gschnallt war, hat's am Moos mit eeam Bleamerl erst gschwind a wengerl umanand gschwanzelt, na is verschwunden und hat so in a Viertelstund a scho gjagt. Gsegn hab i nix, aber wie's gjagt hat, des hab i allwei fei am Laut gspannt.«

Ich konnte es mir nicht versagen, »Weibis« Halsung mit dem wohlverdienten Bruch zu schmücken. Ein Zweiglein davon steckte ich mir an die Mütze hinters Edelweiß.

Dann kam das flache Fläschchen mit dem Nickel-Schraubverschluß zu Ehren. Wir Männer sagten prost und rauchten fröhlich unser Kraut, dieweil sich »Weibi« meine Brotzeit einverleiben durfte, wovon auch »Rauck« sein Teil erhielt.

Ich mußte Toni haargenau berichten, und dazu konnte er nichts weiter sagen als immer wieder »Sakradi!« und »Jessas – na!«.

Daß dieser Hase, als wir ihn in einer wundervollen Nordlichtnacht verspeist, dann noch gebührend totgetrunken wurde, versteht sich wohl am Rande.

Im Sauerland

Der alte Anjagdruf, von den weichen Klängen der kupfernen Halbmonde stimmungsvoll getragen über Berg und Tal, ist zünftiger Auftakt zu den allherbstlichen Prüfungen des Deutschen Brackenclubs e. V., Sitz Olpe:

Die Sauer- und die Siegerländer Berge mit ihren waldigen Höhen und Hängen, ihren reizvollen Tälern und Triften sind heute mehr denn je das deutsche Reservatgebiet der lauten Jagd, in dem sich seit Jahrhunderten gepflegtes Brauchtum bis in die Gegenwart erhalten hat. Und wer Westfalenart und im besonderen die Überlieferungstreue kennt, mit der die bodenständige Jägerei in Heimatliebe und Naturverbundenheit an diesem ihrem Vätererbe hängt und festhält, der zweifelt nicht am Fortbestand der Brackenjagd im waldbedeckten Bergland zwischen Sieg und Ruhr.

Man muß an solchem Waidwerk selber teilgenommen, bei Herbstbrokat und dem Geläut der Bracken den Zauber dieser Landschaft selbst genossen haben, um seine Reize zu ermessen. Mit Sinn und Seele muß man es erleben als ganzer Jäger, den die freie Arbeit guter und gerecht bejagter Hunde und die dabei erzielte Beute ungleich mehr erfreuen als simples Streckemachen beim Gefechtslärm einer Treiberwehr. Pflegt es bei diesem doch im allgemeinen nur auf richtiges Verhalten auf dem zugewiesenen Stande, auf Anlauf und aufs Treffen anzukommen. Wonach das so erlegte Stück nichts weiter ist als nüchterner Summand im Kollektiv der Tagesstrecke – ohne jeden Einzel- und Erinnerungswert.

Wer so empfindet, wird gleich uns bedauern, daß Jagen in der Art und Weise, wie es heute von den Sauer- und den Siegerländer Brackenjägern ausgeübt wird, unter ähnlichen Gegebenheiten nicht auch anderswo im Schwange ist. Der dortigen Jägerei geht zünftige Stimmung über alles, und wohl bei keinem anderen Waidwerk wechselt diese so mit spannungsvollen Höhepunkten wie beim Jagen mit der Bracke. Hinzu kommt, daß – zumal bei Einzeljagd – für richtiges Zusammenwirken mit dem Hunde der Jäger mit den Lebens- und den Fluchtgewohnheiten des Wildes ebenso vertraut sein muß wie mit den besten Wechseln oder Pässen. Er muß sozusagen fühlen, wo unter den gegebenen Wind- und Witterungsverhältnissen *der* Hase liegt, und wie er, angejagt, vorm Hunde laufen wird. Es sei deshalb die Beute eines solchen Jagdtags mengenmäßig noch so karg, in idealer Hinsicht stellt sie jede Treibjagdstrecke in den Schatten.

Als Muster einer guten Bracke gilt ein in Laut und Nase zuverlässiger Hund, der rehrein ist, sich eisern an die Anjagdfährte heftet und dieser mit Geschick und Zähigkeit zu folgen weiß – durch dick und dünn, über alle Knöpfe und Knoten. Waidwerk mit ihm ist Jagen in des Wortes wahrstem Sinne.

Da hat das Wild noch alle Chancen. Der auf der Nachtspur aus dem Pott gehobene

Hase oder angejagte Fuchs bestimmt den Gang der Jagd. Das Beutemachen ist dann Sache des Zusammenspiels von Hund und Jäger. Für diesen richtungweisend sind dabei die Zauberklänge des Geläutes.

Und wenn im Wald die Hunde lustig jagen,
das ist die schönste Melodie.
Ja selbst in meinen allerletzten Tagen –
niemals, niemals vergeß ich sie!

Spurwille, Spursicherheit und lockerer, klangvoller Spurlaut sind ererbte Eigenschaften, die schon der Junghund bei der Entwicklung seiner Anlagen möglichst früh und ausgeprägt bekunden soll. Waidlaut (sog. Lügen) gilt mit Recht als grober Fehler. Je spurwilliger der Hund, je feiner seine Nase, um so sicherer vermag er einer Spur zu folgen, was sich in der Zügigkeit der Arbeit auszudrücken pflegt. Besondere Schwierigkeiten im Verlauf der Spur meistert die Bracke nach dem »Rezept des jagenden Hundes«, durch das ihr angewölfte Bogenschlagen, um auf diese Weise wieder Anschluß an die Fluchtspur zu gewinnen. Je geschickter sie es bei Verlust der Fährte anzuwenden weiß, um so leichter und rascher löst und überwindet sie »Knöpfe und Knoten«, als da sind Widergänge, Absprünge und nicht zu überbrückende Geländestellen, auf denen sich die Spur verlor.
Beim älteren Hunde kommt dazu die Suche nach und auf der Nachtspur und mit der Rehreinheit, der Sicherheit und Zähigkeit des zielbewußten Jagens das Brackieren.
Prüfstein ist in erster Linie die Hasenspur, daneben auch die Spur des Fuchses. (Der Brackenjäger spricht, wie schon erwähnt, von Fuchs- und Hasen*fährte*.)
Die gute Bracke soll an ihrem Führer hängen, mit seiner Hand verbunden bleiben, etwa wie der abgetragene Falk bei hohem Fluge mit der Faust des Falkners. Weshalb bereits vom Junghund Führigkeit gefordert wird, vermöge deren er bei aller Energie im Jagen die Bindung an den Führer nie verliert.
Auf Rehreinheit wird größter Wert gelegt. Hunde, die nicht rehrein sind, scheiden von der Weiterprüfung aus.
Der gepflegte Rehstand in den Prüfungsrevieren ist derart gut, daß hier Brackieren mit Hunden, die an Rehen jagen, schlechterdings unmöglich wäre. Kein zünftiger Brackenjäger erlegt deshalb vor seinem Hund ein Reh. Nur der vom Hund gejagte Hase oder Fuchs gilt ihm als gute Beute. Was die intelligente Bracke, die infolge feiner Nase das Zeug zum guten Hasenjager hat, auch rasch verknüpft. Je jünger sie noch ist, wenn der erste selbstgejagte Hase oder Fuchs vor ihr zur Strecke kommt, um so tiefer pflegt sich dies in ihr Gedächtnis einzuprägen. Kein Erleben ist so nachhaltig wie das der Frühe – auch beim Hund!

Ich denke an die 1. Preisgewinner der Prüfung Thieringhausen 1959. Die Hunde suchten eifrig und mit Sorgfalt, fanden mehr oder minder rasch und folgten mit Elan der Anjagspur, unermüdlich und mit lockerem Laut, der immer abriß, wenn ein Haken überschossen, ein Knopf zu öffnen, ein Knoten zu entwirren war, um erneut mit einem Jauchzer einzusetzen, sobald der Hund den Faden freigelegt und wieder aufgenommen hatte. So jagte jede dieser Bracken »ihren« Hasen gut dreiviertelstundenlang mit zwei- bis dreimaligem Wenden. Beim Wiederaufkoppeln ergaben sich bei keinem Hunde irgendwelche Schwierigkeiten. Im Gegenteil: auch wenn der Hase nicht zur Strecke kam, auf Anruf oder Hornsignal (Brackenruf) pflegte jeder willig seinem Führer zuzustehen.
Wer die Sauerländer Bracken wirklich kennt und ihre Art zu jagen selbst erlebt und den Zauber dieses Jagens mit allen Sinnen ausgekostet und genossen hat, muß bekennen, daß es bestechend leistungsedle Hunde sind. Mit ihren reinen Läufen und geschlossenen Pfoten, ihren trockenen, fein modellierten Köpfen und schönen Behängen verkörpern sie den angemessenen Arbeitstyp. Griffig, also wetterfest behaart, haben alle Bürstenrute und am hinteren Keulenrand die auf Stockhaar deutende »Feder«. Jagdverstand und ausgesprochen liebenswürdige Wesensart machen sie für jeden Jäger, der ihre Seele zu gewinnen weiß, zu prachtvollen Gefährten.
Das leuchtende, schwarz übermantelte Rot der Sauerländer Bracke – mit weißer Schnippe, weißem Fang und Halsring, weißer Vorbrust, weißem Bauch und weißen Läufen und immer weißer Rutenspitze, die bei der Arbeit unablässig in Bewegung ist, wie eine windbewegte Wollgrasblüte – paßt so einzig in die Herbstpracht unserer Wälder, daß der Anblick dieser edlen Hunde inmitten ihrer farbenfrohen Umwelt immer wieder eine Augenweide ist, sie mögen aufgekoppelt oder bei der Arbeit sein.

Ein Hund ganz anderen Formats, in der Höhe der Läufe zwischen Bracke und Dachshund stehend, ist die rote Dachsbracke des Erzgebirges und der Alpenländer. In Thieringhausen 1959 war sie durch ein edles Brüderpaar vertreten.
Der Eindruck, den »Bob« und »Bazi vom Hohen Brand« dort machten, war in jeder Hinsicht ausgezeichnet. Bemerkenswert die Ruhe dieser sympathischen Hunde. Bei leisestem Gehorsam waren beide Rüden äußerst führig. Sie suchten passioniert und planvoll und jagten ihre Hasen bei ausgeprägtem Spurwillen sehr anhaltend und sicher. Während der von »Bob« gejagte Hase als »Zugereister« gut einen Kilometer über Berg und Tal ging, um zunächst den heimischen Gefilden zuzustreben und sich erst dort aufs Kreisen zu verlegen, gelang es »Bazi« wiederholt, seinen Hasen auf dem Paß zurückzubringen. Ihr Spurlaut tönt zwar etwas abgehackt, ist daher nicht so fließend locker, so hell und klangvoll wie das »Glockenspiel« der Deutschen

Bracke. Das aber ist wohl rasseeigentümlich. Beide Rüden hielten, wie erwähnt, sehr ausdauernd und sauber durch, und immer wußte man, wohin die Jagd sich wandte. Dabei konnte »Bob« vorher noch nie Gelegenheit geboten werden, einen Hasen auf der Spur zu jagen. Wie sein Führer sagte, hatte er den Hund bis dahin nur auf kalter Hochwildfährte und auf Schweiß geschult, sogar schon einige Nachsuchen erfolgreich mit ihm durchgeführt.
Ein Wurfbruder des Vaters dieser Rüden ist »Iro von der Fell«, ÖHZb. Dbr. 3265, mit dem Revierförster Gustav Brandes, jetzt Forsthaus Königskrug bei Braunlage im Harz, im Spätherbst 1958 die bemerkenswert vielseitige Gebrauchsprüfung des »Klub Dachsbracke« bei Villach in Kärnten gewann, obwohl auch »Iro« sich bis dahin nur auf kalter Hochwildfährte und auf Schweiß betätigt hatte. Vgl. den interessanten, gut illustrierten Aufsatz »Schweißarbeiten und eine Gebrauchsprüfung mit der Alpenländisch-Erzgebirgler Dachsbracke« in Nr. 3/1959 der »Pirsch«.

Einer der besten Kenner der Dachsbracke des Erzgebirges und der Alpenländer war Rittmeister August *Baumann*, Lichtengraben. Im Januar 1931 schreibt er in Nr. 5 Bd. 96 der Deutschen Jäger-Zeitung: »Die Dachsbracke war die Urform des Teckels; er ist aus ihr hervorgegangen, nicht aber die Dachsbracke aus Teckelblut.« Er beruft sich dabei auf einen Experten wie Wilhelm *Fürer* vom Haimendorf, der im alten Österreich als gründlichster Kenner der deutschen Bracken galt, und fügt dem hinzu: »Im Grunde genommen wird es dem Liebhaber unserer Hunde gleichgültig sein, was alles in das Werden unserer heutigen Dachsbracke hineingespielt hat. Unser Bergjäger wird sich darüber gewiß nicht den Kopf zerbrechen. Daß unsere Bergjäger einst nicht auf Form, sondern nur auf Leistung gezüchtet haben, hierzu unbedenklich auch des Nachbars Wildbodenhund oder einen importierten Schweißhund verwendend, ist bekannt. Diesem Umstande mag man es zuschreiben, daß selbst bei dem heutigen Hochstande unserer Rassezucht in vereinzelten Fällen noch hochläufige, brackenähnliche Welpen fallen, daß bei allgemein besten Anlagen auch einmal ein einzelner Junghund sich im Wurf befindet, der einem Urahn nachgeraten ist und stumm jagt.«
Die inhaltsreichen, schönen Tage, die wir inmitten der im Buntlaub prangenden Sauerländer Berge im Kreise einer zünftigen Jägerei bei lauter Jagd verleben durften, waren immer einzig anregend und interessant. Gar vieles davon bleibt uns unvergessen – manch reizvolles Erlebnis im Revier und dann, nach fröhlichem Gejaid und kräftigem Mahl, das so gemütliche Zusammensein bei Becherklang und würzigem Kraut in urgeselliger, für alle Feinheiten gerechten Waidwerks aufgeschlossener Runde.
Abzeichen des Deutschen Brackenclubs ist die durch den Halbmond springende

Bracke. Ein wahrhaft klassisches Symbol urechten Waidwerks. Melodisch abgetönt auf das Geläut des jagenden Hundes, auf Flintenknall und Hörnerschall, birgt das in diesem Sinnbild dargestellte bodenständige Jagen Stimmungswerte, die ihren Ursprung in gepflegter Tradition und wurzelechter, waldverwobener Romantik haben.

Kein Krösus braucht der Mensch zu sein, um sich des Daseins innerst zu erfreuen. Im Gegenteil, jedweder Luxus übersättigt und stumpft ab. Worauf es ankommt, ist das Herz, sind Blick und Aufgeschlossenheit für all die tausend kleinen, feinen Dinge, deren Stimmungswert unwägbar ist und die nach eines gütigen Schöpfers Wunsch nichts weiter als erlebt sein wollen.

So stand ich um Hubertus 1960 in den Sauerländer Bergen vor einem rotbraun überwelkten Eichenlohbestand. Zu meinen Füßen dehnte sich ein weiter Hang. Der Schälbestand war hier vor einigen Jahren abgetrieben worden. Zwischen Dürrgras und dem Braun der Aufschlagbüsche glänzte überall das dunkle Grün heranwachsender Fichtenjugend. Eingestreut war hie und da das zarte Weiß und letzte Goldgelb einiger Birken.

Ich freute mich der späten Farben hoch überm Morgendunst der Täler und sah der Auflösung der Nebelfetzen zu, die sich am Gegenhange in den Wipfeln einer Fichtenwand verfangen hatten. Dicht neben mir, vor morschem Fichtenstock, bewegten sich im Morgenwind die Silberfähnlein einiger Weidenröschen.

Im Nebel ruhet noch die Welt,
Noch träumen Wald und Wiesen;
Bald siehst du, wenn der Schleier fällt,
Den blauen Himmel unverstellt,
Herbstkräftig die gedämpfte Welt
Im warmen Golde fließen.

Wie schön das alles war! Und welches Hoch- und Wohlgefühl, als die Sonne durchbrach und mit ihrem Strahl der Herbheit und der Stille dieses Morgens erst den rechten Glanz verlieh! Einer Stille, die nur unterbrochen wurde, wenn irgendwo ein Häher rätschte oder Krammetsvögel lockten.

Ich war hier oben, um zu jagen – allein mit mir und einem guten Hunde, dem Sauerländer Brackenrüden »Donar«, den mir der gütige Jagdherr mitgegeben hatte. Solche Zweisamkeit kennt »keine Uhr und keine Eile und äußert selten Langeweile«. Der Hund saß aufgekoppelt neben mir. Da hier am Boden nichts zu spüren war, hatte er die feine Nase, deren Flügel unablässig spielten, ungeduldig in den Wind gereckt.

Ein flüchtiger Seitenblick von ihm schien auszudrücken, es sei jetzt Zeit zu fröhlichem Gejaid.
»Donar« hatte recht; es galt zu handeln. Die Aussicht, einen Hasen bald zu finden, war nicht schlecht bei der vorhandenen Bodenfeuchtigkeit, dem aufgekommenen Südwestwind und der Klarheit, die inzwischen eingetreten war, zumal bei solcher Witterung an einigermaßen windgeschützten Stellen die Nachtspur für die Nase einer guten Bracke noch zu stehen pflegt.
Ich nahm dem Hund die Halsung ab und ließ ihn erst einmal bei Stirnwind unterhalb des Höhenweges suchen, auf dem wir uns befanden. Ich selber blieb zunächst dort stehen, um später »Donars« Suche auf dem Wege zu flankieren. Der Hang lag zwar im Wind, war aber durch die vielen Aufschlagbüsche und die Fichtenjugend, die dazwischen stand, so dicht bestockt und so mit Gras bewachsen, daß doch die Möglichkeit bestand, hier einen Hasen aus dem Pott zu heben.
Weit ausholend, lief »Donar« erst ein Stück den Weg entlang, um dann den ganzen Hang sehr eifrig und sehr systematisch abzusuchen. Hin und wieder sah ich, wie der Hund revierend durch die Büsche glitt. Sein heller Fang, sein leuchtend weißes »Chemisettchen« und die helle Rutenspitze, die allen Dreifarbbrakken eigene sogenannte »Blume«, fielen dabei immer wieder auf. Ein Hase war hier aber nicht zu finden. Nur drei Rehe sah ich vor dem Hunde flüchtig werden, eine Ricke mit zwei starken Kitzen. Aber »Donar« ignorierte sie und ihre warmen Fährten völlig. Die Rehe sprangen auch nur etwa 60 Meter aus dem Wind und blieben etwas oberhalb in dem vom Hunde vorher abgesuchten Teil des Hanges wieder stehen.
Gerechte Führung lehrt die Bracke früh, daß nie ein Reh vor ihr geschossen wird. Eine andere Methode, baldige Rehreinheit bei Bracken zu erzielen und die Hunde rehrein zu erhalten, gibt es nicht. Sie ist erprobt und sollte auch von Führern anderer Hunde übernommen werden.
Als »Donar« sich auf Anruf wieder eingefunden hatte, zogen wir selbander weiter. Ich kannte in Verlängerung des Weges, der hier seitlich abbog, im Bestande eine abgeflachte, lichte Kuppe. Dort, zwischen Heidekraut und einigen Birken, kreuzten sich verschiedene Pässe, die gut zu übersehen waren. Von hier aus ließ ich »Donar« weitersuchen. Er wandte sich, den Wind ausnutzend, dem Lohbestande oberhalb des Hanges und den jenseits dieser Höhe im Überwind gelegenen Partien zu. Ohne daß er laut geworden wäre, traf der Hund nach etwa einer halben Stunde wieder bei mir ein.
Wir zogen weiter, quer zum ersten einen anderen Höhenweg benutzend. An einem flachen Hange auf der anderen Seite unserer Höhe ließ ich »Donar« wieder suchen.

Hier, in überwindiger, guter Deckung, mußte sich ein Hase auf die Sprünge bringen lassen. Ich schob mich längs des Weges wieder auf die Höhe. Wie das so ist: Beim Blick aufs malerisch in einem Taleinschnitt gelegene Thieringhausen fiel mir auch die liebenswürdig adrette Wirtin ein, die dort in ihrem so behaglich-säuberlichen Reich mit Umsicht waltet und die uns Jägersleute bei den Prüfungen des Deutschen Brackenclubs so prachtvoll aufzunehmen und so bodenständig schmackhaft zu beköstigen weiß. Wie gut mir in Gedanken daran die Zigarre schmeckte! Ihr würziger Rauch zerflatterte im Morgenwind.
Da plötzlich »Donars« Laut, der sich in den ersten drei Sekunden fast zu überschlagen schien! Vergessen war, woran ich eben noch gedacht, vergessen alles, auch der jüngst in T. genossene gute, alte Korn nebst Mettwurst, Grünkohl, Speck und Erbsen.
Joho, die Bracke jagt...!
Doch was war das?! Sollte »Donar« sich vergessen haben?... Auf einem Wechsel, der den Weg hier querte, erschien vor mir ein flüchtiges Reh. Das Schmalreh stutzte, sicherte zurück – dorthin, wo »Donar« jagte. Dann trollte es, indem es sich ganz lang und niedrig machte, weiter. Der Rüde aber läutete in anderer Richtung. Die Jagd entfernte sich nach rechts und war vorübergehend überriegelt, so daß der Laut nur hin und wieder zu vernehmen war.
Also Beine in die Hand und den eingeschlagenen Weg zurück! Hier im Bestande mußte sich ja irgendwo ein Querweg finden lassen, auf dem man sich der Jagd entgegenwerfen konnte, um sie abzuschneiden. Daß der Hase auf der anderen Seite eine Strecke längs des Waldes laufen und nach Annehmen der Höhe schräg zurück durch diesen Waldteil flüchten würde, um wieder in die Nähe seiner Sasse zu gelangen, war mir ziemlich klar. Da ich aber das Revier nicht näher kannte, mußte ich mich bei der Wahl des Standes einmal auf mein Gangwerk und zum andern aufs Gefühl verlassen. So lief ich den besagten Weg hinauf, fand etwa 150 Meter weiter eine Schneise und stellte fest, daß hier im etwas lückigen Bestande, im rechten Winkel zwischen Weg und Schneise, der Schnittpunkt zweier Pässe lag. Hier konnte es am Ende klappen. Also faßte ich am Wegrand Posto, mit Ausblick auf die Wechselkreuzung rasch ein wenig Rückendeckung nehmend.
Wo aber mochte wohl die Jagd geblieben sein? Eine Weile blieb noch alles still.
Da, war das nicht der Hals des Hundes? Jawohl, die Jagd kam näher, verlor sich wieder irgendwo da hinten. Die Sache fing an feierlich zu werden.
Da plötzlich »Donars« ganzer klangvoll heller Laut, jetzt schon auf der Höhe! Noch einmal riß er ab für wenige Minuten – wahrscheinlich an einem Widergang, an einem Absprung oder Haken. Dann klang er wieder auf... Kein Zweifel mehr, die Jagd kam näher! Die Spannung, die sich meiner längst bemächtigt hatte, wuchs.

Und jetzt halbrechts vor mir auf etwa 50 Schritt Bewegung! Das konnte nur der Hase sein. Er war's. Nach kurzem Rückwärtssichern – ich sah das Spiel der Löffel – kam er stetig näher. Unweit des Schnittpunktes der beiden Pässe stellte ich ihn auf den Kopf. Also war die Rechnung aufgegangen. Als der Schuß fiel, folgte »Donar« noch mit etwa hundert Meter Abstand auf der Fährte. Locker weiterläutend, war er bald beim Hasen und fuhr ihm an die Kehle, ließ aber schon nach kurzem Schütteln wieder ab. Lustig wedelnd und dabei sein »Blümchen« schwenkend, stand der hübsche Rüde hochbefriedigt neben seiner Beute. Da sah er mich. Die Geste, die er dabei und bei meinem Näherkommen zeigte, war Ausdruck all der Freude, die sein Herz in diesem Augenblick beseelte.

»So brav, mein Hund!« Ich ging ins Knie und schloß ihn liebelnd in die Arme. »Donar« hatte seine Sache fein gemacht. Ich reichte ihm zum Lohn das ganze Frühstück, das ich in der Tasche hatte, und gab ihm immer wieder zu verstehen, welch ein Prachtkerl er in meinen Augen war. Unweit der Stelle, wo die Jagd ihr Ende fand, auf sonniger, windgeschützter Lichtung, grünten zwischen fahlem Gras und Buntlaub Reihen junger Fichten. Von einem dieser Bäumchen nahm ich mir den Bruch – so klein und fein wie möglich – und steckte ihn befriedigt an die Mütze. Der Hase hatte es verdient. Weniger auf Art und Stärke des erlegten Wildes kommt es mir bei Pflege dieses Brauches an, als vielmehr aufs Erleben. Und ein Erlebnis war die laute Jagd auf diesen Hasen mit allem Drum und Dran. Sie bleibt – gleich manchem früheren Erlebnis dieser Art – so unvergessen wie der ganze klare Morgen inmitten der von einer milden Sonne überglänzten Herbstespracht der Sauerländer Berge.

Ich setzte mich auf einen Stubben, schauend, rauchend und genießend, ganz dem Zauber dieser Stunde hingegeben. Der Hund saß aufgekoppelt neben mir. Vor uns, auf einem abgebrochenen Fichtenwedel, lag mit sauberem, glattgestrichenem Balg der Hase. Er war kein Jüngling mehr; außen überm Handgelenk der Knochenvorsprung fehlte. Das Wollige, die feinen Farbtöne im Hasenbalg – zärtlich glitten Blick und Hand darüberhin.

Das Heim des Jagdherrn, dessen liebenswürdige Gastfreundschaft ich wiederholt genießen durfte, liegt malerisch im Tal an einer Lehne. Um die Mittagsstunde trafen wir dort wieder ein. Dabei begrüßte mich die gütige Hausfrau mit den Worten: »Wir haben ›Donar‹ jagen hören. Dann fiel Ihr Schuß. Als ›Donars‹ Laut ein wenig später abriß und nicht wieder aufklang, wußten wir, daß Sie getroffen hatten. Waidmannsheil!«

Ein Hase »nur« – jawohl! Und doch, was er uns als gerissener Fährtenläufer bot, war im geforderten Zusammenspiel von Hund und Jäger echtes, rechtes Waidwerk.

Wie sagt Ortega y Gasset: »Mensch und Hund haben ihre Art zu jagen aufeinander eingestellt und dadurch den Gipfel des Jagens erreicht.« Das gilt ob ihrer prachtvollen Ursprünglichkeit und angesichts der Feinheit ihrer Reize seit eh und je vor allem für die laute Jagd. Da hat das Wild noch alle Chancen ...

Wie auch das Schicksal immer walte,
der Wunsch sei hier als Gruß genannt:
Daß Sankt Hubertus sie erhalte,
die laute Jagd im Sauerland!

Zoltan

Hilmar Zieger

Ein Jäger und sein Hund

Unser Langhaardackel Mäxchen war alt geworden. Mit Wehmut sahen wir, daß er so gar nicht mehr an irgend etwas Interesse hatte. Selbst an das Fressen ging er mit langen Zähnen. »Vielleicht wird er wieder mobil, wenn wir ihm einen jungen Hund zur Seite geben«, meinte meine Frau eines Tages. Nun, wir konnten durchaus zwei Hunde in unserer Wohnung halten, und wir mußten doch damit rechnen, daß uns Mäxchen eines Tages verlassen würde. Dann hätten wir gleich einen Nachfolger.
Soweit waren wir uns also einig, nur – welcher Rasse sollte der neue Hund angehören?
Ich hatte nach dem Krieg beruflich wieder Fuß gefaßt und befreundete mich mit dem Gedanken, auch jagdlich wieder aktiv zu werden. Also sollte der Nachfolger von Mäxchen ein Jagdhund sein.
»Du, hör mal«, sagte meine Frau eines Tages Mitte Februar, »was hier steht«, und sie las mir aus Zeitung vor: »Kleine Münsterländer-Vorstehhunde zu verkaufen, geworfen 8. 1. 1968.« Als Zwingeradresse war ein Ort im Odenwald angegeben.
In der nächsten Minute schrillte im Odenwald das Telefon.
Ja, Junghunde seien noch da, war die Antwort auf meine Frage. Wir verabredeten einen Termin und starteten in den Odenwald. Mit von der Partie war unsere Nichte – acht Jahre –, die noch nie Welpen im Zwinger gesehen hatte.
Als wir ankamen, erlebten wir eine Überraschung. Es hatte vor einigen Tagen einen größeren Brand gegeben, und der Hausherr war beim Versuch, seine Zuchthündin zu retten, selbst schwer verunglückt. Über Wochen lag er danach zwischen Leben und Tod im Krankenhaus – bis das Leben siegte.
Ja, die Hunde seien in einem Hotel in der Nachbarschaft im Keller untergebracht. Wir sollten schon mal vorweg fahren, sie komme gleich nach. So wurden wir von der Frau des Züchters empfangen.
Im Keller des Hotels standen einige alte Sessel und eine Couch; eine Meute junger Hunde sauste kreuz und quer durch den Raum und über die Möbel. Auf dem Fußboden lagen Fleisch und Innereien, und die Welpen machten sich ein Vergnügen

daraus, daran herumzuzerren. Der Geruch war entsprechend. »Es stank erbärmlich, aber das machte mir nichts aus«, schrieb meine Nichte später in einem Schulaufsatz. Hier trafen wir uns also mit der Züchterin, und sie erzählte uns von dem Brand und von ihrem im Krankenhaus liegenden Mann. Sie erzählte weiter, daß ihr Mann in der Umgebung von Lindenfels eine Jagd gepachtet habe. Aber das war uns im Augenblick nicht wichtig, unser Interesse galt den Welpen. Einen nahmen wir mit. *Zoltan* sollte er heißen, und dieser Name fand allgemeine Zustimmung.

Zoltan kam also auf den Schoß meiner Frau, die auf dem Beifahrersitz saß, und wir fuhren Richtung Heimat. Zoltan bekam die Autofahrt überhaupt nicht. Die einverleibten Darmgeschlinge kamen auf dem Weg wieder ans Licht des Tages, den sie vorher hinuntergegangen waren. Die ganze Bescherung ergoß sich über den Pelzmantel meiner Frau, der für eine Reinigung reif war. Dies waren die ersten Kosten, die Zoltan verursacht hatte.

In Darmstadt angekommen, war Zoltan über den vorhandenen Artgenossen sehr erfreut, und er wollte sofort mit in das Hundekörbchen. Aber der Dackel knurrte und verschaffte sich Respekt. So machte Zoltan immer einen großen Bogen um den Hundekorb, wenn der Dackel drin lag. Er untersuchte ihn aber ausführlich, wenn die Luft rein war. Zoltan benahm sich so vorbildlich, daß wir nur staunen konnten. Weder »groß« noch »klein« machte er in die Wohnung; er war praktisch vom ersten Tag an sauber. Allerdings fing er morgens – so zwischen vier und fünf Uhr – an zu weinen. Das bedeutete für mich: raus aus dem Bett, halbwegs angezogen, den Hund geschnappt und ins Freie.

Er entwickelte sich prächtig und war bald der Liebling aller Passanten – insbesondere der Kinder –, denen wir auf der Straße begegneten. Alle wollten ihn streicheln. Das führte bald dazu, daß Zoltan zu allen fremden Menschen lief, um seine Streicheleinheiten abzuholen. So auch eines Vormittags, als ich im sogenannten Tintenviertel – einer Darmstädter Wohngegend im alten herrschaftlichen Stil mit sehr breiten Sandbürgersteigen – mit Zoltan spazierenging. Uns kamen zwei kleine Mädchen entgegen. Der Hund lief auf die Kinder zu. Doch diese hatten Angst und liefen weg. Ich konnte gerade noch Hund und Kinder auf dem Bürgersteig stoppen. Was wäre passiert, wenn die Kinder auf die Straße und vor ein Auto gelaufen wären?

Seit dieser Zeit habe ich Zoltan gegenüber fremden Personen kürzer gehalten und ihn an den Leine genommen.

Unser Langhaarteckel hatte uns nun doch für immer verlassen, und wir waren froh, daß wir den Zoltan hatten. Er hatte sich hervorragend entwickelt und machte uns viel Freude. Unvergessen das abendliche Ritual: Vor unserem Bad war noch ein kleiner Raum, der wohl mal als Ankleidezimmer gedacht war. In diesem Zimmer schlief der Hund. Er bekam abends, wenn er verabschiedet wurde, immer noch seinen »Gute-Nacht-Happen«. Immer wenn es soweit war, sauste Zoltan auf sein Lager, nahm dort mit Schwung in Sitzstellung Platz – ein Behang war durch diesen Schwung meist über den Kopf geklappt – und wartete auf die Dinge, die da kommen sollten. Erst nachdem er seinen Hundekuchen verzehrt hatte, tat er sich nieder – und dann war Ruhe.

Zoltan war nun alt genug, daß wir an seine Ausbildung denken mußten. Ich hatte inzwischen wieder den Jahresjagdschein erworben und mich dem Jagdklub Darmstadt angeschlossen. Es war klar, daß Zoltan jagdlich ausgebildet werden sollte. Doch ich hatte wohl die Rechnung ohne den Wirt gemacht. In meiner pommerschen Heimat wäre das alles kein Problem gewesen – aber hier!

Als Zoltan etwa neun Monate alt war, wurde ich vom Züchter des Hundes einige Male zu kleinen Gesellschaftsjagden eingeladen. Beim Stöbern war Zoltan in seinem Element. Er hatte im Revier praktisch Narrenfreiheit und konnte herumsausen, wo er wollte. Bei diesen Jagden merkte ich schon seine Ausdauer und seine Energie. Wenn wir abends die Jagd beendeten, fing Zoltan noch mal an: Böschung rauf – Böschung runter, rein in die Schonung – raus aus der Schonung. Müdigkeit kannte er überhaupt nicht. So sehr ich mich über diese jagdliche Passion meines Hundes freute und so sehr ich dankbar war für die erste Jagdgelegenheit hier in der Bundesrepublik, so meine ich heute – rückblickend – doch, daß es nicht richtig war, den jungen Hund in dieser Form einzusetzen.

Er hatte ja von Ausbildung noch keine Ahnung. Diese Freiheiten bei den Jagden in Lindenfels führten dazu, daß Zoltan sein ganzes Leben lang einen schlechten Appell hatte. Als Lehre aus diesen Erlebnissen kann ich den jungen Rüdemännern nur raten, ihren Hund erst dann jagdlich einzusetzen, wenn sie ihn fest in der Hand haben.

Zoltan sollte natürlich mindestens die Jagdeignungsprüfung machen. Um dieses Ziel zu erreichen, hatte ich mich bei einem vom Jagdklub Darmstadt organisierten Führerlehrgang gemeldet. Diese Lehrgänge sind wirklich ihr Geld wert. Wenn man das Glück hat, einen Lehrgangsleiter zu haben, der nicht nur Theorie vermittelt, sondern auch in Übungsstunden praktisch mit den Hunden arbeitet bzw. arbeiten läßt, dann hat man ein Optimum erreicht. Unser Herr Schepp – ihm an dieser Stelle nochmals ein herzliches Dankeschön – war »super«. Als er nach der Prüfung die Urkunden überreichte, sagte er: »Bestanden haben alle – auch unser Herr Ziegler. Er hat einen hervorragend veranlagten Hund – nur das Herrchen muß noch viel lernen!«

Die praktischen Übungen während der Lehrgangsstunden reichten natürlich nicht aus. Zwischendurch mußte von Woche zu Woche eisern geübt werden: Bei-Fuß-

Gehen, Gehorsam, Ablegen, Schleppen und Schweißarbeit. Und hier fingen für einen Rüdemann, der keinerlei Jagdgelegenheit hat, die Schwierigkeiten mit der Beschaffung von Schleppenwild und mit dem Üben der Schweißarbeit an. Ich hatte mir Schwierigkeiten in diesem Ausmaß nicht vorgestellt. Bei den Übungen im Lehrgang war immer Schleppenwild vorhanden, doch die Stücke waren am Übungstag verbraucht. Und wo bekam ich jetzt Schleppenwild her für die Übungen zu Hause? Ich bin mit dem Auto einige Kilometer weit gefahren, um irgendwo Schleppenwild zu kaufen. Ich war dankbar, wenn ich mal eine Haustaube oder eine Henne bekam.
Ich erinnere mich noch an einen Fall, wo mir ein Bauer sagte: »Ich kann Ihnen Tauben verkaufen. Ich glaube nur nicht, daß Sie den Preis bezahlen werden.«
»Was sollen die denn kosten?« war meine Gegenfrage.
»Vierhundert Mark«, war die Antwort.
Ich muß wohl ganz dumm geschaut haben, denn der Bauer fügte rasch hinzu: »Es sind ja Hochleistungstauben!« Ich wünschte ihm mit den Tauben eine hohe Leistung und verabschiedete mich mit der Bemerkung, daß mir dies nun doch ein wenig zu teuer sei.
Aber irgendwie bekam ich doch immer wieder Schleppenwild. Doch dann tauchte die Frage auf: Wo kann ich üben? Wo kann ich Schleppen ziehen, wo Schweißfährten legen?
In einem Stadtrandrevier hatte ich eine Schleppe gezogen, und der Hund arbeitete sie gerade eifrig aus, als ein Jäger kam: »Was machen Sie denn hier?« Ich erklärte ihm, daß der Hund in der Ausbildung sei, daß im September die JEP wäre und daß ich hier übte.
»Das hab' ich aber gar nicht gern«, war seine Antwort. »Suchen Sie sich bitte einen anderen Platz!« Er war, so stellte sich heraus, der Jagdpächter.

Trotz aller Schwierigkeiten ging die Ausbildung weiter. Daneben versuchte ich, den Hund an Wild zu bringen und ihm dabei Ruhe und Gehorsam vor dem Wild beizubringen.
Zu diesem Zweck zog ich eines Morgens früh raus, bewaffnet mit dem Jagdstock und mit dem Hund an der Leine. Zwischen Darmstadt und Eberstadt setzte ich mich an einen Baum an einer Wiese, der Hund war zu meinen Füßen abgelegt. Vor mir auf der Wiese waren fünf oder sechs Rehe. Plötzlich sprangen diese ab, und auf der Bildfläche, aus einem Hohlweg kommend, erschienen zwei Jagdhunde.
Die Hunde hatten die Rehe kaum beachtet. Und dann tauchte der Jäger auf, der mich mit meinem Hund auch sofort sah.
»Ihre Hunde haben hier eben fünf Rehe vergrämt«, rief ich ihm zu. Der Jäger drehte sich zur Seite und ging einen anderen Weg weiter, ohne ein Wort zu sagen.

Dies war meine erste Begegnung mit meinem späteren Freund Kaltwasser, der damals noch Jagdaufseher in diesem Revier war.
Auf dem Lehrgang trafen wir uns dann wieder, denn Kaltwasser hatte neben seiner alten DD-Hündin eine junge Hündin, die zur Prüfung ausgebildet werden sollte. Und jetzt geschah wohl ein kleines Wunder: Wir freundeten uns an, und diese Freundschaft besteht heute noch.
Ich habe ihn später mal gefragt, warum er mir damals sein Vertrauen und seine Freundschaft geschenkt hat. Seine Antwort: »Wenn ein Jäger ohne Jagdgelegenheit und ohne Gelegenheit der Revierbenutzung einen Jagdhund ausbildet, dann muß das schon ein Kerl sein!«
Seit dieser Verbundenheit ging es mir wesentlich besser. Ich hatte keine Sorge mehr um Schleppenwild, ich hatte auch keine Sorgen mehr, in welchem Revier ich arbeiten durfte. Wir arbeiteten zusammen. Diese Woche legte der eine zwei Schweißfährten, nächste Woche legte der andere zwei Schweißfährten. Am Ende haben dann unsere beiden Hunde die JEP bestanden.
»So weit sind wir nun also. Du bist jetzt ein staatlich geprüfter Jagdhund und laut Bescheinigung jagdlich brauchbar«, sagte ich zu meinem Zoltan. »Weiter als die JEP möchte ich nicht, und ob du jemals jagdlich zum Einsatz kommen wirst, steht wohl in den Sternen.« Er schaute mich mit seinen großen braunen Augen an, wedelte mit der Rute, als ob er sagen wollte: Kommt Zeit – kommt Rat.
Mir war klar, daß ich den Hund irgendwie firm halten mußte. Die JEP sollte kein Ende sein, sondern eine Zwischenstation in der jagdlichen Ausbildung. Freund Kaltwasser half mir, soweit er zeitlich konnte. Er war damals beruflich sehr eingespannt.
Um aus der Not eine Tugend zu machen, meldete ich mich erneut zu einem Führerlehrgang. Es war für meinen Hund wieder eine halbwegs praxisnahe Beschäftigung.
Die Zahl der revierlosen Jäger war damals – 1970 – auch schon groß. Man mußte sich also aus der großen Masse herausheben, wenn man irgendwo Anschluß finden wollte. Mit Anerbieten für Revierarbeiten war dies wohl kaum möglich. Also versuchte ich es über den Hund. Diese Entscheidung war beeinflußt von der Tatsache, daß ich im Laufe der Zeit gemerkt hatte, daß Zoltan eine überdurchschnittlich gute Nase hatte und daß er auf Schweißfährte immer den Willen zeigte, ans Stück zu kommen.
In dieser Zeit habe ich oft an die Worte meines Vaters gedacht, der mir als Jungjäger, vor dem Zweiten Weltkrieg gesagt hatte: »Denke bei der Hundeausbildung immer daran, daß es eine Menge Dinge gibt, zu denen du den Hund zwingen kannst. Es gibt aber auch eine Menge Dinge, die hat ein Hund oder die hat er nicht. Die kannst du

nur fördern durch Lob, Lob und nochmals Lob. Denke an Spurwillen, an Bringwillen und an Finderwillen!«
In dem Zusammenhang entsinne ich mich auch an Worte unseres Ausbilders Schepp, der zu uns sagte: »Ein Hund tut immer das für ihn Unangenehme, wenn er dadurch etwas noch Unangenehmerem entgehen kann.«
So war ich also bemüht, in dieser Zeit Zoltan im Gehorsam zu festigen, gleichzeitig aber auch seine Freude bei den freiwillligen Arbeiten zu vertiefen.

Im Dezember 1970 zogen wir nach Nieder-Modau, einem Ort in einem landschaftlich reizvollen Gebiet im vorderen Odenwald. Bewaldete Berge und Täler mit mehr oder wenigen tiefen Schluchten bestimmen dort das Landschaftsbild. Das Tal der Modau mit der Schloßmühle und dem bewaldeten Schloßberg war bezaubernd. Dieser Ort sollte also meine neue Heimat werden.
Natürlich gab es vor dem Wohnsitzwechsel eine Reihe von Erkundungsfahrten nach Nieder-Modau. Bei der Rückkehr von einer dieser Fahrten hielten wir, um etwas im Wald spazierenzugehen. Wir marschierten einen wenig benutzten Waldweg entlang, der hoch mit Gras bewachsen war. Zoltan lief dicht bei uns auf dem Weg. Die aufkommenden dunklen Wolken hatten wir kaum bemerkt, und so wurden wir von plötzlich einsetzendem Regen überrascht. Als die ersten Tropfen fielen: Marsch – marsch, zurück zum Auto! Wir waren fast am Pkw, als uns Zoltan einholte. Er nahm vorschriftsmäßig vor mir Platz und gab mir meinen Schlüsselbund aus! Meine Frau und ich, wir konnten nur den Kopf schütteln. Zoltan hatte wieder mal seine vorhandene Verlorenbringereigenschaft und seine gute Nase unter Beweis gestellt. Was wäre geworden, wenn der Hund den Schlüsselbund, den ich unbemerkt verloren hatte, nicht gefunden und gebracht hätte? Wir wären ja bei dem nunmehr einsetzenden starken Regen nicht mal ins Auto gekommen. Natürlich war viel Lob für diese erstaunliche Leistung fällig.

Ich hatte erfahren, daß der Pächter des Reviers ein Dr. Degreif sei. Anläßlich einer Mitgliederversammlung des Jagdklubs Darmstadt fragte ich den Vorsitzenden, ob er diesen Herrn kenne. »O ja«, war die Antwort. »Sehen Sie da vorne die vier Herren? Der weißhaarige, das ist Dr. Degreif.«
Ich schlängelte mich also ran. »Entschuldigen Sie bitte vielmals, wenn ich störe, ich suche Herrn Dr. Degreif.«
»Das bin ich«, sagte der Weißhaarige und drehte sich zu mir um.
»Entschuldigen Sie, Herr Doktor, bitte nochmals die Störung«, war meine Antwort, »aber ich wollte mich Ihnen nur bekannt machen. Ich bin Jäger, und ich ziehe demnächst nach Nieder-Modau. Ich führen einen Kleinen Münsterländer.«

Ich hatte mich jedenfalls gleich wieder verabschiedet und den Herrn Doktor mit seinen Gedanken allein gelassen. Natürlich war mir die Situation bekannt: Die Reviere waren in festen Händen, und die Beständer waren mit einem ausreichenden Kreis von Jägern umgeben. Da war für Neuankömmlinge kein Platz mehr.
Der Doktor und ich sahen uns des öfteren im Ort – ganz klar, er war der Arzt des Ortes und somit viel unterwegs. Aber ein Gruß war alles, was sich zwischen uns abspielte. Eines Tages fragte ich ihn aber doch, ob er in seinem Revier nicht einen ganz wildarmen Teil habe, wo ich mit meinem Hund üben könne.
Ich werde mein Leben dafür dankbar sein, mit welcher Spontanität die Antwort kam: »Breitenstein«.

Der Breitenstein ist ein Waldteil, der an der Reviergrenze einen Ackereinschnitt in den Wald – den Hillacker – einschließt. Als ich das erste Mal in diesen Revierteil kam, blieb mir fast der Mund offen stehen: Fünf Rehe, die auf dem Acker geäst hatten, sprangen ab, einige Hasen suchten das Weite, und etliche Fasanen strichen ab. Das war also ein »wildarmer« Revierteil!
Als Rüdemann war die Gegend für mich sehr interessant, weil doch eine Menge Verleitfährten über den gelegten Kunstfährten standen.
Eines Abends im Sommer 1972 war ich gerade am Schneiden der Hecke an meinem Grundstück. Da stoppte plötzlich der Wagen von Dr. Degreif neben mir. »Wie weit sind Sie eigentlich mit Ihrem Hund?« war seine Frage. – »Was heißt wie weit? Der Hund ist fertig, und dank Ihrer gütigen Erlaubnis habe ich mich bemüht, ihn fit zu halten.«
»Kommen Sie doch bitte mal zu mir in den Wagen!« Und hier erzählte Dr. Degreif mir folgendes: Er habe am Tag vorher – früh um sechs Uhr – auf einen Bock geschossen. Dieser Bock habe auf einer Wiese gestanden, nach dem Schuß einige Fluchten gemacht und sich dann an einer Hangböschung niedergetan. Er sei nun der Meinung gewesen, daß der Bock hier verendet sei, und sei hingegangen. Der Bock sei jedoch wieder hochgekommen und in einer an die Böschung grenzenden Schonung verschwunden. Man habe mit drei Jägern und zwei Hunden nachgesucht, aber den Bock nicht gefunden. Ob ich wohl mit Zoltan nochmals nachsuchen würde?
Meine Antwort: »Ich suche! Aber erwarten Sie von mir keine Wunderdinge: Die Fährte ist 30 Stunden alt. Der Bock ist aufgemündet. Mit zwei Hunden und drei Jägern haben Sie bereits nachgesucht, das heißt doch, daß die Wundfährte restlos vertrampelt ist.«
Der Doktor fuhr mich dann gleich zu der Wiese, wo der Bock die Kugel bekommen hatte. »Hier ungefähr hat er gestanden!«

Wieder daheim, rief ich Zoltan: »Komm, es gibt Arbeit!« Zoltan sprang ins Auto – und ab ging's.
Nachdem ich die Stelle »wo etwa« großzügig umschlagen hatte, zog der Hund plötzlich an. Ich folgte blindlings. Zoltan führte mich genau zu der Stelle an der Hangböschung, wo der Bock sich niedergetan hatte. Dann ging es ab in die Schonung. Nach Pirschzeichen zu suchen war ein Witz. Ich konnte überhaupt nichts mehr sehen und war vollauf damit beschäftigt, das Ende des Schweißriemens nicht zu verlieren. Die Zweige, die mir ins Gesicht peitschten, störten mich nicht; Hauptsache, ich hatte Kontakt zu meinem Hund. Und dann wurde der Schweißriemen schlaff.
Als ich zum Hund kam, stand er am verendeten Bock. Ein Gefühl des Glücks und der Dankbarkeit gegenüber meinem Zoltan durchströmte mich. Ich konnte ihn nur abliebeln und nochmals abliebeln.
Den Bock aus der Schonung ziehen, aufbrechen, in den Kofferraum legen und ab zum Doktor! Dieser wollte gerade mit der Sprechstunde anfangen, als ich hereinstürmte: »Waidmannsheil, Herr Doktor!«
Ungläubiges Staunen war in seinen Augen zu lesen. »Wo ist der Bock?«
»Im Kofferraum!«
Diese erfolgreiche Nachsuche sprach sich natürlich herum. Der Hund wurde mit anderen Augen angesehen, und für mich begann eine Entwicklung, an deren Ende meine vollständige Integrierung in die Modauer Jägerschaft stand. Ich avancierte zum Rüdemann des Reviers. Der Hund lernt ja aus der Erfahrung, und je mehr Nachsuchen er bekam, um so sicherer wurde Zoltan.

Am Ende einer Morgenprisch traf ich Martin auf dem Schloßberg; er hatte hier angesessen. Dabei hatte er eine Elster beschossen, die – wie er mir sagte – krank abgestrichen war, aber gefunden hatte er sie nicht. Ob ich wohl mit Zoltan mal suchen würde?
»Selbstverständlich«, war meine Antwort, »dafür haben wir ja den Hund!«
Der Schloßberg ist ein bewaldeter Bergrücken, der in sich stark zerklüftet ist. Nur das Hochplateau ist eben, hier hat in früheren Zeiten eine Raubritterburg gestanden. Ein Teil war mit Jungwald bewachsen, der Rest war ein urwüchsiger Bauernwald. In diesem unwegsamen Gelände sollte also irgendwo die Elster liegen. Aber wo? Wir wußten nicht mal, in welche Richtung wir den Hund schicken mußten.
Aber ich vertraute meinem Hund. Mit dem Kommando: »Such – apport!« wurde er geschnallt und sauste ab. Wir sahen und hörten nichts von ihm, und nach 10 bis 15 Minuten kam er leer und ausgepumpt zurück. Es half aber nichts. Er wurde nochmals geschickt. Unsere Hoffnung war inzwischen auf Null gesunken.

Wir machten daher große Augen, als Zoltan plötzlich mit der Elster im Fang vor uns stand.
Martin war von dieser Leistung des Hundes doch sehr beeindruckt. Wieder ein Pluspunkt für meinen Hund.
Ich habe mich immer bemüht, den Hund laufend firm zuhalten. Deshalb bekam er so alle vier Wochen eine künstliche Schweißfährte vorgesetzt. Nur im Winter machte ich eine längere Pause, fing dann aber im zeitigen Frühjahr wieder an, und dann war die erste künstliche Schweißfährte mindestens 20 Stunden alt. Diese Standzeit der Fährte wurde bald bis auf knapp 30 Stunden gesteigert. Es gibt ja ein altes Sprichwort: Wer das Mögliche erreichen will, muß das Unmögliche verlangen. Aber trotz aller praktischen und theoretischen Fortbildung gab es natürlich auch Suchen, deren Ende nicht befriedigte. Ich entsinne mich hier an ein paar Fälle:
Im Nachbarrevier war eine Geiß beschossen worden. Eine sofortige Nachsuche des Schützen blieb erfolglos. Zoltan wurde geholt. Aber auch seine Suche blieb erfolglos. Einige Tage darauf wurde das Reh erneut vom Schützen gesehen, gesund. Es war also ein einwandfreier Fehlschuß.
Etwas anders verlief die Nachsuche auf ein im Verkehr angefahrenes Stück Schwarzwild. Der Autofahrer konnte nur ungefähre Angaben machen. An der Stelle des Zusammenstoßes war außer Lack- und Glassplittern nichts zu finden. Kein »Schnitthaar«, kein Schweiß. Die Nachsuche verlief restlos negativ, und zum Schluß suchte der Hund frei. Und hierbei passierte jetzt folgendes: Auf einer neben der Straße gelegenen Wiese stand Zoltan plötzlich fest und gab dann Standlaut, bis ich zu ihm kam. Er verbellte einen im Straßenverkehr angefahrenen und verendeten Bock!
Dieser Unfall war leider – wie so oft – vom Autofahrer nicht gemeldet worden. Es waren daher schon einige Tage vergangen, und der Bock war nicht mehr zu verwerten. Zoltan aber hatte sich selbständig als Totverbeller erwiesen.

Diese Fähigkeit bestätigte er dann einige Zeit später erneut. Mir war mitgeteilt worden, daß im Graben an der Neutscher Straße ein Reh liege. Ich ging also die Straße ab, fand aber nichts. ich ließ mich daher von dem Mann, der das Reh gefunden hatte, einweisen. Es war bereits im Nachbarrevier. Aber vom Reh war nichts mehr zu sehen. Nur im Straßengraben lag noch jede Menge Pansen.
Zoltan wurde geschnallt. Er verschwand im hohen Holz, und nach kurzer Zeit gab er Standlaut. Später stellte sich heraus, daß der Förster das Reh – es war nicht mehr zu verwerten – am Tag vorher in den Wald hatte schleifen lassen. Auch hier wieder eine saubere Arbeit von Zoltan mit dem krönenden Abschluß des Totverbellens.
Im September ging eines Morgens früh die Haustürschelle. Durch die Sprechanlage

hörte ich die wohlvertraute Stimme von Erich: »Ich brauche den Zoltan!« Im Wagen erzählte mir Erich folgendes: Er habe im Rohrbacher Feld auf eine Geiß geschossen, die unmittelbar vor dem Einwechseln in den noch auf dem Halm stehenden Mais war. Am Anschuß liege reichlich Schweiß, aber die Geiß war im Mais verschwunden.

Und wie sah es am Anschuß aus? Wie mit einem Topf über eine Länge von sieben oder acht Metern hingegossen, lag Leberschweiß.

»Das kann eine schwierige Nachsuche werden«, sagte ich zu Erich.

»Das Stück ist, so vermute ich, keine dreißig Meter mehr gegangen.«

Denkste!

Zoltan wurde zur Fährte gelegt, und beim Eintauchen in den Mais zeigte er mir stark mit Schweiß benetzte Halme. Die Suche ging zügig voran. Aber nach ungefähr 30 Metern machte der Hund einen Haken. Nach weiteren 25 bis 30 Metern kam der zweite Haken in die alte Fluchtrichtung. Von Schweiß war nichts mehr zu sehen. Und dann noch ein dritter Haken, bevor wir endlich am verendeten Stück standen.

»Ich würde dir gerne einen Bruch überreichen, lieber Erich«, sagte ich, »aber hier gibt es ja keine Bäume.«

Da blitzte der Schalk in seinen Augen: »Wo steht geschrieben, daß man keinen Mais als Bruch nehmen darf?« Sprach's, brach einen Maiskolben ab und steckte ihn sich an den Hut.

Ich habe mich oft gefragt, was der Schütze eigentlich empfindet, wenn der Rüdemann mit dem auf der Fährte arbeitenden Hund seinen Blicken entschwindet. Er hört nichts mehr, er sieht nichts mehr, und übrig bleibt das zermürbende Warten. Aber irgendwann erschallt dann der erlösende Standlaut des Hundes oder der fröhliche Ruf: Reh tot!

So mag es auch Hermann ergangen sein bei der Nachsuche auf ein Kitz. Abends ging das Telefon – Hermann! Er habe ein Kitz im Rohrbacher Feld beschossen, das im Mais verschwunden sei. Es liege reichlich Schweiß. Wir verabredeten ein Treffen für den nächsten Morgen.

Nun hatte es in der Nacht geregnet, was vom Himmel runter wollte. Von dem Schweiß am Anschuß war nur noch ein ganz kläglicher Rest vorhanden. Die Fährte war restlos ausgewaschen. Zoltan wurde zum Anschuß gelegt. Er untersuchte ihn sehr gründlich und zog dann in den Mais. Sehen konnte ich nichts und folgte also blindlings. Ich konnte auch nicht feststellen, ob der Hund auf der Fährte war oder nicht. Ich war aber doch erstaunt, als der Hund genau da wieder aus dem Mais kam, wo ich ihn angesetzt hatte – am Anschuß.

Als Hermann dies sah, marschierte er los, wahrscheinlich um auf der anderen Seite des Maisschlages zu suchen. Sicher war er enttäuscht. Mir war auch nicht wohl in meiner Haut. Es blieb nichts anderes übrig, als den Hund zu schnallen. Zoltan sauste ab, und nach kurzer Zeit ertönte Standlaut. Als wir zu ihm kamen, war er am Kitz, dieses lebte jedoch noch. Ein Fangschuß erlöste es.

In der Gemarkung Nieder-Modau gibt es die Fischteiche. Eine Gruppe von Anglern hat hier einen Bach gestaut, mehrere Teiche angelegt und eine Forellenzucht aufgezogen. Zu diesen Forellenteichen führt ein Weg, der von Spaziergängern ausgiebig benutzt wird und der weiter, links abbiegend, zur Spitze des Hochwaldes führt und von hier, erneut links abbiegend, zurück zum Ort geht. Dieses letzte Stück des Weges nennen wir »die Huhl«. Der Weg verläuft hier teilweise als Hohlweg.
Der Hohlweg wird auf der einen Seite von Ackerland eingerahmt, auf der anderen Seite von Wiesen. Diese Wiesen waren noch ungemäht, mit etwa kniehohem Gras bestanden. Als ich auf einem Spaziergang an diese Stelle kam, sah ich einen mir bekannten Modauer Bürger stehen, der stur in die Wiesen schaute und ab und zu rief oder pfiff. Seine junge Dackelhündin war in die Wiesen gelaufen und trotz allen Rufens und Pfeifens nicht zurückgekommen. Auf meine Frage, wie lange die Dackelhündin denn schon fort sei, sagte der Mann: »So eine halbe Stunde.«
»Vielleicht kann Zoltan helfen!« war meine Antwort. Ich wußte selbst nicht, warum ich es machte. Ich schnallte Zoltan und schickte ihn in die Wiesen mit dem Kommando: »Such verloren!« Zoltan sauste ab und verschwand in dem hohen Wiesengras. Nach einer guten Viertelstunde sahen wir – auf uns zukommend – sich das Gras bewegen. Und dann sahen wir es wirklich: Vorweg kam Zoltan, das Gras zerteilend, und in seinem Schlepp die Dackelhündin! Das Bild war einmalig. Jedenfalls war der Dackelbesitzer sehr froh, daß er nicht ohne den Hund heimgehen mußte.
Auch diese »Hundesuche« sprach sich herum. Ich wurde dann später noch einmal von einer Modauer Familie gebeten, ob ich nicht ihren verlaufenen Pudel mit Zoltan suchen wollte. Mir war klar, daß der Hund, der ohnehin sehr frei gehalten wurde, entweder auf einer Wildfährte oder auf der Spur einer läufigen Hündin das Weite gesucht hatte. Die Suche verlief – wie von mir erwartet – vollkommen ergebnislos. Ich habe mich nur geärgert, weil Zoltan im hohen Korn noch einige Rehe lockermachte. Aber was sollte ich tun? Zoltan hatte nun mal einen legendären Ruf. Anscheinend erwartete man, daß er fast alles kann. Und diese Erwartung schien sich beinahe zu bestätigen in der Suche nach einem verlorenen Federball.
Ich ging mit Zoltan im Ort spazieren. In meiner Straße, dem Mühlberg, gab es einen Kindergarten, zu dem ein größeres Grundstück gehörte. Ein Teil des Grundstückes war mit hohem Wiesengras bestanden. Auf der Straße spielten Vater und Tochter

Federball. Als ich näher kam, machte die Tochter einen verkehrten Schlag, und der Ball sauste in das hohe Gras.
Vater und Tochter begannen, fleißig in dem Gras nach dem Ball zu suchen. Schließlich sagte der Vater: »Komm, hören wir auf! Der Ball ist verloren! Wir kaufen uns morgen einen neuen Ball.«
Beide kamen aus dem Gras zurück, als ich mich einschaltete: »Moment mal – vielleicht kann ich Ihnen helfen!«
»Ja, was wollen Sie denn?« fragte der Vater. »Den Hund suchen lassen«, war meine Antwort.
Ich erbat dann den Schläger, den die Tochter in der Hand gehabt hatte. Der Vater sah mich mit großen Augen an, erfüllte aber meinen Wunsch. Diesen Schläger hielt ich jetzt Zoltan vor die Nase, damit er ausgiebig Wittrung nehmen konnte; dann schickte ich Zoltan mit dem Kommando: »Such verloren – apport!« in die Wiese. Vater und Tochter sahen meinem Treiben interessiert zu. Es dauerte nicht lange, bis der Hund, der mehrmals das Gartenstück durchkämmt hatte, mir den Ball brachte und ausgab.
Als ich dem Vater den Ball zurückgab, hatte er überhaupt keine Worte. So etwas hatte er noch nie erlebt. Ich liebelte meinen Hund ab und setzte meinen Weg fort.
In der Jägerschaft hier im Modauer Raum ist eine hervorragende Kameradschaft. So ist Martin auch im Nachbarrevier Neutsch ständiger Gast, wo Sauen fast als Standwild zu bezeichnen sind. Eines Abends im Mai 1975 – ich war gerade heimgekommen – klingelte das Telefon: Martin. Er habe in Neutsch an einer Suhle angesessen und eine Rotte Sauen vor sich gehabt. Einen Frischling habe er beschossen. Dieser sei jedoch mit der Rotte in die Schonung geflüchtet. Es liege reichlich Lungenschweiß, aber eben nur Schweiß – kein Frischling.
Wir verabredeten einen kurzfristigen Termin für denselben Abend. Martin stand schon am Treffpunkt und erwartete mich voller Ungeduld. Er brachte mich an den Anschuß, wo uns auch einer der Beständer des Reviers erwartete. Der Anschuß war sauber markiert. Es lag, wie gesagt, viel Lungenschweiß.
Inzwischen war es so dunkel geworden, daß ich Martin um seine Taschenlampe bat, bevor ich Zoltan zur Fährte legte. Zoltan untersuchte den Anschuß sehr gründlich. Mit Schwarzwildschweiß hatte er bisher noch nichts zu tun gehabt. Der Hund zog mich in eine sehr dichte Schonung, und ich stolperte am Riemen hinterher. Es war inzwischen so dunkel geworden, daß ich ohne die Taschenlampe überhaupt nichts mehr hätte machen können.
Zoltan lag stramm im Riemen. Wenn ich mit dem Folgen mal Schwierigkeiten hatte, wartete er geduldig. War es noch die Fährte? Sehen konnte ich schon lange nichts mehr. Aber nach 50 oder 60 Metern wurde die Schweißleine schlaff, und Zoltan

verkündete auf seine Weise: Sau tot! (Ich weiß natürlich, diese Nachsuche im Dunkeln war leichtsinnig, trotz des vielen Schweißes am Anschuß, und hätte besser auf den nächsten Morgen verschoben werden sollen. Zum Glück ist es gutgegangen, und ich habe mich über die Sicherheit meines Zoltan gefreut.)

Obwohl die Bindung an Modau mit jeder erfolgreichen Nachsuche enger und besser wurde, ist die Verbindung zu meinem Freund Kaltwasser nach Eberstadt nie abgerissen. Im Gegenteil: 1975 wurde Freund Kaltwasser Mitpächter, und eine seiner ersten Handlungen war, daß ich einen Jagderlaubnisschein auf Dauer erhielt: für 1975 verbunden mit der Abschußerlaubnis für zwei Böcke. Ich brauche wohl nicht zu erwähnen, was dies für mich bedeutete. Nun ist Eberstadt ein typisches Stadtrandrevier. Und diese Reviere haben ja bekanntlich ihre eigenen Gesetze.

Erholungsuchende Fußgänger von früh bis spät, freilaufende Hunde zu jeder Tageszeit und Verkehrsstraßen, die einen hohen Anteil an Fallwild verursachen. Und trotzdem, das Revier ist landschaftlich herrlich – die sacht auslaufenden Höhenzüge des Odenwaldes, die Obstgärten, Brombeer-, Schwarzdorn- oder Weißdornhecken. Nur so ist es zu erklären, daß der Wildbestand – für meine Begriffe – ausgezeichnet war, und Freund Kaltwasser sorgte dafür, daß im Rahmen des Möglichen Ruhe im Revier herrschte – was sicher nicht immer leicht war.

Mitten im Revier – auf dem höchsten Punkt – stand eine Kanzel, die wir die »hohe Kanzel« nannten. Dort sollte aus einer Schonung ein reifer Bock austreten. Am 30. Juni lächelte mir Diana. Der Bock zog auf 120 Meter an mir vorbei. Als er kurz verhoffte, krümmte sich der Finger. Im Knall riß es den Bock zusammen, er kam aber wieder hoch, und ehe der zweite Schuß angebracht werden konnte, war er im hohen Korn verschwunden. Ich weiß das deshalb so genau, weil es mein erster Bock war, den ich nach Kriegsende erlegen durfte.

Am Anschuß lag dunkelroter Schweiß. Ich holte meinen Freund Kaltwasser, und nach angemessener Wartezeit wurde Zoltan zur Fährte gelegt. Einwandfrei führte er mich zu dem bereits verendeten Bock. Dies war die erste erfolgreiche Nachsuche, die Zoltan für mich erledigte.

Ob ich wohl auch einen kranken Bock schießen würde, fragte mich mein Freund. Er habe einen Bock gesehen, der den rechten Vorderlauf schonte. Es war auf den Wiesen der »Haller Ranch«, und ein Ansitz auf der Weide würde sich sicher lohnen. Selbstverständlich war ich sofort bereit, mich hier anzusetzen. In einer auf der Wiese stehenden uralten Weide – nahe einem Schilfgürtel – war eine Leiter so kunstvoll eingebaut, daß man sie nicht sah, wenn man es nicht wußte. In der gespaltenen Weide war ein Zwischenpodest, auf dem der Hund sich ablegen konnte, während die Leiter zum Sitz des Jägers weiterführte.

Dort saß ich also Ende Mai an. In den Abendstunden tauchte am Ende der Wiese der

Bock auf, zu erkennen daran, daß er vorne rechts vollkommen schonte. Für einen Schuß viel zu weit. Äsend verschwand er wieder, und plötzlich stand er auf siebzig oder achtzig Meter vor mir. Im Knall verschwand er, und ich konnte nicht erkennen, was wurde, weil die überhängenden Zweige der Weide eine Beobachtung unmöglich machten.
Zoltan führte mich zum Anschuß und dann die dreißig Meter zum bereits verendeten Bock.

Wir waren auf Karnickeljagd in Eberstadt. Unsere Hunde – Zoltan und die Gilka von Kaltwasser – durchkämmten abwechselnd die Hecken. Zoltan war gerade einmal an der Leine, als er mich auf ein Karnickel aufmerksam machte, das bereits wieder hinter den nächsten Dornenbusch verschwinden wollte. Ob der hingeworfene Schuß noch saß, konnte ich nicht mehr feststellen. Zoltan wurde geschnallt, und bald darauf hörte ich es quieken. Braver Zoltan! Er kam mit dem Karnickel im Fang zu mir.
Im Eberstädter Revier gibt es an der Reviergrenze einen Wieseneinschnitt, der auf der einen Seite von Hochwald und auf der anderen von einer Schonung umgeben ist. Durch die Wiese fließt ein Bach. Dieser Revierteil hatte mich immer schon interessiert, und ich hatte mir an der Grenze Wiese/Hochwald einen Erdsitz gebaut. Dieser Erdsitz ging dann als »Ziegers Sitzchen« in die Flurbezeichnung ein.
Die Hauptsache an diesem Sitz war, daß er achtzig Meter vor der Schonung lag, aus der das Wild austrat. Von diesem Sitz hatte Freund Kaltwasser ein Rehkitz beschossen. Es habe gezeichnet, sei jedoch dann in der Schonung verschwunden. Der Schütze hatte den Anschuß markiert, teilte mir am Telefon aber mit, daß er – soweit möglich – bereits nachgesucht habe, aber wegen der einbrechenden Dunkelheit nichts mehr habe sehen können. Der Anschuß und auch die Stelle, wo das beschossene Kitz in der Schonung verschwunden ist, sei markiert. Ob ich wohl mit Zoltan nachsuchen würde.
Am nächsten Morgen war ich früh im Revier und fand alles wie beschrieben. Zoltan wurde zur Fährte gelegt, und nachdem er ausreichend Wittrung genommen hatte, marschierte er los. Es lag so viel Schweiß, daß ich davon überzeugt war, daß das Kitz nicht mehr sehr weit gegangen sein konnte.
In der Schonung bog Zoltan nach links ab, bis ich den Verdacht hatte, er sei auf eine Verleitfährte abgeirrt. Ich trug ihn ab, setzte ihn am Anschuß erneut an, und jetzt bog der Hund nach rechts ab. Nach kaum hundert Metern – unter einer alten Kiefer – lag das verendete Kitz. Natürlich wurde mit Lob nicht gespart. Aber es bleibt für mich die Frage, warum der Hund zunächst eine andere Richtung eingeschlagen hatte.

Im gleichen Jahr schoß ich von meinem Sitzchen gleichfalls ein Rehkitz, das im Feuer lag. Zoltan lag – wie immer – beim Ansitz frei zu meinen Füßen. Nun lag das Kitz jenseits des Baches, und ich wollte es dort auch aufbrechen. Um Zoltan eine Freude zu machen, schickte ich ihn auf halbem Wege voraus. Er sauste auch sofort ab, hatte das Kitz im Nu gefunden und verbellte es. Das Kitz hatte einen Lungenschuß, und ein Stück der Lunge hing aus dem Ausschuß. Zoltan interessierte sich sehr für dieses Lungenstück. Ich verbot ihm, weiter daran zu lecken.
Doch nun – wie weiter? Mein Messer lag im Auto, und dieses stand auf der anderen Seite des Baches. Ich legte also Zoltan beim Stück ab, ging zurück, um das Auto zu holen und dann nach entsprechendem Umweg erneut an die Stelle zu kommen. Ich hatte Zoltan noch nie frei bei erlegtem Wild abgelegt. Unterwegs kamen mir daher die Gedanken: Was wird, wenn das Stückchen Lunge den Hund so reizt, daß er sich ausgiebig damit beschäftigt? Was wird, wenn er vielleicht sogar anschneidet? – Als ich mich endlich wieder bei Kitz und Hund einfand, lag Zoltan noch genau da, wo ich ihn abgelegt hatte. Eigentlich war das ja auch selbstverständlich – aber mir fiel doch ein Stein vom Herzen.

»Es wäre schön, wenn du in diesem Jahr noch ein weibliches Stück Rehwild schießen würdest«, sagte Erich Anfang November zu mir. Das war aber leichter gesagt als getan. Der Winter hatte sich schon Mitte Oktober kräftig zu Wort gemeldet. Schnee lag überall an den Nordhängen. Der Wind war recht unangenehm; man mußte sich für den Ansitz schon entsprechend warm kleiden.
Nun ist – wie ich schon erwähnt habe – der Hillacker ein Ackereinschnitt in den Wald; von zwei Seiten ansteigender Hochwald und auf der Stirnseite eine dichte Schonung. In der Mitte der einen Längsseite hatten wir eine Kanzel gebaut, die Einsicht in fast den ganzen Hillacker bot. Achtzig bis hundert Meter waren es bis zur Schonung links von mir. Aber so sehr ich mich auch bemühte – Morgen- und Abendansitze waren vergeblich. Der Acker war leergeräumt, der scharfe Wind lockte das Rehwild auch nicht gerade, hier auszutreten.
So saß ich auch am 13. November in den Morgenstunden hier erneut an. Erich hatte Geburtstag, und ich wollte ihm gern ein Reh auf den Geburtstagstisch legen.
Eine gute halbe Stunde vor Büchsenlicht saß ich bereits. Langsam wich die Nacht dem Tag, und das Licht gewann die Oberhand über die Dunkelheit. Als ich gegen sieben Uhr den Hillacker erstmals mit dem Glas absuchte: nichts – aber auch rein gar nichts. Gegen halb acht war es endlich so hell, daß ich mit bloßem Auge den ganzen Hillacker absuchen konnte. Als ich meinen Kopf nach links wendete, zuckte ich zusammen: ein großer schwarzer Fleck – halb verdeckt noch durch tiefhängende Zweige.

Ein Hund, schoß es mir durch den Kopf, ein großer schwarzer streunender Hund! Schnell das Glas! Doch das fiel mir fast aus der Hand: eine Sau!
Jetzt ja nichts verkehrt machen! Als die grobe Sau schräg an meinem Hochsitz vorbeizog, lag die Waffe bereits entsichert und gestochen an meiner Schulter. Auf siebzig, achtzig Gänge trollte die Sau vorbei, als ich sie anschreckte. Wie vom Blitz getroffen stand sie und äugte zu mir herüber.
Das Blatt der Sau sitzt sehr tief, hatten mir erfahrene Jäger gesagt – und daran dachte ich in diesem Augenblick. Gleichzeitig krümmte sich der Finger. Ich meinte im Zielfernrohr gesehen zuhaben, wie die Sau im Knall zusammenzuckte. Doch sicher war ich mir meiner Sache nicht. Jedenfalls warf sich die Sau nach dem Schuß herum und verschwand im Hochwaldhang, wie ich meinte.
Mein Blick hatte sich auf den Anschuß konzentriert – als wenn von dort die Lösung der Dinge zu erwarten sei. Bei der Suche des Anschusses kam die Ernüchterung – nichts war zu finden, rein gar nichts. Keine Schußzeichen, keine Schnittborsten, kein Schweiß, nicht mal Eingriffe, denn der Boden war stark gefroren.
An der Stelle »wo etwa« steckte ich natürlich einen Bruch in die Erde. Dann marschierte ich zum Waldrand und suchte hier die ganze Längsfront ab: nichts. Auch die Suche an der Schonungsseite verlief negativ. Ich fand lediglich ein Trittsiegel, und zwar da, wo die Sau, aus der Schonung kommend, auf den Hillacker getreten war.
Ich war nach diesem Ergebnis restlos deprimiert. Hast du doch vorbeigeschossen? fragte ich mich wieder und immer wieder. Ich konnte es mir nicht vorstellen. Hier konnte nur noch der Hund helfen: Zoltan.
Ich hatte ihn im Auto gelassen, weil ich ihn nicht bei dem naßkalten Wetter stundenlang auf dem Boden liegen lassen wollte. Ein Hund ist ja den Gefahren des Rheumas ungleich stärker ausgesetzt als wir.
Ich holte also Zoltan – doch wo sollte ich ihn ansetzen? Der Anschuß stand nicht fest. Als einzigen Fixpunkt hatte ich nur besagte Stelle, wo die Sau, aus der Dickung kommend, auf den Acker gewechselt war und ihr Trittsiegel hinterlassen hatte. Hier mußte ich also anfangen. Als ich Zoltan die Stelle zeigte, nahm er zwar kurz »eine Nase voll davon«, doch besonders interessiert hat sie ihn nicht. Es war ja eine Gesundfährte – und die war von der Ausbildung her verboten.

Doch Zureden und Loben halfen. Zoltan führte mich am langen Riemen fast auf die Stelle zu, die ich als vage Markierung des Anschusses verbrochen hatte. Doch kurz vor dem Bruch bog er im scharfen Winkel nach links. Ich folgte im Vertrauen auf die Nase meines Hundes. Zu sehen war auf dem gefrorenen Acker ohnehin nichts. Doch plötzlich stoppte Zoltan mitten im Acker und zeigte mir Schweiß – hellroten

Lungenschweiß mit einigen Stückchen Lunge! Nicht viel – aber es reichte, um mich jubeln zu lassen.
In diesem Moment tauchte Erich auf, der auch angesessen hatte. Wir wußten voneinander, wo der andere saß.
Wahrscheinlich hatte Erich meinen Schuß gehört und wollte nun sehen, was bei mir passiert war. Er sah mich mit dem Hund auf dem leeren Acker herumstolpern und mußte mein Winken vollkommen verkehrt verstanden haben. Jedenfalls drehte er sich um, marschierte zu seinem Wagen und verschwand.
Für mich jedoch ging die Nachsuche weiter. Zoltan lag fest im Riemen. Als wir an die Schonung kamen, trug ich den Hund ab und verbrach die bisher gearbeitete Fährte. Ich wollte nichts riskieren und holte die Jagdkameraden Heiner und Wenzel. Wenzel stellte sich am oberen Ende der Schonung an, und Heiner begleitete mich. Zoltan wurde da angesetzt, wo ich ihn abgetragen hatte. Nach dreißig bis vierzig Metern wurde der Schweißriemen schlaff, und Zoltan verkündete auf seine Weise das Ende der Nachsuche.
»Wenzel, Sau tot!« rief Heiner, um den Kameraden zu uns zu lotsen. Wenzel kam eilends herbei. »Mensch, ein Keiler!« sagte er zu mir, und ein herzliches Waidmannsheil folgte. Während ich die Sau versorgte, fuhr Heiner in den Ort, um einen Trecker zu holen. Die Waage zeigte dann aufgebrochen 70 Kilo, und ich war mächtig stolz auf meinen ersten Keiler. Ich war aber auch besonders stolz auf meinen Hund, ohne den dieser Jagdtag sicher nicht ein so gutes Ende genommen hätte.
Ein guter Tropfen in unserer Stammkneipe wurde erst mal auf den Keiler getrunken. Erich gesellte sich nun auch zu uns, und auch der Mitpächter Fritz kam. Das Ereignis hatte sich in Windeseile herumgesprochen. Am Abend trafen wir uns bei Erich, und ich mußte die Geschichte noch einmal erzählen.
»Da verbietet er uns, auf der Fährte oder auf dem Anschuß rumzutrampeln«, sagte Martin, »und er tut genau das, was er uns verbietet.« Ja, wenn zwei das gleiche tun, ist es noch lange nicht dasselbe.

Westlich von Darmstadt beginnt eine Landschaft, die so gänzlich anders ist als die Landschaft meiner Wahlheimat Nieder-Modau. Der vordere Odenwald zeigt die typischen Merkmale einer Mittelgebirgslandschaft: sanft geschwungene Höhen und Täler und dazwischen plötzlich jähe Einschnitte. Dagegen wird die Landschaft westlich von Darmstadt geprägt durch die rheinische Tiefebene: eben, soweit das Auge reicht; hinüber bis zum Rhein und längs des Rheins weiter über Biebesheim-Viernheim bis hinunter nach Mannheim. Dieses Land bietet gute Lebensgrundlagen für das Niederwild, und die Strecken, die hier auf Treibjagden erzielt werden, von denen können wir Odenwaldjäger nur träumen.

Die Gegend wird »das Ried« genannt, und am Anfang dieses Rieds liegt der Ort Eschollbrücken. Die Kontakte zwischen den Jagdpächtern von Eschollbrücken und Nieder-Modau waren uralt und sehr freundschaftlich. Einladungen gingen hin und her. Sie galten – und dies ist eine sehr positive Handhabung – für die gesamte Jägerschaft des anderen Reviers.
So klingelte Anfang Oktober 1976 bei mir das Telefon. Einer der Beständer – Herr Kistinger – war am anderen Ende. Einladung zur Fasanenjagd am 17. Oktober. »Aber bringen Sie Ihren Hund mit!« Ich sagte mit Freuden zu und versprach, auch Zoltan mitzubringen. Ohne ihn würde ich überhaupt niemals auf Jagd gehen – aber das wußte Herr Kistinger nicht.
Ich war auch deshalb für diese Einladung dankbar, weil Zoltan im Jahre 1976 bislang wenig Arbeit gehabt hatte. Außer einigen künstlichen Schweißfährten waren lediglich zwei erfolgreiche Nachsuchen für Martin und eine für mich selbst angefallen.
Nun meinte es der Wettergott nicht gut mit uns – es hatte den ganzen Morgen geregnet und sah auch nicht nach Besserung aus. Aber was soll's, weiter als bis auf die Haut kann der Regen bekanntlich nicht gehen. Viele Gräben durchziehen das Revier, und diese Gräben sind umsäumt mit Sumpfgräsern und Dornenhecken. Daneben gibt es doch einige Feldholzinseln inmitten von Wiesen. Weite Grasflächen waren ungemäht und boten hervorragende Deckung für das Niederwild.
Zoltan war aufgeregt, und als wir in Schützenkette durch den ersten Rapsacker gingen, machte er bereits den zweiten Rapsacker leer. Ich mußte ein ernstes Wort mit ihm reden. Das dritte Treiben war eine Feldholzinsel. Das Gehölz wurde umstellt, und die Hunde wurden zur Unterstützung der Treiber hineingeschickt. Es knallte recht lebhaft. Im vierten Treiben beschoß ich einen flach streichenden Fasan, der genau in eine Grasfläche einfiel, wo schon nach dem vorigen Treiben zahlreiche Fasanenhähne von den Hunden verlorengebracht worden waren. Natürlich wurde nach Beendigung dieses Treibens hier nachgesucht.
Vier oder fünf Schützen mit ihren Hunden strebten in die vertrampelte Wiese, schnallten die Hunde, und wir alle hofften, daß der Gockel gefunden würde. Die Gräser hingen regenschwer zur Erde. Die Hunde hatten sofort die Nase voll Wasser, wenn sie Bodenwittrung holten. In dieser Situation kurvten also vier oder fünf Hunde – unter ihnen auch Zoltan – durch das Gras, um den Fasan zu suchen. Plötzlich verließ Zoltan die Meute und folgte zielstrebig einer Spur. Als er etwa fünfzig oder sechzig Meter von uns entfernt war, rief mir einer der anderen Rüdemänner zu: »Rufen Sie Ihren Hund zurück! Dahinten kann der Gockel nicht liegen! Er ist hier runtergegangen!« Ich ließ Zoltan jedoch gewähren.
In der Ferne – etwa 200 bis 300 Meter – sah ich ein Grasrondell, und darauf hielt

Zoltan zu. Ich war gespannt, was daraus würde. Als er an der Grasinsel ankam, umkurvte er die Deckung mehrmals und gab Laut. Alles schaute zu meinem Hund. Wir hatten noch nicht richtig begriffen, was sich da abspielte, als aus dem hohen Gras der geflügelte Gockel aufflatterte. Aber Zoltan machte einen Satz und hatte den Gockel im Fang.

Im Revier Nieder-Modau liegt als markanter Punkt der bereits beschriebene Schloßberg, wo Zoltan seine Glanzleistung mit der Elster vollbracht hatte. Etwa einen Kilometer von diesem Schloßberg entfernt liegt ein weiterer bewaldeter Bergrücken, der Walmertsberg. Er ist eigentlich nur eine ansteigende Höhe. Sie setzt sich oben mit Ackerland fort. Am Fuße des Walmertsberges verläuft eine Wiese vom Ort Rohrbach aus bis zur Fahrstraße, die weiter in den Odenwald führt. Ich war an diesem Oktobertag des Jahre 1976 gerade von der Arbeit heimgekommen und hatte es mir bequem gemacht. Füße in den Filzlatschen, Beine hochgelagert und ein Gläschen Bier zur Erbauung und zum Abschalten von des Tages Mühe und Sorgen. In diesem Moment ging die Schelle am Hoftor. An der Sprechanlage war Fritz: »Der Zoltan wird benötigt – und wenn ich dein Profil sehe, bin ich auch nicht böse.«
»Ja, nun komm doch erst mal hoch – wir trinken ein Bierchen zusammen, und du kannst mir erzählen, was passiert ist!«
»Nein, dazu ist es zu spät, es wird ja in kurzer Zeit dunkel«, entgegnete Fritz.
»Gut, ich komme«, antwortete ich. Eilig schlüpfte ich in die Klamotten und rief Zoltan, der bereits in seinem Sessel genoß, daß Herrchen wieder daheim war. Im Auto, während der Fahrt zum »Tatort«, erzählte mir Fritz dann folgendes:
»Du kennst doch den Grasweg, der, von Rohrbach kommend, direkt zwischen den Wiesen und dem Walmertsberg, vorbei an der Fasanenfütterung und dem Rohrbacher Schilf, dann in die Straße einmündet?«
Ich bejahte.
»Diesen Weg«, erzählte Fritz weiter, »bin ich langgekommen. Als ich um die Ecke bog und nun die ganze Wiese unterhalb vom Walmertsberg einsehen konnte, sehe ich auf der anderen Seite des Baches ein Schmalreh stehen, in einer Entfernung von ungefähr hundert Metern. Im Knall ist es zusammengebrochen. Es hat sich nichts mehr gerührt, natürlich habe ich geglaubt, es ist auf der Stelle verendet. Ich mußte dann einen Umweg machen, um auf die andere Seite des Baches zu kommen – und dort habe ich dann nichts, aber auch rein gar nichts gefunden. Da kann nur der Zoltan helfen!«
Soweit der Bericht von Fritz, als wir an den Wiesen vor dem Walmertsberg ankamen. Den genauen Anschuß konnte Fritz in der einförmigen Wiese nicht

angeben. Zoltan mußte auch hier wieder mal Vorarbeit leisten. Mit Zoltan am Riemen ging ich also das Wiesenstück zwischen Bach und Walmertsberg entlang. Zoltan markierte auch einiges – aber ich war mir nie sicher. Waren es Fährten von gesundem Rehwild, das hier ausgetreten war? War es die Wundfährte des beschossenen Stückes?

Während der ganzen Zeit strebte Zoltan immer wieder zum Bach. Der Schütze hatte mir aber erklärt, daß nach seiner Meinung das Reh in den Walmertsberg gezogen sei, und so wollte ich Zoltan dorthin dirigieren. Er suchte dann auch zögernd dahin, wollte aber immer wieder die Richtung zum Bach einschlagen. Daß der Hund wieder mal recht hatte, stellte sich erst später heraus. Man sollte seinem Hund viel mehr vertrauen.

In meiner Unsicherheit schnallte ich ihn schließlich. Er lief sofort zum Bach, sprang hinüber und herüber und nahm offensichtlich eine Fährte auf. In Verfolgung dieser Fährte interessierte er sich noch sehr stark für eine Stelle am Bachbett, bevor er auf dem Acker in Richtung Schloßberg verschwand. Sehen konnten wir ihn dann nicht mehr, denn es war schon ziemlich dunkel geworden. Uns blieb also nur das zermürbende Warten übrig.

Nach einer ganzen Weile hörten wir aus Richtung Schloßberg Hundelaut – dann wieder nichts – dann ein Reh klagen und Standlaut! Da gab es ja nur eins: rein in den Wagen und hin zum Schloßberg! Als wir diesen nach entsprechenden Umfahrten endlich erreicht hatten, schauten wir uns dumm an: Wir hörten zwar noch den Standlaut des Hundes – aber dieser kam jetzt aus dem Walmertsberg!

Also wieder rein ins Auto und zurück zum Walmertsberg. Hier hörten wir den Standlaut wieder aus Richtung Schloßberg. »Ja, das gibt es doch nicht«, sagte Fritz.

»Ich kann mir das auch nicht erklären, Fritz«, antwortete ich, »aber die Fakten sprechen nun mal dafür, daß der Hund in der Gegend vom Schloßberg Standlaut gibt.«

Also wieder ins Auto und zurück zum Schloßberg. Doch nun narrte uns anscheinend der Teufel, als wir ausstiegen. Nicht hier war der Standlaut zu hören, sondern vom Walmertsberg. Das durfte doch nicht wahr sein!

Endlich kamen wir darauf, daß uns das Echo narrte. Wir konnten nun endlich auch die Stelle ausmachen, wo Zoltan Standlaut gab. Im Scheinwerferlicht beim Wenden des Wagens sah ich seine Augen blitzen. Gleichmäßig und unermüdlich ertönte sein Hals: »Kommt doch endlich – ich hab' das Reh ja längst!« Er verbellte es, bis wir bei ihm waren.

Leider lebte das Reh noch. Der Fangschuß erlöste dann das Schmalreh, das einen sehr schlechten Schuß hatte. Ein Vorderlauf war durchschossen, der andere ebenfalls verletzt. Es wäre nicht auszudenken gewesen, wenn Zoltan das Reh nicht gefunden hätte.

Jeder Halter eines Rüden kennt wohl die Situation, die sich ergibt, wenn in der Nachbarschaft eine Hündin heiß wird. Der Rüde wird unruhig, und je nach Temperament fängt er an zu wimmern oder zu jaulen oder zu bellen. In dieser Beziehung war Zoltan ein ganz normaler Hund – nur daß er fünf Hündinnen in der Nachbarschaft hatte. Mit seiner guten Nase zeigte er mir, lange bevor es der Hündinnenbesitzer selbst merkte, wo und wann welche Hündin heiß wurde. Besonders schlimm war es mit der Dackelhündin eines Nachbarn, der direkt in der Windrichtung zu mir wohnte.
Zoltans Jaunern war in der Wohnung oft nicht zu ertragen, und er durfte dann in den Garten, wo er am Zaun Posten bezog und stundenlang wartete, daß die Ersehnte erscheinen möge.
So war es auch eines Tages im September 1977. Meine Frau konnte das Heulen des Hundes in der Wohnung nicht mehr aushalten und ließ ihn in den Garten. Aber anstatt – wie sonst immer – am Zaun zu bleiben, lief Zoltan die Auffahrt hinunter. Er muß dann wohl versucht haben, das Hoftor zu überklettern, und war hierbei mit einem Hinterlauf im Tor hängengeblieben. Jedenfalls hörte meine Frau den Hund schreien, und als sie zum Gartentor kam, lag Zoltan da und klagte. Als ich heimkam, wollte er mich wie immer begrüßen, aber er kam nur sehr schwer auf die Läufe. Hinten rechts schonte er vollkommen.
Der Besuch beim Tierarzt folgte am gleichen Nachmittag. Wie er das sehe, so sagte mir der Tierarzt nach der Untersuchung, habe sich Zoltan wahrscheinlich beide Bänder im rechten Hinterlauf zerrissen. Der Doktor schlug eine Operation in der tierärztlichen Hochschule in Gießen vor. Bei dem folgenden Besuch in Gießen wurde die Diagnose meines Tierarztes bestätigt. Es sei zwar wahrscheinlich nur das äußere Band des Hinterlaufes gerissen. Eine Operation sei aber nicht mehr möglich, da Zoltan zu alt sei.
Ich war wie vor den Kopf geschlagen. Ein erfahrener Jäger und Rüdemann riet mir, den Hund auf Totalschonung zu stellen. Etwas anderes war auch wohl kaum möglich. Nun wurde der Hund ja in der Wohnung gehalten. Das Büro im ersten Stock war sein Zwinger, und ein Sessel war seine Hütte. Zoltan wurde nun die Treppe hochgetragen, die Treppe runtergetragen. Er wurde ins Auto gehoben und draußen aus dem Auto gehoben. Er löste sich und näßte fast neben dem Auto, wenn ich ihn zu Boden gesetzt hatte. Das ging so über Wochen, und die Tage waren für mich nicht leicht – körperlich und seelisch. Oft saß ich am Schreibtisch, blickte zu meinem Münsterländer, der friedlich in seinem Sessel lag, und ein Gedanke ging

mir immer wieder durch den Kopf: Wirst du in deinem Leben jemals wieder eine Schweißfährte arbeiten können?
Nach Wochen schien es, als wenn diese totale Schonung anfing, Früchte zu tragen. Zoltan benutzte den Hinterlauf mehr und mehr. Beim langsamen Gehen und beim Galopp merkte man von einer Schonung nichts mehr. Nur beim Traben zog er den Lauf noch eine Kleinigkeit nach. Als er jedoch im Dezember im Feld eine Katze aufstöberte und diese wie in alten Zeiten jagte, wußte ich: Zoltan wird wieder ganz fit. Während der Treibjagden ließ ich ihn allerdings daheim. Er konnte es nicht verstehen und schaute mich jedesmal mit ganz traurigen Augen an. Auch ich selbst war traurig; denn eine Treibjagd ohne Hund macht keine Freude.
Die Heilung machte nun weiterhin so gute Fortschritte, daß ich um die Jahreswende 1977/78 wieder anfangen konnte, mit Zoltan zu arbeiten. Der Anfang war eine Kaninsuche in Eberstadt. Obwohl wir nur einen halben Tag unterwegs waren und Zoltan meist an der Leine geführt wurde, hat es ihm vollkommen gereicht. Immerhin hatte er hier nach langer Zeit wieder ein geschossenes Karnickel apportiert.
Im Mai 1978 waren wir mit dem Hund im Urlaub. Nachdem Zoltan hier ohne Beschwerden lange Spaziergänge mitgemacht hatte, ging ich davon aus, daß ich den Hund wieder voll belasten konnte. Die erste Kaninchenschleppe war eine Enttäuschung. Zoltan suchte frei mit hoher Nase, ohne sich um die Schleppspur zu kümmern. Hatte er es verlernt? Die zweite Kaninschleppe, sofort im Anschluß daran, mußte er an der langen Leine arbeiten. Beim dritten Mal klappte dann alles wieder einwandfrei.
Es ist ja ein bekannter Grundsatz bei der Hundeausbildung, daß man mit einer Übung nie aufhören darf, solange der Hund seine Sache nicht richtig macht. Ich ging heim mit dem glücklichen Bewußtsein, wieder einen einsatzfähigen Hund zu haben.

Zoltan sei alt, zu alt für eine Operation, so hatten mir die Tierärzte in Gießen gesagt. Zoltan alt? – Welcher Rüdemann will schon wahrhaben, daß sein Hund alt geworden ist. Natürlich konnte man nicht übersehen, daß Zoltan inzwischen zwölf Jahre auf dem Buckel hatte. Aber was zählte diese Zeit schon? Nach der Ausheilung seiner Verletzung hatte er nach wie vor hervorragende Arbeiten geleistet. Und doch – die Zeit läßt sich leider nicht überlisten, und so ein Hundeleben ist ja bekanntlich viel zu kurz.
Wenn auch der Spruch »Drei Jahre junger Hund, drei Jahre guter Hund, drei Jahre alter Hund« sehr hart ist, ich glaube, im Kern stimmt er – leider.
Im Frühjahr 1981 wurde ich durch Zoltan selbst daran erinnert, daß die Zeit auch bei ihm ihre Spuren hinterlassen hatte. Langsam schwand das Interesse an der Jagd. Es

waren immer nur Kleinigkeiten, die sich zeigten; aber die Summe dieser Kleinigkeiten ergab dann doch ein bedenkliches Gesamtbild.
Wenn beim Spazierengehen aus dem Feldrain ein Gockel aufstand, dann wurde das entweder überhaupt nicht oder nur ganz lasch zur Kenntnis genommen. Ein Hase, der in einiger Entfernung auf dem Acker saß, interessierte schon lange nicht mehr. Eine im März gelegte künstliche Schweißfährte wurde restlos verweigert. Daß der körperliche Verfall mit dem Desinteresse Hand in Hand ging, war nicht zu übersehen.
Ich konnte und wollte es nicht – aber ich mußte mich wohl mit dem Gedanken abfinden, daß ich meinen Zoltan nicht mehr lange haben würde. Hoffnung keimte noch mal auf, als er bei einem Spaziergang – der Hund lief etwa dreißig Meter auf dem Weg vor mir – plötzlich vorstand. Er hatte sich herumgeworfen und stand bombenfest vor – zog dann nach – stand wieder vor – zog erneut nach und – dann war es aus, der Hund kam zu mir zurück. Ich ermunterte ihn weiterzusuchen, was er tat. Er stand wieder vor, zog nach und stand erneut. Als ich zu ihm trat, ging ein Gockel hoch. Aber bei mir war wohl – wenn ich ehrlich bin – der Wunsch, daß Zoltan wieder ganz fit werden möge, der Vater des Gedankens.
Bis zu seinem Ende hat Zoltan nur noch drei Nachsuchen gemacht. Die vorletzte galt einem Bock. Als Erich mir früh um sechs Uhr sagte: »Ich brauche den Zoltan«, war mir nicht ganz wohl. Im Auto erzählte er mir dann die Geschichte des Bockes, der in hohem Wiesengras die Kugel bekommen hatte und verschwunden sei. Zoltan war 14½ Jahre alt und krank. Seit neun Monaten hatte er keine Schweißfährte mehr gearbeitet. Und wie er es machte!
Seine letzte Nachsuche war für mich. Es war, als wenn Hubertus hier Regie geführt hatte und sagen wollte: Es ist dein Hund – die letzte Nachsuche steht dir zu.
Ich hatte in Eberstadt ein Schmalreh beschossen, das ohne irgendwelches Zeichnen absprang. Zoltan hatte ich daheim gelassen, da ich ihm keine Strapazen mehr zumuten wollte. Wir suchten zu dritt – ohne irgend etwas zu finden. Ein Kontrollschuß ergab dann, daß das Stück mit Sicherheit unterschossen war. Die Regulierung der Waffe erfolgte sofort, und der Ansitz am nächsten Abend bestätigte den Fehlschuß vom Vortage. Das Schmalreh stand erneut vor mir breit. Im Knall machte es einige Fluchten und war dann meinen Blicken entschwunden. Am Anschuß war auch diesmal nichts zu finden. Nur einige tiefere Eingriffe. Ich verbrachte eine unruhige Nacht. Mein alter, lieber, kranker Zoltan mußte hier wohl nochmals ran. Und wie er auch diese Arbeit erledigte! Er fiel die Fährte an, überquerte ein Stück Acker, dann ein Stück Brache durch einen Schilfgürtel

hinein in den Hochwald. Nach achtzig bis hundert Meter standen wir am Stück. Eine Arbeit wie in alten Zeiten. Der Schuß saß sauber, trotzdem noch dieser Fluchtweg. Leider waren die Füchse die Nacht über am Stück gewesen – es war nicht mehr zu verwerten.

Dies war am 13. Oktober 1982. Am 27. Oktober hat der Tierarzt in meiner Wohnung Zoltan von seinem Leiden erlöst. Ich saß stumm bei ihm und nahm Abschied. Ich schämte mich der Tränen nicht, die mir über das Gesicht flossen. Zuviel hatte mir dieser Hund gegeben, angefangen beim Einstieg in die Jagd. Ich dachte an die vielen glücklichen Stunden der erfolgreichen Nachsuchen, an die vielen Stunden des gemeinsamen Jagderlebens.

Ein treuer Jagdkamerad war von mir gegangen.

Das geklaute Reh

Herbert Bansen

»Duro« war im zweiten Feld auch in der Mannarbeit ausgebildet worden und stand hier tapfer durch. Um aber mal auszuprobieren, ob er, an meinem Fahrrad abgelegt, dieses unter allen Umständen verteidigt, hatten wir folgendes arrangiert. Ich sollte den Hund im Revier, an einer vorher bezeichneten Stelle, an meinem Fahrrad frei ablegen und ihn mindestens eine Stunde lang allein lassen. Der Figurant (der böse Mann) im dick gepolsterten Anzug sollte dann versuchen, mein Fahrrad zu entwenden. Ihm war erlaubt, die dicke Peitsche, wie sie für die Mannarbeit üblich ist, hart einzusetzen. Falls er es für notwendig hielt, sollte er auch mit der Schreckschußpistole schießen.

Wie immer fuhr ich früh ins Revier und legte Fahrrad und »Duro« an besagter Stelle ab. Etwa hundert Meter weiter setzte ich mich auf einen Hochsitz und harrte der Dinge, die da kommen sollten. Nach etwa dreißig Minuten hörte ich den Hund bellen, kurz darauf jaulte er einmal auf. Dann wieder wütendes Bellen. Die Fahrradglocke war zu hören und wieder heftiger Laut von »Duro«. Dieser »Kampf« tobte gut zehn Minuten, dann fielen zwei Schüsse, und bald darauf verstummte der Laut des Hundes. Als ich nach Ablauf der verabredeten Stunde zurückkomme, finde ich »Duro«, der neben dem Fahrrad saß, noch in sichtlicher Erregung. Mein Fahrrad lag etwa 30 Schritt weiter mitten auf dem Weg, der Waldboden war aufgewühlt. Wie »Duro« mich nun kommen sah, kam er mir entgegen, was er sonst nie tat, sprang mich an und wollte mit gesträubtem Rückenhaar dem geflüchteten Figuranten folgen. Ich mußte sehr energisch werden, um ihn zurückzuhalten.

In der Jagdhütte saß friedlich beim Morgenkaffee mein Figurant und hatte schon meiner Frau berichtet. Er hatte sich dem Hund ganz unbefangen genähert und ihn dann angesprochen, aber »Duro« wurde böse und brachte ihn erstmal auf Distanz. Dann wurde die Peitsche eingesetzt, »Duro« wich den Schlägen aus, aber als der Figurant das Fahrrad aufnahm, hatte »Duro« ihn am Arm gepackt. Wieder half die Peitsche, der Mann vermochte sich aufs Fahrrad zu schwingen, aber ehe er richtig fahren konnte, hatte ihn »Duro« wieder heruntergerissen. Dabei wurde er vom Hund so unglücklich am Gesäß gefaßt, daß er sich nur noch mit den Schreckschüssen befreien konnte. Nur langsam vermochte er sich, immer mit dem Gesicht zum

Hund, vom Rad abzusetzen. Noch etwa 50 Meter war ihm »Duro« gefolgt, dann lief der Hund zum Fahrrad zurück und blieb dort stehen.

Diese Verteidigungsbereitschaft verhalf uns dann auch zu der geklauten Ricke.

Es galt, eine Ricke zu finden, die angeblich mit tiefem Blattschuß noch eine Dickung angenommen hatte. Der Teckel vom Gut hatte sie nicht gefunden, aber, geschnallt, an Rehwild gehetzt.

Der Anschuß befand sich auf einem Rapsschlag. Ich war 26 Stunden nach dem Schuß mit »Duro« dort. Viel Schweiß – aber reiner Wildpretschweiß – war am Anschuß. Auf dem verharschten Schnee war er gut zu sehen, gab aber offensichtlich nur ganz geringe Wittrung ab. Es ging sehr langsam voran. Wir gelangten in ein sumpfiges Waldstück mit Birken und einzelnen Fichten. Teilweise stand hier hohes Gras, an dem mir »Duro« Schweiß zeigen konnte. Hier ging die Suche flott voran. In der anschließenden Fichtendickung hatte der Teckel gestern gehetzt! Der Hund blieb selbstverständlich am Riemen, und mühsam kroch ich hinter ihm durch die harten Sitkas. Am Auswechsel zeigte »Duro« nochmals Schweiß, dann ging es nach kaum hundert Gängen in die nächste kleine Dickung. Die beiden Jäger, die an der Nachsuche teilnahmen, stellten sich vor. »Duro« folgte der Wundfährte ruhig, aber zügig. Wieder mußte ich unter harten Sitkas durchkriechen. Plötzlich stand der Rüde an einem Rehbett und hatte dort etwas zu zeigen. Ein Wundbett! Die Hand fühlte warm. Geschnallt, war »Duro« bald auf der Fährte laut, aber die Hatz verließ die Dickung, wo keiner der Schützen stand. Der Jagdherr kam und erklärte mir, daß der Hund nun über die Grenze gehetzt habe, aber auch er hatte das Stück nicht gesehen. Wir folgten bis zur Reviergrenze, aber vom Hund war nichts mehr zu hören.

Es mochten wohl 15 Minuten vergangen sein, da hörten wir plötzlich wütenden Laut von »Duro«. »Ach, jetzt hetzt er sicher an Sauen«, meinte der Jagdherr. Aber das konnte nicht sein; da war etwas anderes passiert! Ich rannte los. Es waren gut 500 Meter, die ich gelaufen war, da hörte ich ein Aufjaulen vom Hund und dann wieder wütenden Laut. Ich eilte weiter und war schon völlig außer Atem, da sah ich vor mir am Dickungsrand drei Männer, die von »Duro« wütend verbellt wurden. Näher herangekommen, erkannte ich, daß zwei von ihnen in einer Zeltbahn etwas trugen, der dritte wehrte »Duro« mit einem Stock immer wieder ab. Auf meinen Anruf versuchten die drei zu laufen, aber »Duro« umkreiste sie und versuchte dauernd zuzufassen. Endlich war ich nahe genug heran und donnerte die Kerle an. Sie blieben stehen, und »Duro« sorgte nun dafür, daß sich keiner mehr bewegte. Dem Knüppel galt »Duros« besondere Aufmerksamkeit, und als ich an die Männer herantrat, hatte er mit einem Griff dem einen Mann den Knüppel aus der Hand gerissen. Ich ließ die Kerle einige Schritt zurücktreten, riß die Zeltbahn auf, und da lag die von »Duro« gegriffene und gewürgte Ricke; sie hatte einen hohen Vorderlaufschuß.

Die weitere Untersuchung ergab, daß die Kerle beim Verladen von Holz waren, »Duro« beobachtet hatten, als er das Stück griff, und nun die Stunde für gekommen hielten, damit zu verschwinden. Die Rechnung ging aber dank »Duro« nicht auf, obgleich der Hund insofern behindert war, als er gleich drei Mann vor sich hatte.

Nachsuchen

Bernd Krewer

Der annehmende Hirsch

An einem Brunftabend war ein mittlerer Hirsch beschossen worden. Die zunächst mit einem Teckel am nächsten Vormittag aufgenommene Nachsuche ergab einen Laufschuß und wurde nach etwa 1500 Metern abgebrochen, da man wegen der zu erwartenden Hetze kein Risiko eingehen wollte.
In der Mittagsstunde wurde ich angerufen und um die Fortsetzung der Nachsuche gebeten. Eine Stunde später setzte ich Pascha dort an, wo vormittags der letzte Schweiß gefunden worden war. Die schon gearbeiteten 1,5 Kilometer wollte ich mir und dem Hund in Anbetracht der fortgeschrittenen Zeit schenken.
Pascha arbeitete über eine kniehohe Kultur und bog dann ab in Richtung auf eine Lärchen-Fichten-Dickung, die sehr vernäßt und mit Erlenbrüchern durchsetzt war. Die Dickung wurde abgestellt. Schweiß war schon lange nicht mehr gefunden worden, jedoch bot das typische Trittsiegel eines laufkranken Hirsches in der hellen Lärchennadelstreu einen gewissen Anhalt.
Inmitten der Dickung lag ein Erlenbruch von etwa 40 Gängen Durchmesser. Am Rand dieses Bruches hatte sich der Hirsch gebettet und wurde vor dem Hund hoch. Im Wegflüchten sah ich einen Hinterlauf schlenkern!
Sofort schnallte ich den Rüden, der den Hirsch schon am jenseitigen Rand der Erlen stellte. Pascha beschäftigte den Hirsch derart, daß ich bis auf etwa 30 Gänge durch den offenen Bestand heranpirschen konnte. Da eräugte mich der Hirsch. Sofort warf er sich zu mir herum, schrie mir aus vollem Hals vier- oder fünfmal den Sprengruf entgegen und nahm an! Pascha hängte sich sofort an den Hirsch und ließ sich mitschleifen, daher war an einen Schuß auf den Stich nicht zu denken. Auf halber Strecke warf sich der Hirsch kurz herum und schlug nach dem Hund, der auch sofort abließ. Diesen kurzen Augenblick nutzte ich aus und setzte dem Hirsch die Kugel auf den Trägeransatz.
Mir war doch etwas warm geworden, so etwas hatte ich noch nicht erlebt. Der Sprengruf war »draußen« von einigen Schützen auch gehört worden. Waren es die Schmerzen oder war es wegen der Brunft, daß der Hirsch so merkwürdig reagierte?

Ich hatte auch keinesfalls den Eindruck, daß der Hirsch aus Angst schrie oder schreckte, wie ich es in einem anderen Falle schon einmal erlebt hatte. Das »Weiße« in den Lichtern, überhaupt das ganze Verhalten und der eindeutige Gesichtsausdruck ließen über seine Absicht keine Zweifel aufkommen.
Der erste Schuß saß an einem Hinterlauf zwischen Sprunggelenk und Geäfter.

Ein laufkrankes Kalb

Einem schwachen Kalb war bei einer Drückjagd ein Vorderlauf zerschossen worden. Noch am gleichen Tag wurde ich zur Nachsuche gerufen und konnte drei Stunden später Pascha zur Fährte legen.
Es lag eine unterbrochene Schneedecke, die in den Laubholzbeständen die Kontrolle erleichterte. Nach zügiger Riemenarbeit – hin und wieder verwies der Rüde Schweiß – kamen wir an ein Kulturgatter, dessen Zaun jedoch stark durchlöchert war. Durch eine dieser Lücken war das Kalb in dieses Lärchengatter eingewechselt.
Schnell wurden die Hauptwechsel besetzt, und nach der vereinbarten Zeit ließ ich Pascha weitersuchen. Vom letzten Winter her waren noch zahlreiche Schneebruchhorste unaufgearbeitet liegengeblieben, was die Folge am Riemen sehr erschwerte. Beim Umschlagen eines dieser Horste wurde Pascha dann sehr heftig und verwies wenig später auf einen Schneefleck die frische Fluchtfährte des Kalbes mit etwas Schweiß. Geschnallt, hetzte er eine ganze Weile fährtenlaut, bis ich schließlich nichts mehr von ihm hörte. Eigentlich hätte längst ein Schuß fallen müssen.
Ich arbeitete mich aus der Dickung heraus und traf draußen einen Kollegen, der ein sehr langes Gesicht machte. Ihm war das laufkranke Kalb gekommen und hatte sogar noch vor ihm verhofft und nach dem weit hinter ihm läutenden Hund geäugt. In aller Ruhe konnte er »Maß nehmen«, statt des Schusses machte es jedoch nur leise »klack«, ein Versager aus neuem Gewehr mit fabrikneuer Munition!
Was half es, das Kalb war wieder weg und mit dem langsam aufholenden Rüden in der angrenzenden Fichtendickung verschwunden. Ich lief also hinterher und sah schließlich das kranke Kalb über eine Schneise trollen, für einen Schuß jedoch zu weit. Als ich dort ankam, kam auch Pascha mit tiefer Nase auf der Fährte an. Ich konnte ihn abrufen und wieder an den Schweißriemen nehmen.
Nun hielten wir erst einmal Kriegsrat. Das Kalb war noch sehr flüchtig, und der Rüde zeigte doch schon starke Ermüdungserscheinungen. Nach einer Ruhepause wurde die Dickung, in der das Kalb verschwunden war, abgestellt. Ich arbeitete eine Strecke am Riemen und schnallte in der Dickung erneut, da am Riemen kaum noch Aussicht bestand, an das Kalb heranzukommen. Zum absolut dichten Abstellen

reichten die Schützen sowieso nicht aus. Auch das Kalb mußte ja einmal müde werden.
Pascha verschwand also wieder im »dicken Zeug«, er gab nur spärlich auf der Fährte laut, um seinen Atem für die Hetze zu sparen. Endlich fiel draußen ein Schuß: Einem der Schützen war das Kalb im Troll über eine große Wildwiese gekommen. Vom Hochsitz aus hatte er es beschossen, jedoch ohne jeden Erfolg. Die Kugel saß hinter dem Kalb im Dreck!
Nach einer Weile kam Pascha zurück, fix und fertig! Da es ohnehin dunkel wurde, brachen wir ab und verabredeten uns für den nächsten Tag.
Nach schlecht durchschlafener Nacht trafen wir uns am nächsten Morgen dort, wo wir am Vorabend abgebrochen hatten. Durch Umschlagen stellten wir zunächst einmal fest, daß das Kalb wiederum das Lärchengatter angenommen hatte und dort steckte. Leider war die Zahl der Nachsuchenteilnehmer gegenüber dem Vortag etwas geschrumpft. Das lag sicher auch am Wetter; es regnete wieder, was das Zeug hielt. So konnten wir nur noch die Hauptwechsel bzw. die großen Löcher im Zaun abstellen, und für erneutes Vorbeischießen oder Versager wurde die Todesstrafe in Aussicht gestellt.
Nach etlichen 100 Gängen sah ich plötzlich das Kalb unter einer kleinen Schirmfichte sitzen, während Pascha noch an einem Widergang buchstabierte. Ich ließ den Schweißriemen fallen, trat darauf und versuchte meine Büchse lautlos vom Rücken zu nehmen. Das hielt das Kalb natürlich nicht aus, wurde blitzschnell hoch und war in den Lärchenschneebrüchen verschwunden. Da hatte auch Pascha das Kalb eräugt und wollte geschnallt werden. Abgehalst, verschwand er lauthals im Verhau. Die Hetze entfernte sich schnell, ohne daß ein Schuß gefallen war. Natürlich waren Stück und Hund dort aus der Dickung herausgekommen, wo niemand stand.
Die Hetze ging durch mehrere Abteilungen, bis der Rüde schließlich wieder abbrach und zurückkam.
So ging es nicht. So unbegreiflich es auch scheinen mag, der Rüde schaffte es einfach nicht, dieses Kalb zu stellen und niederzuziehen, wie er es schon viele Male getan hatte. Am Riemen arbeiteten wir dann die ganze Hetze aus, schließlich hatten wir auch den Punkt überwunden, an dem der Rüde abgelassen hatte. Das Kalb hatte anschließend einen klassischen Widergang in einem Bach gemacht, der uns etwas Schwierigkeiten machte. Schließlich hatten wir aber auch diese Nuß geknackt, und die Fährte stand wieder in eine Dickung, die rasch umstellt wurde. Kaum waren wir im dicken Zeug verschwunden, da fielen draußen mehrere Schüsse, und schließlich ertönte »Hirsch tot«.
Einem jungen Kollegen war das Kalb lautlos gekommen und hatte sich wohl wieder fortstehlen wollen. Da wir vorher vereinbart hatten, daß auf dieses Kalb geschossen

werden müsse, solange noch ein Lauf sich bewegte, hatte er einige Patronen geopfert. Es war schon Nachmittag, als wir völlig durchnäßt, aber glücklich in eine Gastwirtschaft zogen, um uns innerlich und äußerlich wieder zu regenerieren.

Zu früh geschnallt

In der Mittagsstunde klingelte das Telefon: Ein Jäger hatte morgens einen Rehbock beschossen, der die Kugel gut quittiert hatte und nach einem kleinen Halbkreis in der nahen Dickung verschwunden war. Wenig später war er mit seinem noch sehr jungen und unerfahrenen Drahthaar am Anschuß. Dort und auch in der Folge bis zum Dickungsrand lag reichlich Schweiß. Der Schütze schnallte seinen Hund am Dickungsrand – ein folgenschwerer Fehler, wie sich später herausstellen sollte – und wartete den weiteren Verlauf der Dinge ab. Nach wenigen Augenblicken wurde der Hund kurz laut, und dann klagte durchdringend ein Reh. Da dem Rüden aber wohl jede Erfahrung im Niederziehen fehlte, entkam ihm das Stück wieder; denn die Hetze ging nun jenseits aus der Dickung heraus talabwärts, immer wieder kurz unterbrochen von Standlaut und Klagen.
Nach einer Weile kam der Hund erschöpft und abgehetzt zurück. Der Schütze hatte aber inzwischen – einige 100 Meter von der Dickung entfernt – auf einer Straße einen Überwechsel des kranken Stückes gefunden. Es war unter einer Leitplanke durchgekrochen und schweißte recht stark. Soweit also die telefonische Information über den bisherigen Hergang.
Nun hatte ich nachmittags eine Holzvorweisung durchzuführen und erwartete abends einen Rehbock-Jagdgast. So fuhr ich also »mit der Uhr im Nacken« zu dieser Nachsuche und setzte meinen Jagdterrier »Birke vom Römerhof« an der Straße an, auf der der Schütze zuvor den Überwechsel gefunden hatte. Das war natürlich auch nicht richtig. Ausgangspunkt der Nachsuche soll und muß der Anschuß sein. Aber mir blieb selbst bei Mißachtung aller Geschwindigkeitsbeschränkungen bei Hin- und Rückfahrt wenig mehr als eine Stunde Zeit.
Birke arbeitete recht zügig die Wundfährte durch einen Eichenbestand, in dem wir wiederum eine Stelle fanden, wo der Drahthaar versucht hatte, das Stück festzuhalten. Rißhaare, Deckenfetzen und Wildpret lagen weit verstreut herum.
Die Fährte stand dann durch ein Fichtenstangenholz, in dem die Schweißkontrolle schon spärlicher wurde. Dann ging es hinaus auf eine Wiese, entlang eines verwachsenen Bachlaufes. Nach einigen 100 Metern standen wir vor einer kleinen Fichtendickung. Birke wurde sehr heftig, arbeitete nur noch mit hoher Nase und wurde gar hin und wieder kurz laut, was bei so locker fährtelauten Hunden auf

warmer Fährte oft vorkommt. So entschloß ich mich zum Schnallen. Im Handumdrehen war die Hündin in der Dickung verschwunden und auch schon giftig laut. Die kurze Hetze kam am jenseitigen Dickungsrand zum Stehen. Und die kleine Terrierhündin gab Schlag auf Schlag Standlaut. Mit einem den Schützen und mich begleitenden Jäger war ich wenig später am »Ball« und traute meinen Augen nicht; Birke stellte eine hochbeschlagene Ricke, deren eine Keule völlig zerfetzt und die offensichtlich schwerkrank war. So blieb mir nichts weiter übrig, als den Fangschuß anzutragen. Als der Schütze wenig später dazukam, bekam er fast einen Herzinfarkt. Der Mann tat mir leid, er war völlig fertig und schwor unentwegt, er habe natürlich einen Bock beschossen und keine Ricke.
Die Keule war allerdings so zerfetzt, daß nicht mehr festzustellen war, ob hier ein Schuß und der Hund oder nur der Hund »gewirkt« hatten.
Auf die dringenden Bitten des Schützen ging es nun im Laufschritt zurück zum Anschuß – was wir natürlich gleich hätten tun sollen. 50 Schritt in der Dickung lag der brave jagdbare Bock mit Tiefblattschuß und war längst verendet!
Was war geschehen? Der geschnallte Drahthaar war in der Dickung an die hochbeschlagene Ricke gekommen und hatte sie wohl an einer Keule gepackt. Diese Ricke wurde von dem Rüden fast einen Kilometer gehetzt und mehrfach – offensichtlich immer nur an der Keule – gefaßt. Wäre der Schütze seinem Rüden am Riemen in die ausgesprochen »zahme« Douglasiendickung gefolgt, hätte er seinen Bock nach einer Minute gefunden.

Die Silvestersau

Einen Tag vor Silvester, am 30. Dezember, hatte mein Freund P. abends in dichtem Schneetreiben eine Sau beschossen. Wie er am Anschuß feststellte, war die Sau »fast« unterschossen, es lagen jedoch einige Schnittborsten sowie etwas Schweiß am Anschuß. Hinter der Sau war der Kugeleinschlag im Schnee deutlich zu sehen. Er konnte an diesem Abend noch feststellen, daß die Sau eine große Dickung offensichtlich nicht verlassen hatte. Am nächsten Morgen war die Fährte handbreit überschneit.
Wir umschlugen die Dickung, konnten aber keinen Auswechsel finden. Wohl waren gesunde Sauen und auch Rotwild überall gewechselt. Also legte ich Pascha am Einwechsel zur Fährte, und mein Kollege H. H. führte Dina nach. Einige 100 Gänge in der Dickung war ein größerer Schneebruchhorst, der ein ideales Dach für einen Saukessel bildete. Kaum war Pascha eine halbe Riemenlänge darin verschwunden, sehe ich rechts von mir und dem Hund eine Sau hochflüchtig den Kessel verlassen.

Pascha wollte wohl zurückkommen, da streifte er sich an den Ästen die Halsung über den Kopf und war im Nu hinter der Sau. Während wir noch nach Schweiß suchten, verließen weitere Sauen diesen »Familienkessel«. Nach wenigen Minuten kam Pascha jedoch zurück und schloff mit größter Selbstverständlichkeit wieder in seine Halsung. Also war die gehetzte Sau mit Sicherheit gesund. Da wir schon seit dem Einwechsel keine Schweißbestätigung mehr hatten, entschlossen wir uns, nach diesem unerwünschten Zwischenspiel die Dickung nochmals zu umschlagen und jede Fährte genau zu kontrollieren. Wir hatten mit unseren beiden Hunden die Dickung schon drei Viertel umrundet, als vor uns eine frisch schweißende Saufährte hochflüchtig aus der Dickung stand. Also hatte die kranke Sau doch bei den gesunden Sauen gesessen oder sich doch zumindest in deren Nähe gesteckt.
Da hoher Schnee eine Folge sehr erleichterte, schnallten wir à tempo beide Hunde. Dina schoß wie ein roter Pfeil davon, gefolgt von dem wesentlich langsameren Rüden.
Während Pascha in jungen Jahren verläßlich fährtenlaut jagte, hetzte Dina nur sichtlaut. Wohl gab sie ab und zu »aus Sympathie« laut, wenn sie zusammen mit dem Rüden geschnallt wurde und Pascha »vom Fleck weg« losläutete. Sie fing sonst erst an zu keifen, wenn das gehetzte Stück auf Sicht vor ihr war.
Beide Hunde waren im angrenzenden schneeverhangenen Buchenstangenholz verschwunden, und nichts war mehr zu hören. Schnell waren die beiden Kollegen herbeigerufen, von denen einer einen Jeep hatte. Kollege H. sollte dort bleiben, wo wir geschnallt hatten, wir wollten versuchen, mit dem Geländewagen auf den zugeschneiten Waldwegen der Sau und beiden Hunden über die »Pfaffenstraße« ins angrenzende Forstamt D. zu folgen. Durch weiträumiges Umfahren stellten wir fest, daß Sau und Hunde zunächst in das sogenannte »Singende Tal« geflüchtet bzw. gehetzt waren, um dann im spitzen Winkel wieder der Höhe zuzustreben. Am Fährtenbild war auch deutlich zu sehen, daß Dina immer versuchte, die Sau in die Keulen zu zwicken. Ausgerissene Borsten und Stellen, wo die Sau die Hunde abwehrte und sich gestellt hatte, wurden immer häufiger.
Annähernd fünf Kilometer waren wir nun schon gefolgt, als wir endlich aus einer Dickung den gedämpften Laut beider Hunde hörten.
Beim Angehen mußte ich zunächst einmal durch ein Rudel Kahlwild pirschen, das im Halbkreis um den Standlaut herumstand und interessiert den Keif verfolgte. Das Rudel flüchtete natürlich und nahm die kranke Sau ein Stück mit. Wenig später stellten die Hunde erneut. Ich kam auf kurze Strecke heran und sah schließlich Dina, die etwa zwei Schritt verbellend vor der Sau stand. Die Sau stand scheibenbreit. Pascha hörte ich auch, konnte jedoch von ihm nichts entdecken. Ich glaubte jedoch, daß er hinter der Hündin stehen würde. Ich schoß also auf die Sau und hörte im

gleichen Moment den Rüden heftig aufklagen. Die Sau flüchtete nach dem Schuß weiter, und mir fiel ein Stein vom Herzen, als ich wieder beide Hunde hetzen hörte. Nach 60 Gängen trat dann für einen Moment Ruhe ein, dann hörte ich Dina wütend knurren und geifern. Ich rannte hin und mußte sofort einschreiten; beide Hunde rauften an der dort verendet zusammengebrochenen Sau, daß die Fetzen flogen. Über Paschas Rücken klaffte eine tiefe, breite Wunde, die heftig schweißte. Dina hatte wohl sofort gemerkt, daß mit dem Rüden irgend etwas nicht stimmte, und nutzte ihre Chance sofort aus. Sonst war es eigentlich immer so gewesen, daß ich die Hündin vor dem älteren und stärkeren Rüden in Schutz nehmen mußte, wenn der Fangschuß gefallen war.
Wie die spätere Rekonstruktion ergab, hatte die Sau den Fangschuß voll erhalten. Pascha stand jedoch schräg hinter der Sau, und ein Geschoßsplitter aus dem Ausschuß riß ihm die klaffende Wunde über den Rücken. Millimeter tiefer wäre das Rückgrat getroffen worden.
Wegen des strengen Frostes kippten wir eine Jagdflasche Schnaps, die eigentlich nicht für äußerliche Anwendung gedacht war, in die Wunde. Ich fuhr Pascha stehenden Fußes zum Tierarzt, der die Wunde vernähte.
Dina weigerte sich, »ihre« Sau zu verlassen. Ich war mit dem Rüden außerdem so beschäftigt, daß ich mich nicht um sie kümmern konnte. Außerdem wäre es nicht möglich gewesen, beide Hunde zusammen in ein Auto zu nehmen. So mußte Kollege P. am Nachmittag die Hündin zu mir nach Hause bringen, wo ich inzwischen mit dem genähten Rüden auch eingetroffen war. Es war noch einmal gutgegangen.
Die Sau hatte übrigens einen Streifschuß, ein Geschoßsplitter hatte jedoch die Milz getroffen, die entzündet und erheblich vergrößert war.

Paschas Ende

Es war gegen Ende Januar, und mein Freund und Kollege P. hatte noch ein großes Loch in seiner Gefriertruhe, in das genau ein Stück Rotwild hineinpaßte. So beschoß er abends einen geringen Spießer; wegen der dort geringsten Wildbretzerstörung setzte er ihm die Kugel auf den Träger. Im Knall hatte der Hirsch gelegen, war aber sofort wieder hochgeworden und in der angrenzenden Dickung verschwunden.
Am nächsten Morgen war die Fährte handhoch überschneit, und immer noch fielen dicke Flocken. Ohne jeden Anhaltspunkt arbeiteten wir die unsichtbare Fährte in die Dickung, und so kam es auch, daß ich Pascha schnallte, als Wild vor uns wegbrach. Es war aber ein Tier mit Kalb und nicht der beschossene Knubbenspießer. Pascha

blieb recht lange aus und kam erst nach einer ganzen Weile von dieser Fehlhetze zurück. Wir waren uns eigentlich schon darüber im klaren, daß dieser Hirsch kaum zu haben sein würde. Nach der Mittagspause beschlossen wir dennoch, es noch einmal zu versuchen. Hätten wir es doch gelassen!

Strahlender Sonnenschein und eine hohe, unberührte Neuschneedecke hatten wohl auch das Ihrige zu unserer Entscheidung beigetragen. Ich legte Pascha erneut am Anschuß zur Fährte, wieder arbeitete er die unsichtbare Fährte in die Dickung. Dort machte er einen scharfen Haken bergauf, und nach weiteren 100 Gängen brach es erneut vor uns. Sekunden später standen wir an einem Bett, in dem frischer Schweiß lag! Der Schweiß war verspritzt, beim Hochwerden waren kleine Schweißtropfen in Mannshöhe auf den verschneiten Ästen hängengeblieben.

Wie ein Pfeil schoß der Rüde davon und wurde auf der angrenzenden Kulturfläche laut. Ich rannte hinterher und sah noch Hirsch und Hund hangabwärts in einem Buchenaltholz verschwinden. Der Hirsch war hochflüchtig und machte keineswegs einen kranken Eindruck. Ich lief zu Fuß hinterher, P. setzte sich in sein Auto und versuchte, sich der Hetze vorzuwerfen, er war ja dort zu Hause und kannte jeden Weg und Steg.

Nach etwa sechs bis sieben Kilometer gab Pascha schließlich die Hetze auf. Er hatte wohl eingesehen, daß er den Hirsch niemals einholen konnte, der nur einen Streifschuß am Träger hatte. Dort, wo er aufgab, hatte ein Holzrücker Langholz aus einem Bestand gerückt. Dies veranlaßte ihn wohl, nicht auf seiner Spur zurückzukommen, sondern den breit ausgefahrenen Gleisen zu folgen. P. konnte dort mit seinem VW nicht folgen, wollte er nicht Gefahr laufen, sich rettungslos festzufahren. So trafen wir uns wieder und fuhren in das nahe Dorf, um dort den Jagdpächter zu verständigen. Dieser erbot sich auch sofort, uns bei der Suche nach dem Hund behilflich zu sein. Ein weiterer ortskundiger Jäger stieß ebenfalls noch zu uns. So waren wir inzwischen zu viert und versuchten, von der Gegenseite her die Hundespur zu finden. Pascha hatte ja die Richtung auf das Dorf eingeschlagen und war sicher auf den festen Wegen geblieben. Auch er war sicher todmüde und marschierte den Weg des geringsten Widerstandes – also bergab.

Wir befanden uns nahe der Grenze zum Nachbarrevier – bereits im Saargebiet –, als wir Paschas Spur an einigen Wochenendhäusern wiederfanden. Von diesen Häusern aus war er einem Weg gefolgt, der in das saarländische Nachbarrevier zu dem Ort Eisen führte. 200 Gänge vom Waldrand entfernt – ebensoweit war es von dort zum Dorf – parkte am Wegrand ein Auto. Pascha hatte das Auto mehrfach umkreist und war der Spur des Jägers, der unweit auf einem Hochsitz wohl auf Sauen ansaß, gefolgt. Aus den Spuren ging jedoch auch hervor, daß dieser Jäger zu seinem Auto zurückgekommen war. Zwei Spuren standen in Richtung Hochsitz, eine Spur vom

Hochsitz zum Auto. Ich hatte schon ein merkwürdiges Gefühl in der Magengegend, als meine Begleiter den ihnen bekannten Jäger anriefen. Er gab auch sofort Antwort und kam uns dann entgegen. Auf die Frage von P., ob er nicht einen Schweißhund gesehen habe, sagte er sofort, er habe einen Schweißhund erschossen! Den Hund habe er zu seinem Auto getragen, ihn dort in Plastiksäcke verstaut und sich wieder auf den Hochsitz begeben.

Ich erspare es mir, wiederzugeben, was sich an Ort und Stelle und erst recht bei mir zu Hause abspielte, als ich spät nachts ohne Hund dort eintraf.

Am nächsten Tag habe ich Pascha in meinem Revier neben der Jagdhütte begraben. Wie oft war ich mit ihm von dieser Stelle aus zur Pirsch oder zum Ansitz, hin und wieder auch zur Nachsuche aufgebrochen.

Pascha war am 15.4.1963 geworfen worden und endete durch die Kugel eines Jägers am 25.1.1972. Unter erschwerenden Umständen – kurze Totsuchen unter 200 Meter nicht mitgerechnet – kamen mit seiner Hilfe zur Strecke: 67 Stück Rotwild und 17 Sauen. Von diesen 84 Stück Hochwild erforderten 47 eine Hetze, ehe sie zur Strecke kamen. Bei 23 Nachsuchen war vorher bereits vergeblich mit anderen Hunden gesucht worden.

Der materielle Verlust wurde von der Jagdhaftpflicht des Schützen bezahlt. Den ideellen Verlust für mich, meine Familie und viele Jäger in Hunsrück und Eifel, an Mosel und Nahe kann niemand ersetzen. Der Versuch von seiten der örtlichen Jagdorganisationen, durch eine einstweilige Verfügung die Entziehung des Jagdscheines des Schützen zu erwirken, scheiterte. So blieb also jegliche Art der Bestrafung aus.

Todfreundschaft

Erwin Felsmann

Das war damals, als sich Arca, im dritten oder vierten Feld (4. oder 5. Lebensjahr), unsterblich in einen Köter verliebte.
Schon die Wahl der Worte »unsterblich« und »verliebt« muß zum Ausdruck bringen, daß ich nicht die Hitze meinte, die zweimal jährlich naturgegebene Läufigkeit der Hündin, sondern einen Zustand der immerwährenden Zuneigung und Unzertrennlichkeit, von Herzen gewidmet einem Dorfköter, der auf den Namen Lümmel hörte.
Lümmel hieß er, dem Gustl Scharlauer gehörte er, und Roswithas Liebling war er. Ausgesehen hat er wie eine Kreuzung zwischen Wolf und Muffelschaf, häßlich gescheckt, mit Ringelschwanz und schwerem Schädel wie ein Bernhardiner.
Das einzige, was schön an ihm war, waren seine goldbraunen Augen. Und in so etwas verliebt sich Arca, die blaublütige adelsstolze Dame mit einer nachweisbaren Ahnenreihe, die ihresgleichen sucht!
Ich denke, mir bleibt die Luft weg, als ich zum Gustl in den Hof komme und dieses Ungetüm zum ersten Mal sehe, das da freundlich schweifwedelnd hoch droben auf dem Misthaufen steht und die Arca gespannt betrachtet, die ihrerseits mit der Stummelrute einen heftigen Begrüßungswirbel trommelt.
»Wo hast du denn dieses Untier her?« frage ich den Gustl, der mit seiner Goldstück-Roswitha im Schuppen das Saatgut vorbereitet, denn wieder einmal kündigt sich ein Frühjahr an.
Der Gustl lacht. »Frisch eingestellt. Beim Metzger drüben in Unternreith ist er zugelaufen, und der hat ihn nicht brauchen können. Da hab ich ihn halt mitgenommen. Hat nichts gekostet. Er gewöhnt sich schon gut an den Hof und geht nicht vor die Tür.«
»Und ist so freundlich«, sagt die Roswitha mit einem Seitenblick auf das halbe Dutzend Hemden unter meinem Arm. »Waschtag ist erst nächste Woche.«
Hat nichts gekostet! Wer unsere Bauern kennt, der weiß, daß dieses Argument alle anderen allfällig gegensätzlichen Argumente aufwiegen kann. Wenn er nur nichts gekostet hat und brav beim Hof bleibt und gut meldet, dann kann er aussehen, wie er will, er ist ein braver, ein schöner Hund.

Das findet auch die Arca, denn schon tollen die zwei spielerisch in Hof und Scheunen herum.
Liebe auf den ersten Blick.
Mag er schön sein und brav, beim Hof bleibt er aber nicht. Weiß der Himmel, wie er den Weg gefunden hat, am nächsten Tag schon macht der Lümmel unserer Arca einen Besuch. Plötzlich steht er in der großen Einfahrt zum Gutshof, schaut sich um und schnuppert, sucht die Arca. (Schaut sich um und schnuppert. Diese Ausdrucksweise paßt zu ihm. Das jagdliche »Äugen« und »Wind holen« möchte ich ihm gar nicht zugestehen.)
Die Erna steht zufällig oben am Fenster, sieht ihn und schreit: »Heiliger Strohsack, was für ein Monster! Owin, wem gehört der Hund?«
»Dem Scharlauer«, schreie ich vom anderen Fenster aus hinüber. »Dem Gustl.« Und ich öffne die Tür, die Arca saust aus dem Büro und hinunter in den Hof, und es gibt eine wahnwitzige Begrüßung. Die zwei hopsen und springen wie die Irren, rasen im Hofgeviert herum, und damit ist die gestern begonnene Freundschaft für alle Zeiten besiegelt.
Der Lümmel wird täglicher Gast. Er erscheint am späten Vormittag, eine Zeitlang spielen die zwei, dann liegen sie gemeinsam in der Sonne und wärmen sich das Fell. Wenn sie genug davon haben, trollen sie sich hechelnd in den Schatten. Alles schön gemeinsam, und kein bißchen Sex dabei, nur Freundschaft und Zuneigung. Dann, so gegen Mittag, wenn es Zeit wird für den weiten Weg zur Futterschüssel zu Hause, verabschiedet sich der Lümmel und geht. Die Arca begleitet ihn bis zur Toreinfahrt. Dort ist die Grenze, die sie nicht überschreiten darf. Sie weiß es. Ohne mich darf sie den Hof nicht verlassen. Das Tor ist wie ein elektrisch geladener Weidezaun. Durchschreiten verboten. Also bleibt sie gehorsam stehen, gibt nur ein kurzes, ganz charakteristisches Winseln von sich – es klingt mir heute noch im Ohr –, das ungefähr so viel bedeutet wie: Lümmel geht, und ich darf nicht mit. Aber Lümmel kommt ja wieder. In einer Stunde oder zwei, wenn er gefressen und ein wenig geschlafen hat, ist er wieder da.
So geht es bis ins späte Frühjahr hinein: die Besuche am Vormittag, das Abschiedwinseln meiner Arca unter dem Tor, die nachmittägliche Wiederkehr des treuen Bastards. Eines allerdings fällt mir auf: Die Mittagspause, die sich der Lümmel gönnt, wird allmählich immer ausgedehnter. Doch zunächst denke ich mir noch nichts dabei, nur die Arca ist traurig, wenn sie zu lange auf ihren Gespielen warten muß.
Dann, eines schönen Tages im Juni, geschieht es. Lümmel kommt von der häuslichen Freßschüssel zum täglichen Nachmittagsbesuch, die nie erlahmenden Freudenszenen spulen sich ab wie ein hundertmal im Kino gesehener Film, und

schließlich legen sich die beiden Hunde zufrieden in die Sonne. Zufällig komme ich nahe an ihnen vorbei und will meinen Augen nicht trauen.
Ich weiß, daß Gustl und Roswitha feine Leute sind, aber im Hause Scharlauer muß heute ein ganz besonders hoher Festtag gewesen sein mit exquisiter Speisenfolge, und einer der vielen Gänge des Menüs, dessen Reste in die Futterschüssel kamen, muß geheißen haben: »Jungfasan natur im Federkleid«.
Ich beuge mich fassungslos zu dem treulich blinzelnden Lümmel nieder. Kein Zweifel: ein Fasanfederlein an den Lefzen. Ich öffne ihm das häßliche Maul, was es bieder mit sich machen läßt, das brave Hundchen. Auch in den Kieferwinkeln und am Zahnfleisch zerknautschter Flaum.
Das genügt.
Der Lümmel geht also mittags nicht nach Hause zur Futterschüssel, sondern wildern. Ganz schön raffiniert auch noch: in der Mittagszeit, wenn kaum einer draußen ist auf dem Acker oder im Wald.
Schon am nächsten Morgen bin ich beim Gustl. »Ich muß mit dir reden«, sage ich. Er schaut mich verwundert an, denn solche Einleitungen und Förmlichkeiten ist er von mir nicht gewöhnt.
»Gustl«, sage ich, als wir in der Küche sitzen, »euer Hund geht wildern.«
»Gibt's nicht«, schnappt die Roswitha schnippisch vom Herd herüber.
»Gibt's wohl«, sage ich ganz ohne Respekt vor der Hausfrau und starre den Gustl an. Der Gustl breitet die schweren Arbeitshände vor sich hin auf den Tisch und sagt zu seiner errötenden Ehegefährtin: »Du sei still!« und zu mir: »Ist leider wahr. Vorgestern hat er uns einen Junghasen gebracht. Und wir haben ihn abends gefressen. Was hätten wir sonst tun sollen damit? Fortwerfen? Aber ich weiß es erst seit vorgestern«, schließt er, und ich glaube es ihm. Die beschämte Roswitha, nehme ich an, wird mir reuigen Herzens die nächsten Hemden besonders gut waschen und bügeln.
Die Beichte ist dem Gustl sicher nicht leichtgefallen, aber er hat viel Verständnis für die Jagd und weiß, was sein darf und was nicht sein darf. Der Gedanke gefällt uns beiden nicht, aber wir machen uns gemeinsam an die Konstruktion einer an einem Drahtseil gleitenden langen Laufkette, die dem Lümmel quer über den ganzen Hof Bewegungsfreiheit gestattet. Mehr leider nicht. Es ist eine miserable Lösung für einen die Freiheit gewöhnten braven Hofhund, der unglückseligerweise von einer Woche zur anderen Gefallen an der Wilderei gefunden hat. Aber was soll's? Es muß sein. Bei mir zu Hause mitanzusehen, wie Arca alltäglich sehnsüchtig den Gefährten und Spielkameraden erwartet, ist auch nicht gerade angenehm.
Das traurige Intermezzo dauerte jedoch nicht sehr lange. Schon in der fünften Nacht gelingt es dem Lümmel, seinen Kopf aus dem in milder Gesinnung wohl nicht

gar zu knapp angezogenen Halsband zu ziehen. Von dieser Stunde an bleibt er verschwunden und läßt sich auch in der Nähe des Hillinger-Hofes nicht mehr blicken.
Nach ein paar Tagen kommen die ersten Nachrichten. Bauern erzählen, sie hätten ihn einmal hier auf dem Feld oder dort im Wald gesehen, immer höchst vorsichtig und nur auf weite Entfernung. Auch in den umliegenden Revieren, beim Hartmann und in verschiedenen Bauernjagden, ist die Rede von einem wildernden Bastard, doch keinem der Jäger nähert er sich auf einigermaßen aussichtsreiche Distanz. Der Lümmel ist schlau und wird zu einer Gefahr für das Wild im weiten Umkreis. Bald weiß man von einem gerissenen Reh, gleich darauf vom zweiten. Doch beide Untaten ereignen sich nicht bei uns, sondern bei den Nachbarn. Die Grünröcke rundum geraten in Siedehitze.
»Du weißt ja«, sage ich zum Gustl, »was früher oder später passieren muß und passieren wird.«
»Natürlich.« Er zuckt die Achseln. Außerdem, selbst wenn man den Hund je wieder einfangen könnte, was völlig ausgeschlossen ist, er wäre nun wertlos als Hofhund. Das weiß er auch, der Gustl, der so vieles weiß. Er hat nichts gekostet, der Lümmel, und schon allein darum war er ein guter Hund. Und jetzt wird er schmerzlich vermißt, *obwohl* er nichts gekostet hat, ein finanzieller Verlust also nicht eingetreten ist . . .
Wer sich da auskennt?
Wer sich da auskennt, ist ganz einfach ein Tierfreund . . .
Vierzehn Tage oder drei Wochen später bin ich mit Arca im Revier, fast ganz ohne jagdliche Absichten, aber die leichte Bockbüchsflinte mit der kleinen, schnellen Kugel ist ja doch immer mit dabei. Man kann nie wissen. Auch dann kann man nicht wissen, wenn man nichts anderes im Sinn hat als nachzusehen, wie die Gerste steht. Sie steht recht brav.
Um die Mittagszeit, nach einem ausgedehnten Marsch in der prallen Hitze, tun wir beide uns unter einem schattenspendenden Strauch am Waldrand nieder. Ich habe einen Kanten Brot in der Tasche und ein Stück warm und fettig gewordenen Speck. Das reicht fürs erste. Zu Hause gibt es dann schon noch etwas Ausführlicheres. Wir teilen. Über den Feldern draußen flimmert die Luft, hier aber ist es angenehmer. Wie wär's, sich ein wenig ins Gras zu strecken und die Jalousien runterzulassen? Ich treffe eben meine Vorbereitungen, den Leinenrock zu einem Kopfpolster umzuwandeln, als mich das eigenartige Gebaren des Hundes innehalten läßt. Arca hat sich erhoben und windet gespannt und langanhaltend auf die Felder hinaus. Dann sieht sie mich freudig an. Um ein Stück Wild kann es sich also nicht handeln. Da wäre ihr Ausdruck ein ganz anderer.

Ich richte mich halb auf, stütze mich auf die Ellenbogen, verlasse mich lieber auf meine Augen als auf meine erbärmliche Nase und streife die umliegenden Ackerraine kurz mit meinem Blick – nichts!
Aber dann setzt sich Arca auf die Keulen, hebt den Fang zur Sonne und stößt dieses kurze, wohlvertraute Winseln aus, mit dem sie sich in den Zeiten der Hundekameradschaft immer am Tor von ihrem Freund Lümmel verabschiedet hat, wenn dieser sie mittags verließ.
Ich bin wie elektrisiert. Es paßt alles zusammen: die Mittagsstunde, das charakteristische, eigenartige Winseln – der Lümmel muß in der Nähe sein!
Hastig krame ich das Glas aus dem kleinen Rucksack, nehme es an die Augen, und wenig später entdecke ich wirklich den dunklen Fleck hinter dem Saum der noch grünhalmigen Gerste. Dort steht Lümmel, gut gedeckt, mißtrauisch und dennoch neugierig, ganz zum Wild, zum Wolf geworden, und äugt unbeweglich herüber. Ohne das Winseln, ohne Arcas arglosen Verrat, hätte ich ihn bestimmt nie wahrgenommen ...
Es ist verzweifelt weit, aber mit der rasanten kleinen Kugel kann es sich irgendwie ausgehen. Sitzend stütze ich den linken Ellenbogen auf das Knie, den rechten auf den Baumstumpf, auf dem wir eben noch getafelt haben. Das Fadenkreuz faßt den dunklen Fleck, die Gerste verdeckt ihn fast. Auf ein Reh würde ich in einem solchen Fall den Schuß mit dieser schnellen Patrone niemals wagen. Aber hier muß es sein. Vielleicht findet das Geschoß seinen Weg durch die schwankenden Halme, ohne abgelenkt zu werden.
Im Knall reißt es drüben den Lümmel, unseren alten Freund, der auf böse Abwege geraten war, von den Läufen.
Arca steht starr, bewegungslos, rührt sich nicht, nicht einmal ihre Rute zuckt. Sie äugt nur hinüber, dorthin, wo jetzt der dunkle Fleck in der Gerste nicht mehr zu sehen ist.
»So ist das Leben«, sage ich zu ihr. »Er war dein Freund, dein bester Freund, du hast ihn geliebt, und jetzt hast du ihn verraten. Aus Liebe. Du hast ihm das Urteil gesprochen, und ich mußte es vollstrecken. Aber vergiß es. Es ist vorbei.«
So neigen wir doch immer wieder unsinnigerweise dazu, unsere Hunde zu vermenschlichen, ihnen unsere eigenen Gefühle und Gedanken zu unterschieben. Aber daran wird sich wohl nicht so bald etwas ändern. Solange der Mensch noch vom Menschen kommt und nicht aus der Retorte und Computer, wird sich daran nichts ändern.
Aber wir Jäger und Hundeführer sollten es wenigstens *wissen*. Von den anderen, die sich einen Hund zum Hätscheln oder aus Langeweile halten, kann man es ohnedies nicht erwarten.

In herrlicher Inkonsequenz leine ich Arca an dem schattenspendenden Strauch an, bevor ich hinübergehe. Es ist eine verquere Sentimentalität, ich komme mir fast lächerlich vor dabei, aber sie soll ihren toten Freund nicht mehr sehen müssen.
Am Abend werde ich mit dem Rover kommen und mit einem Spaten. Ohne Arca. Lümmel wird ein anständiges Grab erhalten. Tief genug, um auch dem stärksten Fuchs die Lust zunehmen, sich an ihm zu vergehen.

Gar lustig ist die Jägerei

Zwei eigenartige Hirschjäger

Graf Pálffy von Erdöd

Wenn man komische Geschichten, die mit der Jagd in Verbindung stehen, erzählt, kommt man noch leichter in den Verdacht, etwas dazu erfunden zu haben, als wenn man rein jagdliche Geschehnisse beschreibt. Zwar hatte ich für diese zwei kuriosen Erlebnisse je einen Zeugen, der eine jedoch – der beste Revierjäger, den ich auf meinen eigene Waldbesitzungen jemals gehabt habe –, ist schon seit Jahren tot, und der andere, der die zweite Geschichte mit viel Humor miterlebte, ein ausgezeichneter ukrainischer Heger, ist, wenn noch am Leben, weit weg in Sibirien, wohin er aus meinen Revieren in Galizien deportiert wurde. Man möge mir trotzdem vertrauen, daß sich alles haargenau so abgespielt hat, wie ich es jetzt erzählen werde.

Zu Beginn des letzten Krieges teilte mir meine Frau eines Tages mit, sie habe ein befreundetes Ehepaar zu uns aufs Land eingeladen. Dies wäre an und für sich selbstverständlich gewesen, hätten wir nicht den 15. September geschrieben!

Mein erstaunter Blick genügte, um meine Frau dazu zu bewegen, mir mit etwas schlechtem Gewissen und kleinlaut das eigentliche Motiv dieses Besuches mitzuteilen. Unser Freund wollte für sein Leben gerne einen Hirsch erlegen, und sie habe versprochen, bei mir ein gutes Wort dafür einzulegen!

Das fehlte mir noch! Zur Jagd lud nur ich ein, und dabei kam nicht allein der Freundschaftsgrad in Betracht, sondern auch die Vorbedingung, daß es ein Waidmann ohne Tadel sei.

Er sei aber tatsächlich ein »geübter« Jäger, habe sie gehört; und um meiner Frau angenehm zu sein, schluckte ich die bittere Pille, trotz aller Beteuerungen auf das Äußerste gefaßt. Ich will vorwegnehmen, daß meine Befürchtungen, wie man sehen wird, noch weit übertroffen wurden.

Schon als die Gäste im Schloß ankamen, blieb mein Auge mit größtem Mißtrauen auf einem funkelnagelneuen Gewehrfutteral hängen, dessen Leder noch keinen Regentropfen gesehen hatte. Ich hatte nur mehr einen Gedanken, nämlich so taktvoll und so schnell wie möglich, zu meiner Beruhigung, dem Gast bezüglich seiner Jagderfahrung auf den Zahn zu fühlen.

Nach allem, was ich vernahm, konnte ich, wenn auch mein Inneres sich immer

noch dagegen sträubte, mit halbwegs gutem Gewissen den nächsten Tag mit ihm in die Berge der Kleinen Karpaten fahren.
Da die Hirsche recht gut meldeten, ging ich meine eigenen Wege und schickte ihn auf die Abendpirsch mit oben erwähntem Revierjäger, der mir sichere Gewähr dafür bot, daß Dummheiten auf energischste Weise verhindert würden. Die Pirsch war erfolglos geblieben, und auf meine, der Jägerei gut bekannte Frage »Also?« antwortete der Jäger nur mit einem sauren Lächeln, ohne sich weiter zu äußern.
Es blieb mir also nichts anderes übrig, als mit diesem »Waidmann« selbst in die Wälder zu gehen, und zwar so, wie man einen bitteren Becher leert, in Eile, um es hinter sich zu haben; möglichst schnell wollte ich diese Jagdführung beenden.
Die denkwürdige Pirsch war für den nächsten Morgen angesetzt.
Ich wußte, daß ein entsprechender Hirsch auf einem ziemlich verwachsenen Schlag täglich meldete und nicht allzu schwer zu finden sein konnte, wenn er die Sonne auf einer der Lichtungen erwartete. Es war nämlich schon sehr kühl.
Dieser Hirsch war also für die Ehre ausersehen, durch die Hand des ausländischen hohen Diplomaten gestreckt zu werden.
An diesem historischen Tag waren die Berge in einen schier undurchdringlichen Nebel gehüllt. Wir mußten einer langen Wiese entlang bis zu einem Berg, an dessen Lehne wir dann höher stiegen, um noch vor der Dämmerung oberhalb des erwähnten Schlages bei einem großen Felsen einzutreffen. Von da aus konnte man das unterhalb liegende Gelände ausgezeichnet übersehen. Dort mußte man verlosen und das Schußlicht erwarten.
Zuerst ging es in völliger Finsternis zügig vorwärts, wobei mein Schützling in jedes Loch trat und es nicht schwer zu erraten war, daß für ihn schon dieser kleine Marsch den ärgsten Leidensweg seines Lebens bedeutete. Mein Tempo war dem Stadtbewohner höchst ungewohnt, aber ich wollte zeitgerecht am Platz sein. Als es allmählich dämmerte, sah man kaum die Hand vor den Augen, und so ging es die Lehne bergauf, durch einen dichten Buchenbestand.
Ich spürte geradezu die maßlose Bewunderung des Gastes in meinem Rücken, daß ich trotz des dichten Nebels unbekümmert zünftig vorwärtsschritt, was ihn aber zur Belustigung des Jägers doch nicht hinderte, mehrere Male schüchtern zu fragen, ob ich denn sicher sei, mich nicht zu verirren.
Wir kamen schließlich beim Felsen zeitgerecht an und richteten uns dort ein, um das Tageslicht, auch das wahrscheinliche Röhren des Hirsches zu erwarten, in der Hoffnung, daß sich der Nebel heben würde.
Bald wurde es lichter, und schon konnte man das Glitzern einzelner Sterne durch den dünner werdenden Schleier ausnehmen. Und noch mehr: Der Hirsch röhrte auf ungefähr 120 Schritte gerade unter uns.

Es war nicht schwer zu erraten, daß der »erfahrene Waidmann« diesen Laut zum ersten Mal in seinem Leben hörte – er schrak sichtlich zusammen!
In wenigen Minuten hatten wir klare Sicht, und ich konnte bald einen zurückgesetzten Kronenzehner ausmachen, der niedergetan vor sich hindöste. Neben ihm äste ein Stück Kahlwild. Ich machte nun diesen hoffnungsvollen Hirschjäger auf das Wild aufmerksam. »Dort«, sagte ich, »zwischen der Salweide und dem Gebüsch, neben dem vermoderten Stock, dort äst ein Tier; drei Schritte links davon ruht der Hirsch, das Haupt dem Tal zugewendet.« Das war aber leichter erklärt als verstanden.
Der Gast sah weder die Salweide, noch den Stock, noch das Tier, und den Hirsch schon gar nicht! Inzwischen mußte ich dem respektvoll verhaltenen Kichern des Jägers zuhören. Meine vergeblichen Versuche dauerten so lange, bis die Sonne bereits ihre goldenen Strahlen auf die bewußte Stelle warf. Nun ließ ich den Jagdgast sich auf den Bauch legen, kauerte mich neben ihn und versuchte so lange sein Glas auf den Hirsch hinzuvisieren, bis er ihn endlich erblickte. Jetzt mußte erst die ganze Prozedur auf ähnliche Weise mit seinem Mannlicher und dem Zielfernrohr wiederholt werden, während er im Anschlag lag. So schien aber nun endlich alles zu klappen.
Jetzt bereitete ich den Hirschjäger darauf vor, daß ich den Zehnender mit der Muschel kurz reizen würde. Der Hirsch würde hoch werden, und sobald er sein Blatt zeige, könne er in aller Ruhe den Schuß abgeben; er müsse sich nicht beeilen, da wir ja gedeckt lagen und mit günstigem Wind. Nun schien es so weit zu sein, und als alles programmgemäß verlief, krachte der Schuß; für mich als eine wahre Erlösung.
Der Schuß hatte auf den Hirsch die unerwartete Wirkung, daß er heftig zu melden anfing. Ich konnte mein Lachen kaum unterdrücken und forderte den Scharfschützen auf, zu repetieren und es nochmal zu versuchen. Dieser sah mich erstaunt und mit Stolz an und bemerkte: der Hirsch sei doch gut getroffen, denn er habe ja laut genug geschrien! Ich war sprachlos. Eine Gottesfügung wollte, daß er mit dem Repetieren Schwierigkeiten hatte, und nachdem der Zehnender das Gespräch und das Getue doch übelgenommen hatte, dachte er, es wäre an der Zeit sich zu empfehlen.
Der Schütze ist, glaube ich, heute noch nicht ganz davon überzeugt, daß er um viele Meter vorbeischoß! Kopfschüttelnd ging er mit mir nach Hause, ohne daß ich ihn für würdig befunden hätte, ihm den »Schmerzensschrei« nicht getroffener Hirsche zu erklären.
Den Mannlicher hatte er vor seiner Abreise aus Budapest in aller Eile erstanden, daher auch das schöne Futteral.
Von diesem Tag an ließ ich mein Privileg, ausschließlich nur selbst zur Jagd einzuladen, nicht mehr antasten.

Und nun zur zweiten Geschichte. Auch meine Einladungen hatten nicht immer den gewünschten Erfolg!
Einer meiner zahlreichen ausländischen Freunde, der in seiner schottischen Heimat schon viele Hirsche erlegt hatte, war voller Interesse für die Karpaten und hatte den sehnlichen Wunsch, dieses Gebiet kennenzulernen, um seine Trophäenkollektion mit einem richtigen, klobigen Karpatengeweih zu bereichern. Da ich mein Leben lang darauf versessen war, Freunden zu beweisen, wie anders und um wieviel urwüchsiger sich die Jagd auf den Hirsch in unseren Bergen abspielt, kam dieser Gast von weit her, nach einer komplizierten Reise, Mitte September in Galizien angefahren. Er war in seinen Ländern als Hirsch- und Großwildjäger bekannt und war, was seine Pirschkunst und Waidgerechtigkeit anbelangte, ziemlich eingebildet. Demzufolge mußte ich mich regelrecht überwinden, ihm nach zehntägigem Beisammensein seine Untüchtigkeit im Urwald nicht unter die Nase zu reiben. Er hat die Komik seines dortigen Gastspiels, das ich hier folgen lasse, niemals erfahren.
Nach seiner Ankunft stellte ich ihm allein ein Revier von vielen tausend Hektar, das als hervorragend galt, zur Verfügung und gab ihm einen meiner besten Jäger mit. Von zwei primitiven Hütten als Basis lief er dort eine Woche lang umher, ohne zum Schuß zu kommen, obwohl er mehrere starke Hirsche und auch zwei Bären gesehen hatte. Es hatte aber niemals klappen wollen. Als ich dem Jäger darüber mein Befremden ausdrückte, bekam ich als einzige Antwort das uns so wohlbekannte, säuerliche Schmunzeln mit Hochziehen der Schultern des ukrainischen Wald- und Wildhüters, der mit Mitleid auf Menschen hinabsieht, die sich in seinem Element, dem Urwald, nicht auskennen.
Ich wollte keinesfalls meinen Freund mit leeren Händen nach Hause fahren lassen, und so war es wieder einmal so weit, daß ich bis auf weiteres eigenen Pirschen entsagen mußte, um die Führung bis zu irgendeinem greifbaren Resultat selbst zu übernehmen. Gottlob ließ der Erfolg nicht auf sich warten.
An dem Tag, an welchem die erste Abendpirsch unter meiner Führung unternommen wurde, herrschte ein regelrechter Sturm, und meine Erwartungen waren dem Nullpunkt nahe. Trotzdem, und um keine Zeit zu versäumen, führte ich unseren Freund von der Jagdhütte, in der ich mein Hauptquartier aufgeschlagen hatte, in weitem Bogen über einen mehrere Kilometer langen Gebirgskamm bis an den Rand eines Hochwaldes, von wo ein Schlag riesiger Ausdehnung übersehen werden konnte. Dort setzten wir uns und kontrollierten mit unseren Gläsern das ganze Gelände. Es war noch früh am Nachmittag, und schon sah ich zu meinem Erstaunen auf ungefähr 1000 Meter ein Brunftrudel, das bereits ausgetreten war, mit einem Hirsch, der mir den Eindruck eines recht starken Platzhirsches machte. Der Sturm war indessen zu einem starken Gegenwind abgeschwächt, aber auch so konnten wir

noch kein Melden vernehmen. Mit dem Glas jedoch beobachtete ich, daß der Hirsch ununterbrochen röhrte und daß er in voller Brunft stand.
Der Dumme hat das Glück, dachte ich mir, denn der Hirsch stand ungefähr 200 Meter vom Waldesrand entfernt und war ganz leicht anzupirschen. Man mußte nur am Waldrand, auf dessen Ecke wir saßen, von Randbäumen gedeckt, bergab eilen, um mit dem Wild auf gleiche Höhe zu gelangen. Ich erklärte, daß dies nun wahrscheinlich unser Hirsch sei und forderte meinen Freund auf, mir knapp auf den Fersen zu folgen. Da man nie weiß, ob das Wild nicht weiterzieht, und wir so weit weg waren, raste ich am Waldesrand, immer gedeckt, den Berg hinunter, ohne Rücksicht auf das Getöse, das man durch Äste usw. vorwärtsspringend verursachte, da ja der starke Wind jeden Lärm verschluckte. Es ging also durch dick und dünn. Als ich nach kurzer Zeit hinter mir keinerlei Geräusch hörte, sah ich mich um. Es folgte mir niemand! Ich wartete und es dauerte eine ganze Weile, bis ich zwischen den Stämmen einen Bergstock herumfuchteln und meinen Freund mit zerrissenen Hosen völlig außer Atem herankeuchen sah! Ja, auch das Vorwärtskommen war hier nicht so einfach, wie er es sich wohl vorstellte und aus seiner Heimat gewohnt war.
Ich mußte noch zwei- bis dreimal auf ihn warten, bis wir uns auf stilles Pirschen umzustellen hatten. Bald schlich ich mich an eine Randfichte heran, um mir den Hirsch genauer anzusehen. Es war ein alter, wenn auch nicht kapitaler, so doch sehr braver Sechzehnender, der selbstredend für meinen Freund noch immer seinen stärksten Hirsch bedeuten würde.
Wir pirschten also noch ein kleines Stück weiter bergab. Nach wenigen Minuten befanden wir uns auf gleicher Höhe mit dem Wild. Pausenloses Melden des Hirsches war jetzt, vom Wind herübergetragen, gut zu hören. Nun zeigte ich meinem Freund die Randfichte, an die er sich heranschleichen und an der er anstreichen sollte, um einen sicheren Schuß abzugeben. Der Hirsch war ungefähr 150 Schritte von diesem Baum entfernt.
Ich blieb zurück, setzte mich, und beobachtete abwechselnd den Hirsch und den Freund, der sich vorschriftsmäßig am Bauch liegend auf den Baum zu bewegte. Bei diesem angekommen, erhob er sich zu meinem Erstaunen jedoch nicht, um stehend zu schießen, sondern machte liegend aufgeregte Zielübungen. Der Esel will doch nicht durch die hohen Gräser liegend schießen, wir sind doch nicht in Schottland! – dachte ich mir, aber schon brach der Schuß. Ich sah schnell zum Hirsch hinüber, dieser hatte jedoch den Schuß gar nicht vernommen und schrie ruhig weiter.
Zweiter Schuß! Derselbe Erfolg. Wenn ich jetzt nicht bald einschreite, schießt der Unglücksrabe das ganze Magazin seiner Holland .300 leer! So schlich ich mich also ebenfalls dorthin, wo er im Anschlag lag, und riß ihn recht unzart am Bein. Er war

außer sich vor Aufregung und fast beleidigt über meine unwirsche Intervention, als ich ihn ohne viel Erklärung anfuhr, vom Baum aus stehend zu schießen. Gehorsam erhob er sich, lehnte sich an den Baum, zielte langmächtig, und dann war auch der dritte Schuß draußen. Wirkung null, der Hirsch schrie weiter. (Erst jetzt sollte ich erfahren, welch große Hilfe ein starker Wind für diese Gattung Hirschjäger bedeuten kann!!) Mit dem vierten Schuß wurde das gleiche Resultat erzielt! Nun war nur mehr eine Patrone im Magazin. Immerhin kam aber jetzt etwas Abwechslung in die Geschichte.

In seiner Aufregung hatte der gute Mann nämlich nicht ganz durchrepetiert, und die letzte Patrone hatte sich gespießt, er konnte sie nicht in den Lauf bekommen. Darauf stocherte er mit seinem Jagdmesser mit zitternden Händen eine ganze Weile herum, ohne Erfolg.

Inzwischen hatte ich schon meinen Plan gefaßt; die letzte Patrone wollte ich ihn noch hinausknallen lassen. Wenn Hubertus uns gnädig war, würde das Wild auch diesen Schuß überhören. »Hirschmann« sah mich schon fragend an, ob wir denn ein Scheibenschießen veranstalteten.

Ich beseitigte die Ladehemmung und beschwor ihn, nun in aller Ruhe abzukommen. Als er diesmal wieder ins Leere schoß, sprang ich auf und rief: »Bravo! Jetzt hat er die Kugel!« strich selbst an der Ficht an, und schon donnerte meine liebe Karpatenbüchse. Ich sah den Hirsch zusammenbrechen und gab schnell meine Erklärung: »Verzeihung, ich gab den Fangschuß unverzüglich, denn dort, wo der Hirsch stand, ist sehr schwieriges Gelände mit tiefen Löchern und Gräben, und so mußte eine Nachsuche bei einbrechender Dunkelheit unbedingt vermieden werden.«

Nun wollte er natürlich sofort zum Hirsch eilen. Ahnungslos! Das mußte ich aber verhindern, denn kein Mensch hätte mehr als einen einzigen Einschuß finden können! So erfand ich allerhand dummes Zeug, um ihm das Mitkommen auszureden; ich würde viel schneller dort sein, da ich gewohnt sei, durch Windwürfe vorwärtszukommen und mich aus den wuchernden Brombeerstauden zu befreien, sagte ich in Eile. Nach einigem Widerspruch sah er es endlich ein, und so lief ich davon, sah mich aber öfter um, voller Angst, daß er mir diesmal schneller als zuvor folgen könnte. Ich hatte Glück, er saß auf einem Baumstumpf und stopfte sich die Pfeife. Fieberhaft machte ich dem Hirsch Luft, schlug das Haupt ab und eilte schweißtriefend mit dem ansehnlichen Geweih zurück. Die Freude war groß, und ich registrierte belustigt die neue Art, wie ein Hirsch in den Karpaten erlegt werden kann! Auf die interessierte Frage nach dem Sitz der Kugel gab ich an, daß der Hirsch weich geschossen war und mein sofortiger Fangschuß infolgedessen unerläßlich gewesen sei.

Mein Freund hatte mir aber am nächsten Tag noch eine saftige Überraschung zu bieten. Er setzte nämlich seiner Sachverständigkeit als Hochwildjäger auf folgende Weise die Krone auf:

Als ich am Vormittag, von meiner Morgenprisch zurückkehrend, auf unsere Hütte zuschritt, kam er mir stolz und vor Freude grinsend schon von weitem entgegen und hielt ein frisch abgeschlagenes Geweih hoch.

»Dieser uralte, zurückgesetzte Zwölfer«, rief er mir zu, »kam frühmorgens meldend an der Hütte vorbei; ich erlegte ihn im Feuer. Es ist ein wirklicher Abschußhirsch!«

Ich erinnere mich nicht, wieweit es mir damals gelang, meine Gefühle zu verbergen; man hat immer behauptet, daß ich darin kein großer Meister sei.

Auf alle Fälle war es einer der jüngsten, bestveranlagten Hirsche, die ich jemals gesehen habe.

Feisthirsch und Regenpfeifer

Erwin Felsmann

Das war also damals vor langen Jahren, als wir noch den Jeep hatten und plötzlich wieder die gut versteckten Büchsen führen durften, ohne ernsthafte, ja mitunter bedrohliche Schwierigkeiten befürchten zu müssen. Auch unser Rotwild, das die fremden Uniformen nicht ausstehen konnte und unter unkundiger Jagdleidenschaft stark gelitten hatte, erholte sich wieder.

Den Revierteil »Auboden« habe ich schon kurz erwähnt, ja? Durch den Auboden kommt man, wenn man von unserer Seite her zum Sauriegel fährt. Der Auboden liegt im ansteigenden Gelände ziemlich hoch oben, sofern man eine Seehöhe von 600 Metern als »hoch oben« bezeichnen will, wird nur forstlich genutzt, hat recht gute, stille Einstände und, was hier vor allem wichtig ist, träge Quellen und feuchtes Gerinne. Also gab es damals auch das Rotwild dort . . .

Damals, als die Straßen noch Wege waren und nicht asphaltiert. Als das Zementwerk noch nicht stand in Honigbach und der Steinbruch in Unternreith noch nicht ausgebeutet wurde. Als es noch wenige Autos und Schwerlaster gab. Als die Wälder noch ruhig und einsam und keine Holzfarmen waren, als es in ihnen noch Unterholz gab und man dem Rotwild die Verbißholzarten gönnte. Es ist lange her.

Der Hillinger war drunten in der Großstadt, vier Tage war er fort, bei irgendeinem landwirtschaftlichen Kongreß, bei dem sicher sehr viel geredet wurde. Ein Haufen Kapazitäten sollen dagewesen sein, aus Deutschland und Österreich, aus der Schweiz, land- und forstwirtschaftliche Alleskönner, Topmanager aus Technik, Industrie und Chemie, aber auch angesehene Zoologen und Naturschützer. Mit einem Wort: ein Eintopfgericht, gepantscht aus Zutaten, die nur dann zusammenpassen, wenn die Kasse stimmt. Und die stimmt bei solchen Anlässen nie. Der Hillinger war bei seiner Rückkehr dementsprechend verärgert.

Gleich nachdem er die Häupter seiner Lieben gezählt und begrüßt hat, kommt er zu mir herüber, flegelt sich auf mein Sofa im Büro, auf dem ich hin und wieder ein Nickerchen mache, erklärt bösartig, daß es vier zum Fenster hinausgeworfene Tage waren, aber, sagt er, wenigstens eine interessante Bekanntschaft hat er

gemacht. Wenn schon sonst alles für die Katz' war. Sprunghaft, wie er ist, nähert er sich seinem Thema von der Flanke her.
»Owin, weißt du, was ein Mornell-Regenpfeifer ist? Hast du jemals in deinem Leben so ein Vieh gesehen?«
»Nein«, sage ich. »Nicht daß ich wüßte. Irgendwo in den Alpen soll es sie geben. Auf den Hochalmen.«
»Irrtum«, sagt er. »Der Herr Professor Klein, das ist der interessante Mann, den ich auf dem Kongreß kennengelernt habe, Ornithologe ist er, eine Koryphäe auf seinem Gebiet, der Professor Klein behauptet, in diesem Jahr seien sie ausnahmsweise auch einmal in unserer Gegend festgestellt worden.«
»Ob es das gibt?« meine ich zweifelnd. »Bei uns? Und wer hat das festgestellt?«
»Weiß nicht«, sagte der Hillinger achselzuckend. »Wenn er es sagt, muß er es ja wissen. Schließlich ist er der Professor und nicht ich.«
»Möglich ist auf dieser Welt ja alles«, sage ich. »Es geht immer nur um den Grad der Wahrscheinlichkeit.«
Aber ich beginne zu überlegen. Die Höhenlage stimmt nicht einmal annähernd mit der der Hochalmen überein, aber wir haben in den höher gelegenen Revierteilen ruhige, abgelegene Feuchtgebiete, in denen sich die Kiebitze im Frühling scharenweise wohlfühlen, und die sind immerhin mit den Regenpfeifern nahe verwandt.
»Meinetwegen«, sage ich. »Mir soll es recht sein. Es wird nichts an der Sache ändern, ob es mir recht ist oder nicht. Im Auboden vielleicht. Wenn überhaupt, dann im Auboden. Sonst aber nirgends. Wollen wir wetten?«
Der Hillinger schaut mich hintergründig an. »Du kommst doch öfters in den Auboden, Owin?«
»Natürlich. Und?«
»Was machen unsere Hirsche?«
Er weiß ganz genau, was unsere Hirsche machen in der Feistzeit. Sie spielen Verstecken, geistern als Waldgespenster und lassen sich nur fährten und nicht blicken. Ich gebe also keine Antwort.
»Und was macht der Wahnsinnige?« beharrt er.
Der Wahnsinnige ist ein etwa siebenjähriger Achterhirsch mit enorm kurzen Enden und enorm schlechter Auslage. Alles ist enorm an ihm, aber mit Minusvorzeichen. Seinen Spitznamen verdankt er dem Umstand, daß er wider seine Natur beschlossen hat, die jahreszeitliche Heimlichtuerei seiner Artgenossen nicht mitzumachen. Er will trotz der Feistzeit kein heimliches Waldgespenst sein, er drückt sich nicht vorsichtig herum, um Kräfte für die Brunft zu sparen, sondern nimmt mit schöner Regelmäßigkeit allabendlich noch bei einem guten Schußlicht seinen Wechsel aus dem Einstand auf den Auboden heraus an.

Der Wahnsinnige ist ein Ausnahmefall. Er muß nicht ganz richtig im Oberstübchen sein.
»Na, was wird der schon machen?« sage ich. »Du warst doch nur vier Tage fort.«
»Sehr gut«, sagt der Hillinger. »Der Herr Professor Klein wird den Wahnsinnigen schießen. Ich habe ihn eingeladen, und du wirst ihn führen.«
»Wunderbar!« rufe ich begeistert. »Und wann soll diese Wahnsinnstat an dem Wahnsinnigen vollzogen werden? Es ist Mitte August, du hast noch ein gutes Drittel der Ernte draußen stehen, treibst dich vier Tage auf einem nichtsnutzigen Kongreß herum und lädst dir und mir einen Jagdgast auf den Hals, den du überhaupt nicht kennst!«
Der Hillinger winkt lässig ab. »Wunderbar«, äfft er mich nach, »paßt alles zusammen. Mitte August hält der Wahnsinnige seinen Wechsel noch, und Mitte August hat der Herr Professor Zeit. Nachher nicht, denn da muß er nach Bolivien. Zu einem Kongreß. Den Hirsch zu schießen ist für euch beide eine Sache von ein paar Stunden, und um die Ernte kümmere ich mich unterdessen selbst. Und was deine sonstigen Befürchtungen betrifft: Der Herr Professor ist ein äußerst liebenswürdiger alter Herr von etwa fünfzig Jahren, der dir sehr gefallen wird. Quartier habe ich schon gemacht für ihn, gleich vom Kongreß aus, telefonisch.« Er schaut auf den Kalender auf meinem Schreibtisch. »Am Samstag kommt er mit dem Zug um achtzehn-dreißig. Du holst ihn mit dem Jeep vom Bahnhof ab und bringst ihn zur Tina. Was Nobleres gibt es leider nicht bei uns. Dort hat er dann einundzwanzig Stunden Zeit zum Waschen und Rasieren, und am Sonntag um fünfzehn-dreißig holst du ihn wieder ab zu uns ins Revier. Gegen Abend schießt er den Wahnsinnigen, den trinken wir noch ein bißchen tot, und du fährst den Professor wieder zur Tina zurück. Gott sein Dank, daß wir keine Fremdenzimmer haben. Ich weiß nicht, warum du dir immer Sorgen machst, Owin. Klappt doch alles prima.«
Mit ihm ist es wirklich manchmal zum Haarausraufen . . .
Am Samstag bin ich um eine gute Stunde zu früh mit dem Jeep im Städtchen, weil ich vor der Fahrt zum Bahnhof noch rasch bei Tina nachfragen will, ob die Zimmerbestellung tatsächlich vorgemerkt ist.
Unser bestes Hotel am Platz ist ein gefälliger Neubau, ländlichsittlich geführt und insgesamt so sauber und adrett wie Tina, die Besitzerin, eine respektable, schon leicht angegraute Dame. Sie geniert sich nicht, selbst hinter der Theke zu arbeiten und in der Küche nach dem Rechten zu sehen.
»Ein Stehbier«, sage ich zu ihr. »Ich muß gleich zum Bahnhof, einen Jagdgast abholen. Professor Klein heißt er. Du hast hoffentlich das Zimmer für ihn reserviert?«
»Hab ich«, sagt sie. »Nummer zwölf. Aber zum Bahnhof brauchst du nicht mehr zu

fahren. Er ist schon da. Er ist mit einem früheren Zug gekommen. Drüben im Restaurant sitzt er. In der Fensterecke.«
Ich verschlucke mich fast an meinem Bier. Leute, die zu früh kommen, sind mir so verdächtig wie die ewigen Zuspätkommer. Aber eine Stunde später habe ich mein vorschnelles Urteil schon berichtigt. Der Hillinger hat recht. Dieser feingliedrige nette, alte Herr von etwa fünfzig Jahren, der nur die einzige Unart hat, ständig seine goldgeränderte Brille auf und nieder zu rücken, ist ein angenehmer, liebenswürdiger, gar nicht akademisch aufgeblasener Mensch. Ich mag ihn. Morgen wird er unter meiner Führung den Wahnsinnigen schießen.
Unterdessen ist es aber Zeit zum Abendessen, das Restaurant wird voll, und Tina zaubert uns prächtige Pfeffersteaks auf den Tisch. Wir schmausen und trinken Bier, und schon ist es, als wären wir gute, alte Bekannte.
Thema Nummer eins sind wider Erwarten allerdings nicht die Hirsche, sondern die Vögel. Vor allem der Mornell-Regenpfeifer. Von den Hirschen versteht er auch etwas, der Herr Professor, aber, wie ich bald bemerke, bei weitem nicht so viel wie vom *Eudromias morinellus.*
Am Tisch neben uns sitzen der graubärtige Oswald, ein alter Freund und Waidkamerad, und zwei seiner Jagdkumpane. Bei ihrer Ankunft begrüßen sie mich nur mit einem diskreten Nicken, weil sie sehen, daß ich einen so vornehmen Herrn bei mir habe. Sie wollen nicht stören. Nun spielen sie Karten. So exklusiv ist die Tina nämlich wieder nicht, daß man bei ihr im Restaurant nicht Kartenspielen dürfte, obwohl sie im allgemeinen doch einiges von guten Manieren hält in ihrem Haus.
Bei den in den höchsten Entzückenstönen vorgetragenen Schilderungen des Mornell-Regenpfeifers reißt es dann den schon ein wenig schwerhörigen Oswald aber doch herum. Das Trumpf-As hoch in der Hand, fragt er mich erstaunt: »*Wie* heißt der Vogel? Hab ich richtig gehört? Bordell-Regenpfeifer?«
Was natürlich dazu führt, daß ich die drei an unseren Tisch herüberbitte und es wieder einmal ein langer Abend wird.
Am Sonntagnachmittag bin ich ausreichend pünktlich nochmals zur Stelle, um unseren Jagdgast ins Revier abzuholen. Der Herr Professor ist schon bereit. Den mitgebrachten Rucksack rede ich ihm aus, den braucht er nicht, nur Büchse, Glas und Wettermantel, und das alles ist rasch im Jeep verstaut. Als ich schon losfahre, schreit er auf, daß er etwas vergessen hat. Ich also wieder auf die Bremse, und er eilt hinauf in sein Zimmer, kommt in wenigen Minuten zurück, ein großes, kofferähnliches Instrument in der Hand.
Es stellt sich heraus, daß es ein Tonbandgerät ist, aber keines von den kleinen, handlichen, die es heute gibt. Die damals gebauten Geräte waren noch riesig und schwer im Vergleich mit den heutigen. Und sündteuer. Es hat auch nicht dem

Professor gehört, sondern irgendeinem Universitätsinstitut. Heute kann sich jeder Lehrling so etwas leisten und macht Krach damit im Wald. Damals war es sogar für einen Professor zu teuer.

»Die Hirsche röhren noch nicht«, sage ich. »Da müssen Sie schon noch sechs Wochen warten, Herr Professor.«

Er aber lächelt nur nachsichtig und belehrt mich, daß ihn auch das Röhren, Verzeihung, der Ruf eines zufällig anwesenden Mornell-Regenpfeifers, auf Band aufgenommen, zutiefst erfreuen würde.

Ich habe schon viele Jagdgäste geführt und dabei schweigen gelernt. Wer schweigen kann, ist zwar noch lange kein Weiser, aber es fällt ihm manches leichter. Ich schweige und gebe Gas. Zunächst geht es zum Hillinger, wo der Gast mit viel Tamtam und Höflichkeit begrüßt, der Familie vorgestellt und mit einem kleinen Umtrunk gelabt wird. Hinsichtlich größerer Mengen wird er auf das abendliche Tottrinken vertröstet.

»Und jetzt«, sagt der Hillinger dann mit einem Blick auf die Uhr, »vertrauen Sie sich ganz unserem Herrn Verwalter an. Schriftlich kann ich es Ihnen natürlich nicht geben, aber ich bin überzeugt, Sie kommen am Abend mit dem Hirsch nach Hause. Waidmannsheil, lieber Herr Professor!«

Von dem Überseekoffer im Jeep wußte er da noch nichts, ich dachte nämlich, es wäre besser, wenn er es einstweilen nicht weiß. Der Herr Professor strahlt liebenswürdig, rückt seine Goldrandbrille auf und nieder, macht eine vollendet gekonnte Verbeugung vor der »Gnädigsten Frau Baronin«, kitzelt die kleine Erna an der Wange und verläßt wohlgemut mit mir das Haus.

Es ist noch ziemlich früh, als wir im Auboden ankommen, aber das macht nichts, sicher ist sicher. Alles paßt, Wind und Wetter sind richtig, und warum sollte der Wahnsinnige ausgerechnet heute nicht kommen?

Eine Viertelstunde Fußmarsch haben wir noch vor uns. Ein bißchen steil. Mit dem Jeep kann ich ihn nicht bis zum Hochsitz fahren, tut mir ehrlich leid, das kann man allenfalls bei den Rehen machen, die sind nicht gar so empfindlich, aber ein Hirsch würde sich das verbitten, sogar ein wahnsinniger.

Der Herr Professor, trotz seiner – damals in meinen Augen – hohen Betagtheit, weigert sich wacker, mir das plumpe Tonbandgerät anzuvertrauen. Er schleppt sich selber damit ab und gerät ins Schwitzen. Auch auf der sehr hohen Leiter hat er dann ein paar Schwierigkeiten mit der Büchse auf der Schulter und der Geräuschkonservenfabrik in der einen Hand, und ich atme erst auf, als ich ihn oben habe und wir uns auf dem bequemen Hochsitz einrichten. Ich suche rasch mit dem Glas die ganze Gegend ab, und er hantiert unterdessen liebevoll mit seinem Apparat herum und macht ihn startklar. Aber völlig weltfremd ist er nicht, denn auch sein Repetierer ist schon schußbereit und gesichert. Mit einem schiefen Blick habe ich mich davon überzeugt. Man hat so seine Erfahrungen.

Da sitzen wir nun und warten. Sofern er pünktlich kommt und noch immer wahnsinnig ist, wird der Hirsch bei sinkendem Licht in ungefähr dreißig Minuten aus dem Wald heraus und schräg unten zur Suhle kommen. Wenn man mit einem guten Glas genau hinschaut, sieht man den übergeschwappten Schlamm und sogar die Fährten darin und drumherum. Ein Kunstschuß wird nicht erforderlich sein. Hundertfünfzig Schritt oder hundertsechzig. Ein Kinderspiel, eine runde Sach . . .

Der Herr Professor hat natürlich auch ein gutes Glas, aber er linst nicht nach links unten zur Suhle, sondern nach rechts oben, den Hang hinauf, und versichert mir dann, leise flüsternd, *die* Vögelein dort in den Zweigen seien *keine* Mornellen.

Immer stiller wird es im Wald und im angrenzenden Auboden. Noch zwanzig Minuten.

Da reitet den Professor plötzlich der Teufel, und es fällt ihm ein, daß er einen »Probelauf« machen muß, »weil die Batterien ja hin sein könnten«. Er hantiert mit Kabeln, Schaltern und Spezialmikrofon, und das Gerät schnurrt mir viel zu laut in den Ohren. Verflixt, wenn der Hirsch heute ausnahmsweise hier weiter oben auszieht, denke ich, vernimmt er das und macht sich seinen Reim darauf! Und ich fuchtele energisch so lange mit der Hand, bis der Professor das Ding wieder zum Schweigen gebracht hat.

Noch fünfzehn Minuten. Wir sind mucksmäuschenstill.

Und dann steht der Hirsch plötzlich da! Fast auf den Meter genau auf seinem üblichen Wechsel hinunter zur Suhle im Auboden. Ja, er ist es, der Besondere, der Wahnsinnige, der unfeistgemäß Unvorsichtige, der dort drüben seine Unterdurchschnittlichkeit hinter einem hohen Erlengebüsch verbirgt. Aber drei Schritt noch oder vier, und er wird uns das freie Blatt zeigen. Vogelmenschen haben eben ein ganz ausgefallenes Waidmannsheil! Ich stoße den Professor mit dem Ellenbogen an und wispere fast lautlos: »Da ist er schon, Professor, hinter den Erlen *dort links unten steht er*!«

Aber im selben Augenblick pfeift irgendwo in der Nähe ein Vogel, und der Professor schreit: »Nein, *dort rechts oben sitzt er*!«, drückt auf einen knacksenden Knopf, das Tonband rauscht, und drunten in den Erlen rauscht und bricht es natürlich auch. Der Hirsch ist fort und offenbar mit einer gewaltigen Roßkur von seinem Wahnsinn geheilt, denn in diesem Jahr bleibt er vernünftig und läßt sich nicht mehr blicken . . .

Das versprochene Tottrinken beim Hillinger wird ein gesellschaftlich eher düsteres Ereignis. Die Hildegard schützt Kopfschmerzen vor oder hat sie wirklich, denn damals war sie schon leidend, sie nimmt die kleine Erna und verzieht sich mit ihr in die Kemenate. Der Professor Klein spielt uns mehrmals den für alle Zeiten auf Band

festgehaltenen Ruf eines Vogels vor, von dessen zoologischer Einordnung er aber jetzt, wissenschaftlich-akustisch, nicht mehr so hundertprozentig überzeugt ist. *Eudromias morinellus* oder nicht, wahrscheinlich ja, wahrscheinlich auch nicht, das ist für ihn die aufwühlende Frage, die Brille wandert emsig nasauf und nasab, dem Hillinger ist es völlig egal und mir ebenso. Wir beide hätten viel lieber zweieinhalb oder drei Kilo schlechte Trophäe in der Hand gehabt und waidgerecht befachsimpelt, als ein mit störenden Bandgeräuschen unterlegtes kurzes Pfeifen oder Krächzen mitanhören zu müssen. Der Hillinger wird immer finsterer und schweigsamer, gerade so an der Grenze des noch Höflichen, und der Herr Professor merkt es dann doch irgendwie, denn er sagt, daß er sich verabschieden muß, er braucht viel Schlaf, weil übermorgen muß er nach Bolivien. Zu einem Kongreß. Und einen herzlichen Waidmannsdank für die Einladung!
Ich hole den Jeep und bringe den Professor in die Stadt zur Tina, bis hinauf in sein Zimmer. Dort hält er mir noch einen liebenswürdigen Vortrag über die *Charadriidae* im allgemeinen und den Flußregenpfeifer (*Charadrius dubius*) im besonderen, vom *Morinellus* ist diesmal weniger die Rede, und so richtig böse kann ich ihm gar nicht sein, obwohl ich es gerne wäre.
Es hat eben jeder einen anderen Vogel, und einer muß den Vogel des anderen respektieren, sonst gibt's keinen Frieden auf der Welt. Meine Vögel sind freilich die Geweihträger ...
Weit nach Mitternacht ist es, als ich wieder zu Hause ankomme, und zu meiner Überraschung steht der Hillinger noch da, ans große Tor gelehnt, und wartet auf mich. Das Tor ist wuchtig und massiv, es hält dem Hillinger stand, und der Hillinger braucht es notwendig, denn ohne das Tor wäre er umgefallen.
Ich sehe und rieche zu meinem Entsetzen, daß er sich aus Kummer einen beachtlichen Rausch angetrunken hat. Er ist die reinste Schnapswolke. Vorsicht jetzt mit Feuer und offenem Licht. Nur ja keine Zigarette anzünden, sonst fliegt er in die Luft.
»Owin«, sagt er, »so was war noch nicht da«, und legt den Arm um meine Schultern. Das tut er nicht etwa, um eine Stütze zu finden, sondern weil er mich echt gern hat. Ich weiß es. Wir sind schon lange beisammen. Wir sind Kriegskameraden, zwei Jahre waren wir in derselben Kompanie, der Herr Leutnant und ich, der Obergefreite. Als dann endlich Schluß war, stand ich vor dem Nichts, und da nahm er mich auf den Hillinger-Hof. Er streckte mir die Kosten für den Abschluß meiner unterbrochenen Ausbildung vor. Annähernd gleichaltrig, war er wie ein Vater zu mir. Vielleicht begreift einer jetzt, warum ich bei ihm geblieben bin ein ganzes Leben ...
»So was«, setzt er mit der Beharrlichkeit eines Betrunkenen fort, »gibt's nicht noch

einmal auf der Welt, so einen verrückten Hund! Komm mit, Owin, wir trinken noch einen Kleinen.«
Es ist wohl vernünftiger, wenn ich mit hinauf gehe, dann bleibt es vielleicht bei dem Kleinen. Andernfalls kann ich für nichts garantieren. Ich hake ihn unter, und wir gehen hinauf. Droben in seinem Zimmer steht die halbleere Flasche auf den Tisch, und ich hole mir ein kleines Glas.
»So was ...« fängt er schon wieder an.
»War noch nicht da«, beruhige ich ihn. »Ich weiß.«
»Da hätte doch irgendein anderer eine Riesenfreude haben können mit dem schwachen Achterhirsch, nicht wahr, Owin? Trink doch, Owin. Hab ich recht?«
Ja, da hat er recht.
»Und ich Dummkopf«, sagt er, »falle auf den Kerl herein, gehe ihm auf seinen liebenswürdigen Leim, bin fas ... fasziniert von seiner Gescheitheit, und da kommt so ein Halbjäger daher, der gar nicht weiß, was es heißt, auf einen Hirsch eingeladen zu werden. Vom grünen Tisch weg, als Unbekannter, auf einen Hirsch eingeladen zu werden. So was! Mir«, sagt er, und der Schluckauf stößt ihn, »muß das passieren. So was war noch nicht da. Läßt der Kerl meinen Hi ... Hirsch stehen und fotografiert einen Vogel!«
»Eine Tonbandaufnahme«, berichtige ich ihn vorsichtig, aber das ist schon eine Kleinigkeit zuviel. Das Faß läuft über.
»Scheißegal!« schreit der Hillinger, »ob fotografiert oder ... dingsda, und dem werd' ich ... und der kann mich ...« So, und jetzt geht es los wie ein Ungewitter, Sprachstörungen hat er nie, der Hillinger, wenn er einen sitzen hat, was nur selten vorkommt, und jetzt muß ich minutenlang mitanhören, daß so was noch nie da war und was er wird und was der andere kann, und es prasselt und blitzt, und er schimpft sich langsam nüchtern, rührt nichts mehr an, und nach einem letzten großen Donnerschlag ist auf einmal alles vorbei.
Wie üblich.
Der Hillinger steht auf vom Tisch, räumt, noch ein bißchen unsicher auf den Beinen, Flasche und Gläser weg und schaut mich groß an.
»Wie, sagst du«, fragt er, »hat der schwerhörige Oswald den Vogel genannt?«
»Bordell-Regenpfeifer.«
Da fängt der Hillinger zu lachen an, zuerst ganz vorsichtig und behutsam, dann immer schneller und dröhnender, er schüttelt sich vor Lachen und hält sich die Seiten.
»Wunderbar«, keucht er, jetzt fast völlig ernüchtert, »prachtvoll! Schon deshalb müßte man dem Kerl verzeihen.«
So rasch wie das Gewitter kommt auch sein Lachen zum Stillstand.

»Nicht nur deshalb«, sage ich. »Er kann nicht aus seiner Haut heraus. So wie wir alle. Er hat es ganz einfach nicht begriffen. Was für uns die Hirsche sind oder die Rehböcke, sind für ihn die Vögel.«
Der Hillinger schweigt eine Weile. »Wir waren nicht sehr höflich zu ihm beim Tottrinken, nicht wahr?« meint er.
»Nein. Nicht sehr.«
Der Hillinger schweigt nochmals eine Weile und sagt dann: »Morgen schreibe ich ihm einen Brief und entschuldige mich. Irgendwie bringe ich es fertig. Ansonst ist er ja gar nicht so übel, der Kerl!«
»Übermorgen fliegt er nach Bolivien«, sage ich.
»Zu einem Kongreß«, sagt der Hillinger. »Dort werden sie noch viel gescheiter daherreden, weil es so weit weg ist. Macht nichts. Den Brief schreibe ich trotzdem gleich morgen, sonst überlege ich es mir womöglich noch. Bei seiner Rückkehr wird er ihn finden. Gut abgelegene Briefe sind eine Wohltat.«
»Aber ins Revier kommt er nie wieder?«
»Nie wieder«, sagt der Hillinger überzeugt.

Des Jägers Spielwaren

Marianne Mertens

Jede vernünftige Frau weiß, daß im Manne ein Kind steckt, und dieses lebenslängliche Kind will spielen. Wer das nicht begreift von uns Frauen, kann meines Erachtens keine glückliche Ehe führen. Denn dieser Spieltrieb läßt sich nicht unterdrücken, ja man darf ihn nicht einmal belächeln und schon gar nicht beim rechten Namen nennen. Weil die Männer ja dabei so tun, als würde es sich um ernste Anliegen handeln; und sie wissen das auch mit weitschweifigen Ausführungen zu begründen. Der eine sammelt Briefmarken und behauptet, das sei Kapitalbildung für den Notfall, obwohl es ohne Not nur viel Geld kostet. Der andere baut Modellschiffchen und beruft sich dabei auf sein technisches Wissen. Dieser züchtet exotische Fische und hält sich für einen bahnbrechenden Forscher der Ichthyologie, jener spielt in seinem Garten und »geht dabei völlig neue Weg« der Tomatenzucht. Es gibt Männer mit Käfer-Tick und solche mit dem Krawatten-Spleen. Man kennt fanatische Hundeerzieher, passionierte Fotografen, leidenschaftliche Kletterer, begeisterte Münzensammler und hundert andere Varianten mehr. Die Möglichkeiten des männlichen Spieltriebes sind scheinbar unerschöpflich. Hindern wir sie nicht daran, meine Damen, bremsen wir nur ein wenig, falls es die Männer zu toll treiben und über ihren Hobbys die eigentlichen Pflichten vernachlässigen. Eigentlich ist es für eine Frau doch sehr beruhigend, wenn ihr Mann so ein Spielchen hat, das ihn durch und durch interessiert. Da kommt er nämlich nicht auf andere dumme Gedanken, die weniger harmlos sind und noch mehr Geld kosten. Briefmarken, Münzen, Fische und Kakteen sind weniger gefährlich als blondes Gift oder scharfe Schnäpse. Seien wir also vernünftig und lächeln sanft zu seinem Hobby, auch wenn es uns manchmal schwerfällt.

Dieses Lächeln ist auch mir schon oft schwergefallen. Denn so ein Jäger ist von allen männlichen Kinder das verspielteste Kind. Natürlich darf man so etwas nur unter Frauen behaupten und seinem Waidmann beileibe nicht hören lassen. Denn gerade die Jäger halten sich ja für die allermännlichste Ausgabe ihres Geschlechts und behaupten von sich, daß sie am urwüchsigsten die Tradition unserer ältesten Vorfahren vertreten, die ja allesamt Jäger waren. Daher ist auch ihre Ausdrucksweise so derb. Sie trotzen jeder Witterung und sind auf der Jagd bereit, ein primitives Leben zu führen. Wenn man sie so hört, dann haben die Jäger geradezu eine Mission zu erfüllen und müssen eine Unmenge von ethischen Werten retten. Aber wir Frauen lassen uns nicht täuschen. Es sind ja im Grunde doch nur Buben, die auch im reifen Alter noch ihre jungenhafte Lust am Indianerspiel haben. Dagegen wäre auch vom fraulichen Standpunkt aus gar nichts einzuwenden, würde nur ihr Spielzeug nicht so teuer sein.

Auch mir ist klar, daß der Jäger ein Gewehr haben muß. Aber was ich nicht verstehen kann, sind all die neuen Gewehre, die im Laufe der Zeit dazukommen. Als ich meinen Jäger kennenlernte, besaß er ein Feuerrohr, von dem ich gleich erfuhr, daß es geradezu ideal sei. Er liebte es so sehr und streichelte es so oft, daß ich fast eifersüchtig darauf wurde. Inzwischen habe ich gelernt, daß man so etwas eine Bockbüchsflinte vom Typ der »Savage« nennt. Das Gewehr hat zwei Läufe, einen vom Kaliber 5,6 Millimeter für sogenannte Kugelpatronen (die aber gar nicht kugelig sind, sondern länglich), und einen zweiten Lauf für Schrotpatronen. Damit kann man, so sagte Hans zu Anfang, einfach alles schießen. Wirklich war das Ding ganz großartig, mein Mann traf damit jede Gams und jeden Rehbock, der fallen sollte. Auch für den Großen Hahn, worunter ein Auerhahn zu verstehen ist, und für den Kleinen Hahn, was ein Spielhahn ist, ließ sich eine bessere Waffe nicht denken. Aber kaum war ein Jahr vergangen, da schien es doch nicht mehr ganz das richtige zu sein. Statt mir eine Waschmaschine zu schenken, bedachte sich mein Jäger mit einem »Mannlicher« vom Kaliber 7 × 64. Das sollte nun die Waffe seines Lebens sein. Auch ich ließ mich überzeugen, daß eine Kugel von 5,6 Millimeter vielleicht doch für stärkeres Wild, wie etwa Hirsch oder Wildsau, zu schwach sein könnte. Besonders als er mir sagte, ein Tier könne bei schwächerer Kugel unnötig leiden, erschien mir die Anschaffung des »Mannlicher« eine absolute Notwendigkeit. Leider hielt aber die Treue zu diesem Stück auch nicht lange vor. Als wir eine unerwartete Sondereinnahme hatten und er mir verheißungsvoll sagte, daß *wir uns* nun etwas Hübsches leisten könnten, dachte ich an alles mögliche, nur nicht an ein drittes Gewehr. Aber diese dritte Büchse kam und war eine »Mauser« vom Kaliber 9,3 Millimeter, also noch stärker als der »Mannlicher« und für den Fall gedacht, daß mein Waidmann gelegentlich auf einen Superhirsch, Elch – oder ich weiß nicht was – zu Schuß kommen sollte. Ich kann mich nicht mehr genau entsinnen, mit was für Argumenten es ihm gelungen ist, mich von der Dringlichkeit dieses Kaufes zu überzeugen. Aber ich fand mich damit ab, weil mir ja auch gar nichts anderes übrigblieb.

Genauso dringend wie absolut notwendig war dann im Laufe der Zeit noch der Erwerb einer Doppelflinte, die für Fasanen, Hasen und Enten gedacht war, sowie eines Kleinkalibergewehrs mit allen Finessen. Bei dieser Anschaffung hatte er noch

die Stirn zu behaupten, sie geschehe aus Gründen der Sparsamkeit! Denn so ein Jäger muß ja seine Schießkünste ständig in Übung halten, was sehr viel Geld für Patronen kostet, wenn dazu ein »gewöhnliches« Gewehr benützt wird. Für Kleinkaliber aber kostet die Munition nicht gar so viel. Das mußte ich doch einsehen!
Und ich sah es auch ein, ja ich muß sogar zugeben, daß ich selber an dieser schönen, leichten Büchse Freude hatte und Geschmack am Schießsport fand. Wir feuerten um die Wette auf Eierschalen, Konservenbüchsen und Bierdeckel. Dabei stellte sich heraus, daß ich treffen konnte, und demzufolge stieg ich ganz erheblich in meines Gatten Achtung. Er brachte mich dazu, beim Schützenfest von Kirchdorf mitzuwirken, wobei ich zu meiner Überraschung »Damenbeste« wurde. Ein silberner Maria-Theresia-Thaler war mein Lohn, und Hans konnte sich vor Stolz auf sein tüchtiges Flintenweib gar nicht fassen.
Das gab ihm aber auch Mut, einem weiteren Waffenkauf näherzutreten. Doch diesmal erhob ich Protest, weil wirklich nicht einzusehen war, weshalb diese sechste Büchse unbedingt her mußte. Es ging nämlich um eine »Original vom Hofe« in der Größenordnung von 7x66. Als Tochter eines Mathematikers vermochte ich nicht und vermag ich noch immer nicht einzusehen, warum auch dieses Schießeisen so nötig war. Er hatte ja schon die »Mannlicher« mit einem Kaliber von 7x64, wozu also noch die »vom Hofe« mit 7x66? Das war doch sage und schreibe nur ein Unterschied von zwei Millimetern. Und für zwei Millimeter all das viele, gute Geld! Ich bin sicher, daß jede, Frau, der im Haushalt noch so vieles Notwendige fehlt, meine Entrüstung verstehen kann. Aber versuchen Sie es mal, mit einem Jäger vernünftig zu reden! Das geht einfach nicht, und so ist es wohl überflüssig zu erwähnen, daß all meine Proteste vergeblich waren. Auch die »vom Hofe« wurde dem Gewehr-Park meines Jägers einverleibt.
Zu jedem guten Gewehr gehört natürlich auch ein gutes Zielfernrohr, besonders wenn man ein Jagdrevier im Hochgebirge hat. (Das sei wieder mal eine maßlose Übertreibung von mir, sagt er jetzt, denn für seine Schrotflinte hat er kein Zielfernrohr. Aber das ist ja auch das einzige.) Ich kann ja nicht verstehen, warum *jedes* Gewehr so ein teures Zielfernrohr haben muß und nicht eines für alle Büchsen genügt. Aber aus irgendwelchen technischen Gründen geht das eben nicht. Im übrigen versteht es sich von selbst, daß kein Gewehr ohne Lederfutteral auskommen kann, und jedes Zielfernrohr seine Lederbüchse haben muß. Ein ordentlicher Mann schont eben seine guten Sachen, worüber sich unsereins nur freuen kann!
Und weil es doch so liederlich aussieht, wenn die Gewehre in den Ecken herumstehen, wurde mir klargemacht, daß zu der kostspieligen Sammlung von Feuerbüchsen auch ein Gewehrschrank gehört. Diesem Wunsch zur Ordnung wollte ich nicht widersprechen, obwohl mir ein neuer Eisschrank dringlicher erschien.

Wer aber glaubt, einer der üblichen Gewehrschränke, wie es solche fix und fertig zu kaufen gibt, wäre wohl am praktischsten, der kennt den Jäger noch lange nicht! Unser Gewehrschrank wurde nach des Waidmanns eigenen Plänen gearbeitet, genau nach Maß, ungewöhnlich breit und schwer. Wenn ich an die Kosten denke, so muß ich mir noch heute auf die Lippen beißen, um nicht zu sagen, was ich eigentlich sagen möchte. Dafür ist das Innere dieses Möbels auch mit indirekter Beleuchtung versehen, und wenn man auf einen verborgenen Knopf drückt, dann fällt schimmerndes Licht auf die »brünierten« Läufe der Donnerbüchsen. Das geschieht immer, wenn wir Jäger zu Gast haben, und die sind dann stumm vor Staunen und Bewunderung. Sie sagen, das sei ein herrlicher Anblick, und loben die Schönheit der ausgestellten Objekte. Ich schweige dazu und kann mir was Schöneres denken. Eine praktische Einbauküche zum Beispiel oder vielleicht ein kleines Schmuckstück für die duldende Gattin. Außerdem trauere ich dem ehrwürdigen Schrank aus Südtirol nach, der vorher in dieser Ecke stand. Er mußte dem klobigen Waffenbehälter weichen und wurde in eine Abstellkammer verbannt.

Von Anfang an konnte ich ein gewisses Mißtrauen gegen den Gewehrschrank nicht loswerden. Darin war nämlich noch Platz. Ganz in der Mitte hatte der Tischlermeister auf Wunsch des Auftraggebers eine Kerbe in der Halterung ausgespart, die mir absonderlich vorkam. Die war nämlich so breit wie meine Hand, und ich konnte mir gar nicht denken, was da hineinpassen sollte. Mein Hans zuckte nur mit den Schultern, wenn ich danach fragte, und erkundigte sich, was es heute mittag zu essen gäbe. Um des lieben Friedens willen drang ich nicht weiter in ihn. Ja, ich beruhigte mich sogar, weil für längere Zeit von keinem neuen Gewehr mehr die Rede war.

Aber dann im Januar, wo jeder Haushalt ohnehin schmal bei Kasse ist, traf mich nahezu der Schlag. Es erschien nämlich ein Monstrum von Gewehr. Und wenn es nicht schon früher erschienen war, so nur deshalb, weil es so etwas gar nicht zu kaufen gibt. Es wird nur auf Bestellung gemacht, und dazu brauchen die zuständigen Spezialistien ein volles Jahr. Das Ding wog nicht weniger als 6,5 Kilo und stellte eine ... Elefantenbüchse dar, und zwar vom schwersten aller Kaliber. Es hat zwei dicke Läufe nebeneinander und nennt sich nach fremdartigen Regeln .577, was nach unseren Begriffen einem Geschoßdurchmesser von 13,5 Millimeter entsprechen dürfte. Die Kugeln dazu sehen aus wie kleine Granaten und sind nur in London zu haben. Das Stück für neun Mark und fünfzig Pfennige.

Wieviel diese gewaltige Donnerbüchse gekostet hat, wurde mir gegenüber bis zum heutigen Tage geheimgehalten. Aber man kann sich ja ausmalen, was die Hand- und Maßarbeit von Leuten heuzutage wert ist, die sich mit solch komplizierter Facharbeit befassen. Soviel ich erfahren habe, gibt es nur noch drei oder vier Werkstätten

auf der ganzen Welt, die solche Büchsen machen. Mir wurde ganz schwach bei dem Gedanken an die Rechnung, welche kommen mußte. Aber da hatte ich nicht mit der Listigkeit gerechnet, wie sie den meisten Jägern eigen ist. Es kam nämlich keine Rechnung, das furchtbare Ding war schon bezahlt. Mein Hans hatte mir nämlich klugerweise verschwiegen, daß er unlängst bei einer Geschäftsreise die Auslandsrechte von einem Buch verkaufen konnte, und zwar ziemlich günstig. Und davon hatte er das Monstrum schon bezahlt. Dem Haushalt ginge also nichts ab, meinte er mit männlicher Logik, das Elefantengewehr sei sozusagen umsonst!
So war ich zwar der Sorge enthoben, wie das Unding finanziell zu verkraften war. Aber wütend war ich trotzdem, denn es wäre wirklich besser gewesen, diesen unerwarteten Verdienst auf die hohe Kante zulegen. Außerdem war mir hinreichend klar, daß die neue Büchse nicht nur als Zierde im Mittelpunkt des Gewehrschrankes stehen sollte, sondern zu Schuß kommen mußte. Und weil es in unserem Jagdrevier seit der vorletzten Eiszeit keine Mammuts mehr gibt, mußten deren zeitgenössischen Verwandten wohl oder übel in Afrika aufgesucht werden. Also hatte mein Hans beschlossen, unter die Großwildjäger zu gehen.
Als Frau mir normalem Empfinden schreckte mich dieser Gedanke natürlich und ich ließ das Wort »Gefahr« fallen. Darauf schien mein Jäger nur gewartet zu haben, denn sogleich nahm er meine Besorgnis um sein Wohlergehen zum Anlaß, mir ausführlich auseinanderzusetzen, daß einzig und allein nur solch ein Supergewehr dem Großwildjäger die nötige Sicherheit biete. Nur mit dieser handfesten Kanone ließe sich der wehrhafte Elefant waidmännisch und blitzschnell erlegen. Dem Jäger könne dabei gar nichts passieren. Eben um mir diese Sorge zu nehmen, sei ja dieses Übergewehr angeschafft worden . . . genaugenommen eigentlich nur in meinem Interesse!
Von den tropischen Strapazen, zu denen diese gewaltige Büchse nur der erste Auftakt war, könnte ich ebenso ausführlich berichten. Näher lag mir im Augenblick die Sorge um meines Mannes jagdliche Bekleidung, die äußerst schäbig war. In dieser Hinsicht nämlich treibt er keinerlei Luxus, das krasse Gegenteil ist der Fall. Als meine Augen zum ersten Male auf ihm ruhten, trug er ein schlichtes Gewand aus steingrauem Loden mit Lederknöpfen und Lederpatten auf den Schultern; dazu eine ungemein häßliche Strickjacke aus grober, graubrauner Wolle. Auf dem Kopf saß ihm ein durchgeschwitzter Filzhut von undefinierbarer Farbe mit allen möglichen Abzeichen, woran der Rost nagte. Ein Gamsbart steckte nicht darauf, auch keine Spielhahnfeder. Ich hielt ihn erst für einen Jagdaufseher, und mich dauerte es zu sehen, wie geflickt der Stoff an den Ellbogen war.
Inzwischen ist mir dieses mitleidige Gefühl vergangen, doch ich bedauere noch immer, wie er herumläuft. Aber nur meinetwegen bedauere ich das, denn nun fällt

ja sein räuberisches Aussehen auf mich zurück, obwohl ich wirklich nichts dafür kann. Es ist kaum zu glauben, aber er trägt noch immer dieselbe Kluft wie damals vor acht Jahren. Da ist absolut nichts zu machen. Einmal habe ich das Zeug versteckt (denn verschenken kann man es nicht mehr!) und ihm gesagt, er solle zu Lodenfrey gehen und sich einen neuen Jagdanzug kaufen. Er wurde aber gleich so ungezogen und richtig böse, daß ich die »ehrwürdigen Fetzen« schleunigst wieder hervorgeholt habe. Diese Art von Männern ist wirklich ganz unberechenbar.

Eines Tages ist er dann in seinem vielgeliebten Jagdanzug über einen steinigen Hang ziemlich tief abgerutscht und die alte Kluft war voller Löcher und Dreiangeln. Das war wohl ein Glück im Unglück, denn nun mußte das verbrauchte Gewand wirklich weg. So dachte ich. Aber mein Hans dachte anders. Er bestand auf einer sorgfältigen Reparatur, aber ohne jede Veränderung. In Grund und Boden habe ich mich geschämt, als ich mit dem Zeug zum Schneider ging. Der warf nämlich erst einen abschätzenden Blick auf mein schickes Frühjahrskostüm und betrachtete alsdann mit sichtlichem Befremden das schäbige Gewand meines Mannes. Gewiß dachte er, ich würde den Ärmsten darben lassen, um selber in Samt und Seide zu gehen.

»Eigentlich«, so meinte er schließlich, »führen wir solche Arbeiten gar nicht aus. Es paßt nicht mehr in unsere Zeit!«

»Da mögen Sie gewiß recht haben«, erklärte ich dem Herrn, »aber wissen Sie, mein Mann hat diese Sachen bei seiner Flucht in Sibirien getragen ... da hängt er halt dran ...«

Das sei natürlich etwas anderes, meinte der Schneider verbindlich, da könne man den Herrn Gemahl wohl verstehen. Aber er fragte doch, ob man denn seinerzeit diese Sachen auch richtig entlaust hätte. Ich versicherte es ihm mit allem Nachdruck.

Nach vier Wochen kam der Jagdanzug zurück, von seinen Löchern befreit, aber keineswegs schöner. Weil man keine Flicken von der gleichen verblichenen Farbe hatte finden können, war nun das Gewand mit grauen Lederflecken besetzt worden. Hans fand das ganz richtig, denn so würde er noch länger halten. Außerdem waren diese Stellen eine Erinnerung an seinen glücklich überstandenen Sturz.

Im vorigen Herbst waren wir nun in Schottland zur Rotwildjagd eingeladen. Auf einem burgartigen Schloß, wie man es sonst nur im Film sieht, ganz im alten, feudalen Stil. Sein Besitzer schrieb auch Bücher, nur nicht so eifrig wie unsereins. Aber er hatte es ja auch nicht so nötig. Er war wirklich sehr nett und herzlich, gar nicht so steif, wie man sich meist die Lords vorstellt.

Zum Abendessen war Gesellschaftskleidung vorgeschrieben, die Frauen dekolletiert und die Herren im Smoking. Wir aßen von silbernem Geschirr; und es ging zu, als lebte man am Hofe der Königin. Um so peinlicher war es mir, als mein Mann am

folgenden Morgen in seinen vielgeflickten und abgeschabten Jagdanzug stieg. Was sollten unsere Gastgeber nur denken, wenn sie ihn so abgerissen sahen?
Da wurde ich aber gründlich eines Besseren belehrt oder, genauer gesagt, eines noch Schlechteren. Denn Seine Lordschaft sah noch schlimmer aus als mein Hans. Das hätte ich zuvor kaum für möglich gehalten, aber es war doch möglich. Er trug drei verschiedene Arten von Knöpfen an seiner Jacke, und am linken Ellbogen fehlte sogar der Flicken, das blaßgrüne Hemd schaute durch. Auch in seiner Hose waren offene Löcher.
»Richtig peinlich war es mir«, sagte Hans, als die Jagd vorbei war, »daß ich so elegant wirkte in meinem sorgfältig reparierten Anzug. Man konnte fast denken, ich wäre ein grüner Neuling.«
Da begriff ich erst, daß dieses Getue mit alten Anzügen eine weltweite Spielerei unter den eingefleischten Jägern ist. Die notorische Abgerissenheit gilt sozusagen als eine internationale Geheimuniform ihrer Zunft. Es bedarf ja auch vieler Jahre und mancher Strapazen in der rauhen Natur, bis so ein Jagdanzug endlich die richtige Patina hat. Ein Luxus- und Sonntagsjäger bringt das nicht fertig. Daher kommt wohl dieser Snobismus mit den schäbigen Jagdanzügen. Wenn ich es mir recht überlege, habe ich tatsächlich noch nie einen wirklichen Waidmann gesehen, der bei seiner Lieblingsbeschäftigung anständig und adrett gekleidet war.
Nun warte ich voller Spannung darauf, was passiert, wenn meines Jägers Gewand endgültig und irreparabel auseinanderfällt. Gar zu lange kann es ja nicht mehr dauern! Ich bin fast sicher, daß der Waidmann heimlich auf harzige Bäume klettern und durch Pfützen robben wird, nur um die so peinliche Unversehrtheit des neuen Anzugs möglichst schnell loszuwerden.
Eine andere Spielart kindlichen Sinnes ist die Vorliebe für Messer. Man findet sie bei Knaben von etwa neun Jahren aufwärts bis zum Ende der Pubertät, sowie bei den Jägern in aller Welt. Bei ihnen hört die Freude an diesem blitzenden Spielzeug niemals auf. Und demgemäß wurden darin zahlreiche Varianten entwickelt. Da gibt es riesengroße und schwere Waidblätter, versehen mit Hirschhorngriff und handgenähter Lederscheide. Es gibt sogenannte »Waidbestecke« mit einem ganzen Arsenal von kleinen Sägen und Haken, Korkenziehern, mit Patronenausziehern und Flaschenöffnern. Da sind kleine Messer, deren dicke, aber haarscharfe Klinge stark gebogen ist. Sehr beliebt sind auch Jagdmesser, bei denen auf der Lederscheide noch ein kleines Futteral mit Schleifstein aufgenäht ist. Für Geschenkzwecke geeignet hält man den repräsentativen »Hirschfänger«, dessen Griff sogar vergoldet und mit Monogramm geliefert wird. Auch vernickelte Standhauer und Kleinbeile werden geschätzt, die in Schlaufen aus Elchleder hängen. Jedenfalls gibt es eine Unmenge der allerverschiedensten Jagdmesser, und es werden immer neue dazu erfunden. Sie

alle sind für ganz bestimmte und spezielle Zwecke gedacht. Doch benützt werden sie hierfür nie, jedenfalls nicht bei uns. Denn wenn mein Mann selber mal ein Stück Wild aufbrechen muß, so schont er das prächtige Messer an seiner rechten Seite und holt statt dessen ein vom vielen Nachschärfen schon ganz dünn gewordenes Messer aus der Tiefe seines Rucksacks.

Ich weiß nicht, wie viele Jagdmesser im Laufe der Zeit bei uns aufgetaucht sind, und es hat lange gedauert, bis ich herausfand, auf welch geheimnisvolle Weise sie immer wieder verschwinden. Anfangs ist die Begeisterung groß über jedes neue Stück. Es liegt sogar auf dem Nachttisch, als sollte es zur Abwehr feindlicher Überfälle dienen. Ausführlich wird mir erklärt, was es alles für Vorzüge hat, wie geschmackvoll die Ausführung ist und welche Menge deutscher Wertarbeit darin steckt. Beim nächsten Gang durchs Revier wird es in der Messertasche mitgenommen, die eigens für diesen Zweck hinten an der rechten Hosenseite aufgenäht ist. Das Messer wird dem Revierjäger und es wird dem Lehrling gezeigt, die das neue Stück natürlich sehr bewundern; denn sie wissen, was sie ihrem Brotgeber schuldig sind. Aber dann wird das einzigartige Ding nicht mehr viel erwähnt und nach gewisser Zeit tritt ein neues Messer in Erscheinung. Meiner Frage nach dem alten Messer geht man aus dem Wege oder weiß nicht mehr, wovon ich spreche. Als kluge Frau bestehe ich nicht weiter auf präzisen Auskünften. In Wirklichkeit bin ich aber genauso neugierig wie andere Frauen auch, und solche Geheimnisse, wie das spurlose Verschwinden des Jagdmessers, lassen mich nicht ruhen.

Die Lösung des Rätsels ergab sich dann ganz von selbst, als ich zum ersten Male zu einer Jagdreise ins Ausland mitgenommen wurde. Und zwar ging es zu einem schwedischen Gutsbesitzer, von dem Hans zu einem Rehbock eingeladen war. Das war insofern eine wichtige Sache, weil es dort, in der Provinz Schonen, angeblich die stärksten Rehböcke Europas geben soll.

Bei der Gelegenheit müßte ich vielleicht erklären, wie es unter Jägern zu solchen Einladungen kommt. Dazu braucht man sich nämlich gar nicht zu kennen! Es handelt sich sozusagen um jagdliche Tauschgeschäfte, die irgendwie und irgendwann von gemeinsamen Freunden gesprächsweise angebahnt werden. Da sagt vielleicht mal jemand: »Wissen Sie was, für so einen kapitalen Gamsbock würde ich einen von meinen Trapphähnen hergeben.« Wer das gehört hat, erinnert sich daran, wenn bei anderer Gelegenheit jemand sagt: »Wie gerne würde ich mal einen Trapphahn schießen, aber in meinem Gamsrevier gibt's natürlich keine.«

So erhält der eine vom anderen Kenntnis, es entwickelt sich der entsprechende Briefwechsel, und die gegenseitigen Einladungen erfolgen. Es geht dabei ganz gesellschaftlich zu, und niemand spricht davon, daß es eigentlich ein Handelsgeschäft in Naturalien ist, was sich dabei abspielt. Meist sind aber diese Tauschpartner

furchtbar nett, und es kann sich oft daraus eine richtige Freundschaft entwickeln. Jäger haben sich ja immer so maßlos viel zu erzählen, und auch wir Frauen spüren das Bedürfnis, uns die Jägerfrauenherzen auszuschütten.
Nun gut, wir rollten also vor das Gutshaus unseres Gastgebers und begrüßten einander mit der etwas steifen Herzlichkeit, wie das so bei einer ersten Begegnung meist der Fall ist. Aber daß es nette Leute waren, mit frischem Herz und fröhlichem Sinn, merkte man sofort. Wie das unter Waidmännern so üblich ist, wurde schon gleich in der Halle über Gewehre und Kaliber gesprochen. Das sind so feststehende Umgangsformen, wie sie zwischen allen Jägern der Welt herrschen. Wenn man beobachtet, wie eine erste Begegnung unter Waidmännern verläuft und was sie dann tun und einander sagen, so könnte man darüber einen richtigen Spezial-Knigge schreiben. Denn es ist überall ganz genau dasselbe, bei uns und in Schottland, in Norwegen, Schweden und Spanien, auch im afrikanischen Busch, in Hinterindien und Alaska.
So gehörte es sich denn auch, daß mein Mann unserem Gastgeber sofort die Waffen zeigte, welche er mitgebracht hatte. Der Hausherr schaute hindurch, nahm die Gewehre zünftig in Anschlag und ließ einige Fachausdrücke fallen, die in knapper Form seine Anerkennung verrieten. Damit war er nun selber dran und holte seine Gewehr aus dem Schrank. Es spielte sich nun genau dasselbe Zeremoniell ab, jetzt war es mein Mann, der durch die fremden Gewehre schaute und sie in Anschlag brachte. Es war aber klar, daß dies nur in Richtung schräg nach oben zum Fenster hinaus geschehen durfte. Denn diese Vorsicht verrät den Mann mit Verantwortungsgefühl und entlarvt den Neuling.
Anschließend erfolgte das gegenseitige Begutachten der Ferngläser mit ausführlichem Probeblick, auch mit Patronen wurde gespielt. Als dies erledigt war, kamen die Jagdmesser an die Reihe, und davon besaß nun Hans eine Ausgabe, die man hier noch nicht gesehen hatte. Und weil der deutsche Stahl und deutsche Jagdmesser einen großartigen Ruf genießen, so erglänzten die Augen des Hausherrn; und voller Entzücken glitten seine Finger über das männliche Spielzeug. Offengestanden wunderte es mich, wie dieser an sich doch vornehme Mann den Ausdruck einer gewissen Begehrlichkeit nicht verleugnete, als er mit dem blitzenden Ding hantierte. Er klappte es auf und wieder zu, wog es auf seinem Handteller und prüfte des Messers Schärfe an der Haustür.
»Wenn Ihnen das Messer gefällt«, sagte mein Mann mit kurzem Entschluß, »so möchte ich Sie herzlich bitten, es zu behalten.«
Jemandem ein Geschenk anzubieten, den man noch keine halbe Stunde kennt, das war doch unmöglich! Gewiß würde dieser Mann von Welt, so glaubte ich bei meiner Einfalt, das plumpe Angebot höflich, doch mit Entschiedenheit zurückweisen. Aber

keineswegs! Der Hausherr griff ohne weiteres zu und dankte herzlich. Er hängte sich das Messer gleich an seinen Gürtel, und bei Tisch öffnete er die Nüsse damit. Dabei lag ein versilberter Nußknacker neben seinem Teller.
Hinterher zeigte er uns dann seine anderen Jagdmesser. Sie lagen in der Schublade seines Schreibtisches, dort, wo die Leute im Film ihren griffbereiten Revolver haben. Es waren wunderbare Messer dabei, und ich habe sie gezählt. Die Sammlung bestand aus siebzehn Stück, kein einziges zeigte Spuren von Gebrauch.
Am nächsten Morgen führte uns der Gutsherr selbst zur Pirsch, das Messer meines Mannes schaute mit dem Griff aus seiner Gesäßtasche. Wir sahen mehrere Rehböcke, die mir sehr gut schienen, aber auf keinen durfte Hans anlegen. Sie wären noch nicht gut, meinte unser Gastgeber. Erst am dritten Tag nickte er mit dem Kopf, und Hans schoß einen Bock, dessen Gehörn hierzulande Bewunderung sowie den wohltuenden Neid anderer Jäger erregt.
Als der Bock im Feuer lag und wir sein »knuffiges« Gehörn betrachteten, gratulierte ich meinem Mann.
»Er hat dich einen seiner besten Böcke schießen lassen«, flüstere ich Hans zu, »das war aber wirklich sehr nett von ihm.«
»War's auch«, lächelte er glücklich, »aber das hatte ich mir schon denken können, als er mein schönes Messer annahm.«
Und da gibt es abergläubische Leute, die davon reden, man dürfte keine schneidenden Gegenstände verschenken, weil sie »die Freundschaft zerschneiden«. In waidmännischen Kreisen ist genau das Gegenteil der Fall, das habe ich mittlerweile gelernt. Da werden Freundschaften geradezu auf des Messers Schneide gegründet.
Im Laufe der fünf oder sechs Jahre, die seitdem folgten, habe ich nun den Weg unserer Jagdmesser etwas besser verfolgen können. Sie werden heute auf der ganzen Welt getragen, von hinterindischen Pygmäen und von Lappen am Polarkreis, von Negerfürsten am Kongo und Seehundsjägern an der Waterkant. Auf der fernen Eismeerinsel Hope blieb ein Messer und im Dschungel von Sumatra ein anderes. Die jagdlichen Streifzüge meines Mannes sind mit Messern gepflastert. Es gibt keinen Waidmann auf dem Erdenrund, gleich was seine Hautfarbe und seine Bildungsstufe sein mag, für den ein hübsches Jagdmesser nicht das liebste Spielzeug wäre. Und wer ihm eines schenkt, dem fühlt er sich kameradschaftlich verpflichtet und führt ihn zu den besten Trophäen.
Ich will beileibe nicht die jagdlichen Künste meines Gatten oder gar die Treffsicherheit seiner Büchse in Zweifel ziehen, aber wenn ich es recht bedenke, dann hängt neben gar mancher stolzen Trophäe im Geiste auch ein verschenktes Jagdmesser.

Treibjagd im Odenwald

Ludwig Scheer

Zu Anfang des Jahrhunderts gab es in F. in der Kaiserstraße ein großes Wiener Café, dessen Nachtbetrieb besonders dadurch stark gehoben wurde, daß es ab zwei Uhr die beste Nudelsuppe mit Huhn und original-ungarisches Gulasch in täglich frischer und ganz deliziöser Zubereitung gab. Sensengulasch nannte Freund Sepp das letztere wegen seiner scharfen Würze. Nach feuchten Abenden delektierten wir uns öfters daran.

Der Cafetier R. W. war ein Deutschböhme, ein glühender Fechter für die Rechte deutscher Minderheiten im Auslande, mit ständigen Sammellisten in allen Rocktaschen. Wir gehörten zu seinen bevorzugten Gästen – auch in diesen Listen.

Seit einigen Jahren hatte er sich eine Waldjagd im Odenwald gepachtet, auf der er einen riesengroßen Jagdhund, altwürttemberger Schlag mit Triefaugen und Sabberfang, spazierenführte, aber zum Schrecken seines Aufsehers, des Gemeindeförsters, so gut wie gar nichts schoß.

Dieser, der Typ eines alten Jägers, mit weißem, gelblich gesträhntem Bart bis zum Nabel, war ein unermüdlicher Läufer, Raucher und ebenso starker Säufer, aber im Gegensatz zu seinem Herrn ein wüster Schießer. Er hatte nur ein Thema, und zwar das von den Grenzböcken und Grenzrehen, die geschossen werden müßten, weil sie sonst die anderen schössen. Ein Prachtexemplar von einem Heger.

Als wir uns wieder einmal die Spezialitäten dieses Hauses angelegen sein ließen, schlängelte sich der Wirt von ungefähr an unseren Tisch und trug mir vor, er müsse in diesem Monat noch in seinem Odenwälder Revier eine Treibjagd veranstalten, sonst würden die Bauern seinen Pachtvertrag aufheben wegen Überhandnahme des Rehwildes. Er bat mich, diese Treibjagd zu arrangieren und zu leiten, da er gar nicht reden könne, wenig Jäger kenne und von all den Erfordernissen einer solchen absolut keine Ahnung habe.

Ich ließ mich von meinen Freunden, die sich von dieser Sache einen schönen Tag versprachen, breitschlagen, meine Zusage zu geben, und fuhr einige Tage später mit dem Dragoner und dem Pächter in das Revier, um die einzelnen Treiben, die wir schon an Hand der Karte fixiert hatten, einmal zu umgehen und die Stände und Folgen etc. etc. endgültig festzulegen.

Bei dieser Gelegenheit lernte ich das Ideal von Aufseher kennen und konnte aus seinen Äußerungen sofort entnehmen, daß er der Vater dieser Treibjagdidee war. Ich überzeugte mich aber auch, daß er jedes Treiben in- und auswendig kannte, alle Stände zweckmäßig angelegt hatte, und daß noch ein alter, verknitterter Feldschütz vorhanden war, mit ebenso großem Heißhunger auf Aufbrüche und Trinkgelder wie er, der eventuell die zweite Hälfte der Schützen anstellen konnte. Die Sache konnte also steigen, der Tag wurde festgelegt.
Die Honoratiorenliste der umwohnenden Treibjagdlöwen, die der Aufseher anbrachte, wurde auf zwölf reduziert. Der Pächter W. behauptete, es gäbe eine Blamage wegen Wildmangels, der alte Knorz von Gemeindeförster prophezeite, wir schössen einen Wagen voll Rehe.

Einen herrlichen Tag schenkte uns Diana zu dieser Treibjagd im Odenwald. Auch wir waren zwölf Jäger, meine Freunde und einige gute Bekannte mit dem Wirt, als wir uns in aller Frühe in Autos – damals eine Seltenheit – in Bewegung setzten.
Frisch gestriegelt, umstanden von einem sehenswerten Treiberkorps, erwartete uns der Gemeindeförster, machte uns mit den eingesessenen Jägern bekannt, die uns sehr neugierig musterten, und orakelte erneut, unter Zustimmung der Einheimischen, von einem guten Ergebnis der Jagd.
Nach kurzem Frühstück brachen wir auf. Da mir der Allgütige unter anderen Tugenden und Untugenden auch die der Rede geschenkt hat, konnte ich den ersten Teil meiner Aufgabe, die Begrüßung und Verlesung der Kriegsartikel für die Schützen und Treiber, zur allergrößten Zufriedenheit meines Auftraggebers erledigen. Er erklärte mir voller Erregung über meine Leistung, er sei so platt wie die Füße seines Oberkellners.
Dann gingen wir noch eine ziemliche Weile einen steilen Höhenzug entlang und standen endlich vor dem ersten Treiben.
Dem Gemeindeförster, der sogleich mit den zwölf Einheimischen nach der einen Seite zu abziehen wollte, versüßte ich diese Absicht dadurch etwas, daß ich ihm die Hälfte seines Trosses abnahm und ihm dafür sechs meiner Schützen mitgab mit der Order, alle abwechselnd zu placieren, was er mit sehr gemischten Gefühlen aufnahm. Die andere Hälfte der Jäger führte der Pächter mit dem Feldschützen nach genauer Weisung.
Es klappte alles vorzüglich. Lustig knallten die Schrotkartaunen an allen Ecken. Der alte Waldschrat, dessen Einheimische übrigens sehr gut schossen, hatte recht behalten. Nach den zwei ersten Treiben lagen neben zwei Füchsen und diversen Hasen sechzehn Rehe auf der Strecke, darunter vier Böcke.
Der Pächter W. kam darüber ganz aus dem Häuschen. »Die schöne Reh, die guten

Tierchen, wo kommen die nur alle her?« jammerte er ein ums andere Mal, »wo i sunnst immer kane siach!« Sein Aufseher hingegen strahlte voller Genugtuung, weil er recht behielt mit seiner Prognose.

Das dritte Treiben war im Gange. Auf allen Seiten knallte es schon wieder wie in einem Manöver, da kam zu meinem größten Erstaunen der Pächter W. auf mich zugestürzt und erklärte mir aufgeregt: »Was mir da trei'm, gehört ja gar nit zu meiner Jagd! Den Wald hob i no gar nia g'seg'n! I druck mi, bevor a Schandarm kimmt!«, und weg war er mit seiner Riesentöle, ehe ich überhaupt meine Sprache, die mir ein eiskalter Schreck irgendwohin verschlagen hatte, wieder finden konnte.
Heiliges Kanonenrohr noch einmal! Das war ja eine schöne Bescherung! Was jetzt machen?
Bandenwilddieberei, Jagdvergehen, Paßentziehung, schoß es mir kaleidoskopartig durch den Gedankenbehälter.
Ich konnte mich kaum mehr konzentrieren und erlebte die schrecklichste und längste Viertelstunde meines Jägerdaseins.
Es waren wieder vier Rehe und ein Bock geschossen. Mich überkam das große Grausen.
Wütend nahm ich den Mann im Barte, der ausgerechnet als letzter ganz gemütlich dahergeschlurcht kam, beiseite, erzählte ihm die Furcht W.'s und dessen Gründe und ersuchte um sofortige Aufklärung.
Ein herzbefreiendes Lachen knatterte aus seiner Rauchöffnung als Antwort. »Das sieht dem böhmischen Powidl ähnlich«, erzählte er unter Lachtränen und gab mein Erlebnis gleich der ganzen Korona bekannt, der es ebenfalls ein Quell großer Heiterkeit war. »Wenn er noch zwanzig Jahr die Jagd hat, kennt der sei Teile und sei Grenzen auch nit. Aber wenn ich ihn einmal allein laß, läuft er kerzengerade mit seinem Hund in eine fremde Jagd. Schon einige Male haben ihn die Nachbarn erwischt und auch schon einmal angezeigt. Aber der lernt seine Grenzen nie kennen.«
Und so war es auch. Er gehörte zu der Sorte Menschen, die absolut keinen Orientierungssinn für Wege und Richtung haben.
Als wir uns jetzt nach ihm umsahen, ging er auf der zweihundert Meter tiefer liegenden Landstraße wie ein Posten mit geschultertem Gewehr und seinem Württemberger auf und ab. Alles Zurufen und Winken, er solle wieder heraufkommen, nützte gar nichts.
Wir machten dann auf Drängen des Försters noch ein Treiben auf der Höhe, das eine genau so bunte Strecke ergab – der Dragoner hatte mit seinem Dusel schon

zwei gute Böcke geschossen –, und brachten dann tatsächlich »einen Wagen voll Rehe« mit zum Vesperplatze.
Der Pächter W., dem ich wegen des Schreckens, den er mir eingejagt hatte, gründlich die Leviten las, kam aus seiner Verwunderung gar nicht mehr heraus. Köstlich war auch die Auseinandersetzung mit dem Förster, als ihm dieser bewiesen hatte, daß wir ja einen Teil seiner Jagd getrieben hatten.
»Den ham Sie mir bisher verschwieg'n, den ham Sie allan bejagt! Soviel Reh gibt's in meiner Jagd net!« erklärte er kategorisch, »darüber beschwer i mi beim Bürgermasta.«
Ganz gelassen hörte sich sein altes Faktotum alle diese Tiraden an. Die Jagd ging auch ruhig weiter. Die Rehschießerei aber wurde nach einer Zwiesprache, die ich mit W. hatte, eingestellt zum großen Leidwesen der Gäste und hauptsächlich des alten »Hüters«.
Der übrige Tag verlief einwandfrei mit gutem Streckenergebnis. Tatsächlich war die Jagd überhegt.
Das Schüsseltreiben wurde sehr feucht, unterhaltend und lustig. Der Pächter zahlte vor Freude schließlich die ganze Zeche.
Ich aber habe mir geschworen, nicht einmal mehr für tausend Taler eine fremde Treibjagd zu dirigieren. Dafür ist mir mein Angstschweiß doch zu kostbar!

Das Gespenst

Ludwig Scheer

An einer der vielen Ecken meiner Jagd sprang eine Wiese im stumpfen Winkel in einen düsteren Tannenschlag. Obwohl oder eben weil die ganze Ecke einen etwas unheimlichen Eindruck machte und deshalb von der Dorfbevölkerung selten besucht wurde, trat gerne Rehwild auf dieser Wiese aus.

Der Dragoner hatte sich einen Bock dort ausgemacht, den er im Mai als mehrmaligen, um seinen Harem besorgten Familienvater pardoniert hatte, jetzt aber nach der Blattzeit um so eifriger suchte.

Gerade kam er wieder von einem langen, erfolglosen Abendansitz, bei dem er, wie er erzählte, ein ganz merkwürdiges Erlebnis hatte. In der letzten Viertelstunde, als fast alles schon im schummrigen Nebel verschwamm, schob sich plötzlich lautlos eine große, schneeweiße Gestalt, die etwas zu tragen schien, aus der einen Seite des Waldes, schnitt in der hintersten Ecke den Winkel in zirka zehn Meter Breite und verschwand auf der anderen Seite wieder in den dunklen Tannen. Was es für ein Phantom war, das ihn so perplex machte, daß er, lange nachdem es schon verschwunden war, immer noch mit offenem Munde auf seiner Kanzel saß, konnte er mit dem besten Willen nicht genauer erläutern. Wir fanden auch keine Erklärung dafür und ulkten den Dragoner deshalb an. Sehr impulsiv wies er aber unsere Anspielungen auf Halluzinationen zurück.

Einen großen Eindruck machte diese Erzählung auf den Scheppen. Als früheres Mitglied des fahrenden Völkchens war er geradezu borniert abergläubisch. Dabei war er ein so unglaublicher Aufschneider und Maulheld, daß ihm bei Erzählungen über seine früheren Heldentaten oft die eigenen Knie schlotterten wie Espenlaub. Kurz und gut einer von denen, die sich im Erzählen von grausigen Abenteuern nicht genug tun können und sich dabei einen Mut andichten, vor dem es ihnen zum Schlusse selber angst und bange wird. In Wirklichkeit getraute er sich in der Abenddämmerung schon nicht mehr allein auf den Boden, geschweige denn in den Wald. Während wir uns in Vermutungen ergingen, welche natürlichen Ursachen diese weiße Erscheinung veranlaßt haben konnte, fing er, der wie gebannt an den Lippen des Dragoners während dessen Erzählung gehangen hatte, sofort das Sprücheklopfen an.

»Gott verdeppel, daß mir net amal so was passiert? So a Geist mißt mir amal in Weg laafe! Da hätte er sein letzte F... gelasse! Da käm er ohne Baa ham! Ei, ich ging vom Hochsitz runner, krägt'n am Schlawittche und tät'n haache, daß er in kääner Gruft mehr passe tät! Ei, warum hawwe se en dann nit auf die Blautz geschosse, daß er der Schlagfluß krieht hat?«
»Ja, Schepper, ich hab noch kein Testament gemacht und dann – überhaupt – das war so eine Sache.«
»Ei was, Testament gemacht! Schiß hawwe Se gehabt, sage Se's nor gleich? Da hätt ich dabei sei misse. Na gut Nacht, Gespenst! Dir wär's schlecht gange diesmal!«
Er redete sich in eine so couragiert-komische Wut hinein, daß wir uns höchlich darüber amüsierten und zum Schluß auf den Gedanken kamen, ihn sein Heldentum beweisen zu lassen. Aber so ohne weiteres ging das nicht. Wir wollten am übernächsten Tag zurück, und zu der inzwischen bei uns reif gewordenen Idee gehörten Vorbereitungen.

Am anderen Morgen wurde der Jagdaufseher in unser Vorhaben eingeweiht. Die Erklärung für den Vorfall gab er uns sofort. Der lange Mahlknecht von der Mühle im Tal trug auf einem extra konstruierten Traggestell Brote in das auf der Höhe liegende Nachbardorf. Dabei benutzte er einen geheimen Pfad, der die Wiese in der Ecke kreuzte. Eigentlich war das Begehen dieses Pfades verboten, aber der Jagdhüter drückte aus anderen Gründen beide Augen zu.
Nach längerer Aussprache kamen wir überein, daß der Aufseher ein noch monströseres Traggestell bauen müsse als der Müller eines hatte. Es sollte die Form einer Riesenkleiderpuppe bekommen. Zwei leichte runde Stangen, in Schulterhöhe eingehängt, sollten die Riesenarme zum Winken abgeben. Spund wollte in das Gestell hineinschlüpfen und das Gespenst markieren. Die Geschichte konnte also klappen.
Die mit großer Lebhaftigkeit einsetzenden Anfragen des Scheppen über das Bekanntsein der weißen Erscheinung und deren eventuelle Deutung beantwortete der Aufseher mit der Schilderung einer blutrünstigen Geschichte, die sich der Sage nach vor Jahrhunderten auf dieser Wiese zugetragen hatte und bei der ein riesiger Ritter seinen Bruder mit bloßen Händen erwürgte. Seit dieser Zeit spuke er in besonderen Nächten hier herum und drehe jedem, den er erwische, das Genick nach vorne.
»Das sinn der awwer Zuständ in eurem Kaff? Ei der Schlag noch emol, der Bürgermaaster g'hört ja ins Kittche, wenn er die net abstellt! Da mißt doch die Feuerwehr so lang ausricke, bis sie den Kerl hätt und mißt 'n sein lange Hals

selbst abdrehe! Aber gleich dreimal hinnerenanner, damit er a Ruh gitt, der Olwel!«, belehrte der Scheppe ganz aufgebracht den Aufseher.
»Na, hoffentlich lääft er mich emal a!«, renommierte er wieder, »dann hat er sein letzte Spucker getha! Des garantiern ich der.«
Uns war es ziemlich klar, daß sein so überaus reges Interesse an dem Fall eher einer heimlichen Angst als seiner zur Schau getragenen allzu großen Courage entsprang. Vorsorglich hielten wir am Tage unserer Rückreise einen durchgreifenden Patronenappell ab. Jeder mußte seine Patronen sortieren und ordentlich im Patronenkasten verwahren. Wir nahmen damit dem Scheppen jede Möglichkeit, bei dem kommenden Ulk eine andere Patrone zu verschießen als die ihm von uns verabfolgte. Übrigens hatte er noch keine blasse Ahnung, daß er das nächste Mal die Aufseherflinte führen dürfte.
Noch auf der Heimfahrt benützte er jede Gelegenheit, das Gespräch immer wieder auf die mysteriöse Erscheinung zu bringen und sich darüber zu entrüsten.

Am meisten Arbeit machte uns die Beschaffung eines geeigneten Kopfes. Nach langen erfolglosen Bemühungen ergatterte Spund endlich einen bei dem Requisiteur eines Sommertheaters. Der paßte dann auch allerdings großartig für unseren Streich. Ungefähr viermal so groß wie ein normaler Kopf, aus Papiermaché, war er grausig bemalt, zahnlückig und wog nur zirka drei Pfund.
Schon am nächsten Tage ging er mit zehn Meter weißem Stoff an den Jagdhüter ab. Nach einer Woche erhielt ich Bescheid von demselben, das Gespenst sei fertig und derartig echt, daß er beinahe selbst Angst davor habe. Jetzt konnte die Komödie steigen. Die Hasenjagd war mittlerweile aufgegangen. Passender hätte uns wirklich nichts kommen können.
Spund war vorausgefahren; er telefonierte uns, es klappe alles großartig, schon heute mittag schaffe er seine Verkleidung an Ort und Stelle zur ersten Probe.
Beschleunigt mobilisierten wir, um am nächsten Morgen abzudampfen. Wir freuten uns alle wie die Schneekönige; nur einer tappte völlig im dunkeln und hatte keine Ahnung von der Heldenrolle, in der er sich uns morgen zeigen sollte.
Mit aller Vorsicht öffnete ich sechs Schwarzpulverpatronen, die gewöhnliche Munition der Aufseherflinte, schüttete die Schrote heraus, füllte sie mit trockenem Zement und randelte sie kunstgerecht zu. Der Faßl, der mir dabei half, versah sie außerdem mit einem winzigen Geheimzeichen.
Auf der Fahrt zum Revier gab ich die Parole aus, daß wir uns heute abend wie eine Kette um den Frickenhäuser Hang ansetzen – die Gegend, in der die bewußte Wiese lag –, um diesmal den Hasen zuvorzukommen, die jedes Jahr bei Eintreten der rauhen Witterung in das tiefergelegene Tal abrückten. Wir verteilten schon in der

Bahn die Ansitze, stellten fest, daß unbedingt der Aufseher mitmüsse, um eine Lücke zu schließen, und stritten uns lebhaft über das Ergebnis herum, woran sich der Scheppe in seiner Art sehr stark beteiligte.

Mit glänzenden Augen wurden wir von Spund begrüßt. Er versprach sich eine richtige Gaudi von dem heutigen Abend, das sah man ihm an. Der Faßl war mit dem Aufseher eine Weile verschwunden, hatte ihm alle Taschen revidiert, damit ja kein unglücklicher Irrtum vorkommen konnte, instruierte ihn genau und gab ihm die sechs Zementpatronen zur späteren Aushändigung an den Scheppen.
Ein reicher gemütlicher Kaffeetisch entschädigte uns für die lange Bahnfahrt und alle auf die Psyche des Scheppen gemünzten langatmigen Verschwörungen gegen die armen Krummen im Coupé. Bei dieser Gelegenheit erklärte ich verabredungsgemäß Spund und dem Aufseher den Ansitzplan für den kommenden Abend und, wie ausgemacht, ließ der letztere gleich ellenlange Verwünschungen und Flüche los über das Pech, das ihn gerade heute abend zu einer ganz wichtigen Gemeindesitzung zwang.
»Ei, ich sein Kassier vom Bullestall und muß heut abend das Sprunggeld vertaale!«, log er fromm und fröhlich. »Wann ich da nit komme, maane de Bauern, ich wär'n mit de paar Knöpp durchgange.«
»Es is doch merkwürdig! A jedes Dippche find sein Deckel, un gleich un gleich gesellt sich gern. En passendere Kumpan als dich hätte die Bauern für ihr'n Bulle waaß Gott net finne kenne. Da hawwe se en Lehrmaaster erwischt!«, stichelte der Scheppe.
In der gleichen Minute aber schien ihm auch die Möglichkeit, wieder einmal die Flinte tragen zu dürfen, aufgefallen zu sein. Das war für ihn allerdings der höchste der Genüsse. Wenn er bei einer solchen Gelegenheit, mit dem alten Kuhfuß des Aufsehers geschmückt, auch das Dorf noch einmal mit wichtigen Schritten abpatrouillieren konnte, war er direkt im siebenten Himmel.
Er bat und bettelte also in allen Tönen – wenn er gewußt hätte, daß wir darauf warteten –, wir sollten ihn an Stelle des Aufsehers mitnehmen, er würde gewiß keinen Krummen durchlassen und aufpassen wie ein Schießhund. Ich gab schließlich nach langem Zureden von meinen Freunden zögernd die Genehmigung.
Freudestrahlend nahm er sofort den alten Püster in die Arme, erhielt dazu vom Aufseher die präparierte Munition, die dieser wie gewöhnlich aus allen Taschen zusammensuchte, und nun konnte der Spuk beginnen.

Absichtlich zogen wir den Anmarsch ziemlich lange hinaus. Der Faßl mußte Spund und den Scheppen ansetzen. Wir bogen kurz vor dem Hang nach der anderen Seite ab und stiegen außer Sicht dem Gipfel des ziemlich hohen Abhanges zu.

Dort hatte der Aufseher eine bequeme Bank angebracht, von der aus wir, unbemerkt vom Scheppen, das Abrollen der Komödie genau verfolgen konnten. Wir saßen wie in einer olympischen Loge. Gerade kam auch der Faßl angekraxelt. Die kleine Angst, es könne seinem Bruder trotz aller Vorsichtsmaßnahmen doch etwas passieren, redeten wir ihm aus.

Die Kanzel befand sich am Ende eines vom Felde kommenden Steinwalles, der genau auf die linke Ecke der Wiese aufstieß. Er bestand aus lauter in früheren Zeiten gerodeten Feldsteinen und war in seiner ganzen unendlichen Länge mit mannshohen Hecken bewachsen. Auf der Kanzel, die über ihre Umgebung hinausragte, stand ein kräftiger, langer Tisch, und um diesen herum an drei Seiten behagliche Bänke.

Der Scheppe hatte diese kaum bezogen, lud er auch schon seine Knarre, behielt sie, auf die Knie auflegend, in beiden Händen und beobachtete mit ganz energischem Blicke die Wiese. Er hatte natürlich keine Ahnung, daß er an der Gespensterecke saß. Wir konnten, zweihundert Meter über ihm, jede Bewegung, die er machte, mit bloßem Auge genau erkennen und amüsierten uns jetzt schon köstlich über seine Haltung und seinen Eifer.

Urplötzlich fing er an, wütende Zielbewegungen zu machen. Wir glaubten zuerst, ein Krummer sei herausgehoppelt. Das war aber gar nicht der Fall. Stehend, sitzend, kniend visierte er alle nur möglichen Ziele an. Für den Ernstfall viel zu auffällige Bewegungen. Ebenso plötzlich hängte er die Flinte an einen der hierfür vorgesehenen Nägel und brannte sich eine kurze Pfeife an. Anscheinend fühlte er sich nun jeder Situation gewachsen.

Ganz leise und langsam kam jetzt auch jenes Dämmerlicht, in welchem das Wild gerne austritt. Wir flüsterten uns gerade zu, daß die Vorstellung jeden Augenblick beginnen müsse, da gab es auf einmal eine Bewegung unten. In der hintersten Ecke der Wiese tauchte eine riesengroße, weiße Gestalt auf, die wirklich fürchterlich aussah. Lebhaft winkte sie mit ein paar langen Armen nach der Kanzel.

Der Scheppe äugte erst völlig starr auf diesen Hasen. Dann sackte er blitzschnell zusammen und retirierte unter den Tisch. Noch einmal sahen wir seinen Kopf vorsichtig über der Tischkante auftauchen und sofort wieder verschwinden. Dann kroch er wie ein Aal bäuchlings auf die Leiter zu, ließ sich wie ein Affe daran heruntergleiten und lief, lief, lief, was seine Beine hergaben, auf der der Wiese entgegenliegenden Wallseite dem Felde und der Landstraße zu, als ob ihm der Leibhaftige selbst im Nacken säße. Ein schallendes Gelächter unsererseits begleitete ihn.

Es kam ins Stolpern, überschlug sich, verlor den Hut, überschlug sich wieder – er lief augenscheinlich schneller als Nurmi um sein Leben. Flinte und Kopfbedeckung ließ er voller Schrecken einfach im Stich. Wir brüllten vor Lachen. Erst auf der

Landstraße in der Nähe eines Fuhrwerkes hielt er seinen Marathonlauf an und glitt zu Boden. Entgeistert, pure Todesangst im Gesicht, starrte er immer noch nach der Richtung, wo seine Kanzel stand, völlig sprungbereit, sofort wieder loszutürmen, wenn er etwas Weißes auftauchen sah.
So also sah das Heldentum vom Scheppen aus.
Eben kamen Spund und der Aufseher. Die Freude über das Gelingen ihres Streiches strahlte ihnen aus allen Knopflöchern.
»Ha, ha, ha! Der windige Aufdraher is aber in Schwung kemma! Habt's g'seg'n, wiar er sei krumme Banerl durcheinanderg'worfen hatt? Bluat sakra, kann der laaf'n! Dem kimm i nit nach!«, konstatierte Spund unter dauerndem Lachen. Dem Aufseher stand immer noch das Wasser in den Augen. Er stöhnte über Seitenstiche! Seine Flinte hatte er gleich wieder an sich genommen.
Bei fortwährenden Heiterkeitsausbrüchen überlegten wir: Was nun? Sehr schnell waren wir uns darüber einig, daß wir, um den Schein zu wahren, ein paar Hasen haben mußten. Umgehend zog deshalb der Aufseher los, um einige Hasen zum Selbstessen noch vor Eintritt der Dunkelheit abzuschießen. Vor dem Dorfe wollten wir uns wieder treffen.
Eigentlich hatten wir ja alle auf eine etwas geräuschvollere Entwicklung gehofft. Zum mindesten glaubten wir, der Scheppe würde uns etwas Feuerwerk mit seinen Zementpatronen vormachen. Aber die Heidenangst, die ihn befallen haben mußte, hatte scheinbar nur einen Gedanken in ihm aufkommen lassen: Laufen, laufen, laufen! Neugierig wie junge Affen waren wir deshalb, wie sich wohl jeder denken kann, auf den Roman, den er uns jetzt bestimmt über seine Erlebnisse auftischen würde.
Klar war es uns, daß wir ihm mit den gewohnten Alltagsgesichtern gegenübertreten mußten. Er war dadurch, daß er schon öfters der Hereingefallene bei uns war, sehr mißtrauisch und gewitzigt geworden und stellte Gesichtsdiagnosen. Der Aufseher erbot sich, von hinten durch die Scheuer auf den Hof zu gehen, seine Flinte zu verstecken und so zu tun, als ob er von der Bullensitzung käme. Wir nahmen die Hasen an uns und wollten dann einer nach dem anderen kommen. Keiner durfte eine Miene verziehen beim Eintritt in die Stube. Das war Vorbedingung für ein humoristisches Ende der Geschichte.
»I ko mir net helfa, i muaß lacha, wenn i 'n siach!«, prustete der Spund auf einmal wieder los, »der is ja zua grüabi ausgriss'n.« – »Da kimmst halt später eini, sunst verdirbst uns ja die ganze Gaudi! Alter Lachjackel, damischer!«, liebelte ihn sein Brüderchen ab.
Ehrlich gesagt waren wir aber alle nicht ganz sicher, ob wir unsere Gesichter in der Hand behielten.

Der Aufseher ging also los. Wie die Katzen schlichen wir hinter ihm her, um durch die Spalten der Fensterläden das Benehmen des Scheppen bei dessen Eintritt zu studieren.
Es war mittlerweile stichdunkel geworden.
Bleich, abgehetzt, nervös, mit irren Augen saß dieser am Tisch, auf seinem gewöhnlichen Platze. Gespannt hingen seine Augen an der Türe, als er im Hausgange jemand kommen hörte. Mit Basiliskenblicken durchleuchtete er den Eintretenden. Sein Mißtrauen war also wach und sehr rege. Es war zu komisch. Wir konnten schon jetzt kaum die aufquellende Heiterkeit unterdrücken.
Der Aufseher hatte sich aber mit all seiner bäuerlichen Gerissenheit gewappnet und fing sofort mit dem unschuldsvollsten Gesichte der Welt ein Gespräch mit dem Scheppen an.
»Na, Hermann! Wie is denn die Sach ausganga? Wieviel Krumme hast denn kriegt? An der Wies geht ja a guter Paß raus.«
»Paß is gut! Für den ahle Rammler, der da rauskimmt! Der braucht ja a Heerstraß für sich, kan Paß!« . . .
Das Weitere konnten wir nicht mehr verstehen, denn gerade kam der Faßl herein mit einem Hasen in der Hand. Er wurde noch schärfer gemustert als der Aufseher. Die Augen des Scheppen saugten sich an seinem Gesicht direkt fest. Aber auch ohne jeden Erfolg. Mit seinem alltäglich-gemütlichen »Servus drei Quartel!« übergab er dem Aufseher seinen Hasen, hängte seine Sachen auf und traf Anstalten, sich auch niederzutun. Etwas enttäuscht irrten seine Blicke von einem zum andern.
Diese Gelegenheit benutzten wir, um mit dem nötigen Geräusch, gemeinsam zu dritt, mit weiteren zwei Hasen einzuschliefen. Auch wir wurden genau unter die Lupe genommen, beschäftigten uns aber so lange mit Ausziehen und Aufhängen der Kleider, wobei wir dem Scheppen den Rücken zudrehten, daß es auch uns gelang, ohne irgendwie aufzufallen, unsere Plätze einzunehmen.
Umgehend begann wir das obligatorische Gespräch über die gemachten Beobachtungen beim Abendansitz und achteten seiner vorerst gar nicht. Deutlich fühlten wir dabei, welche Verlegenheit ihn langsam überfiel. Er bekam den »Glotzer« in die Augen und stierte verzweifelt in eine Ecke.
Plötzlich sprang er auf, hieb auf den Tisch, daß alle Gläser wackelten und wir wirklich erschraken, und brüllte unvermittelt los: »Mich habt er an die Geisterwies gesetzt! Bei mir is der Ritter kommen! Jetzt waaß ich aach, daß er's wirklich war, un daß es kan Uz is! Ach, was sein ich so froh!«, fuhr er fort, in einen weinerlichen Ton verfallend, »daß ich mein Kopp noch richtig sitze hab; ums Haar hätte mern der ahle Halunk abgedreht!« Dabei fühlte er fortwährend, ob er seinen Kopf wirklich noch oben hatte.

»Was is los? Wer is kommen?«, frugen wir alle sehr neugierig wie aus einem Munde.
»Hahahahaha«, lachte es von der Türe her, unter der Spund stand, die drei Hasen wieder in der Hand, die der Aufseher gerade zum Auskühlen hinausgebracht hatte, »hahahahaha, der Scheppe erzählt Räuberg'schicht'n. Wart no a bissel, Schepper, damit i ach mitlacha ko.«
»Des is nix zum Lache, des is zum Heule!«, und wieder schlug vor fiebernder Aufregung seine Stimme um: »Bei mir is der ahle Ritter komme und hatt scho sei Knochehänd an mei'm Hals gehatt, ich bin en awwer Gott sei Dank noch auskomme!« Dabei bekreuzigte er sich fortwährend.
»Erzähl genauer! Ruhe! Laßt den Scheppen einmal zu sich kommen!«, überschnitten sich unsere Ausrufe.
»Ei, warum biste dann nit runner vom Sitz und hast'n gedrosche, daß er nimmer in sei Gruft paßt?«, frug neugierig der Aufseher. »Des wolltste doch!«
»Der leiht ieberhaupt in ka Gruft! Der kimmt aus'n Hihnegrab! Der ist ja so hoch wie der Eiffelturm und hat Ärm so lang wie die ganze Wies! Haag du dich mit dem erum, du Olwel!«
»Gott verdeppel! Aber die Blautz hast'n doch richtig verschosse, daß er das Rumgeistern endlich mal läßt, der Saukerl?«
»Blautz verschosse? Mit dei'm ahle Äppelwächter? Des hätt den ja net emol gekitzelt! Ei, ich hawwe gar net nach dem greif könne, so schnell is alles gange. Ich glaab aach, daß für den e Schiffskanon mit Aufschlagzünder noch net emol ausreicht! Der is ja noch aus der Zeit, wo's Riese gebe hot, die en Bauern mit sein Pflug und sei zwaa Gail in die Westetasch g'steckt hawwe. Ich bin gelaafe wie in mei'm ganze Lewe noch net, sonst wär ich nemmer hie, des kennt ihr mir glaabe!«
»Net dernach greife kenne? Ei, wo is denn mei Flint? Die haste doch mitgebracht?«
»Ei, des konnt ich ja gar net! Die hängt no hinne auf den Baam!«
»Himmel, Gewitter noch emol! Dich soll ja der Deiwel hole! Gehste jetzt auf der Stell hinner, du schepper Hund, und holst mer mei Flint!«
»Ich? Noch emol dahie? Wege deiner ahle Gun? Ei, wenn se von pure Gold wär un die Laif ibber und ibber mit Brillante besetzt un sie tät nachher mir gehör'n, ging i aach net mehr hinner. Maanste denn, ich wollte wege deiner ahle Knarr von jetz ab de ganze Tag mein Hinnern betrachte un mit ihm babbele, wenn mir der Knoche 's G'nick nach vorne dreht? Geh doch selwer hie mit deim scheene Borjemaaster und hol der se, du Bullebändiger! Ihr laßt ja aach den Kerl scho a paar hunnert Jahr da rumlaafe, ihr Olwel, ihr überzwerche. Fier den Schreck wärd ihr noch was erlewe beim Landrat. Des garantier'n ich eich!«
Wir kugelten uns vor Lachen über die Unterhaltung der beiden.

Der Scheppe hatte sich in einen kleinen Tobsuchtsanfall hineinlaboriert. Er geiferte vor Zorn, Scham und Furchtanfällen. Der Gewaltslauf, gepaart mit einem panischen Schrecken, hatte ihn konfus gemacht und ließ ihn jede Schranke vergessen. Unser fortwährendes Gelächter brachte ihn vollends aus dem Häuschen. Er war kaum mehr zu beruhigen und von der Echtheit der Erscheinung restlos überzeugt.

Sein ganzer Zorn über den Schrecken, den er ausgestanden hatte, und die unrühmliche Rolle, die er dabei spielte, ergoß sich jetzt hemmungslos über den an und für sich dick mit ihm befreundeten Aufseher. Durch die Kraftausdrücke, die er hier loslassen konnte, wollte er sich bei uns wegen seiner verunglückten Heldenrolle wieder einigermaßen rehabilitieren. Der nahm ihm aber gar nichts übel und revanchierte sich auf eine andere Art.

Nachdem sich der Scheppe im Laufe des Abends richtig ausgekollert hatte und bei uns allen auf nichts anderes als Heiterkeitsausbrüche stieß, zog er sich tiefverstimmt wie eine gekränkte Leberwurst und ziemlich früh in seine Koje zurück.

Es war noch keine Minute seit seinem Weggehen verstrichen, flog die Türe bei uns wieder auf und mit gesträubten Haaren und schreckhaft verzogenem Gesicht schoß der Scheppe wie von Furien gehetzt aufs neue in unser Zimmer und direkt auf die hinterste Ecke des großen Tisches zu. Voller Angst stießen seine Blicke durch die offene Tür. Die Sprache hatte es ihm scheinbar verschlagen. Er griff sich abwechselnd nach dem Halse, gestikulierte nach der Tür und stotterte Unzusammenhängendes. Wir waren selbst perplex.

Nach längeren Wiederbelebungsversuchen unsererseits würgte er dann endlich stoßweise heraus: »Die Flint! ... hängt am Fenster ... der verfolgt mich! Der dappt mich doch noch! O Gott, o Gott, o Gott! Mei Hals!« Dabei hielt er diesen mit beiden Händen fest.

Wir wußten noch immer nicht, was geschehen war. Der Spund ging schließlich den Gang entlang in das Zimmer des Scheppen, dessen Türe sperrangelweit aufstand, und schlug dort, kaum angekommen, neuerdings ein solches Gelächter auf, daß es auch uns hinzog. Wir sahen dann allerdings sofort die Ursache des neuen Anfalls vom Scheppen baumeln.

Der Aufseher hatte seine Flinte heimlich an einen der Haken gehängt, die an der Außenfront, unmittelbar über dem Fenster des Scheppen, zu dem Zwecke angebracht waren, Zwiebel- und Kräuterbündel daran zu trocknen. Dieser bildete sich aber sofort ein, das Gespenst suche ihn und hätte ihm die Flinte als Menetekel vor das Fenster gehängt. Nicht um alles in der Welt wäre er jetzt wieder in sein Zimmer gegangen. Wie ein Häufchen Unglück saß er hinter dem Tisch, zitterte und bebte und bat in allen Tonarten darum, mit in einem Zimmer von uns

schlafen zu dürfen. Der Faßl erbarmte sich schließlich auch seiner, weil er ihm in seiner Herzensnot doch leid tat.
Die Aufklärung des Scheppen behielten wir einer späteren Zeit vor. Momentan amüsierten wir uns köstlich über die täglich wechselnden Kommentare desselben zu seinem Erlebnis und die an die Adresse des Bürgermeisters und des Jagdhüters gerichteten blutigen Drohungen des Angeführten wegen Umherlaufenlassens eines mordgierigen Gespenstes aus der grauen Vorzeit.
Es dauerte aber keine vierzehn Tag, da hatte er schon an seinem Artistenstammtisch aus der Komödie ein so gruseliges Mysterium gemacht und sich selbst dabei in eine solche Heldenrolle hineingelebt, daß es seinen ebenso abergläubischen Zuhörern jedesmal fast die Haut vom Kopfe zog, wenn er die wortreiche und plastische Erzählung von dem Abenteuer beendet hatte. Wir ließen ihm dieses kindische Vergnügen gerne, zumal wir gar nicht davon überzeugt waren, ob er bei seiner Borniertheit in solchen Sachen eine Aufklärung überhaupt akzeptiert hätte.
Das Heldenpostament konnte er aber zum allergrößten Leidwesen seit dieser Episode bei uns nicht mehr beziehen. Jeden Versuch seinerseits hierzu beantworteten wir stets mit einem Indianergeheul und hahnebüchenem Gefrozzel. Das wurde mit der Zeit sein größter Lebenskummer.
Einen guten Dienst leistete uns das Gespenst noch einmal in der Nachbarjagd, in der Ecke, wo uns immer Feisthirsche besuchten. Zweimal spukte es da mit Hilfe des zuständigen Jagdhüters am hellen Tage und vertrieb die dortigen Beeren- und Holzweiber unter geradezu grotesken Fluchterscheinungen für alle Zeiten.

Der abgebrochene Rübezahl und die Hirsche

Wilfried Reimann

Wer das Riesengebirge kennt, kennt auch den Berggeist Rübezahl, und der, der ihm bei seinen Wanderungen oder im Jagdrevier noch nicht persönlich begegnet ist, hat ihn sicher schon auf einer der vielen Abbildungen gesehen, wie man sie in Märchenbilderbüchern, auf Kalenderblättern oder gar auf den herrlichen Farbdrukken finden kann, die unsere Gebirgsgasthäuser und Bauden zierten.

Das Jagdgebiet meines Vaters lag in Rübezahls Reich. Es umfaßte das Rehorngebirge, einen dem Riesengebirge vorgelagerten Höhenzug, und die Umgebung des Bergstädtchens Schatzlar, eine weiträumige Fläche, in der jenes Städtchen und vier Dörfer eingebettet lagen.

Zwei Jäger betreuten das Revier, von denen der eine der alte Rummler war. Er ähnelte den Abbildungen des Berggeistes; aber war jener eine mehr hünenhafte Gestalt, so maß der alte Rummler kaum ein Meter sechzig. Er war knorrig gewachsen wie eine Wetterfichte, auch schienen Moos und Baumflechten an ihm zu gedeihen. Überall und nirgends war er im Revier zu finden, und sah man ihn plötzlich in der Ferne auftauchen oder bedächtig den Gegenhang herunterpirschen, wobei er ständig um sich äugte wie ein alter Rehock, meinte man, eine Gestalt aus dem Reiche der Waldschratte vor sich zu haben. Der Rübezahl konnte es nicht sein wegen des auffallend zwergenhaften Wuchses. Wir nannten ihn daher den abgebrochenen Rübezahl.

Mit dem Wild war er so vertraut, daß die Rehe kaum aufwarfen, wenn er angeschlichen kam. Er machte zwar mit beim Rickenabschuß, aber man merkte ihm an, daß er das höchst ungern tat. Wenn er eine Geiß schoß, konnte man sich darauf verlassen, daß sie gelt war, und zwar mehrere Jahre hintereinander, denn er kannte sie alle und verfolgte den Lebensweg jedes Rehs gewissenhaft.

Unbarmherzig ging er dagegen mit dem Raubzeug und Raubwild um, und er nahm auch die Greifvögel nicht davon aus. Ich versuchte oft, ihn zu besserer Einsicht zu bekehren, aber ich konnte reden soviel ich wollte, es nutzte kaum etwas. Er hielt selbst einen Bussard für fähig, ein Rehkitz umzubringen. Einmal, als wir gemeinsam Zeuge wurden, wie oben am Hang ein Habicht eine Birkhenne schlug, da war er gleich obenauf, er konnte absolut nicht begreifen, daß mich das Erlebnis fesselte und daß ich verbot, dem kröpfenden Vogel seine Beute abzujagen. Er sah das Ganze als Schandtat an, die er noch dazu in gleicher Weise allen Krummschnäbeln zutraute.

Seine Feindschaft zu den Greifen trieb ihn zu unschönen Taten: Er betrieb mit Leidenschaft das Aushorsten, und ich mußte harte Worte gebrauchen, ehe er es endlich sein ließ.

Sehr deutlich erinnere ich mich folgender Geschichte, die sein Verhältnis zum Raubwild deutlich kennzeichnete: Ich hielt alljährlich am Hubertustag in kleinem Freundeskreis eine Waldtreibjagd ab, auf der ein gutes Dutzend Hasen und stets einige Füchse geschossen wurden. Brach die Dämmerung herein, ging es in das inmitten des Reviers gelegene Berggasthaus »Quintenmühle«, wo ein vorher angeliefertes Reh verspeist und mit viel gehaltvoller Flüssigkeit hinuntergespült wurde. Auf dem Heimweg durchs Revier herrschte Mondschein und ausgelassene Stimmung. Meinen Hund ließ ich, was man eigentlich nicht tun soll, herumbummeln und kümmerte mich nicht um ihn. Da sah ich plötzlich und zugleich mit den in der ersten Reihe wandernden Gästen vorn auf dem Weg etwas Weißliches, und schon war mein Hund dort und hatte einen Mordskerl von Dachs am Wickel. Sofort ging es heiß her!

Eilends spurtete auch der alte Rummler vor und stürzte sich in das Kampfgeschehen. Die vielen Biere und Enziane hatten sich wohl noch nicht genügend vermischt mit der Rehkeule, die er verdrückt hatte. Er benahm sich daher unüberlegt, was sonst gar nicht seine Art war.

Er erwischte zunächst seine alte Flinte am Lauf und hieb damit, um meinem Hund beizustehen, auf den Dachs ein, mit dem Ergebnis, daß der Kolbenhals abbrach. Wie weiland der grimme Hagen warf er den nun nutzlos gewordenen Rest der Waffe zur Seite, und schon hatte er sein Rehpfotl in der Pranke. »Rehpfotl« hieß im Riesengebirgssprachgebrauch ein feststehendes Messer, ein Nicker, dessen Handgriff aus dem unteren Teil eines Rehlaufs mit den Schalen besteht.

Mit diesem Messer also warf er sich auf den Dachs und jagte ihm die blanke Klinge bis ans Heft in die Flanke, während sich Meister Grimbart im linken Oberschenkel seines neuen Feindes verbiß. Mein Deutschkurzhaar erwischte, was in der Rage des Kampfgeschehens und im ungewissen Licht des Mondes wohl verzeihlich war, an Stelle des Dachses auch noch den anderen Oberschenkel des Alten, und so konnte der am nächsten Morgen im Krankenhaus bei der Ambulanz stolz seine beiden knorrigen Haxen vorweisen, jeweils geziert durch einen kräftigen Dachs- und Hundebiß.

Der wüste Wirbel ernüchterte mich. Ich bat meine Gäste, zurückzubleiben, lief

zu der so plötzlich entstandenen Kampfarena, von der abwechselnd die Klagelaute des Dachses, des Hundes und des alten Rummler ertönten und ein wahres Inferno vermuten ließen, und pfiff zunächst den Hund zurück.
Gerade sah ich noch, wie der alte Rummler den Dachs abschüttelte, der eilig zwischen den Stämmen des Hochwaldes verschwand.
Nun kann man ja aber einen Dachs mit einem Messer in der Schwarte nicht gut laufen lassen, und zudem war dieses Rehpfotl des Alten Hauptwerkzeug, das er beim Brotzeitmachen, Aufbrechen von Wild, zum Schnitzen an Holz, sowie als Maniküre und Zahnstocher dringend benötigte. Ich hetzte darum meinen Hund wieder an, der den armen Burschen schon nach hundert Metern wieder eingeholt hatte und ihn nun endlich abwürgte.
Waren die Rehe Rummlers liebe, umhegte Freunde, so begegnete er dem Rotwild mit einer Art Haßliebe, denn die Hirsche hatten ihm schon wiederholt arg mitgespielt. Ein Rottier vergalt ihm einmal die regelmäßigen Fütterungen, die er bei jedem noch so rauhen Wetter nie versäumte, auf üble Weise. Das war in einem schneereichen Winter: Der alte Rummler hatte die Hauptfütterung, ein großes Bauwerk mit Platz für eine Fuhre Heu und anderes Futter im Dachboden, unter dem sich, überdacht und doch von allen vier Seiten her zugänglich, eine Krippe und eine Raufe befand, freischaufeln müssen. Er hatte zu diesem so entstandenen Schneeloch auch noch einen schmalen Weg von etwa fünfundzwanzig Metern grabenartig angelegt.
Auch das Wild hatte diesen bequemen Zugang gefunden. Als der alte Rummler das nächste Mal die Fütterung wieder versehen wollte und in jenen schmalen Gang einschloff, nachdem er seine Skier am Eingang abgelegt hatte, war gerade Wild an der Futterstelle.
Ein Alttier wählte nun mit dem Eigensinn mancher älterer Damen als Fluchtweg den gewohnten Graben, in dem ihm der Alte entgegenkam. Der Gang erwies sich als zu eng für Tier und Mann, und so wurde er derart gegen die hartgefrorene Schneewand gedrückt, daß ihm die alte Tante zwei Rippen brach. Wegen der hierdurch verursachten Schmerzen brauchte er fast einen ganzen Tag, ehe er wieder in bewohnte Gegenden gelangte.
Ein andermal, ebenfalls im Winter, war ich bei einer Neuen zusammen mit ihm im Revier. Der Schnee lag hoch, und wir waren mit Skiern unterwegs.
Seine Skitechnik war übrigens enorm und von ihm selbst erfunden. Er benutzte nur einen Stock, weil er eine Hand frei haben mußte, um die lange Weichselpfeife zu halten. Bei Abfahrten steckte er jenen derben eisenbeschlagenen Knüppel unter einem seiner Knie durch und fuhr so halb sitzend zu Tal, wobei er den Stock zugleich als Bremse und zur Lenkung benutzte.

Bei dieser Skiwanderung trafen wir auf eine frische Hirschfährte, die in eine Dickung wies. Beim Abfährten ergab sich, daß der Hirsch steckte. Da mich in diesem Winter ein Eissprossenzehner interessierte, den ich zuletzt in der Feistzeit gesehen hatte, stellte ich mich bergseitig vor, und ich wies den Alten an, nach geraumer Zeit die Fährte auszugehen und den Hirsch anzurühren.
So wörtlich hatte ich das allerdings nicht gemeint.
Eine Weile hatte ich, die schußbereite Büchse in der Hand, in der Winterstille gewartet, als plötzlich ein heiserer Schrei ertönte, der von einigen lauten Rumplern begleitet war. – Dann wieder Stille! – Nur die Meisen tickten in den Zweigen. – Ich umschlug wieder die Dickung und ging die Doppelfährte aus. Der Anblick, den ich bald hatte, war überraschend: Im Schnee saß barhaupt der alte Rummler und schweißte beträchtlich aus einer Kopfwunde.
Was war geschehen? In der Dickung hatte er gerade eine lichte Stelle erreicht, und als er wieder in die tiefverhängten schneebedeckten Fichten eindringen wollte, wurde direkt vor ihm der Hirsch hoch und überfiel den Alten in einer mächtigen Flucht, wobei er ihn mit den Schalen der Hinterläufe am Kopf traf.
Die Wunde mußte später im Schatzlarer Krankenhaus genäht werden. Voller Ehrfurcht vor der Gefahr in Wald und Berg beim Jagen waren Ärzte und Personal, weil alle Augenblicke mein alter Jäger mit Blessuren aufkreuzte, die ihm Hirsche und andere gefährliche Tiere beigebracht hatten.
Der Chefarzt sprach mich einmal daraufhin an und erzählte mir, seine Krankenschwestern vermieden bereits Waldspaziergänge. Ich sagte ihm, das sei doch noch gar nichts, mir passiere Ähnliches fast jede Woche, ich verstünde es nur, mich besser zu verteidigen als der alte Rummler, dessen Spannkraft eben leider schon etwas nachgelassen habe.
Aber kehren wir wieder zu unserem Jagdverkehrsunfall zurück. Des alten Rummler gesamtes Zubehör war weg. Den Hut fanden wir zehn Meter abseits, die Flinte mußten wir lange suchen, bis wir sie aus dem Schnee ausgegraben hatten, und seine verräucherte Pfeife fand er erst im Frühjahr nach der Schneeschmelze mit gebrochenem Mittelstück wieder.
Wie sich also wieder bestätigte, nahm das Rotwild den alten Rummler nicht ernst. Mag auch sein, seine Witterung war den Hirschen vertraut und sie betrachteten ihn ganz als zu ihrer Umwelt gehörend. Sie gingen deshalb bedenkenlos in jener rauhen Art mit ihm um, wie das eben unter Hirschen üblich ist.
Böse für ihn hätte ein anderer Zusammenstoß mit dem König der Wälder ausgehen können, den ich selbst mit ansah. Ich war im späten Herbst im Revier und pirschte einen steilen Hang durch hohen Bestand mühsam bergauf. Neben mir zog sich in einigem Abstand ein Dickungsrand in der gleichen Richtung nach oben.

Plötzlich brach es laut in der Dickung, und mehrere Stücke Rotwild kamen flüchtig etwa hundert Meter vor mir aus dem dichten Bestand, gefolgt von dem Hirsch, hinter dem ich bereits ein zweites Jahr her war. Er blieb im Vorjahr von einem Tag zum anderen wie vom Erdboden verschluckt, und auch dieses Jahr hatte ihn noch niemand während der Feistzeit und in der Brunft gesehen. Ich erkannte ihn sofort an der gefächerten, handförmigen, etwas schaufelartig ausgebildeten Krone wieder. Mein Hirsch, mir von meinem Vater zum Abschuß freigegeben, der ihn nicht bekommen konnte und dann schwer erkrankt war!

Ich riskierte den Schuß auf den Flüchtigen, sah ihn zeichnen und nach etwa dreißig Fluchten im Stangenholz zusammenbrechen.

Ich konnte ihn deutlich zwischen zwei Fichtenstämmen ausmachen. Das Haupt hatte er noch hoch, und ich suchte gerade nach einer günstigen Stelle, um anzustreichen und ihm den Fangschuß anzutragen, als der alte Rummler auf einem Pfad auftauchte, der aus der Dickung herausführte.

Der also hatte das Wild rege gemacht! Er erblickte nicht mich, wohl aber den kranken Hirsch, und er war bei ihm, ehe ich es verhindern konnte.

Der Hirsch hatte inzwischen den Grind gesenkt, als wolle er verenden, und der Alte stellte sich über ihn, äugte nach allen Seiten, erblickte endlich auch mich und röhrte lauthals »Waidmannsheil!«

Das hätte er besser nicht tun sollen, denn des Todkranken Lebensgeister wurden hierdurch noch einmal geweckt. Im nächsten Augenblick flog der alte Rummler wohl fünf Meter durch die Luft und rollierte anschließend den Steilhang hinunter wie ein Hase, wenn man voll drauf ist. Der Hirsch flüchtete ebenfalls bergab und brach nicht weit von mir erneut zusammen. Ein schneller Fangschuß erlöste ihn, ehe der alte Rummler weitere Dummheiten machen konnte.

Doch der hatte im Augenblick anderes zu tun und kroch auf allen Vieren herum, voll beschäftigt, Pfeife, Feuerzeug, Tabakbeutel, Flinte, Hut und andere Utensilien zusammenzusuchen. Dann kam er zu mir, Haare und Bart voller Fichtennadeln und Blätter. Er verstaute all die Siebensachen, die er bei dieser gewaltigen Talfahrt verloren hatte, wieder dort, wo sie hingehörten, und stöhnte: »Han Se dos Teifelsviech endlich derschußa?«

Von Jagdfreunden hörte ich bald diese Geschichte, wie sie vom alten Rummler beim Abendbier im Gasthaus erzählt worden war: Er sei, so hatte er voller Stolz berichtet, auf dem wieder hoch gewordenen Hirsch zu Tal geritten, wobei er sich mit der einen Hand an der Brunftmähne festhielt, während die andere das Rehpfotl in der Gesäßtasche suchte. Mit dem Rehpfotl wollte er den angeschweißten Hirsch in vollem Galopp abfangen, um uns eine Nachsuche zu ersparen.

Ich habe leider seine kühne Tat verhindert und bei dem Hirsch in voller Flucht den

Fangschuß angebracht. Er habe deutlich den Rucker gespürt, mit dem sein Reittier die Kugel quittierte. Seine Prellungen und Kratzer habe er erst davongetragen, als der Hirsch nach diesem Fangschuß über Kopf ging. Ich habe ihm versprochen, so beendete er seinen Bericht, am Schauplatz dieser glorreichen Tat ein Marterl anbringen zu lassen, auf dem in Stein gehauen jene denkwürditge Szene dargestellt sein sollte. Mir ist nicht bekannt, ob der alte Rummler noch weitere Zusammenstöße mit Rotwild hatte. Auf jeden Fall weiß ich, daß seine reine Zuneigung nicht den Hirschen galt.

Die Wandlung des Dackelpudelterriers

Wolfgang Richter

Vierzehn Milchkühe hat der Winklinger-Sepp im Stall. Zum Leben zu wenig, weil der Bauernverband die Milchpreise nicht aushandeln kann wie die Gewerkschaft die Löhne; für die EG zuviel, weil deren Agrarpolitik nicht von Bauern betrieben wird, sondern von Bürokraten. Siebzig Pfennig im Durchschnitt zahlt die Molkerei pro Liter Milch, neunzig Pfennig zahlen die sechs, sieben Leute aus dem Dorf, denen die Bäuerin täglich ein bis zwei Liter in ihre Milchkannen füllt. Sie zahlen gern die zwanzig Pfennig mehr, denn sie wissen, daß Sepp einer von den nicht-EG-verdorbenen, vernunftbegabten Altmodisch-Neuzeitlichen ist, deren Wiesen noch Heilkräuter und Blumen aufzuweisen haben im Gegensatz zu denen, die ihr viermahdiges Einheitsgras Chemiedüngemitteln und Unkrautgiften verdanken, die dann auch in der Milch noch ihr unterschwelliges Dasein führen. Sepp düngt nicht einmal mit Gülle, weil seine Kühe sich noch wohlig auf Streu auszustrecken vermögen, statt mit Euter und Hinterteil auf den eisernen Rosten zugiger Schwemmistanlagen liegen zu müssen.
Zwei Tagwerk Grund verpachtete der Sepp zur Kiesausbeute an einen Bauunternehmer. Der Erlös reichte gerade für einen neuen Traktor, aber leider nicht mehr fürs Finanzamt, von dem er gehofft hatte, daß es ihn übersehen würde. Aber wo nähme das Finanzamt das Geld für die Steuersubventionen für Besserverdienende her, wenn es die Kleinen übersehen würde?
Kleinvieh macht auch Mist, sagt sich Sepp, weshalb er Hühner hielt und alljährlich an die fünfzig Warzenenten aufzog, die er um Martini zu verkaufen pflegte. Sofern sie dann noch da waren. Denn außer dem Finanzamt gab es auch andere Räuber.
Sepp Winklinger ist, trotz seiner schwierigen finanziellen Verhältnisse, Jagdpächter. Es gibt nämlich tatsächlich Genossenschaften, die ihre Jagd nicht meistbietend verpachten, sondern zu einem Preis, den der Pächter noch herauszuschießen vermag. Unter der Bedingung allerdings, daß er den Rehbestand so kurz hält, daß ausreichend Waldverjüngung auch ohne Umzäunung aufkommt. Das beweist, daß man Wilddichte, Pachtpreis und Zufriedenheit der Jagdgenossen durchaus miteinander in Einklang bringen kann. Die Genossenschaft war sogar so vernünftig, von sieben auf sechs Mark herunterzugehen, als der Rehbestand so reduziert war, daß er

den alten Ertrag nicht mehr hergab. Die gut dreihundert Mark für Wildverbißmittel, die der Sepp an besonders gefährdeten Stellen mit Hilfe seines Begehungsrechtlers selbst versprühte, hätte er allerdings draufzahlen müssen, wenn nicht gerade diese Praktik ihn in die Lage versetzt hätte, ein paar Rehe mehr zu dulden und damit auch schießen zu können, als er seinen Jagdgenossen auf die Nase band.

Sepp traf sich allmorgendlich mit seinen Nachbarn, dem Gruber-Hias und dem Hintermeier-Hans, drunten an der Hauptstraße, wo sie ihre Milchtanks hinbringen mußten. Der Tankwagen der Molkerei kam selten ganz pünktlich, weshalb immer ein wenig Zeit zur Unterhaltung blieb.

So ganz beiläufig brachte Sepp die Rede auf die Füchse, die man jetzt wenigstens im Sommer nicht mehr zu schießen brauchte, weil man dank der Impfaktionen und der intensiven Bejagung in den vergangenen Jahren die Tollwut einigemaßen in den Griff bekommen hatte. »Oder haben s' bei euch in letzter Zeit etwa Hühner g'stohlen, die Füchs'?«

Hintermeier verneinte und gab seinem Jagdpächter zu verstehen, daß er ihm schon die Rechnung präsentiert hätte, wäre solches geschehen.

Schamhaft verschwieg Sepp, daß ausgerechnet ihm, dem Jäger, in den letzten beiden Tagen sechs gut halbwüchsige Warzenenten abhanden gekommen waren. Fünf eigentlich nur; die sechste hatte er mit durchbissenem Stingl keine hundert Schritt vom Hof entfernt gefunden.

Wieder daheim, entlud Sepps Zorn sich zuerst über den Dackelpudelterrier Beni, der die Abwesenheit seines Herrn dazu genutzt hatte, seiner Lieblingsbeschäftigung, dem Dressieren von Hühnern, nachzugehen. Die meisten hatten recht schnell begriffen, daß ihnen nichts geschah, wenn sie sich, von ihm verfolgt, niederduckten, wie sie es zu anderem Zweck vor ihrem gefiederten Haremsherrn auch taten. Ein paar aber wollten es durchaus nicht lernen. Aus purer Bosheit, mutmaßte Beni, weshalb er ihnen die Schwanzfedern ausgerissen und eine solange am Kragen herumgeschleift hatte, bis sie nur noch für den Suppentopf taugte. Irgendwelcher Beschäftigung mußte er sich ja hingeben, denn auf die Jagd wurde er nicht mitgenommen, weil seine fein- und dichtwollige Behaarung undefinierbarer Abkunft sich nicht mehr entfilzen ließ, wenn sie mit Kletten, dürren Fichtenreisern oder ähnlichem in Berührung gekommen war.

»Läßt du die Hühner in Ruh', du Sauviech!« schrie der Sepp. »Paß lieber auf, daß der Fuchs nicht noch mehr Enten holt!«

Beni zog den Schwanz ein und verschwand zwischen den Jungfichten, die Sepp vor ein paar Jahren zur Abschirmung gegen Straße und Autobahn vor dem Hof angepflanzt hatte. Das Wort Fuchs war dem Hund ein Begriff; denn im Winter brachte sein Herr gelegentlich einen daher und verlangte von ihm mit »Faß den

Fuchs!«, daß er ihn packen und beuteln sollte. Da in seinen Adern aber nicht nur Dackel- und Terrierblut, sondern auch dasjenige vornehmerer Ahnen floß, grauste ihm vor diesen Stinktieren derartig, daß er es für unter seiner Würde hielt, sie auch nur anzurühren. Und nun stank es zwischen den Jungfichten sogar schon im ausgehenden Sommer nach diesen ekelhaften Kreaturen!

Sepp überdachte auf der Hausbank bei einem Krügel Eigenbau-Apfelmost, der die Denkfähigkeit zu beflügeln pflegt, die Misere. Für ihn stand fest, daß Meister Reineke bei Nacht den Diebstahl ausgeführt hatte, denn bei Tag würde er dem Hof denn doch keinen Besuch abstatten. Ergo mußte er seinen beiden für das abendliche Einsperren des Federviehs verantwortlichen Buben eine gehörige Standpauke halten, sobald sie aus der Schule kamen. Die beiden ließen die Strafpredigt dann auch leicht schuldbewußt über sich ergehen, wußten sie doch, daß die Enten lieber unter den Fichten übernachteten als in der Schwüle des von der Sonne tagsüber aufgeheizten Bretterstalles. Und auf allen vieren unter dem bis zum Boden herabreichenden Gezweig nach solchen Ausreißern zu suchen, das war ihnen denn doch zu mühsam. An diesem Abend aber taten sie es. Am darauffolgenden Abend wieder. Aber da fanden sie unter den Fichten nur eine einzige lebende Ente, dafür aber haufenweise Federn und hie und da noch fast frisches Blut. Sie zählten daraufhin ihre Lieben, und siehe da, diesmal fehlten sogar sieben!

Die Dreistigkeit des Fuchses oder der Füchse – einer allein konnte ja wohl am hellichten Tag nicht sieben Enten stehlen – kostete Sepp zwei Krügel Most. Der erhoffte Geistesblitz blieb trotzdem aus. Das Aufstellen von Schwanenhälsen in Hofnähe verbot sich von selbst, denn da wären zuerst die eigenen Katzen und die der Nachbarn drin gewesen, und Kinder aus der Nachbarschaft spielten mitunter auch zwischen den Fichten.

Am anderen Morgen fragte Sepp beim Milchtreff den Hintermeier wieder ganz beiläufig, ob sich um seinen Hof herum kein Fuchs spüre. Hintermeier, dessen Sohn mit dem älteren Winklinger-Buben in dieselbe Schulklasse ging, grinste breit. »Nein, bei mir nicht. Solang der bei dir noch Entenbraten erwischt, stiehlt er bei mir keine Hühner. Außerdem ist das ein anständiger Fuchs. Der stiehlt nicht bei unbewaffneten Jagdgenossen, wenn er beim Jagdpächter noch was findt.«

»Deine Hühner werden ihm schon zu mager sein«, konterte Sepp, worauf der andere nur entgegnete: »Aber legen tun's gut und der Gockel hat allweil noch seine Freud' an ihnen!«

Dreizehn Enten! ging es Sepp durch den Kopf, während er den leeren Milchtank nach Hause zog. Das sind fast zweihundert Halbe Bier!

Bei dem Gedanken an Bier packte ihn erst recht die Wut, hatte doch gestern erst wieder in der Zeitung gestanden, daß das Reinheitsgebot aus dem Jahre 1516 auf dem Altar der EG geopfert werden sollte, statt es EG-weit zur Norm zu machen. Der Mensch ist ein Rindviech von Adam her, sinnierte er, für einen Fortschrittsapfel der Gegenwart bringt er sich um seine und seiner Nachkommen Zukunft!
Daheim dressierte Beni wieder Hühner. Sepp hieb ihm einen gerade greifbaren abgebrochenen Rechenstiel, über den Buckel. »Schau lieber, daß d' den Fuchs erwischst, du nixnutzigs Viech!« schrie er dem aufjaulend auf die Tenne flüchtenden Hund nach. Beni ward an diesem Tag nicht mehr gesehen.
Statt mit dem Maissilieren zu beginnen, hockte Sepp sich zum Erstaunen und Verdruß seiner Frau mit dem Mostkrügel und der halblangen Hängepfeife auf die Hausbank. Faulheit ist der Humus für gute Gedanken, sagte er sich. Während er gerade zu dem Entschluß kam, Mais Mais sein zu lassen und statt dessen mit der Doppelflinte auf dem Balkon auf den Fuchs zu passen, erhoben zwischen den Jungfichten Hühner und Enten ein Mordsgeschrei. Sepp sauste in die Hauskammer, riß die Flinte aus dem Schrank, lud sie und stürmte auf den Balkon. Er kam gerade zurecht, um den Fuchs mit einer Ente im Fang in der Autobahnunterführung verschwinden zu sehen. Jenseits der Autobahn begann der Wald.
Für seine Flüche mag für Sepp sein Namenspatron, der heilige Joseph, beim Herrgott Fürbitte einlegen; sie hier wiederzugeben, verbietet der Anstand. Sepp rief seinen Begehungsrechtler, einen pensionierten Gemeindebeamten, an und trug ihm auf, seinen Drahthaar zwischen den Jungfichten abzulegen und ab Mittag auf dem Balkon Wache zu halten. Er solle aber ja nicht einschlafen, denn schließlich sei er nicht mehr im Dienst. Dann füllte er sein Mostkrügel wieder auf. Als er den Balkon betrat, sah er gerade noch, wie ein zweiter Fuchs mit einer Ente in der Autobahnunterführung verschwand.
Diesmal fluchte Sepp nicht mehr. Er haderte lediglich ein wenig mit seinem Herrgott, dessen Gesetze einzuhalten er sich, vom Fluchen abgesehen, in der Regel redlich bemühte. »Du siehst alles, lieber Gott, und ohne deinen Willen geschieht angeblich nichts. Kannst du da wenigstens nicht einen von den beiden Roten von meinen Enten abhalten und zum Hintermeier seinen Hühnern schicken? Schau, ich hab' nur vierzehn Küh', und der hat zweiunddreißig. Dafür sind ihm aber sieben Rehe auf hundert Hektar noch zuviel.«
Was inzwischen in Beni vorging, kann man nur mit Phantasie versuchen nachzuvollziehen.
Daß er des Fuchses wegen Prügel einstecken mußte, und das vielleicht morgen schon wieder – das Kreuz tat ihm immer noch ganz entsetzlich weh –, das konnte er nicht hinnehmen. Am liebsten wäre er ja seinem Herrn an die Wadeln gefahren, so wie

neulich dem Hintermeier-Buben, der ihn immer nur am Schwanz zog, aber das hätte nur neuerliche Prügel eingebracht. Also blieb nichts anderes, als trotz allen Widerwillens der Ursache an den Kragen zu gehen.
Die Räuber erschienen an diesem Tage nicht mehr, weshalb es ohne Folgen blieb, daß der ehemalige Beamte aus alter Gewohnheit und über dem von Sepp zur Verfügung gestellten Most ein paarmal sanft einnickte.
Als er am anderen Morgen die Unterführung passierte, um die Fortsetzung der Balkonwache bei Sepp anzutreten, huschte etwas über die Fahrbahn. Einen Rumpler tat's, und außer den Bremsen bremste der rechte Kotflügel an der Unterführungsmauer. Mit einem Satz sprang der Drahthaar aus dem hinten offenen Jeep und würgte einen sich nur noch schwach wehrenden Fuchs ab.
Wenige Minuten zuvor, Sepp wollte gerade den Maishäcksler an den Traktor hängen, hatte Beni zwischen den Fungfichten ein fürchterliches Getöse vollführt. Böses ahnend lief Sepp nach der Flinte. Als er aus der Haustür stürzte, kam Beni ihm mit schweißender Nase, den linken Vorderlauf schonend, entgegen. Zwischen den Fichten fand Sepp eine noch schwach mit den Läufen zuckende, nicht weniger übel zugerichtete Fuchsfähe.
»Ja, du bist ja ein ganz ein braver Hund!« lobte Sepp seinen Dackelpudelterrier.
Als er ihn streicheln und seine Blessuren genauer in Augenschein nehmen wollte, da warf ihm Beni einen vernichtenden, Bände sprechenden Blick zu und hinkte davon in Richtung Tenne, wo er sich auf frisches Grummet bettete und seinen linken Vorderlauf leckte.
»Fünfzehn Enten und ein Kotflügel!« konstatierte Sepp. »Und das für zwei Bälge, die jetzt nix taugen! Ich sag' dir, mit der Landwirtschaft und der Jagd zahlst' bloß drauf! Aber ein Krügel Most sind s' wert! Komm', der Mais kann noch ein Stündl warten.«

Der Kuppelpelz

Erwin Felsmann

Das war damals, als ich den ersten und letzten Kuppelpelz meines Lebens verdiente. Unter einem Pelzjäger können wir uns unschwer etwas vorstellen, so einen rauhen Burschen in Kanada beispielsweise, der davon lebt, erbeutetem Haarwild das »Fell« über die Ohren zu ziehen. Das kommt zwar auch in unseren gemäßigten Breiten vor, daß einem das Fell über die Ohren gezogen wird, doch die Waidmannssprache billigt nur dem Hund ein Fell (oder auch eine Decke) zu, ein »Pelz« aber ist in keinem einschlägigen Lehrbuch zu finden, und ein Kuppelpelz schon gar nicht.

Kuppelei ist etwas Böses. Wer es nicht glaubt, der lese im Strafgesetzbuch nach. Im Volksmund unserer Gegend hat die lächelnd gebrauchte Redewendung, »sich einen Kuppelpelz verdienen«, eine viel harmlosere Bedeutung. Da meint man einfach nur eine Art Nachbarschaftshilfe in Sachen Ehestiftung, wenn nämlich einer ein Pärchen zusammengeführt hat und zum Dank dafür ein kleines Geschenk bekommt, eben den sogenannten Kuppelpelz. Eheanbahnungen per Vermittler waren besonders auf dem Dorf vor gar nicht langer Zeit noch etwas durchaus Seriöses.

Mein Kuppelpelz steht in meinem Gewehrschrank: eine superfeine Kipplaufbüchse. Gar nicht billig für meine Begriffe, aber Erna hat da ein bißchen andere Vorstellungen und Wertmaßstäbe, obwohl sie sonst sehr sparsam sein kann. Drei Tage nach ihrer Hochzeit mit Kurt hat sie mir das Gewehr überreicht, und seitdem wird es gut gepflegt und wenig geführt, denn bei unseren Revierverhältnissen habe ich ja doch gern immer einen Schrotlauf dabei.

Zum Heiraten gehören zwei, aber reden wir zuerst von Erna.

Damals, als die Sache ins kritische Stadium kam, war sie eine überaus knusprige junge Witwe von kaum dreißig Jahren, groß, schlank, sportlich, hübsch – und alles da, wo es hingehört. Nicht nur das Herz. Wenn ich sie nicht schon im zartesten – und nässesten! – Kindesalter auf den Knien geschaukelt hätte – na ja, sogar ein alter Graukopf wie ich hätte auf sonderbare Gedanken kommen können.

Gedanken machten sich ohnedies andere Leute genug. Landauf, landab, fünfzig und mehr Kilometer im Umkreis begannen die jungen Hähne zu krähen auf ihren großen und kleinen Misthaufen, die auf den kleinen ganz besonders, aber sie wollte keinen. Fünf Jahre nach dem tragischen Unfall ihres Georg an der Obernreither

Kreuzung wollte sie noch immer keinen. »Die sind alle nur auf mein Geld aus«, mutmaßte sie, und in manchem Fall mochte sie recht haben. Das war nämlich das Unglück: Zu allem Überfluß an körperlichen Reizen hatte die spätgeborene Tochter des alten Hillinger auch noch Geld. So einigermaßen wenigstens. Erna war, damals wie heute, nicht gerade stinkreich, aber der Gutsbetrieb war gut in Schuß. Doch die Schinderei, die das für eine junge, alleinstehende Frau bedeutet, die es sich in den Kopf gesetzt hat, nichts zu verpachten und auch nichts verkommen zu lassen! Was sind da schon das Reitpferd im längst viehlosen Stall und der alte Jaguar vor der Tür. Manch einer hat einen viel teureren Wagen und hat ihn in Wirklichkeit doch nicht, weil er der Bank gehört. Vieles hat sich geändert. Wer hätte uns, zu ihrer Eltern Zeit, etwa gesagt, daß wir einmal Milch, Fleisch und Eier im Dorf kaufen würden?

Erna war annähernd schuldenfrei, und auch die unausweichlichen kurzfristigen Rahmenkredite bei der Bank bewegten sich in sehr, sehr mäßigen Grenzen. Die Möchtegern-Freier flüsterten es einander hinter vorgehaltener Hand zu. Trotzdem führte sie ein anspruchsloses Leben. Aber wer bei der Ernte tagelang mutterseelenallein hoch droben auf dem Mähdrescher sitzt und fast taub wird vom Dröhnen und gar nicht mehr aussieht wie eine hübsche, junge Frau, sondern eher einem staubschwarzen finsteren Teufel gleicht, die Lippen trotz Sonnendach aufgeplatzt und das Haar trotz Kopftuch verschwitzt und verfilzt, der darf im ruhigeren Winter einmal auch einen absolut weiblichen Wunsch äußern, ohne sich Vorwürfe machen zu müssen.

So, und jetzt, nach diesem erläuternden Rückblick, kommen wir endlich zum Kuppelpelz:

An einem wunderschönen Mittag im Februar erscheint die Erna in meinem Büro, setzt sich auf die Schreibtischkante, baumelt frech mit den Beinen und sagt gebieterisch: »Owin, ich gehe auf den Faschingsball, und du begleitest mich als Anstandswauwau. Ich möchte nun endlich wieder einmal auf einen Ball. Einspruch abgewiesen!«

Sie lacht, wirbelt aus dem Zimmer und verbringt den Rest des Nachmittages mit gefurchter Stirn und häßlichen Modesorgen.

Owin – jetzt muß es heraus – ist eine Abkürzung für Onkel Erwin, die sie erfunden hat, als ihr das R noch schwerfiel und sie auf meinen Knien strampelte und näßte.

Und gegen Abend zieht der alte Owin tatsächlich einen dunklen Anzug an und fährt mit der Erna in die Stadt. Mit dem Landrover, weil der alte Jaguar wieder einmal hin ist.

Der große Ball findet im Saal des Landratsamtes statt und ist ein gesellschaftliches Ereignis, an dem jedermann, der nur ein bißchen auf sich hält, mit wütendem Ernst teilnimmt, ob es ihm nun Spaß macht oder nicht. Eine rauschende Ballnacht – das

wäre eine klägliche Beschreibung. Eher so: Ein Furioso lang zurückgedämmter Vergnügungssucht im mit ausschweifenden Unterhaltungen recht kärglich gesegneten ländlichen Raum. Die Kapelle ist erstklassig laut. Kein Wort kann man verstehen in unserer Tischrunde, schon gar kein vernünftiges reden, so sehr reißen sich die jungen (und auch älteren) Herren um die Erna in ihrem entzückenden Kleid. Keinen Tanz läßt sie aus, bis sie schließlich einen Wadenkrampf hat und eine brennendheiße Stirn. Aber das macht ihr alles nichts aus. Sie blüht auf und wird von Stunde zu Stunde immer hübscher. Um Mitternacht wird sie Ballkönigin. Wer denn sonst. Der Herr Landrat persönlich setzt ihr das Krönlein auf und sagt ihr unter allgemeinem Beifall des männlichen Geschlechts ein paar nette Worte. Das weibliche ist mit dem Beifall ein wenig zurückhaltender. Und schon umgibt sie erneut ein unermüdlicher Schwarm von Tänzern.
Der Herr Landrat kommt an unseren Tisch und läßt sich schwer auf Ernas Sessel fallen, der ohnedies die ganze Zeit frei ist. Er schnauft unglücklich und sieht sich nach der Kellnerin um.
»Bist ein armer Hund, Fritz«, sage ich. »Wenn ich dich so sehe unter der Last deiner Verantwortung, bricht mir das Herz.«
Er schaut mich schief an und sagt ganz erschlafft: »Amen.« Und zur Kellnerin: »Minna, noch ein Viertel Roten. Da her an diesen Tisch.« Und wieder zu mir: »Jaja, man hat's nicht leicht, Owin.« Weil nämlich alle, die die Familie Hillinger näher gekannt haben, Owin zu mir sagen. Zuerst war es ein Plappern aus rosigem Kindermund, und dann ist es an mir hängengeblieben auf alle Zeit. Heute plappert er nicht mehr, der rosige Kindermund dort in der wilden Menge, heute tanzt er wie besessen.
Das Viertel ist sehr schnell da. Wenn ich der Besteller gewesen wäre, hätte es sicher viel länger gedauert. Der Herr Landrat nimmt einen bedächtigen, aber langen Schluck, kratzt sich mit dem kleinen Finger die Musik aus dem gepeinigten linken Ohr und mustert mit sehr aufmerksamen Blicken die Erna, die wie ein alles vernichtender Tornado mit dem Herrn Doktor Kurt Metz dahinwalzt. Dann dreht er sich um, seufzt und mustert vergleichend mit sehr aufmerksamen Blicken seine Frau Landrätin, die ein paar Tische weiter in ausgereifter Dicklichkeit mit einigen würdigen Damen Konversation macht und dabei – sehr diskret, sehr gekonnt – nur aus den Augenwinkeln heraus kontrolliert, wo sich der Fritz herumtreibt und wieviel er trinkt. Denn ein in aller Öffentlichkeit mehr als zulässig angesäuselter Herr Landrat darf nicht sein, das wäre eine Schande, die würde sie nicht überleben, niemals! (Die Ärmste, die Ahnungslose!)
Immerhin, die Inspektionsblicke zeigen beim Herrn Landrat Wirkung wie ein schwerer Leberhaken bei einem schon angeschlagenen Boxer in der siebenten

Runde. Er steht auf, läßt das noch halbvolle Glas ganz unabsichtlich auf meinem Tisch stehen und sagt: »Ich muß wieder hinüber, sonst . . . na ja. Du weißt schon. Wünsche noch viel Vergnügen. Fällt dir eigentlich gar nichts auf, Owin?«
Mir fällt eigentlich sehr selten etwas auf, wenn man mich nicht gerade mit der Nase draufstößt, aber diesmal fällt mir ja doch auf, daß die Erna den ganzen Rest der Nacht nur noch mit Kurt tanzt. Ihre Schuhe müssen so heiß sein wie die glühenden Pantoffel, in denen man im Märchen und im Mittelalter die Hexen hat tanzen lassen. Angeblich.
Beim Nachhausefahren kuschelt sich die Erna bequem an meine Schulter und schläft vor Müdigkeit ein, im Gesicht ein glückliches Lächeln, und ich sehe im Scheinwerferlicht vor mir immer wieder den Kurt, pardon, den hochangesehenen Herrn Doktor und Referenten im Landratsamt, mit dem ich sogar ganz, ganz weitschichtig verwandt bin und der eine prima berufliche Laufbahn vor sich hat. Ein netter Mensch ist er, ein lieber Kerl, arm, aber brav. Jäger ist er nicht, was seiner Bravheit zugute kommt. Zum Unterschied vom Herrn Landrat, der beim Hillinger im »Vorderen Holz« schon so manchen Bock gestreckt hat.
Am nächsten Tag, so gegen elf, stehe ich mit meinem Brummschädel von meinem Schreibtisch auf und schaue durch die Bürofenster in den Gutshof hinunter, der wie verödet im Winterschlaf daliegt. Und während ich noch so aus dem Fenster sinniere, fährt drunten der Herr Doktor Kurt Metz vor und steigt aus. In der Hand ein kleines Päckchen an zierlichem Faden. Unschwer zu erkennen: aus der Konditorei. Ein Mißgriff, denke ich, denn Erna macht sich nichts aus Süßigkeiten. Nicht wegen der Linie, eben nur so. Sie ist für Saures. Aber woher sollte der Kurt das wissen.
So hat es angefangen: mit dem Ball und der kleinen Torte, die ich und die Hibich dann abends haben essen müssen.
Ein Anfang ist gemacht, aber es geht nicht richtig weiter. Die Höflichkeitsbesuche häufen sich zwar, aber der Kurt ist zu schüchtern, und um den Hals fallen kann sie ihm ja schließlich auch nicht. Das tut nicht einmal ein so geradeaus denkendes Mädel wie die Erna. Aber gewußt hat sie genau, was sie will.
Anfang Mai kommt er dann plötzlich mit seinem ersten Jagdschein daher! »Aha!« haben die Leute rundum gemunkelt.
»Wenn einer ein Herr Doktor ist und im Landratsamt sitzt, dann geht es halt rascher!«
»Wie bist du denn auf *die* Idee gekommen?« frage ich ihn.
»Na ja, Owin«, sagte er, »die Erna hat gemeint, wenn ich einen Jagdschein hätte, dürfte ich bei ihr ins Revier.«
Das meint er ganz ohne Doppelsinn, wie es eben seine brave Art ist. Ich seufze ein wenig in mich hinein, denn ich bezweifle, daß er ein Spätberufener ist und den

unwiderstehlichen Drang zur Jägerei in sich verspürt. Ich nehme viel eher an, daß er es der Erna zuliebe auf sich nimmt.
»Soso«, sage ich. »Die Erna hat dich eingeladen. Worauf denn? Rehbock oder Mausbock?«
»Rehbock«, sagt er ernst. »Owin, gehst du mit mir ein Gewehr kaufen?«
»Ist was«, frage ich, »mit der Erna und dir?«
»Was soll denn schon sein«, meint er verlegen.
»Wäre es dir recht, *wenn* etwas wäre?«
Da verdreht er die Augen und murmelt, daß es ihm schon recht wäre. Also kann ich ihm auch seine Bitte nicht abschlagen. Allein schon im Interesse unserer Rehe, die ein Recht auf waidmännische Erlegung und schmerzloses Verenden haben. Wer weiß, mit welchem unmöglichen Rohr er sonst daherkommt. Anderntags treffen wir uns in der Stadt beim Büchsenmacher und suchen etwas Passendes für ihn aus: nicht zu teuer, keinen modischen Firlefanz, einen soliden Repetierer mit solider Fernrohrmontage, und weil es höchst selten Rotwild und überhaupt keine Krokodile gibt bei uns und er in der ersten Zeit der jungen Ehe sicher nicht oft zum Nachtansitz auf Sauen kommen wird, wähle ich für ihn zunächst einmal ein bewährtes Rehkaliber. Eine grobkalibrige Donnerbüchse kann er sich später immer noch zulegen,sollte wirklich einmal ein Jäger aus ihm werden. Vorläufig ist er ja nur ein Schürzenjäger. Und ich bin ein schändlicher Kuppler. Traurig, aber wahr.
Zwei Nachmittage verbringen wir auf dem Schießstand, wo ich ihm noch ein paar Dummheiten austreibe, und dann schießt er so gut und so schlecht wie jeder andere Jungjäger auch. Mir ist es trotzdem nicht so ganz wohl um die Mitte. Aber – nun, es sei. Nicht um Gottes, sondern um Ernas willen.
Kurt ist jetzt fast täglich Gast bei uns. Die Hiebich und ich wissen längst, wie der Hase läuft, und jeder Narr hätte sehen können und müssen, wie verrückt die beiden jungen Leute aufeinander sind. Aber sie machen keine Fortschritte.
»Erna«, sage ich einmal in einer stillen Stunde zu ihr, »du willst ihn haben, ja?«
Ihr zarter Busen wogte, und selig errötend senkte sich voll tiefer Scham das holde Mädchenantlitz.
So ungefähr kann man es in altmodischen Liebesromänchen lesen, als es noch unschicklich war, gleich auf der ersten Seite ins Bett zu hüpfen. Aber Erna ist eine moderne junge Frau. Da wogt gar nichts, obwohl es sich recht hübsch machen würde, und sie errötet auch nicht im geringsten.
»Ja, ich möchte ihn haben«, sagt sie zornig. »Aber er ist ein Feigling und traut sich nicht zu fragen!«
»Soll ich ihn zur Strafe wieder ausladen?« frage ich im Scherz.

»Nein«, antwortet sie. »Aber er darf fürs erste nur einen Knopfbock schießen, keinen guten.«

Und so nimmt das Schicksal seinen Lauf.

Gleich zu Beginn der Rehbockschußzeit stellt sich Kurt mit zuverlässiger Regelmäßigkeit täglich spätnachmittags ein: als Jäger verkleidet, blaß und aufgeregt. Jedoch mit ebenso zuverlässiger Regelmäßigkeit beginnt es jeden Tag gegen Abend zu schütten bis in die Finsternis hinein, anstatt daß es am Nachmittag geregnet und eine Stunde vor der Dämmerung wieder aufgehört hätte. Aber ideale Verhältnisse darf man ja bei einer total verfahrenen Liebesgeschichte gar nicht erwarten. Das geht nun fast eine ganze Woche so, und die Morgenpirsch kommt für Kurt derzeit nicht in Frage, weil er in Vertretung eines Kollegen seinen Dienst ziemlich früh antreten muß. Endlich ändert sich die Großwetterlage, ausnahmsweise einmal genau wie im Wetterbericht vorhergesagt. Ein schöner Tag kündigt sich an, und deshalb fährt Erna zu Tante Olga. Gegen meinen Rat mit dem alten Jaguar. Der Pflichtbesuch ist fällig. Sie wird erst am späten Abend zurück sein, denn so ein Tag vergeht im Nu mit dem Austausch der brennendsten Neuigkeiten, mit Einkaufen und Schaufensterbummel dort in der Großstadt.

Kurt und ich sind allein, das Wetter fühlt sich an wie Samt und Seide, die vertrackte Wolkenwand bleibt heute aus. Da verpacke ich den Herrn Doktor samt neuem Jägeranzug und neuer Büchse in den Landrover. Wir fahren ins »Vordere Holz«. Ich mache es ihm auf der Kanzel gemütlich, die auch der Herr Landrat so sehr schätzt, zeige ihm die wichtigsten Geländepunkte, nenne ihm die Entfernungen und beschreibe ihm den ganz nahen Wechsel des schon semmelgelben schwachen Jährlings mit den bleistiftdünnen, kaum kleinfingerlangen Spießchen. Dann lasse ich ihn – ja, so muß man es formulieren – mit voller Absicht im Stich.

An mich hat man seinerzeit nicht so viel Aufwand und Mühe verschwendet, und sogar meine erste Geiß mußte ich unter gestrenger Aufsicht schießen, aber heute bin ich der Ansicht, daß junge Leute, auch junge Jäger, sich ihr Selbstvertrauen ohne fremde Hilfe erringen müssen, und sei es mit schlechten Erfahrungen, die sie sich dann – hoffentlich! – ewig merken. Bevormundet man sie allzu sehr, wird nichts aus ihnen. Man kann sie nicht jahrelang unter den Glassturz stellen.

Ich fahre ihm also den Rover aus dem Wind, stelle den Wagen um sieben Waldecken herum ab und beziehe ein Leitersitzchen, das mir einen weiten Ausblick auf die Felder hinaus gewährt. Ausblick genug, aber keinen Anblick. Es ist ja auch noch viel zu früh, fast noch heller Tag. Drinnen auf der langen Waldwiese kann der vertraute Jährling ihm freilich bald ins Rohr laufen, und wenn er – Ppraffbomm!

Schon hat's gekracht!

Es ist also passiert. Keine zwanzig Minuten sind vergangen, seit ich Kurt angesetzt habe. Gerade den Jungjägern gelingt vieles überraschend leicht, und dann wundern sie sich, wenn es nicht ein ganzes Leben lang so weitergeht.
Ich runter wie ein alterndes Wiesel, zum Rover und um die sieben Waldecken wieder zurück. In der Nähe der Kanzel halte ich an. Die Kanzel ist leer. An der dritten Leitersprosse hängen der wunderschöne neue Repetierer und das Fernglas. Das kann bedeuten, daß er viel zu früh und ohne Büchse auf Nachsuche gegangen ist. Es kann aber auch bedeuten, daß der Bock im Feuer lag und es keiner Nachsuche bedarf. Aber man geht ganz einfach nicht ohne Gewehr zum Anschuß. Hat der Kerl noch nie etwas von einem Krellschuß gehört? Wo steckt er denn überhaupt? Fort ist er. Läßt Büchse und Glas an der Leiter hängen und ist fort. Langsam steigt mir die Galle hoch.
Schließlich entdecke ich ihn doch noch. Er steht drüben am Rand der Jungkultur und winkt wie ein Irrer. Bis dorthin sind es gut 200 Schritt, wenn nicht mehr. Ein bißchen weit für einen Anfänger. Er hätte warten müssen, denn der Jährling zieht keine 80 Schritt an der Kanzel vorbei, und ich habe es ihm gesagt. Habe es ihm ausdrücklich gesagt.
Ich gehe hinüber.
Der Herr Doktor Metz steht mit gesenktem Kopf da und starrt vor sich hin ins schüttere Waldgras. Zu seinen Füßen liegt mit abgezirkeltem Blattschuß ein Rehbock.
Ja, ein Rehbock, aber nicht der knallgelbe schwache Jährling, sondern ein eben im Verfärben begriffener braver, dreijähriger Sechser, den ich überhaupt nicht kenne, noch nie gesehen habe.
Schimpfen hat ja keinen Zweck mehr. Düsteres Schweigen straft härter. Ich hole Bruch und letzten Bissen, wünsche ohne allzu merklichen Sarkasmus »Waidmannsheil!« und lasse ihn dann gnadenlos in seinem funkelnagelneuen Jagdanzug unter meiner Anleitung seinen ersten Bock aufbrechen und zum Wagen schleppen. Der Anzug ist reif für die Reinigung. Kurt schweigt, sagt kein Wort, schweigt und schweigt. Der Gewissenswurm nagt an ihm. Die Nacht bricht herein, ganz ohne Zweifel auch in seinem hart angeschlagenen Gemüt.
Als wir im Gutshof ankommen, ist im Oberstock bei der Erna noch alles finster. Der Jaguar ist noch nicht da, sie ist also noch nicht zurück.
Es ist, als ob der Teufel Vorschub leisten wollte für die verwerfliche Idee, die sich plötzlich meiner bemächtigt.
»Du setzt dich jetzt blitzgeschwind in deinen Wagen und verduftest, bevor die Erna kommt«, sage ich. »Um den Bock kümmere ich mich schon. Morgen nachmittag kannst du dir die Trophäe holen. Und nur ja nicht wieder Torte, sondern rote

Rosen. Vergiß die Rosen nicht. Pro Ende fünf Stück, das macht bei einem Sechser also dreißig rote Rosen.«

»Rosen?« murmelt er verstört, und das ist so ziemlich das erste, was ich seit dem unseligen Schuß von ihm höre.

»Rosen!« sage ich. »Was wundert dich denn dabei so? Hat man euch im Jägerkurs diesen alten Waidmannsbrauch nicht beigebracht? Wenn der Jagdherr eine Dame ist, entschuldigt man sich für jeden Fehlabschuß pro Ende mit fünf roten Rosen, kapiert? Und wenn du sie aus Amsterdam holen müßtest, morgen nachmittag um halb sechs bist du mit einem Rosenstrauß zur Stelle!« Er schluckt die faustdicke Verrücktheit arglos hinunter, und ich schubse ihn rasch in den Wagen, denn Erna kann jeden Augenblick eintreffen. Das würde meinen schwarzen Plan zu Fall bringen. Dann versorge ich den allzu früh Verschiedenen im Kühlraum und beseitige mit Wasser und Reisigbesen einige verräterische Schweißspuren auf dem Pflaster. Je weniger Erna weiß, desto ahnungsloser wird sie das Spielchen mitspielen. Von der Treffsicherheit ihres jungen Nimrod und dem ärgsten aller Fehlabschüsse kann ich ihr immer noch erzählen, wenn alles unter Dach und Fach ist.

Kaum habe ich mir in meiner Wohnung die Hände gewaschen, höre ich auch schon drunten im Hof den Jaguar husten und schnurren wie eine alte, asthmatische Katze. Natürlich hat er wieder seine Zündaussetzer. Wenig später flammt drüben im Stockwerk hinter den Fenstern das Licht auf. Ich gehe zum Haustelefon. Ja, wir sind sehr modern auf dem Hillinger-Hof.

»Na, wie war es denn?« frage ich. »Und wie geht es der lieben Tante Olga?«

Erna plaudert munter drauflos. Dort drunten in der Millionenstadt, sagt sie, sei es – wie immer – ganz entsetzlich gewesen, und der Tante Olga gehe es gut. Worauf ich ihr – wie immer – höflich verschweige, daß ich ihre liebe Tante Olga mindestens ebenso entsetzlich finde wie die gräßliche, lärmende Stadt.

»Und wie war es im Revier?« fragt sie jetzt. »Hat es etwas Besonderes gegeben?«

Bei dieser glücklichen Fragestellung kann ich leicht antworten, ohne lügen zu müssen. (Aber auch das hätte ich getan.)

»Nichts hat es gegeben, was es nicht schon oft genug gegeben hat.«

Eine Halbwahrheit also, eine ruchlose. Um ihr jede Lust zu weiteren Fragen zu nehmen, setze ich rasch fort: »Aber es gibt eine gute Nachricht. Er hat sich endlich entschlossen und ein Herz gefaßt. Morgen um halb sechs kommt er mit einem riesigen Rosenstrauß. Nimm deine Chance wahr, Erna, und mach es ihm nicht zu schwer. Laß ihn nicht zu lange zappeln, sonst geht am Ende noch alles schief.«

Sie hat selbstverständlich eine unruhige Nacht, und am nächsten Tag ist sie

schon bald nach dem Mittagessen ganz besonders schön angezogen und auch ganz besonders nervös.
So gegen fünf verdrücke ich mich in mein Büro, unter dem Vorwand, noch arbeiten zu müssen. In Wirklichkeit aber lauere ich hinter dem Vorhang. Um halb sechs, pünktlich auf die Minute, kommt der Kurt daher, tatsächlich mit einem riesigen Rosenstrauß, nach altem Waidmannsbrauch. Um sechs kommt ein Anruf, ich soll doch hinüberkommen, unbedingt, sofort.
Beide sind vor Glück fürchterlich böse auf mich: er, weil ich ihn so arg hereingelegt, sie, angeblich, weil ich ihr den Bock verschwiegen habe. Und ganz langsam wird dann offenbar, daß alles genauso gelaufen ist, wie ich es mir ausgerechnet habe:
Der Kurt, mit dem mächtigen Rosenstrauß in der Hand, möchte sich für den Fehlabschuß entschuldigen und bringt vor Angst und Schüchternheit keinen vernünftigen Satz heraus: »Ich möchte ... ich muß ... ich bitte um Entschuldigung ...«, bis es der Erna zu dumm wird und sie ihn bei den rot angelaufenen Lauschern packt und ihn küßt:
»Sei doch still«, sagt sie »ich weiß doch längst alles, du schüchternes Baby, du!«

Nichts hat sie gewußt, gar nichts. Keine Ahnung hat sie gehabt, was draußen in der Kühlkammer hängt. Das ist erst dann in Raten ans Licht gekommen, weil der Kurt zwischen der endlosen Küsserei und dem törichten verliebten Gerede immer wieder mit dem hingemordeten Bock und seinen Entschuldigungen angefangen hat ...

Maus tot!

Josef Gehrer

Ich liebe die Mäuse nicht. Ich kann sie nicht lieben, denn sie haben keine Einsicht. Sie sind schrankenlos. Ich würde jedoch mit den Mäusen einen schriftlichen Vertrag machen, den ich bestimmt einhielte, dergestalt, daß ich jede Woche einen Laib gut durchbackenen Brotes für ihre Atzung stiftete, wenn sie dafür meine Wolldecken, Socken, meine Pantoffeln und Kartoffeln verschonen würden. Aber erstens können Mäuse keinen Vertrag unterschreiben, und zweitens, könnten sie dies, würden sie ihn nicht einhalten. Weil sie nämlich keine Einsicht haben, keine Einsicht, daß wir Lebewesen nur noch friedlich miteinander leben können, wenn wir Verträge machen und diese Verträge auch einhalten. Ich töte sie deshalb. Und weil ich ein Feigling bin und kein Blut sehen kann, tue ich es anonym. Mit Giftweizen Marke »Delikat«. Welch abgrundtiefer Zynismus!

Wenn ich dann nach langer Abwesenheit auf meine Hütte komme, die Wolldecken haben keine Löcher und die Filzpantoffeln sind unversehrt, dann weiß ich, »Delikat« hat seine Wirkung getan. Voller Zufriedenheit lege ich mich am Abend zum Schlafe nieder. Kein Laut ist in der Hütte. Nur der Holzwurm bohrt in der Wand. Mag er. Aber den Mäusen hab' ich's gezeigt, wer Herr im Hause ist! Doch kurz vor dem Einschlafen, zu dem Zeitpunkt, an dem der fromme Christ die Bilanz des Tages zieht und an die Brust pocht, also zu einem Zeitpunkt, an dem die Seele offensichtlich Oberwasser bekommt und den profanen Leib in die Defensive drängt, da kommt mir so eine Art Vision vor die geschlossenen Augen: Wie Mutter Maus die seltsamen kleinen Körnchen Marke »Delikat« vorfindet und beschnuppert, wie sie die appetitlichen Kügelchen zwischen die Pfötchen nimmt und daran zu knabbern beginnt und wie ihr dabei die Äuglein leuchten. Und wie sie dann die Körnchen zum Nest trägt, in dem die blinden rosaroten Mäusekinder liegen, und wie ihr dann auf einmal schlecht wird und sie sich streckt und mit den Pfoten schlägt und dann tot daliegt. Und wie die Mäusekinder verhungern, verdämmern, gar nicht ins Leben kommen. Aber ich schlafe trotzdem ein, und ich schlafe nicht schlecht, denn in der Hütte ist Stille, nur der Holzwurm bohrt in der Wand.

Eines Abends aber, als ich nach anstrengender Tour an meinem Holzerschmarrn herumbeiße, ergibt es sich, daß ich an der Wirksamkeit von »Delikat« zweifeln muß.

Ein Geräusch hinter der Holzkiste ist Anlaß hierzu, ein Kratzen und Nagen, ich kenne das, und ehe ich mich versehe, kommt tipp ... tapp ... ein Mäuslein hinter dem Ofen hervor. Schwupp, ist es wieder weg. Warte, mein Täubchen, was »Delikat« nicht gelang, wird ein derbes Buchenscheit vollbringen! So liege ich auf der Lauer, linker Hand die Taschenlampe, rechter Hand ein Scheit, knorrig und schwer. Tipp ... Tapp ... da ist sie wieder, kein Auge im Kopf gerührt, dann langsam ausgeholt und ... wumm!
Nach kurzer Zigarettenpause gehe ich zum Anschuß, wie der Jäger so sagt. Aber ich finde weder Schnitthaar noch Schweiß. Nur der Ofen hat eins weg. Ausgerechnet die Kachel mit dem Hirschhaupt, dem Zwölfender, ist hinüber, und ich hatte doch auf die Maus gezielt. Wieder einmal bin ich froh, das edle Waidwerk nur verdünnt sozusagen, als Kamerajäger auszuüben. Wie hätte ich mich doch blamiert, wenn ich auf einen Hirsch gezielt – und eine Maus getroffen hätte!
Liesl, wollte ich sagen, Liesl getroffen hätte! Denn es ist nun einmal so bei uns Tiernarren, daß wir gleich mit einem Namen herausrücken, daß wir den stummen, dummen, unprofilierten Wesen um uns einen Namen aufkleben müssen, auf daß sie sich mit Leben füllen und zu Individuen werden. Das ist dann zumeist der beginnenden Liebesbeziehung erster Teil. Also Liesl hieß sie. Trotz des zertrümmerten Hirschkopfes. Und am nächsten Abend habe ich dann gleich für zwei aufgekocht. Schmarrn, Holzerschmarrn, und mit Fett diesmal nicht gespart.
Um Liesl nicht durch meine Anwesenheit zu stören, servierte ich ihr das Abendessen draußen auf der offenen Feuerstatt, die nicht mehr in Betrieb war, seit die Sennerin oben im Hochtal eine neue, komfortable Hütte bezogen hatte. Liesl nahm den Köder sofort an, und es dauerte keine zehn Minuten, da hatte sie die kleine Schmarrnpyramide abgetragen und in ihre unterirdische Vorratskammer transportiert. Kein Bröserl blieb zurück. So rührend vorsorglich war sie.
Viele Köstlichkeiten habe ich mit Liesl im Laufe meiner einsamen Hüttentage erlebt. Es gab keinen Zweifel, das Tierchen wurde allmählich zahm. Und auch ich wurde zahm und verlor ganz und gar den Ekel, den man vor einer Maus gemeinhin hat. Es tat mir gar nichts mehr, wenn sie am Abend, während ich unter der schwindsüchtigen Petroleumlampe las oder schrieb, über den Tisch lief oder an meiner großen Zehe schnupperte. Nicht einmal bei Nacht störte sie mich mehr, wenn sie den Wechsel über mein Gesicht wählte oder auf der Wolldecke muntere Spielchen trieb. Es ging schon sehr weit, das Verhältnis zwischen Liesl und mir. Sie wollte doch unbedingt sogar den Lunch mit mir zusammen einnehmen. Aber das habe ich ihr denn doch versagt! Dafür hängte ich die Muspfanne so niedrig über den Boden, daß sie ohne große Anstrengung hineinspringen und sich die fettesten Bröserl und Rammerl in aller Ruhe einverleiben konnte. Oft geriet dabei die Pfanne

in leichte Schwingungen, was sie erst erschreckte, später aber zu kräftig-lustvollem Mitschwingen anregte. Die Mäuseschaukel war erfunden!

Als mein Hüttenurlaub abgelaufen war und ich wieder heim mußte, kochte ich ihr noch einmal gewaltig auf und hinterließ ihr den eisernen Proviant an altgewohnter Stelle auf der Feuerstatt. Dann verließ ich die Hütte. Auf lange Zeit. Auf viel zu lange Zeit. Liesl kam unterdessen in die Wochen, wurde Mutter (wer weiß, welcher Schweinigl das unbescholtene Mädchen schließlich doch noch rumgekriegt hatte, während ich nicht da war!) und baute sich ein Nest – in meiner Matratze. Als Zudecke benutzte sie einen Teil meiner feinen Kamelhaarwolldecke. Und als der eiserne Proviant zu Ende ging, fraß sie meine Margarine, dann die Seife und zuletzt die Reservesocken.

So war die Lage bei unserem Wiedersehen. Liesl wurde degradiert zum Sauviech, zur alten Matz, und als ich am Abend die stark entfremdete Liegestatt bestieg, lag das Hinrichtungsgerät, ein besonders astiges Buchenscheit, bereits neben mir. Bald schon raschelte es hinter dem Ofen. Mit wiegendem, tänzelndem Schritt kam die nunmehrige Matrone in den Bereich meiner Rache. Nur jetzt nicht zögern, nur nicht die alten Gefühle wachwerden lassen! Die Stablampe blitzte auf, und im gleichen Augenblick wischte das schwere Scheit den ganzen Mäusespuk hinweg. Aber im Ausholen schon befiel mich eine seltsame Schwäche, schien mir auch, als sei der Wurf zu hoch angesetzt, und dies, zum Teufel, ich weiß nicht warum, fast mit Absicht. Denn der Schaden, nun, so groß war er doch wiederum auch nicht. Und eigentlich war es doch bloß Mundraub gewesen. Sie hatte einfach Hunger gehabt und das nicht wenig, sonst hätte sie nicht meine Socken verzehrt, die, wie ich mich erinnerte, nicht einmal gewaschen waren. Gewiß hatte sie vorausgesetzt, daß ich ihre Entnahme billigte, denn schließlich war man ja befreundet. Als ich einschlief, tat ich das mit der beruhigenden Gewißheit, daß mein Buchenscheit viel Luft, aber wenig Maus getroffen haben müsse. Und ich beschloß, Liesl noch einmal zu verzeihen. Liesl habe ich gesagt? Ja, Liesl!

Am Morgen aber, als schon die Sonne durch das kleine Fenster schien, rieb ich mir erschrocken die Augen. Da lag die gute, alte, brave Liesl am Anschuß und rührte sich nicht mehr. Auch als ich sie am Schwanz zupfte, auch als ich sie aufhob, wässerigen, jawohl, wässerigen Auges. Zigarette! Totenwacht! Signal »Maus tot!« Warum nicht? Kamerajäger sind halt ein wenig kauzig, ein wenig »Schwabing im Lodenrock«.

Ihr könnt mir nun entgegenhalten, daß dies Liesl gar nicht war. Sondern eine ixbeliebige, schäbige Waldmaus. Daß es Liesl nie gegeben hat, sondern nur Mäuse, ein, zwei, drei Mäuse, die namenlos, frech und nassauerisch in jeder Hütte leben und sich einen Teufel um uns scheren. Die Vernunft, die Wahrscheinlichkeit spricht

dafür. Aber mit Vernunft will ich nichts zu tun haben heroben im Berg, und deshalb war es Liesl und Schluß!
Nicht etwa, daß ich sie beerdigt hätte. Dazu ist man doch zu sehr Waldmensch. Ich warf sie hinaus ins Gras. Die Natur selbst sollte sie sich zurückholen in ihren unergründlichen Schoß. Wurm, Käfer, Fliege und Schnecke sind ihre Vollzugsorgane, ihre schnellen und sanitären Totengräber.
Und im übrigen wird wieder »Delikat« zum Einsatz kommen. Weil Mäuse nun einmal keine Verträge halten – und weil ich ein Feigling bin!

Quellenverzeichnis

ANDREAS, KONRAD; 1969: Von lauter Jagd, aus: »Der Hund, mein Waidgesell«.

BANSEN, HERBERT; 1967: Das geklaute Reh, aus: »Verwundt danach!«

BEHR, HUBERT; 1953: Urwald-Halluzination, aus: »Waidwerk um silbergraue Hirsche«.

FELSMANN, ERWIN; 1986: Todfreundschaft, Feisthirsch und Regenpfeifer, Der Kuppelpelz, aus: »Jägergrüne Dorfgeschichten«.

FRISCH, OTTO VON; 1984: Greifvögel, aus: »Wie der Wind auch weht«.

GABLER, PAULUS; 1986: Wie es dazu kam, Von Jagdherren und Jagdgästen, aus: »Vom Hochsitz betrachtet«.

GEHRER, JOSEF; 1964: Geliebtes Grün, Maus tot!, aus: »Mit Aug' und Herz«.

GOERGEN, ROLF; 1985: Waidwerk im Frühjahr, Möchten Sie Sauen schießen?, aus »Jäger ohne Revier«.

HEINZL, ROLF; 1987: Blattjagd, Erlebnisse mit Hasen, aus: »Jagen in gastlichen Revieren«.

HOENSBROECH, LOTHAR GRAF; 1955: Winternächte, aus: »Abseits vom Lärm«.

KREWER, BERND; 1985: Nachsuchen aus: »Mit Büchse und Schweißriemen«.

LECHNER, EGON; 1988: Safari in Zimbabwe, »Die Pirsch«, Heft 4/88.

LUX, HANS; 1970: Grenznachbarn, aus: »Grüne Geschichten«.

MERTENS, MARIANNE; 1967: Des Jägers Spielwaren, aus: »Des Waidmanns Weib«.

PÀLFFY VON ERDÖD, PAUL GRAF; 1959: Zwei eigenartige Hirschjäger, aus: »Am Kamin erzählt«.

PIMMER, FRITZ; 1963: Es war einmal, aus: »Fährten goldner Jägerjahre«.

REIMANN, WILFRIED; 1967: Der abgebrochene Rübezahl, aus: »Der Lady«.

RICHTER, WOLFGANG; 1987: Das Jagdessenreh, »Die Pirsch«, Heft 23/87. – Die Wandlung des Dackelpudelterriers, »Die Pirsch«, Heft 16/87.

Scheer, Ludwig; 1953: Treibjagd im Odenwald, Das Gespenst, aus: »Das waren noch Zeiten«.

Skewes-Ramm, Oskar; 1988: Mit Bambuslanze auf Sauen, »Die Pirsch«, Heft 4/88.

Szèchenyi, Sigmund; 1959: Bärenjagd am Muddy River, aus: »Alaska«.

Taureg, Tim; 1988: Ende einer Jagdpacht, »Die Pirsch«, Heft 9–10/88.

Zieger, Hilmar; 1988: Zoltan, »Die Pirsch«, Heft 5–8/88.